经济政策的原则

［德］瓦尔特·欧肯 著
李道斌 冯兴元 史世伟 译
冯兴元 校

中国社会科学出版社

图书在版编目(CIP)数据

经济政策的原则/(德)欧肯著;李道斌等译.—北京:中国社会科学出版社,2014.4（2023.6重印）
（西方现代思想丛书18）
ISBN 978-7-5161-4103-8

Ⅰ.①经… Ⅱ.①欧…②李… Ⅲ.①经济政策-研究 Ⅳ.①F019.6

中国版本图书馆CIP数据核字(2014)第056654号

出版人	赵剑英
责任编辑	李庆红
责任校对	张慧玉
责任印制	张雪娇

出　版	中国社会科学出版社
社　址	北京鼓楼西大街甲158号
邮　编	100720
网　址	http://www.csspw.cn
发行部	010-84083685
门市部	010-84029450
经　销	新华书店及其他书店

印刷装订	北京君升印刷有限公司
版　次	2014年4月第1版
印　次	2023年6月第3次印刷

开　本	880×1230 1/32
印　张	15.75
插　页	2
字　数	410千字
定　价	65.00元

凡购买中国社会科学出版社图书，如有质量问题请与本社营销中心联系调换
电话:010-84083683
版权所有　侵权必究

《西方现代思想》丛书之一

主　编　冯隆灏
编委会　（按姓氏笔划为序）
　　　　冯兴元　　何梦笔　　孟艺达
　　　　青　泯　　陶季业　　韩永明

中国需要建立和维护一个竞争秩序[*]

——瓦尔特·欧肯《经济政策的原则》新中译本序

> 要求遵循经济的客观规律性只是竞争秩序的一个方面，它的另一方面在于同时要实现一种社会和伦理的秩序要求，将两者紧密结合正是竞争秩序的优势。
> ——瓦尔特·欧肯（Walter Eucken, 1952: 370）

一

一本由一个德国经济学家在 20 世纪中叶所著作的书能否引起 21 世纪中国读者的兴趣？在我的序言中，您将得到非常肯定的回答。未来十年中，中国必须对建立怎样的经济秩序做出抉择，因为经过三十多年的改革（用瓦尔特·欧肯的话说是"试验性的经济政策"，参见第十章），中国已经到了必须将某些经济政策框架和核心特征长期确定下来的时候了。中国发展速度非常快，并将马上跻身中等收入国家，历史经验表明，许多国家在达到这一阶段后普遍遇到了发展瓶颈，比如拉丁美洲一些国家在 20 世纪所遭遇的增长乏力。导致这一现象的原因是多方面的，但最主要的是随着经济的发展形成了新的社会群体，他们在经济政策的制定和

---

[*] 新中译本序由史世伟翻译，冯兴元校。

实施过程中追求自己的利益，然而他们利益的实现往往需要以牺牲整个社会利益为代价。这些特定的利益集团获益于经济的增长，在经济政策方面他们极力维护自己的既得利益，这导致开放和自由的竞争被施以限制，经济增长的动力不断被削弱。迅速的经济增长为所有人提供丰富的机会，市场和社会变得更加开放，阻碍社会流动性的传统障碍被经济和社会的剧变撕得粉碎。但同时新兴的利益集团不断壮大，也有一些能够适应新形势的旧的利益集团存活下来，它们共同对政治决策施加影响，导致国家不断丧失其独立性，各项政策逐渐偏离共同富裕的目标。

现代经济学倾向于认为，偏离共同福祉的目标属于正常情况，通过经济政策实现共同福祉非常不现实，它更像是乌托邦式的童话。但瓦尔特·欧肯不这么认为。他著作中最重要的洞见就是指出，经济政策总有沦为利益集团维护其既得利益工具的危险，而同时关键在于存在着某种政治意愿，使其脱离利益集团的控制并在制定经济政策时着眼于全社会的福祉。对于欧肯来说，经济秩序的建立是一种具有深刻伦理—政治意义的历史性行为，这不仅要求政治精英们在尊重某些特定原则的基础上有意识地做出抉择，更需要将这些"原则"与"历史性契机"相整合（参见第十五章）。对于那些原则，欧肯在他的著作中做出了详细的推导和阐述，而"历史性契机"则会因一种特定历史性格局的形成而出现，这一格局允许一国确立这些经济政策原则，但同时要求考虑到其特殊性。这种政治创举由一种"建立社会和伦理秩序的意愿"所驱动。毫无疑问，在中国已经出现了这样一种历史性契机，众多中国的社会和政治精英也已经感觉到，必须将经济富强（wirtschaftlicher Wohlstand）与实现共同福祉（Gemeinwohl）紧密结合起来。

欧肯的这本著作具有高度的现实意义，因为他所研究的也正是目前在中国社会和政治领域被广泛关注的话题：在建设一个繁荣与和谐的社会的过程中，总是让人感觉到经济的高速增长并没有伴随着社会目标的实现。当然，中国在消除贫困的问题上取得了举世瞩目的成就，人均国民收入也正以独一无二的速度增加，但与此同时中国的贫富差距不断拉大，仍有很大一部分人无法享受到医疗、失业以及养老保障，人们对屡禁不止的腐败和滥用特权日益不满。如何将经济目标与社会目标统一起来就成为一种政治目标。欧肯的核心观点是，经济目标与社会目标的统一无法仅通过实施一些孤立的特定社会政策措施来实现，而应当从缔造整个经济秩序方面着手。虽然特定的社会政策措施在解决这一问题时也起着明确的作用（比如通过所得税实行再分配的政策，参见第十七章），但对实现更大的社会公平起最重要作用的是通过推行一种有关经济秩序的政策，即"秩序政策"，它系统地防止社会中出现限制竞争的特权集团，并恰恰由此防范出现收入分配日益不平等的结果。决策者的政策必须保持绝对的中立，其本身不能助长这类特权的滋生。而一种独立和公正的政策意味着在制定和实施其他法律法规时对所有人一视同仁，而且在一定条件下，当经济运行遵循这些规则时将产生公正的结果。

瓦尔特·欧肯的立场常被人称作是秩序自由主义（"关于"Ordoliberalismus"中的"ordo"即"奥尔多秩序"的概念，请参见附录）。与传统的自由主义不同，秩序自由主义认为仅仅通过制定普适的规则并在其基础上实施自由市场经济是不够的。欧肯的第二个核心观点是任何自由市场经济体系都会从内部产生阻碍自由竞争的力量，比如契约自由可以被用来创设卡特尔。就此而言，一个遵循秩序自由主义的政府有两项责任，第一是要保证在制定规则时严格保持中立，第二必须规制市场竞争，也就是为"经办"（veranstalten）市场竞争，即制定"游戏规则"，以约束其自我破坏的力量。秩序自由主义要求国家是强大的、有为（gestaltend）的国家。这从本质上非常符合中国政府在中国现代化事业中所扮演的角色。但是在赶超式发展时期,中国政府曾经根据计划经济的样本承担了大量的政府调控职能。直至今日,政府仍然在产业政策方面起着非常重要的作用。根据瓦尔特·欧肯的观点,政府不应当试图去控制整个经济,而应该将精力集中在经济秩序的建立和推行上(参见第十九章)。

二

那么如何界定政府对经济的介入是否合理呢?政府能做什么,不能做什么?政府应该做什么,不应该做什么?

政府应当尽可能集中精力在一般性规则的制定和推行上,这一观点与"弗莱堡学派"(Freiburger Schule)的以下典型假设是紧密联系的:人们的知识是有限和不完全的。知识问题由于那些使得欧肯深为触动的历史现象而全面放大:工业化和技术进步。欧肯的理论最终可以追溯到其基本的哲学信念:技术进步并没有导向"可作为"空间更大的结论,而是使经济和社会进程加速复杂化,导致我们无法看清这些进程发展的全貌。比如在中世纪时期,农民不仅可以全面掌握其农场的情况,还可以根据经验掌握自然规律。但是21世纪的农民不仅需要应对农产品交易的全球化,还需要面对生物技术的创新、适应现代的消费品产业。这些都是他所无法完全掌控的。

欧肯的第三个核心观点是:经济和技术方面的进步并没有扩大我们对经济进行控制的能力,反而限制了对其控制的可能性。秩序政策型塑的经济以经济学和社会科学中自组织和复杂系统演化的思想为基础,反对为实现明确的经济目标进行政府干预,因此对现代经济有着重大意义。虽然欧肯并没有运用现代的专业术语,但在这一方面他的理论已经远远超出他所在的时代。事实上非常令人惊讶的是，早在欧肯的理论中已经出现了对面向充分就业的宏观经济政策失灵问题的阐述，而这样一种宏观经济政策在20世纪60年代和70年代才在世界范围内以凯恩斯主义宏观调控的形式得以推行，并由此最终将西方国家带入滞涨，同时也导致其确立的政策目标终告失灵（参见第九章）。随着经济制度和经济结构日益变得复杂，通过政府直接干预来实现诸如将失业率控制在某一范围内之类的具体经济目标变得愈加困难。经济复杂性的增加将使原本目标明确的行动带来越来越多的非意图的后果。而这正是我们现在所面临的挑战。

无论是对于政府还是市场参与者，有限知识的约束是同样适用的。因此只有通过充分竞争才能确保甄别和利用正确的知识：也就是说，这是一种系统的、涵盖整个社会的试错学习程序。对新发现的问题，许多市场参与者都会尝试独立的解决方案，竞争不仅为他们提供了这样去做的激励，而且发挥优胜劣汰的选择作用。从一种特权地位出发不可能筛选出最佳解决方案。这里恰恰就是政府行为的界限。在经济和社会生活中，政府不会比经济和社会的行为主体知道得更多。这一点对中国来说尤为重要。中国正处在一个追赶世界先进国家的增长进程中，很久以前就已经有可能甄别最佳知识，也就是利用领先科技的"最佳实践"：这是因为发展中国家可以沿着发达国家已经走过的道路往前走，发达国家经验提供了现成的解决方案。在这个赶超进程中，政府对经济的引导完全可以是有益的，尤其当人力资本非常缺乏、广泛的社会学习基础仍然比较薄弱的时候。但当一个国家越来越接近技术进步的前沿时，就会发现几乎很难找到现成的最佳未来解决方案。当我们遇到这样的情况时，我们也许应该放弃跟随前人走过的道路，就像在汽车制造业和能源经济领域那样，而且需要有与传统断裂的激进的创新。我们越早到达直面知识极限之时，也正是我们对复杂的现代经济系统控制能力达到极限之际。

政府行为的界限取决于我们的知识的极限，而新的知识只有在竞争中才能被创造，因此，用另一个奥地利学派代表人物 F. A. 哈耶克的语言，竞争是一个发现程序。但这并不意味着可以反过来讲，政府行为的排序一定落后于私人的行为。存在着一些现代经济体的中心领域，不仅需要政府的引导，甚至整个领域的建设都要求利用政府的资源。比如在教育和基础设施建设领域就是如此。从秩序自由主义的视角看，结论同样如此。不过欧肯的研究集中在政府行为的另一个重要的方面：如果政府行为基于利用有关竞争秩序的确定知识，它将成为社会和经济进步的必要条件。

三

鉴于上述论述，认识到欧肯思想中的激进主义成分极其重要，同时不要轻率地以为他的一些思想已经过时而对其不予重视。欧肯坚决批判现代资本主义知识社会的两大核心制度：专利制度和有限责任制（参见第十六章）。但是应该把这种批评置于他认为这类技术进步或者制度安排会强化垄断（参见第十四章）的背景下来理解。在这方面，欧肯同马克思的唯物主义历史观有明显的区别：他批评的并非是那些有助于增进集中的技术本身，而是经济权力利益主体对技术的滥用，比如技术本身可以降低运输成本和交易成本，并不断推进能够激化替代性竞争的创新。

欧肯认为，由于现代专利权，技术的进步会导致集中，进而限制自由竞争。每项专利权，或者更确切地说知识产权，一般都会产生一段时间的垄断。这种垄断又会产生一种新的结构，在这种结构下，竞争的强度会在版权保护期结束之后（或许由于对企业集中的影响）继续降低。欧肯要求对专利权期限有一个明确的限制，大范围扩大强制性许可工具的使用范围，以反对收取专利使用费。如果自欧肯时代起,中国的企业就享有不需支付专利费就能使用所需专利这项权利,那么现代社会将是一番什么样的景象!欧肯认为,对于竞争规则而言,专利权完全不是中立的,而是存在问题的,正确的做法是给革新者以报酬鼓励。阻碍知识的自由流动会导致经济权力产生。因此,中国同西方工业国家知识产权保护上长期潜在的冲突并非没有缘由:这种知识产权保护也是一种对特权的保护,会阻碍全球自由竞争,而中国选择了一种部分破坏性(经常违反专利权,尤其在地方层面)、部分战术性(以市场换技术)的对策来对抗这种市场地位。如今,是需要探究以现代专利制度为基础的诸多原则的时候了,欧肯如果还在世,那他肯定会极度怀疑世界贸易组织协议框架内的专利制度的全球化及其深化。

类似极端的还有欧肯对有限责任制的看法。欧肯批评现代经济中所有那些消弱甚至完全排除了个人对企业决策应负责任的制度性防范措施。从这方面看他是现代股份公司的批评者,但他同时对"有限责任公司"的评价也很消极。这一点首先让人感到不解,因为如今这类公司已经是现代经济中一种理所当然的公司形式。但是从另一方面说,2008年金融危机之后,许多观察家指出,现代金融领域中个人责任的缺失是危机爆发的最重要原因之一。多次发生的诈骗丑闻以及在大规模投资和收购上的各类错误决定虽然激起了"股东的干预积极性",但这并未触及问题的核心:即在现代经济的大部分领域,重要决定都由经理人做出,而事实上,经理人很少或者甚至完全不会受到他们的决定所造成后果的影响。"黄金降落伞"甚至会奖励那些实际上给公司造成巨大经济损失的经理人。在这样的背景下,即使贯彻起来并不现实,欧肯的观点仍然可以成为从秩序政策角度型塑未来"公司治理"——用今天的话来讲——的重要根据。

此外,当人们同时注意欧肯对私人产权的分析时,上述观点则更加有力。欧肯认为,私人产权是有效竞争的前提,而这归根到底是因为它使得个人承担其责任有了可能。但他同时还认为，国家必须主动制定秩序政策，这样才能发挥私人产权的积极作用。没有国家的秩序政策，私人产权将会岌岌可危，限制竞争的行为会使竞争不复存在。这样的私人产权不能杜绝人们争取和维护市场权力，因此它是一个用以达到其他社会目标的工具，而且这一工具只有在一个竞争秩序框架内才能被不受限制地使用。欧肯认为，没有个人责任的私人产权是同竞争秩序根本对立的。

作为改革的成果，中国已拥有大批践行这一责任原则的企业和企业家，特别是在农村和刚完成城市化的地区。许多这样的企业家将其个人和家族的财产用于投资并承担巨大的风险。这是中国发展取得成功的一个重要因素。中国宪法也承认他们的地位。这些企业家与德国的"中产阶级"可以相提并论，但其所处的相关法律框架条件还要继续完善。这些个人承担财产责任的企业家是竞争秩序的"隐形冠军"。

四

上述两例清楚地表明欧肯全部论述的核心：竞争和权力之间的阿基米德点。权力可以是经济权力，也可以是政治权力，二者的关系十分复杂：经济权力可以收买和劫持政治权力，政治权力也可以攫取对经济的控制权；但同时政治权力可以用来制衡经济权力，如果国家推行竞争秩序。如何才能防止滥用政治权力？想要回答这个问题并不容易，因为仅仅简单的依靠民主是远远不够的，民主政治面对利益集团政治和意识形态的蒙蔽是脆弱的（参见第二章和第十九章)，到头来必须存在由宪法和法律限制政治权力，并确保独立司法权的实施。而从更深层次来看，这又回到伦理要求现象：欧肯的立场是建构—精英主义的立场，也就是说，社会和政治精英必须存有塑造思想和道德的意愿，这种塑造意愿也要求存有相应的塑造可能性，是自由的本原表达，可以在任何社会团体中得到体现。比如欧肯完全肯定企业共同决定在竞争秩序中的积极作用（参见第十八章）。此外，也存在由于国家的政策措施而出现的不自由现象，而这些政策措施是为社会弱势群体而采取的：但是国家的社会救济措施滋生出依附性，固化了受助者权力缺失的旧状。基本社会保障应避免让经济弱势人口陷入直接依赖经济强势群体的困境：这种基本保障形式本身必须经过深思熟虑，并要以遵循竞争秩序的原则为准绳。

欧肯将自由基本上定义为无权力依附关系。自由社会是无权力依附的社会，即权力和制衡权力的力量达到平衡。无权力依附的社会无法简简单单地实现，因为对于欧肯来说，社会变迁是由权力斗争推动的。这里历史性契机具有决定性的意义，在此，通过确立竞争秩序，对于形成无权力依附社会也许是根本性的条件也被确定下来：经济和政治的明确分离，以及有意识地使用政治权力来制衡经济权力。

可用来说明这个挑战性问题的最重要的例子也许就是货币了。和所有秩序自由主义者一样，欧肯是全球的货币制度背景下货币政策自动机制的捍卫者。这里我们碰到可能被许多读者认为过时的思想：鉴于金融危机之后对世界货币体系未来的讨论，这些思想再次变得十分重要，因为它们涉及问题的本质。无论在哪一种宪法和政治体系下，货币都时刻面临被政治滥用的危险。只要存在货币发行银行对发行货币的垄断，国家就可能因为高额的国家债务而通过通货膨胀使货币贬值。对于2008年全球金融危机原因的讨论的焦点再次不同程度的聚集到千禧年以来美国联邦储备委员会的种种行为上。现在人们关注的中心问题是，美联储采取的针对一个民族国家的政策在多大程度上引发了全球通货膨胀。不论我们同意哪种解释，谁也无法抹杀的问题是：现代货币体系面对经济政策优先选项的变化基本上十分脆弱，往往不得不为其他目标而牺牲保持币值稳定的目标。而币值稳定是秩序自由主义社会保障政策的一个中心要求，因为只有币值的稳定才能保障广大居民的财产形成。通货膨胀总是会给存款人造成损失，而富裕阶层拥有抵抗通胀的实物资本，如不动产，他们亦可以通过资本外逃来确保自身财产的安全。在背负高额国债时，国家总能从通货膨胀中获益。

欧肯建议使用一种所谓的商品储备货币，这种货币符合黄金本位制的原则，但以一篮子重要的国际交易货物为参考。其基本思想是，国家的货币供给直接通过协调资本流和货物流来调节，储备货物的价格由一家国际办事处通过套利来调节。储备货物都是农业、能源和采矿领域的重要原料，这使其还有稳定这些中心的世界市场的作用。

对于如今关于世界货币体系的讨论，这一建议实际上是无关痛痒的，但它也清楚地表明，新的世界货币体系必须满足哪些要求：它必须在避免将某种单一货币当作储备货币的情况下，同时解决如何使国家货币政策保持稳定以及由此导致的持续的国际不平衡的问题。在这方面，商品储备货币符合当今国际货币体系建立在多边基础上的要求，在这种体系下，所有成员都必须遵守货币政策的准则。秩序自由主义认为，全球经济的货币币值稳定归根到底是全球公共品。在一个币值稳定的多极体系中，汇率也应当是稳定的，在这种状况下，导致国际金融危机产生的重要因素虽然还会存在，但使其恶化的因子肯定会被消除。因此，在国际货币秩序方面，中国如果采取主动是十分明智的。

五

有用的例子还不胜枚举。很明显，欧肯的学说对今天的中国非常重要。我们来观察一下中国的国有企业和非国有企业的关系就可以看到，由欧肯的思想引申出来的观点对两者都适用：所有制已经不再起决定性的作用，而法律责任和竞争的重要性却越来越大。许多大型国有企业在其参与竞争的市场上占有支配地位。这种支配地位已经是特权，但是除此之外它们还享受一些经济政策所创造的特殊条件。在中国的汽车制造领域，非国有的汽车制造企业甚至在这样的不利条件下成功地摆脱了弱小的地位。国家应当努力保证两种企业都享有同等的竞争条件，同时在国有企业里实行经理个人责任制。对此，反对滥用经济权力的独立竞争监管是必不可少的。创造各种所有制企业共同享有的同等竞争条件是中国经济政策长期以来的目标，然而目前尚有许多不尽如人意之处，尤其是在金融领域。

  中国在建设广泛的社会保障制度方面还有一条长远之路要走。在这方面，实行个人责任的原则也是非常重要的。几乎所有发达的工业国家都面临着医疗和养老保障方面严重的赤字，对此也很难找到令人信服的解决方案。人口结构的快速变化也使得中国在这方面面临的挑战加剧，必须找到创造性的解决方案，它们必须能够在加强个人生存保障的同时，也为共同体承担起社会政策责任。中国在体制创新方面尚有空间，例如根据负个人所得税模式创建出一种普遍的基本社会保障制度。这样的模式可以在社会支助的接受者不依赖社会政策保障官僚机构的前提下，提供社会安全保障。在其他领域也必须创新，并且能够创新，通过这些创新，中国可以成为其他国家效仿的榜样。例如，中国许多经济学家都认为，与个人所得税相比，不给储蓄和投资增加负担的消费税是一种更好的再分配工具。通过观察生活和消费方式的巨大差异，人们很容易看到中国的收入不均，但是这种由更多的企业家活动导致的不均与那种由代表性消费体现的不均却有着质的区别，而且前者还会创造工作岗位。

无论是对劳动群体，还是对企业而言，在中国经济领域还存在着一系列与制度化的城乡差别相关的特权。按照欧肯的观点，在某些领域还有"等级制经济"的残余。这个历史顽疾可以通过实施一致性的竞争秩序政策得到克服。中国正面临着巨大的变革，这些变革是由城市化和农业在社会生产总值中比重下降推动的。这些变革将会使之前三十年发生的变化相形见绌。在改革开放时代成长起来的年轻一代有着对于未来的要求和期待。决策者必须创造框架条件，一方面避免使这些期待落空，同时还要避免这些要求蜕变成一种理应得到满足的应得权利观——它们会进而成为社会分配斗争的导火索。竞争秩序是未来中国各个群体公平分配社会财富的保证。

　　在创建一个独立自主的经济秩序的过程中，中国可以在自己的丰富文化遗产中汲取营养。在欧洲启蒙运动时期，西方就受到了东方文化的诸多影响，最重要的是尊重自然和社会的思想，这种尊重源于如下洞见：人类知识有局限，不能完全认识自然和社会的种种内在联系；为了阐释自然与社会相互联系的含义，需要有一种整体性的精神活动。这种基本态度也体现在了欧肯的本部作品之中。希望这部欧肯经典之作的译著能够对中国设计一个新的秩序有所裨益，为其提供一些思想和设想。

何梦笔

（Carsten Herrmann-Pillath）

德国法兰克福财经管理大学

东西方文商研究中心学术主任、教授

欧肯及其经济思想简评
——译校序

瓦尔特·欧肯（Walter Eucken）是德国著名的弗莱堡学派（Freiburger Schule）创始人，德国 20 世纪最具影响力的经济学家。[①] 欧肯最大的贡献在于研究和提出一个与个人自由兼容的经济秩序所需依赖的框架条件，由此为战后德国的经济复兴和德国社会市场经济的建立奠定了主要的经济思想基础。[②] 欧肯最重要的力作为其 1939 年发表的德文版《国民经济学基础》和他去世后于 1952 年问世的德文版《经济政策的原则》。前者勾勒了欧肯独到的国民经济学理论和方法论，后者则是前者的政策运用。

根据欧肯的思想，各种秩序之间存在相互依赖性，经济秩序不是独立于社会、国家和法律秩序，而是与其他秩序相互依赖，共同构成一种不可分割的总体联系。

在《经济政策的原则》一书中，欧肯认为，国家应该建立和维护一个面向绩效竞争的竞争秩序，其中竞争秩序的构成性原则包括一个有运作能力的价格体系、币值稳定、私有制、开放市场、

[①] 这里沿用"Freiburger Schule"的旧有译名"弗莱堡学派"。目前有些文献译作"弗赖堡学派"。该学派的得名与其诞生地为目前德国的弗赖堡（Freiburg）有关。"Freiburg"是一个古老城市，1120 年作为一个有着一定自主权的自由市镇而设立。其德文的原意即为"自由的市镇"。作为地名，其旧译名最初为"弗莱堡"，目前通译为"弗赖堡"。

[②] Vanberg, V., The Freiburg School: Walter Eucken and Ordoliberalism, *Freiburger Diskussionspapiere zur Ordnungsökonomik*, 2011, 4.

契约自由，承担责任以及经济政策的恒定性。欧肯强调国家的经济政策应该限于塑造经济秩序，保护和促进竞争，不超越此界限而试图以统制方式干预经济过程。

鉴于欧肯的竞争秩序思想不仅对战后初期的德国经济重建和后来德国社会市场经济的形成和发展有着重要的影响，而且对于指导当前中国的经济政策决策有着较大的借鉴意义，我们谨将此精译本奉献给中国读者。在本序言中，译校者将首先介绍欧肯的生平，然后探讨他的经济学方法论，再转而分析其主要经济秩序思想及其与德国社会市场经济的关联，最后就译介本书做一些具体的说明。我们期望这些总结和分析有助于读者理解本书，并以一种扬弃的态度去把握和利用其中的思想精粹。

欧肯其人

瓦尔特·欧肯1891年1月17日生于德国耶拿，父亲为哲学家、诺贝尔文学奖得主鲁道夫·欧肯（Rudolf Eucken）。瓦尔特·欧肯早年就学于基尔基督教阿尔布雷西特大学、波恩莱茵弗里德里希-威廉大学和耶拿大学，攻读了历史学、国家科学、国民经济学和法学。1913年欧肯获得莱茵弗里德里希—威廉大学经济学博士学位，博士论文题目为《航运业中的协会形成》（Die Verbandsbildung in der Seeschiffahrt）。其导师为赫尔曼·舒马赫（Hermann Schumacher, 1868—1952）教授和海恩里希·迪策尔（Heinrich Dietzel, 1857—1935）。1914—1918年，欧肯在"一战"前线最初作为志愿兵参军，后来担任军官。"一战"之后，他担任业已调入柏林弗里德里希—威廉大学的舒马赫教授的助理，同时担任《施穆勒年鉴》（Schmollers Jahrbuch）的编辑助理。1921年他在柏林弗里德里希-威廉大学通过了教授资格论文答辩。直到1925年，他先后在法兰克福担任教学工作,后来在柏林担任私人讲师(Privatdozent)的职务。1925年他担任图宾根艾伯哈特-卡尔大学副教授。1927年他成为弗赖堡大学(全称为弗赖堡阿尔伯特-路德维希大学)法学与国家科学系国民经济学教授,直至1950年去世。

欧肯的两位博导对欧肯的研究生涯有着重要的影响。欧肯求学的年代是历史学派(Historische Schule)盛行的年代。他因此最初也颇受历史学派的影响。历史学派主张以研究历史作为研究人类知识和经济的主要来源,因为他们认为经济的内容依赖于文化,故仅限于一定的时空范围内。这种方法抛弃了将经济学理论视为是普适定理的做法,"致力于广泛地描述特殊的工业部门、不同国家的社会条件、农业和其他许多东西。这些都被视为一个历史发展过程的一部分并被塞进了经济发展的各种'阶段'和'风格'之中"①。他们认为经济学应该经历严格的经验与历史分析,而非数学与逻辑推理。历史学派的特色是重视实际现实,而非自我指涉的数学模型。历史学派在工业化时期也极为关注社会改革和大众生活的改进。显然,如果遵循历史学派的经济学研究理路,经济学家很容易走上"德国特殊论"或者"中国特殊论"的道路。第一次世界大战后,历史学派经济学家对德国战后严重的通货膨胀束手无策。在那时,欧肯放弃了历史学派的传统,赴波恩追随当时德国极少数反对历史学派的理论经济学家H.迪策尔(Dietzel, 1857—1935)。迪策尔当时担任了欧肯的第二博导。从欧肯后来的著述看,他显然接受了迪策尔的如下观点:迪策尔将经济体制区分为竞争体制和"集体体制",把各国的经济宪法视为集中和分散秩序的混合体。当时,他的第一博导舒马赫教授也启发了欧

---

① [德]瓦尔特·欧肯:"英译本序言",载瓦尔特·欧肯《国民经济学基础》,左大培译,商务印书馆1995年版,第4—6页。

肯提出新的经济研究问题和研究思路,认为他有必要"对已经积累的材料进行一定程度的理论化,即在他的思想联系中明确消除所有不重要的东西,摆脱日常生活中偶然和短暂因素的缠绕"。

历史学派的经济学方法论早在 19 世纪 80 年代就受到了挑战。那时候发生了历史学派和奥地利新兴的古典经济学理论的追随者之间的方法论争议。当时历史学派立场的主要代表人物为德国的古斯塔夫·冯·施穆勒,奥地利的卡尔·门格尔则代表奥地利新兴的古典经济学理论立场。门格尔把经济学视为个人选择的理论科学,推演出了一系列普遍规律。他在英美世界复兴了"经院哲学—法国"式的经济学。而且经过他的努力,这种理论更加巩固。[1] 历史学派强调各国经济的特殊性,门格尔则提出和强调了一系列经济学规律。门格尔所代表的新兴的古典经济学被施穆勒贬称为"奥地利学派",这也是后来著名的"奥地利学派"得名的由来。[2] 奥地利学派认为,历史学派的方法并不能使我们认识一个经济系统内部的各种相互关系,并不能使我们追溯到观察到的各种经济事实在经济上的原因。[3]

欧肯认识到没有理论不能解决现实问题,他企图解决德国历史学派与奥地利学派之间的方法论之争,主张从经济现实的分析中提炼出其决定性因素,明确其相互依存关系,上升到一般性的理论。他反对概念式的经济学,认为国民经济学的主题在于从形态学角度研究诸种经济形式(如完全竞争、买方垄断等)和在各形式内部经济运行的理论,以及如何将理论运用于现实经济生活。他基于这种实证分析,提出一个完善的经济秩序不可能自发地形成,必须设想

---

[1] Ludwig von Mises Institute: "What is Austrian Economics", http://mises.org/etexts/austrian.asp. Accessed on March 3, 2014.

[2] Kirzner, I. M., *The Meaning of the Market Process: Essays in the Development of Modern Austrian Economics*, London and New York: Routledge, 1992.

[3] 弗·阿·卢茨:"英译本绪论",载瓦尔特·欧肯《国民经济学基础》,商务印书馆 1995 年版,第 1—3 页。

一种秩序，而经济政策的重大任务就在于努力形成这种秩序。这个秩序就是他所说的"竞争秩序"，也称"奥尔多秩序"（Ordo），也就是一种"有运作能力的、合乎人的尊严的秩序"①。

欧肯的学术努力也是弗莱堡学派的主要由来。20 世纪 30 年代是德国纳粹化的年代，也是弗莱堡学派兴起的年代。欧肯于 20 世纪 30 年代与法学家弗兰茨·伯姆（Franz Böhm，1895—1977）和汉斯·格罗斯曼－德尔特（Hans Großmann-Doerth，1894—1944）一起创建了弗莱堡学派，又称"秩序自由主义学派"。这是一个法律和经济学家组成的学派。弗赖堡大学法学与国家科学系既有法学者又有经济学家，为两大学科的交融和该学派的诞生创造了条件。这三位学派创始人对一个自由的经济和社会的宪制基础有着共同的看法。他们在 1937 年共同编辑出版 "经济的秩序"（Ordnng der Wirtschaft）丛书，首卷包括了伯姆的著作《经济的秩序作为历史任务和法律创设人的贡献》②。在由三位主编共同署名的引言"我们的任务"中，他们旗帜鲜明地反对历史学派的遗产以及它给德国法理学和政治经济学带来的毫无原则的相对主义影响，提出自己的指导原则是"在处理所有实际政治、法律与政治经济学问题时必须着眼于树立经济宪法思想"③。弗莱堡学派既拒绝自由放任的经济，也反对集中管理经济和一种卡特尔化或者权力化的交换经济，而是主张在一种竞争秩序下的交换经济。当亚

---

① Eucken, W., *Grundlagen der Nationalökonomie*, Gustav Fischer, Jena, 1940; Eucken, W. & Eucken-Erdsiek, E., *Grundsaetze der Wirtschaftspolitik*, Bern/Tuebingen: Francke Mohr, 1952.

② Böhm, F., Die Ordnung der Wirtschaft als geschichtliche Aufgabe und rechtsschöpferische Leistung, Stuttgart and Berlin: W. Kohlhammer, 1937.

③ Böhm, F., Eucken, W. and Grossmann-Doerth, H., Unsere Aufgabe. in Böhm, F., *Die Ordnung der Wirtschaft als geschichtliche Aufgabe und rechtsschöpferische Leistung*, 1937. Stuttgart and Berlin: W. Kohlhammer (Vol. 1 of Ordnung der Wirtschaft, ed. by F. Böhm, W. Eucken and H. Großmann-Doerth), 1937, VII – XXI; Vanberg, 2011, ibid..

当·斯密主要强调对立的经济权力利益在国家层面所造成的问题，而欧肯则关注私人权力拥有者，将他们看作同国家权力同等的潜在的限制自由和削弱公共福祉的力量，[1] 认为无论是公权还是私权，都可能被滥用。弗莱堡学派是严格程序和规则取向的，坚定推行竞争秩序。但是，德国社会市场经济的建设，虽然也总体上强调程序和规则取向，却带有某种程度的结果主义取向的成分。[2] 这些成分强调通过政府干预推行更多的社会政策，主要来自于弗莱堡学派之外的新自由主义者米勒－阿尔马克、勒普克和吕斯托的影响。其中"社会市场经济"的名称就源自米勒－阿尔马克的著述。[3] 欧肯所代表的秩序自由主义认为竞争秩序下的市场实现了初级收入分配，很多生产要素拥有者通过参与市场和竞争其本身就是公平的，也就是"社会"的，已经解决多数不公平问题，而余下的小部分不公平问题可由社会政策来解决。[4] 不同于欧肯，米勒－阿尔马克、勒普克和吕斯托总体上并不认为市场的结果是公平的，他们认为需要更多政府干预。而欧肯总体上强调"国家必须影响、甚或直接建立经济赖以运行的形式和制度框架"，反对政府干预日常经济生活。[5] 米勒－阿尔马克认为以竞争为特性的市场秩序虽然是经济上最有效率的秩序，但不具备内在的伦理性，[6] 认

---

[1] ［德］阿尔弗雷德·席勒："自由主义的现代流派"，载阿尔弗雷德·席勒、汉斯－京特、克吕塞尔贝格主编《秩序理论与政治经济学》，史世伟等译，山西经济出版社2006年版，第53—60页。

[2] Vanberg, V., *The Freiburg School: Walter Eucken and Ordoliberalism*, Freiburger Diskussionspapiere zur Ordnungsökonomik, 2011, 4.

[3] Müller-Armack, A., *Wirtschaftslenkung und Marktwirtschaft*, Verlag für Wirtschaft und Sozialpolitik, Hamburg; Kastell, München, 1947.

[4] Eucken, W. & Eucken-Erdsiek, E., *Grundsaetze der Wirtschaftspolitik*. Francke Mohr, Bern Tuebingen, 1952.

[5] 参见 Eucken 致 Meinhold 的信件，1950年2月15日。

[6] ［德］阿尔弗雷德·米勒·阿尔马克："经济秩序的社会观"，载［德］何梦笔主编《德国秩序政策理论与实践文集》，庞健、冯兴元译，上海人民出版社2000年版，第17页。

为必须用社会平等将竞争和市场联系起来。① 勒普克和吕斯托代表了某种"社会学上的新自由主义"（sociological neoliberalism），对社会生活寄托一种保守主义—浪漫主义的向往，憧憬一种以家庭农场和中小城市为主的民众生活，并希望通过政府干预和社会政策来实现这种梦想。②

欧肯及其同仁当时在弗赖堡大学就是在纳粹的眼皮底下开展对一种自由的经济和社会秩序的研究。1933 年，当时的弗赖堡大学校长、存在主义哲学家马丁·海德格尔（Martin Heidegger）引入了一种支持纳粹的大学章程，该校由此开始迫害犹太人。此后欧肯公开表态反对这一做法，由此成为校长的眼中钉。早在 1936 年，纳粹阵营的大学生们要求处死欧肯及其朋友。他的犹太裔妻子埃迪特·欧肯-埃德西克（Edith Eucken-Erdsiek）也因为其犹太裔血统而遭到迫害。尽管如此，欧肯那时仍然开设了以《学术斗争》为主题的思想自由系列讲座。盖世太保曾经多次传讯欧肯，不过不曾逮捕他。但是有三位他所在的"弗赖堡圈子"（Freiburger Kreis）的朋友被纳粹当局拘禁到"二战"结束：他们是经济学家阿道夫·兰珀（Adolf Lampe）和康斯坦汀·冯·迪策（Constantin von Dietze），以及历史学家格尔哈特·里特（Gerhard Ritter）。该圈子与当时的抵抗纳粹运动有着较紧密的联系，因而成了纳粹的眼中钉。

第二次世界大战后，欧肯曾任法国和美国占领区军事当局顾问，并于 1948 年担任联邦德国政府经济部咨询委员会委员。1948 年 3 月 2 日德国自由民主党提名路德维希·艾哈德（Ludwig Er-

---

① "社会市场经济——一个延续了 60 年的神话"，德国印象网，http：//www.deyinxiang.org/web/c - 000000010001/d_ 0072. htm。

② Renner, A., *Jenseits von Kommunitarismus und Neoliberalismus*, Vektor-Verlag, Grafschaft, 2002; Vanberg, V., Hayek in Freiburg, *Freiburger Diskussionspapiere zur Ordnungsökonomik*, 2012, 1.

hard）为由美英法联合占领区所组成的联合经济区的经济管理局局长。他的得力高参之一就是莱昂哈特·米克施（Leonhard Miksch），弗莱堡学派的一位重要代表人物。在战后德国重建阶段和社会市场经济的建立过程中，弗莱堡学派的秩序自由主义经济政策思想是德国经济改革的重要思想基础。西占区管理局局长路德维希·艾哈德本身就是一位坚信市场经济理念的经济学教授，借助这些思想废除了战后最初几年的经济管制，并全力推动了德国社会市场经济体制的创建。

1947年，后来的诺贝尔经济学奖得主哈耶克发起成立了蒙佩勒兰学社（"Mont Pelerin Society"，又译"朝圣山学社"）。当时共有30多名学者参加了在瑞士蒙佩勒兰举行的成立大会和首届年会。参加人员包括哈耶克、欧肯、M. 弗里德曼，其中欧肯为唯一一位德国代表。欧肯后来还出任第二任会长。这个协会其后成为自由主义经济思想的世界性组织。在1949年的年会上，路德维希·冯·米塞斯（Ludwig von Mises）在垄断问题与国家的作用方面曾经对欧肯发难，认为只有自己才代表真正的自由主义路线。这两种观点的交锋一直贯穿于学会内部。① 与此相应，在该学会内部，学者之间在这方面总体上至少存在两大阵营：以米塞斯为代表的阵营认为，在开放市场环境下，在长期不存在垄断，也不需要国家采取反垄断政策；另一个阵营以欧肯为代表，认为国家应该建立和维护一个辖制市场运行的法律规则框架，也就是竞争秩序，反对私人权力的形成和滥用，要通过反垄断来保护竞争。哈耶克作为米塞斯的学生，其观点介乎两者之间：虽然他赞同米塞斯有关在开放市场中在长期不存在垄断的观点，也没有明确表示过赞成建立反垄断当局，但他自己承认在1928年邂逅欧肯，后来与欧

---

① Röpke, W. , Blätter der Erinnerung an Walter Eucken, *ORDO - Jahrbuch für die Ordnung von Wirtschaft und Gesellschaft*, 13: 3—19; Vanberg, 2011.

肯过从甚密,甚至"紧密合作",尤其是在 1947—1950 年,也就是欧肯去世前四年。而且,哈耶克非常认同欧肯的观点,赞赏他的学识,他在 1962 年 6 月 18 日就任弗赖堡大学教授职务致辞中认为,他与欧肯的友谊"基于他在学术和政治问题上对欧肯的观点的最为贴近的认同"[①]。与欧肯强调由国家建立和维持竞争秩序不同,哈耶克虽然同意市场需要一套规则辖制,但是强调需要存在规则之间的竞争,以及竞争作为发现程序的作用,认为只有如此才能找到解决问题的最好方法。1946 年 11 月 3 日哈耶克曾经给欧肯写过一封信,说明哈耶克曾想在芝加哥申请立项研究一个有运作能力的竞争性经济所必需的法律框架的变化。[②]

欧肯 1939 年发表的《国民经济学基础》(*Grundlagen der Nationalökonomie*)一反德国历史学派注重历史分析、轻视经济学理论的传统,主要阐述理论经济学的基本问题和研究方法,奠定了他作为弗莱堡学派主要创始人的地位。与之几乎同等重要的就是他逝世后于 1952 年由妻子埃迪特·欧肯-埃德西克和他的助手卡尔·保罗·亨泽尔(Karl Paul Hensel)编辑出版的《经济政策的原则》(*Grundsätze der Wirtschaftspolitik*)。这两本书均面向现实问题,但侧重点不同,前者注重面向现实问题的国民经济学理论的建构,后者聚焦面向现实问题的经济政策推导和论述。《国民经济学基础》中区分了作为现实秩序的"经济秩序"(Wirtschaftsordnung)和作为应然秩序的"经济的秩序"(Ordnung der Wirtschaft),但并没有具体勾勒"经济的秩序"的结构和内涵。恰恰是其去世之后整理出版的《经济政策的原则》一书完成了这方

[①] Hayek, F. A., The Economy, Science, and Politics, in: F. A. Hayek, *Studies in Philosophy, Politics and Econoics*, Chicago: The University of Chicago Press, 1963, 251—269.

[②] Vanberg, V., Hayek in Freiburg. Freiburger Diskussionspapiere zur Ordnungsökonomik, 2012, 1.

面的阐述，按此"经济的秩序"指的就是上述"竞争秩序"。

此外，欧肯于 1948 年和弗兰茨·伯姆（Franz Böhm，1895—1977）共同创办了《奥尔多秩序——经济与社会秩序年鉴》，或译《秩序年鉴》。参与年鉴编辑工作的还包括卡尔·布朗特（Karl Brandt）、迪策、哈耶克、威廉·勒普克（Wilhelm Röpke，1899—1966）、F. A. 卢茨（Lutz，1901—1975）以及亚历山大·吕斯托（Alexander Rüstow，1885—1963）。这部年鉴是德国秩序自由主义者的旗舰出版物，迄今为止发挥着重要的影响。

1949 年哈耶克邀请欧肯到伦敦经济学院讲学，但至 1950 年才成行。其讲座主题为国民经济学，共分五讲。在讲学期间，欧肯于 3 月 25 日因心脏病发作而不幸病逝于伦敦霍华德饭店，其未竟的最后一讲由艾兰·皮科克教授代为宣读讲授。当时哈耶克已经离开伦敦在芝加哥大学工作。一年多后，哈耶克在一篇庆祝米塞斯 70 寿辰的文章中回忆道："直到纳粹德国政权崩溃之后，才显明他（欧肯）在纳粹统治时期悄然无声的活动是多么硕果累累和大有裨益，因为只有到那时他的朋友和弟子圈才在德国崭露头角，成为理性的经济学思考的最重要的堡垒。"①

欧肯的基本国民经济学方法论

欧肯不仅对经济学感兴趣，也对哲学和历史感兴趣。父亲鲁道夫·欧肯的哲学思想对他的影响较大。鲁道夫认为，人的存在的理想在于一种自我规定的、有意义的生活，哲学的使命在于克服社会中存在的迷失生活意义的危机，使得个体有可能发展出一

---

① Hayek, F. A., The Transmission of the Ideals of Economic Freedom, in: F. a. Hayek, *Studies in Philosophy, Politics and Economics*, Chicago: The University of Chicago Press, 1967, 195—200 (Originally publicshed in German in 1951).

种有意义的生活秩序。① 欧肯年轻时,父亲还让欧肯和其兄弟与自己一起翻译亚里士多德的著作。托马斯·阿奎那有关秩序的思想也对欧肯产生了影响。除了与哈耶克的交情外,欧肯还与熊彼特保持交往。1947年蒙佩勒兰学会成立时,欧肯也与哲学家卡尔·波普尔结交。欧肯与艾德蒙特·胡塞尔(Edmund Husserl)的友谊对其有着重大的意义。比如欧肯强调从形态学角度分析各种经济形式,就是受到胡塞尔现象学的启迪。欧肯不仅以批评的态度研究经济学中的意识形态,而且研究一般领域中的权力意识形态。他认为尼采的权力意志论、马丁·海德格尔的存在主义哲学、马丁·路德的志愿主义论、卢梭的公意论和亨利·德·圣西门的进步意识形态均属于反自由的非理性主义的传统。②

欧肯的研究着眼于权力、不自由和贫困的相互联系问题。他认为应该在考虑到这种相互联系的基础上确立一个经济秩序的框架条件,这个经济秩序也同时允许最大的经济自由和合理的经济调节,这种经济调节要与竞争兼容,目的在于维护一种竞争秩序,比如通过反垄断。他深信,国家的经济活动应直接面向塑造经济秩序,而不是干预经济过程。正是这种观点,成就了欧肯作为秩序自由主义的创始人和社会市场经济之父之一的地位。

欧肯最重要的作品为1939年发表的《国民经济学基础》和他逝世后于1952年由妻子埃迪特·欧肯-埃德西克和他的助手卡尔·保罗·亨泽尔编辑出版的《经济政策的原则》。在《国民经济学基础》一书的1950年英文版序言中,他强调了对经济现象进行形态学研究的重要性,这种研究可揭示有限数量的纯粹的形式,而过去和现在的所有实际存在的经济秩序都是由这些纯粹的形式

---

① Grossekettler, Heinz, "Walter Eucken", *Volkswirtschaftliche Diskussionsbeiträge*, Westfälische Wilhelms-Universität Münster, November 28, 2003, 1—42.

② [德]瓦尔特·奥斯瓦德·欧根:"中文版序言",载瓦尔特·欧根《经济政策原则》,李道斌译,上海人民出版社2001年版,第3页。

构成的。[1] 他明确提出，该书的"目的毋宁是：建立一个形态学的和理论的体系，它能够包括一切经济生活，不管经济生活如何发展；它能够像一张网一样捕捉住不断变化的经济实际的形态。有了这个形态学体系，也就有可能为我们的各种问题而充分利用过去的理论成就。"[2] 欧肯认为，为了精确把握现实经济世界，要求认识经济活动在其中发生的各种不同的形式，这就意味着形态学的分析必须先于理论的分析。[3]欧肯认为，只有形态学的和理论的研究进路才能克服历史研究和理论研究当中存在的"二律背反"问题："问题的历史性质要求观察、直觉、综合、理解、设想自己处于个别的生活之中；而一般的—理论的性质则要求理性的思维和分析，并用思想上的模型来工作。"[4] 欧肯坚信，他的形态学的和理论的体系有利于结合历史的观察和理论思维，并在其总体联系中认清经济过程，[5] 从而居间于德国历史学派的历史研究和奥地利学派的理论研究当中。

正因为如此，欧肯在《国民经济学基础》一书中提出应从研究历史学派所强调的"经济阶段"和"经济风格"转而研究经济秩序。他认为，经济过程总是并且到处都在一定的形式之内，从而在历史上给定的经济秩序框架内运行。[6] 根据欧肯的观点，"可以用经济活动的数目有限的、基本的、纯粹的形式构成无法估量的多种多样的具体的经济秩序"[7]。这些形式既可以指涉交换经济或者集中指导经济，也可以关系到不同的纯粹货币制度（比如实

---

[1] [德] 瓦尔特·欧肯："英译本序言"，载瓦尔特·欧肯《国民经济学基础》，商务印书馆1995年版，第5页。
[2] 同上书，第5页。
[3] 同上书，第6页。
[4] 同上书，第3页。
[5] 同上书，第41页。
[6] 同上书，第72—73页。
[7] 同上书，第99页。

物货币制度），或者多种纯粹的市场形式，比如垄断、部分垄断、部分寡头垄断、竞争等。欧肯指出，单纯讲一个国家是"资本主义"，根本刻画不出一个国家的经济体制的总体特点，需要从上述具体的体制形式、货币制度和经济形式的角度去把握它们。根据欧肯的观点，一个集中指导经济为主的体制，里面也有部分交换经济的成分；一个行业属于双边垄断的市场形式，另外一个行业可能是买方寡头垄断的市场形式。欧肯根据货币产生的来源，区分三种纯粹货币制度[①]：常常通过某一种实物变成货币而产生货币的制度、在供应一种商品时或在完成劳动时作为回报而产生货币的制度（如卖主转让从买主处收到的可流通债据）以及债权人创造货币的制度。很显然，这三种货币制度在所有经济中都是存在的。

欧肯在进行以上基本的形态学梳理之后，转而分析现实世界的经济秩序，也就是完成他所言的"双重的综合"：一是把多种多样的纯粹的形式元素整合为一体的经济秩序，二是再把经济秩序嵌入当时自然的、精神的、政治的、社会的环境中去。[②] 欧肯总体上认为，首先通过形态学的方法认识经济秩序，其次可运用各种理论原理认识和分析具体的经济过程如何在每一个具体的经济秩序中运行。[③]

欧肯的经济秩序思想

欧肯有关经济秩序，尤其是竞争秩序的基本思想代表了弗莱

[①] [德] 瓦尔特·欧肯："英译本序言"，载瓦尔特·欧肯《国民经济学基础》，商务印书馆1995年版，第155—159页。
[②] 同上书，第219页。
[③] 同上书，第212页。

堡学派的主体思想。这种秩序思想成为路德维希·艾哈德在第二次世界大战后力争将联邦德国重新恢复到市场经济体制过程中所秉承的理念。① 虽然欧肯和弗莱堡学派往往是茶余饭后被一些人谈及,而不是在专业性学术刊物上提到,欧肯的基本思想迄今为止仍有重大的意义。②

在《国民经济学基础》一书中,欧肯把单个的家计或者企业视为"个体经济"。根据他的观点,"个别(个体)经济的每个领导者都在他视为给定的那些事实的基础之上建立他每年、每月或者每天的经济计划"③。他将这些事实统称为"数据"(Daten)。④他认为,"因为经济计划依赖各种计划资料(数据),而各个个别(个体)经济在供给和需求上的经济活动依赖经济计划,只有从这些计划资料(数据)的差别出发,才能理解供给和需求的各种形式"⑤。欧肯根据供给者和需求者在其各自的经济计划中接受他视为给定事实的数据的影响程度,以及他对其他经济主体在其经济计划中所参照数据的影响程度来界定垄断、竞争等多种市场形式。欧肯据此界定了"垄断"的含义:在垄断情况下,垄断者根据各种计划数据,不是规定价格(它对他来说不是数据),就是决定应当供给的(或者应当需求的)数量并让价格依此做出调整。⑥ 而竞争不是指"一个供给者或者需求者通过改变他的供给或他的需求而将不会在事实上引起有关价格的改变"这样一种情况,而是指

---

① [德]阿尔弗雷德·席勒:"自由主义的现代流派",载阿尔弗雷德·席勒、汉斯-京特·克吕塞尔贝格主编《秩序理论与政治经济学》,山西经济出版社 2006 年版,第 53—60 页。
② Braunberger, Gerald, Walter Eucken: Der wahre Neoliberale, *Frankfurter Allgemeine*, 2013.
③ [德]瓦尔特·欧肯:"英译本序言",载瓦尔特·欧肯《国民经济学基础》,商务印书馆 1995 年版,第 124 页。
④ 同上书,第 124 页。译者在译文中将"Daten"译为"资料"。
⑤ 同上书,第 125 页。
⑥ 同上书,第 125—126 页。

涉另外一种情况："个别人由于市场的巨大和他的供给或他的需求的微不足道而在他的经济计划中不考虑这样一种反应,因而把价格当作计划资料(数据)并相应地行动。"① 也就是说,"如果由于市场规模与个别供给或者个别需求的大小之间的关系,每个个别人的行动对价格的各种影响是如此之小,以至于他在他的计划和行动中不注意它们,那就存在着竞争"②。按照这种方式,纯粹的市场形式包括:垄断、部分垄断、竞争、寡头垄断、部分寡头垄断、集体垄断。③ 其中集体垄断指雇主联合会、卡特尔和工会等互益性组织的成员达成协议所推行的垄断。④ 对于欧肯来说,存在需求方竞争和供给方竞争的市场形式,就是"完全竞争"。⑤ 很显然,这种完全竞争完全不同于主流经济学的"完全竞争"范式。⑥ 前者得自具体的经济现实。后者则根据一整套的假设推演而来,这些假设包括产品的同质性、信息的完备性等,内含循环论证或套套逻辑。前者则不需要基于上述假设。可见,主流经济学由于追求数学上的可操作性和齐整性,不能纳入许多业已存在的经济学洞见。⑦

在《国民经济学基础》和《经济政策的原则》两书中,欧肯区分两种纯粹的经济体制:一为交换经济(Verkehrswirtschaft),即市场经济,它以自由的法治国家为条件;二为集中管理经济(Zen-

---

① [德]瓦尔特·欧肯:"英译本序言",载瓦尔特·欧肯《国民经济学基础》,商务印书馆1995年版,第128页。
② 同上书,第129页。
③ 同上书,第139页。
④ 同上书,第138页。
⑤ 同上书,第147页。
⑥ 有关主流经济学的完全竞争范式,可参照 Samuelson, P. A. & Nordhaus, W. D., *Economics*, McGraw-Hill, New York, 1985.
⑦ 有关对主流经济学完全竞争范式的进一步批评,可参阅 Hayek, Friedrich, *Economics and Knowledge*, Presidential address delivered before the London Economic Club; November 10, 1936.

tralverwaltungswirtschaft），比如纳粹德国和苏联的体制，它往往与专制相联系。欧肯对现代经济的集中管理经济和交换经济的区分目前属于经济学教科书的标准内容。然而，欧肯所采取的区分标准不是今天常用的国家的经济活动（如国家支出率），而是经济权力的分布。在集中管理经济中，一个中心掌握最大的权力，个人权力受到最大程度的剥夺。对于欧肯，处于集中管理经济的对极位置的，不仅是自由放任意义上的"自由市场经济"，而且在更大程度上是不同于主流经济学完全竞争范式的"完全竞争"，在其中没有人在经济上有权力统制他人。此外，在上述两极之间，还有另一种秩序类型，那就是欧肯所指的"权力化的市场经济"（vermachtete Marktwirtschaft）。① 在这种秩序下，私人权力集团可以通过价格政策或者游说活动干预其他市场参与者的经济自由。按照现代政治经济学，这种"权力化的市场经济"也就是一种"寻租经济"。

欧肯在《国民经济学基础》一书最后提到要为经济赋予一个有运作能力的和合乎人的尊严的秩序，也就是"经济的秩序"（Ordnung der Wirtschaft），以区别于具体的和个别的"经济秩序"。"经济的秩序"属于17—18世纪欧洲人所言的"自然秩序"（ordre naturel），是符合理性或者人的和各个事物的自然的秩序，也是一种"本质秩序"，也可称为"Ordo"，即"奥尔多秩序"。"Ordo"概念来自中世纪基督教社会伦理的教义。在中世纪，它意味着把多种多样的东西有意义地结合为一个整体。在《经济政策的原则》一书里，欧肯进一步指出，"奥尔多秩序"是指一种"合乎人和事物的本质的秩序。它是一种其中存在着度和均衡的秩序"②。"经济的秩序"是应然秩序，一种适宜的和公平的秩序，而"经济秩序"则属于他们所言的"实际秩序"（ordre positif），是那些具体的秩

---

① Eucken, W. & Eucken-Erdsiek, E., *Grundsaetze der Wirtschaftspolitik*. Francke Mohr, Bern Tuebingen, 1952.

② Ibid.

序，是历史的、个别的、变动着的事实状况的秩序。① 前者经久不变，后者则不断流变。"对于什么是有运作能力的和合乎人的尊严的秩序，欧肯认为，这个秩序意味着，"在它当中应当尽可能广泛地和连续地克服物品的稀缺，这种稀缺在大多数的家计中都日复一日地压制性地发挥着作用；同时在这种秩序中，一种自我负责的生活应当是可能的"②。而要实现这种秩序，就要设立一种能够推行足够的秩序原则的"经济宪法"。由于这一使命不能自行完成，国民经济学就要探究如何塑造这种秩序。欧肯倾向于要求应当实行的经济宪法要把效率竞争当做根本的秩序原则加以使用，并把这样一种秩序称为"竞争秩序"。他认为，"各个个别的法律领域（像公司法、税法、垄断法、劳动法、专利法、有商标的货品法）将依内容和解释而根本地取决于经济宪法法律的总体决定"③。他坚持要把职业自由或无限责任作为经济宪法的制度，认为无限责任从属于竞争秩序。在《国民经济学基础》的最后部分，欧肯提出今日国民经济学要完成的工作任务是：对国际和个别国家来说是为构思有运作能力的经济宪法而阐明适用的秩序原则，并且使它们对于经济政策的所有部分都富有成效。而形态学的装置允许精确地陈述各种法律准则如何随着各种经济秩序形式而改变它们的意义和它们的功能。④

欧肯在《经济政策的原则》一书中全面完成了他在上述著作中为国民经济学所提出的工作任务。可以说《国民经济学基础》与《经济政策的原则》属于珠联璧合的姐妹篇，前者是理论篇，后者是政策篇。当然值得注意的是，《经济政策的原则》中有关竞

---

① ［德］瓦尔特·欧肯：《国民经济学基础》，商务印书馆1995年版，第306页。
② 同上书，第307页。
③ 同上书，第309—310页。
④ Eucken, W. & Eucken-Erdsiek, E., *Grundsaetze der Wirtschaftspolitik*. Francke Mohr, Bern Tuebingen, 1952, pp. 309 – 310.

争秩序的论述是欧肯长期关注的内容。其实这两部巨著的很大一部分观点形成于纳粹时代。①

欧肯强调要推行一种不同于主流经济学完全竞争范式的"完全竞争"秩序,坚信一种自由放任的经济会系统性地导致权力集团对经济的统制。与此相应,欧肯和伯姆在 1948 年《秩序年鉴》首卷前言中解释道:

"国家活动是多是少——这个问题忽略了至关重要的问题。后者不是定量的,而是定性问题。国家不应该试图控制经济过程,也不应让经济放任自流:如果国家规划形式,就应该支持;如果国家计划和调控经济过程的方向,则应该反对。认识形式和过程之间的区别并按此行事,这是非常重要的。只有这样才能实现一种目标,也就是不是由一个少数,而是可以由所有公民通过价格机制来引导经济。使得上述成为现实的唯一的经济的秩序,是'完全竞争'(vollständigen Wettbewerb)。如果所有的市场参与者都被剥夺改变市场博弈规则的机会,这一秩序才能实现。国家因此必须通过适当的监管框架,事先确立市场形式——也就是说,确立经济运行中的比赛规则。"②

根据范伯格的解释,"奥尔多秩序"或"竞争秩序"体现了两层含义③:其一,这一秩序是指一个法律面前人人平等的、没有特权的秩序,是合乎人类尊严的,也即合意的;其二,这一秩序作为市场竞争秩序,是一种符合辖区内所有成员可达成一致同意的立宪利益的经济宪法,这种秩序所内含的市场竞争设想指的是

---

① 瓦尔特·欧根:"中文版序言",载瓦尔特·欧根《经济政策的原则》,李道斌译,上海人民出版社 2001 年版,第 3 页。
② Die Schriftleiter, "Vorwort: Die Aufgabe des Jahrbuchs", in: Walter Eucken und Franz Böhm, *Ordo*, Volume 1: VII—XI, 1948.
③ [德] 维克托尔·凡贝格(或译范伯格):"秩序政策的规范基础",载何梦笔主编《秩序自由主义:德国秩序政策论集》,中国社会科学出版社 2002 年版,第 26—47 页。

"绩效竞争",只有绩效竞争才体现消费者主权原则,符合(布坎南意义上)辖区内所有成员可达成一致同意的立宪利益,具有运作效率。在此,立宪利益是指关系到他们想生活其中的规则秩序种类的利益。欧肯主张效率竞争,反对垄断斗争。他认为:"效率竞争像一场赛跑。在并行的冲刺中,个别企业的效率提高了,而在终点应由消费者来决定谁取胜。对企业及其领导人选择、技术和经营方式的选择应该在效率竞争中进行,利润、亏损、破产在效率竞争中才有意义。而消费品的供应状况将决定竞争的结果。"[1]至于垄断斗争,则情况恰恰相反:"在垄断斗争中,起决定作用的不是对消费者的贡献,而是现有权力地位的强弱程度。"[2] 为此,欧肯提出通行的原则:"谁允许垄断斗争,谁就阻碍了效率竞争的发展;谁要效率竞争,谁就不能赞成和允许垄断斗争。"[3] 这些洞见无疑可以强化当前我国国人有必要打破行政垄断的认识。

欧肯通过研究指出,国家应该为市场经济创造一种固定的和可靠的秩序框架。在这个市场经济中,企业家和消费者可以各行其是,而不必担忧其行动的自由。对于欧肯来说,没有什么比经济与政治权力抱团更为令人憎恶。[4] 而当时存在的欧洲的社会主义,德意志帝国和纳粹德国均存在这类可怕的例子。欧肯主张不以压制个人自由的政治和经济体制为目标,提倡取而代之以一种基于自由价格形成的竞争秩序,同时国家必须作为这一秩序的建立者和保障者。我国一些学者可能对欧肯主张由国家建立和维持一个竞争秩序会有保留态度,会误以为这是一种国家主义的进路。不过,欧肯所强调的国家是在法治国家框架内的国家。他认

---

[1] Eucken, W. & Eucken-Erdsiek, E., *Grundsaetze der Wirtschaftspolitik.* Francke Mohr, Bern Tuebingen, 1952.

[2] Ibid.

[3] Ibid.

[4] Braunberger, Gerald, Walter Eucken: Der wahre Neoliberale, *Frankfurter Allgemeine*, 2013.

为，国家要体现法治国家的思想，应该置于法律之下，承认和保护各个公民的自由和权利范围。① 这里所遵循的原则，有点像哈耶克所强调的那种"法律下的自由"原则。② 正如德国著名国民经济学家何梦笔（Carsten Herrmann-Pillath）教授所言，在英美传统理论将国家视为利益集团之傀儡的时候，欧肯所代表的秩序理论则强调国家行为既可以从法律上做到自我约束，也可以做到长远取向。③

在《经济政策的原则》一书中，欧肯的经济政策理论区分了经济秩序同经济过程之间的差别。所谓经济秩序是指经济活动在法律上和体制上的秩序框架，而所谓经济过程则是指经济行为者的日常交易过程。④ 在此基础上，欧肯区分"秩序政策"（Ordnungspolitik）和"过程政策"（Prozesspolitik）。

所谓秩序政策，是指国家必须确定经济主体都必须遵守的法律和社会总体条件，以便使一个有运作能力和合乎人的尊严的经济体制得到发展。国家必须为竞争秩序确立一个框架，并不断保护这个框架。在保证自由进入市场和防止垄断行为的条件下，市场过程的参与者可以自主作出决策。同时，市场则把各个市场参与者的计划协调成一个国民经济的整体过程。⑤ 因此，秩序政策是所有那些为经济运行过程创造和保持长期有效的秩序框架、行为

---

① Eucken, W. & Eucken-Erdsiek, E., *Grundsaetze der Wirtschaftspolitik*. Francke Mohr, Bern Tuebingen, 1952.

② Hayek, F. A.: The Mirage of Social Justice, *Law, Legislation and Liberty*, Vol. 2, Routledge, London and Henley 1976.

③ ［德］何梦笔："前言"，载阿尔弗雷德·席勒，汉斯-京特·克吕塞尔贝格编《秩序理论与政治经济学》，山西经济出版社 2006 年版，第 1—2 页。

④ Eucken, W. & Eucken-Erdsiek, E., *Grundsaetze der Wirtschaftspolitik*. Francke Mohr, Bern Tuebingen, 1952；陈秀山：《现代竞争理论与竞争政策》，商务印书馆 1997 年版，第 131 页。

⑤ ［德］维利·克劳斯：《社会市场经济》，路德维希·艾哈德基金会 1995 年出版，第 16、23 页。

规则和权限的有关经济法律和措施手段的总和。①

所谓过程政策，是指在既定的或者很少变化的秩序框架和国民经济结构下，所有那些针对经济运行过程本身所采取的、并能影响价格—数量关系变化的各种国家干预调节措施手段的总和。②

与此相应，欧肯认为，为了推行竞争秩序，要遵循两类原则：一类为构成性原则（konstituierende Prinzipien），用来建立竞争秩序；另一类为调节性原则（regulierende Prinzipien），用来保持竞争秩序的正常运作能力。③

在自由放任制度下，国家既不确立经济秩序，也不干预经济过程，而在集中指导经济中，国家则左右经济秩序和经济过程。根据欧肯的观点，从秩序政策角度看，竞争秩序下的交换经济同于上述两种制度。政府避免直接干预市场过程，但它必须通过政治制度，确保竞争秩序的构成性原则的实现，从而建立起竞争秩序。④根据欧肯的观点，竞争秩序的这些构成性原则包括⑤：

（1）一个有运作能力的价格体系：关键要使价格机制有运作能力。如果不能做到这一点，任何经济政策都将失败。

（2）货币政策的首要地位：即维护币值稳定。应该建立一个

---

① 比较陈秀山《现代竞争理论与竞争政策》，第131页。

② 这三个定义均见陈秀山《现代竞争理论与竞争政策》，第131页。陈把"秩序政策"（Ordnungspolitik）译成"制度政策"，本文则采用"秩序政策"译法。

③ Eucken, Walter, *Grundsätze der Wirtschaftspolitik*, Tübingen: J. C. B Mohr (Paul Siebeck), 1990, p. 253.

④ [德] 约瑟夫·莫尔斯伯格："瓦尔特·奥伊肯"，载伊特维尔等编：《新帕尔格雷夫经济学大辞典》第二卷，经济科学出版社1996年版，第211页。

⑤ Eucken, W. & Eucken-Erdsiek, E., *Grundsaetze der Wirtschaftspolitik*. Francke Mohr, Bern Tuebingen, 1952；[德] 柯武刚、史漫飞：《制度经济学——社会秩序与公共政策》，商务印书馆2000年版，第386—387页；[德] 约瑟夫·莫尔斯伯格："瓦尔特·奥伊肯"，载伊特维尔等编：《新帕尔格雷夫经济学大辞典》第二卷，经济科学出版社1996年版，第211页；[德] 阿尔弗雷德·席勒："自由主义的现代流派"，载阿尔弗雷德·席勒、汉斯－京特·克吕塞尔贝格主编《秩序理论与政治经济学》，山西经济出版社2006年版，第53—60页。

以币值稳定为责任的货币秩序，避免市场价格的扭曲，也避免通货膨胀和通货紧缩造成资源错误配置和收入的错误分配，杜绝随之而来的国家对市场价格机制的大量干预。

（3）开放的市场：要维护市场进入和退出的自由，阻止市场对内和对外的封闭，避免集中倾向。

（4）私有制（Privateigentum）：生产资料的私人所有是经济计划分散化和在资本市场影响下维护竞争市场结构的前提。与此同时，竞争秩序也是使生产资料的私人所有不至于导致经济和社会不良状况的前提。生产资料的私人所有需要竞争的控制。

（5）契约自由：若要落实私人产权，就需要能够实施私人的计划和行动权，这就需要推行契约自由（包括经营自由）。只要它本身不被利用来限制竞争，就应该对它进行保护。

（6）承担责任（Liability）：经济主体承担财产责任，可提高人们市场活动的理性、持续性和自我约束，便利市场对企业和领导人的筛选，也使责任人对资本的使用比较谨慎，预防对资本使用的浪费，迫使人们对市场进行谨慎地试探，由此稳定总体经济过程，改善竞争市场过程的可预见性和社会接受度。承担财产责任对竞争秩序之所以重要，还因为它迫使经济主体要做好成本计算，可以阻止其出于譬如追求市场权力的理由去吞并其他企业。这样，尽量普遍适用的财产责任会起到防止市场集中的作用。

（7）经济政策的恒定性（Konstanz）：竞争秩序的经济政策的核心要求是经济政策的恒定性。经济政策为经济过程创造一个合适的经济宪法框架，并要坚持这一框架，对它的修改要慎之又慎。经济过程只有通过价格才能得到充分调节。价格机制能确定投资比例是否失调，并能对失调的状况加以纠正。为了不额外地加大在竞争过程中不可避免出现的价格和收入的差别，减轻投资决定的压力和稳定企业的预期，就必须保证一种恒定的经济政策。私人部门在币值稳定的情况下原则上倾向于持续的发展和充分就业，而经济政策的恒定性对市场活动中长期的想法和行为有利，促进在时间、技术和空间上特别先进的生产方法的创新和生产率的改进。恒定的经济政策通过建立和维持一个经济宪法框架，也有助于抑制限制竞争的行为。

这七项构成性原则是经济宪法原则，都在德国早期的社会市场经济中得到了较大程度的体现。其中第一项是其他六项原则的核心，这六项原则围绕着第一项原则，呈现出一种"众星拱月"的格局。欧肯强调："这些原则整体性是如此之强，以致孤立地实施个别原则完全无法达到目的。"① 按照欧肯的观点，"竞争秩序的经济政策可以通过创造相应的条件，如果改革专利法、开放市场、扩大责任、合理地限制契约自由以及按照其他原则行事等，来消除产生康采恩的土壤。这里需要再次特别强调经济政策的恒定性。"②

值得注意的是，欧肯对通过引入一种以一篮子商品为本位的货币体制情有独钟。他在《经济政策的原则》一书中用了较长的篇幅来构想和推敲这样一种面向币值稳定的货币秩序。我国中央银行行长周小川几年前也曾就国际货币基金组织的改革提出过类似的商品本位货币的设想。总体看来，对这方面的探讨还有待进一步深入。

德国社会市场经济中，实际经济政策与上述构成性原则又难免有些偏离，比如欧肯主张承担责任原则，其要点之一是企业主要承担无限责任。但是无限责任的企业只是当前德国数种类型的企业之一。其他还有承担有限责任的企业和两合公司等。其中两合公司中部分股东为无限责任股东，部分为有限责任股东，结合了无限责任和有限责任各自的优势。有限责任容易导致企业的高

---

① Eucken, W. & Eucken-Erdsiek, E., *Grundsaetze der Wirtschaftspolitik*. Francke Mohr, Bern Tuebingen, 1952.

② Ibid.

杠杆运作，由此获得市场权力。而市场权力的形成与欧肯的"完全竞争"理想目标不一致。

欧肯也强调政府按照一定的规则推行一定程度的"过程政策"，即国家干预政策。根据欧肯的观点，要遵循与市场一致的原则。据此，过程政策应遵循三条原则[①]：一是国家必须限制利益集团的权力；二是所有的国家干预必须面向维护经济秩序，而不是面向市场过程；三是经济与社会方面的干预政策必须是系统性的，而不能是临时性的或者选择性的。与此相应，欧肯认为，竞争秩序还需要包括一套调节性原则，目的在于通过调节经济过程来维持竞争秩序。对于欧肯，这些调节性原则是辅助性的。过程政策包括反垄断政策、收入政策、经济核算和针对不正常供给的政策等。秩序政策的地位要高于过程政策。过程政策是为秩序政策服务的，要奉行与市场一致的原则（principle of market conformity）。过程政策是一种最低程度的政府干预，目的在于纠正竞争扭曲，重新为竞争打通道路。具体而言，欧肯强调的过程政策包括[②]：

（1）垄断控制：需要采取反垄断和反限制竞争的政策，分散市场权力。

（2）社会政策：它涉及收入与财产的再分配政策。欧肯认为，以完全竞争的价格体制分配社会产品虽然还有许多不尽如人意的地方，但还是比私人或公共权力实体随心所欲的分配办法要好得多。但是竞争秩序条件下的分配办法还需要改进。从社会政策的观点出发，可以采取收入政策措施来纠正初始收入分配，比如

[①] 比较［德］盖瑞特·麦杰："导言：市场经济的制度基础"，载《经济研究杂志》第 21 卷，1994 年第 4 期。

[②] 梁小民：《弗莱堡学派》，武汉出版社 1996 年版，第 12 页；［德］约瑟夫·莫尔斯伯格："瓦尔特·奥伊肯"，载伊特维尔等编：《新帕尔格雷夫经济学大辞典》第二卷，经济科学出版社 1996 年版，第 211 页。

通过一种低累进度的累进所得税制,但是累进不许高到影响投资的程度。①

(3) 经济核算:欧肯认为,通过竞争价格体制的相互协调,许多工厂和家庭的经济核算应该导致整体经济的合理核算和对整个过程的充分调节。按照现代主流经济学的话来说,欧肯主张通过推行完全竞争、劳动保护和生态保护等措施,来实现个人与社会成本的均等化,或者说社会成本的内部化。

(4) 针对不正常供给的政策:比如产品价格或者工资下降时,产品或者劳动力供给反而增加的情况就是不正常供给情况。欧肯认为,在劳动力市场上建立起符合完全竞争的状态,就不会发生像私人集团或国家权力集团统治下那样压低工资的情况,此外对工人的保护,如禁止招收童工、限制成年人劳动时间等,使工资下降时增加劳动力供应发生困难。如果劳动力市场供给仍长期不正常,就要限定最低工资。

我们需要一分为二地看待欧肯从维持一个竞争秩序的角度提出的应对不正常供给状况的政策。如果单纯孤立地看,他的这些政策可能会受到许多自由放任政策主张者的诟病。不过他提出的"最低工资",不是针对一般劳动力市场提出的,而是针对长期劳动力市场供给不正常的状况。从更为进一步的分析来看,这种"最低工资"措施仍然会遭遇经济学的铁律:它会导致部分低端就业者失业的结果。当然,这种情况下他所主张的有节制的社会政策可以会随后发挥作用,因为在总体逻辑上仍然自洽。

正确理解的社会政策对于欧肯来说就是"有关经济的秩序的

---

① 哈耶克与欧肯的累进税态度有所差别,但两者最终的结论是差不多的,即允许一种低累进度的个人所得累进税制。哈耶克总体上对累进税持反对态度,认为即便是比例税率,富人也是多纳税的。但他最终认为,如果真的要推行累进税,也只能接受一种低累进税制。参见弗里德里希·奥古斯特·冯·哈耶克:《自由宪章》,中国社会科学出版社1998年版。

政策"。根据欧肯的设想，经济政策包括一种对实现高就业的责任。对于社会保障的传统领域，比如失业保险、意外保险、健康保险和养老保险，存在一种不容争议的推行社会政策的理由。[①] 欧肯认为，除了推行竞争政策之外，采用特殊的社会政策，推行"防范性措施是必要的，以填补空白，采取纾困措施"[②]。

上述各项构成性原则和调节性原则本身是一种运作良好和维护人的尊严的竞争秩序的必要条件。但只有将它们搭配使用、融为一体才形成一种竞争秩序的充分条件。[③]

根据欧肯的观点，在政策设计上，除了要注意秩序政策相对于过程政策的优先性之外，还要考虑秩序之间的相互依赖性。后者的着眼点在于相互依存的市场在秩序框架上的相互依赖性。这要求不仅产品市场和要素市场应受制于相似的竞争自由，而且社会政策、经济政策和法律政策之间也应相互兼容。举例而言，如果劳动力市场秩序与产品市场秩序不兼容，比如产品市场处于自由竞争状态，劳动力市场则受到高度管制，这就会引发代价高昂的矛盾，如出现扭曲的相对价格。这样，受高度管制的劳动力市场可能使得生产无利可图，从而导致就业机会的减少。[④]

欧肯和德国其他新自由主义者在社会政策、景气政策和结构政策方面存在着较大的不同看法。根据卡尔·格奥尔格·辛恩（Karl Georg Zinn）的看法，米勒-阿尔马克在社会政策、景气政

[①] Kleinhenz, Gerhard D., "Sozialstaatlichkeit in der Konzeption der Sozialen Marktwirtschaft", in: *Jahrbücher für Nationalökonomie und Statistik*, Themenheft Sozialstaat Deutschland, Lucius und Lucius, 1997, pp. 406—407.

[②] Eucken, Walter, *Grundsätze der Wirtschaftspolitik*, Rowohlt, Reinbek 1965, S. 183.

[③] [德] 阿尔弗雷德·席勒、汉斯-京特·克吕塞尔贝格主编《秩序理论与政治经济学》，山西经济出版社 2006 年版。

[④] [德] 柯武刚、史漫飞：《制度经济学——社会秩序与公共政策》，商务印书馆 2000 年版，第 384—387 页。

策和结构性政策方面，比欧肯占有更大的权重。对于欧肯来说，社会政策似乎最多作为"应对极端不利境地的一个最低纲领"而成为必要，而景气政策被认为纯属多余，是有害的，因为一个理想的市场经济，正如他在自己的秩序理论里所认为已经设计的那样，只要根据竞争秩序的原则来建立和维持一个"经济的秩序"，就根本不会有周期景气和危机[1]，也就不需要景气政策或者结构性政策。

欧肯一生中主要是研究经济运作的原理和经济政策的原则，总体上可以称为对上述"经济宪法"或"经济宪制"的研究。他生前也曾计划撰写有关"国家宪法"或者"国家宪制"的著述。但遗憾的是，他的早逝打断了他的设想。不过，布坎南等人的宪政经济学思想就属于针对"国家宪法"的政治经济学分析。此外哈耶克《自由宪章》之类的大作跨越"经济宪法"和"国家宪法"的论域而游刃有余。可以说，欧肯的"经济宪制"与布坎南的"国家宪制"以及哈耶克的跨区作业，可谓达到珠联璧合之佳境。

从社会市场经济基本规则框架看欧肯的影响

德国社会市场经济之父们最初推行社会市场经济时在较大程度上参照了欧肯有关竞争秩序的基本构想。联邦德国社会市场经济的发展和直至20世纪60年代的德国经济政策，没有秩序自由主义的影响是不能想象的。不过，在初期，社会市场经济的主要哲学基础除了弗莱堡学派的思想之外，还包括基督教社会伦理和社

---

[1] Karl Georg Zinn: Soziale Marktwirtschaft. Idee, Entwicklung und Politik der bundesdeutschen Wirtschaftsordnung, http://www.tu-chemnitz.de/wirtschaft/vwl2/downloads/material/KarlGeorgZinn.pdf.

会主义。

根据米勒－阿尔马克的说法,"社会市场经济的意义"在于"将市场自由同社会平衡相结合"。① 在当前德国社会市场经济的实际运作中,德国的竞争秩序与欧肯的程序取向的基本构想有着较多的偏差,其主要偏差在于增加了很多结果取向的成分。但是德国社会市场经济的竞争秩序构架仍然在较大程度上体现了欧肯有关竞争秩序的构想。

德国的《基本法》里甚至没有明确规定其经济体制将是"社会市场经济"。但是,整个《基本法》为依照社会市场经济设想实现这样一种经济宪法铺平了道路。② 只是 1990 年 5 月 18 日的两德统一文件《关于建立货币、经济与社会联盟的国家条约》才明确提到在东德地区引入社会市场经济。并将社会市场经济视作"东德地区进一步推行经济和社会发展,同时兼顾社会平衡、社会保障以及环境责任的基础"③。

1949 年颁布的《德意志联邦共和国基本法》,并未对一定的经济制度做出规定,没有明确一定要推行一种"社会市场经济"。有关基本法对经济制度的看法有两种:其一认为基本法在德国选择经济制度问题上是保持中立的,其二认为基本法中的一些规定排除了特定的经济制度。④ 很明显,第二种看法比较合理。

基本法通过对一些基本原则的规定,框定了德国能够推行的

---

① Müller – Armack, A., *Wirtschaftsordnung und Wirtschaftspolitik Studien und Konzepte zur Sozialen Marktwirtschaft und zur Europäischen Integration*, Bern, Haupt, 1976.

② Horn, K. I., *Die Soziale Marktwirtschaft : alles, was Sie über den Neoliberalismus wissen sollten*, Frankfurt am Main, FAZ – Inst. für Management –, Markt – und Medieninformationen GMbH, 2010.

③ Vertrag über die Schaffung einer Währungs –, Wirtschafts – und Sozialunion zwischen der Bundesrepublik Deutschland und der Deutschen Demokratischen Republik (Staatsvertrag) vom 18, Mai 1990.

④ [德] H.－D. 哈尔德斯,F. 拉姆耶尔和 A. 施密特:《市场经济与经济理论——针对现实问题的经济学》,中国经济出版社 1993 年版。

经济体制。基本法的一些原则性的规定其实既排除了集中管理经济和也排除了纯粹自由放任的市场经济。① 许多条款实际上禁止了推行两种经济体制。

比如，基本法规定了众多的个人自由权利，包括保障个性的自由发展，保障个人的自由结社权、自由迁徙权、职业自由权和私有权，等等。纯粹的集中管理经济是与这些权利水火不容的。

基本法也排除了纯粹自由放任的市场经济制度。基本法规定，德国是一个"社会的联邦制国家"，"社会的法治国家"。第109条第2款规定，国家预算必须考虑宏观经济平衡的要求。第14条的第2款和第3款，强调财产所有者的社会义务。第2款规定："财产应履行义务。财产权的行使应有利于社会公共利益。"第3款则规定："只有符合社会公共利益时，方可准许征收财产。对财产的征收只能通过和根据有关财产补偿形式和程度的法律进行。确定财产补偿时，应适当考虑社会公共利益和相关人员的利益。对于补偿额有争议的，可向普通法院提起诉讼。"在第15条中甚至规定，在一定的前提下，可以将私有财产收归社会所有："土地、自然资源和生产资料用于社会化的目的的，可以依据有关补偿方式和补偿范围的法律转为公有财产或其他公有经济形态。补偿办法参照上述第14条3款的规定。"不过这些貌似"雷人"的财产义务规定，需要与第14条第1款的财产权和继承权规定对起来分析，才能把握基本法对私人财产权的保障程度。第1款规定："保障财产权和继承权。有关内容和权利限制由法律予以规定。"从总体上，基本法保障个人的财产权，但要求其履行义务，承担责任。

因此，基本法所要求的是一种介于纯粹市场经济和纯粹集中

---

① [德] H.-D. 哈尔德斯，F. 拉姆耶尔和A. 施密特：《市场经济与经济理论——针对现实问题的经济学》，中国经济出版社193年版。

管理经济之间的经济制度。社会市场经济体现了这些规定,这说明联邦德国的经济制度是同基本法一致的。

基本法所规定的所有的基本权利和基本的秩序原则,可以被看作德意志联邦共和国经济和社会秩序的宪法基础。① 与此一致,德国的社会市场经济构想体现了四大基本原则,即竞争原则,社会原则,稳定经济的原则以及与市场一致的原则,它们与社会市场经济之父们参照了欧肯及弗莱堡学派的竞争秩序思想有关②:

一是竞争原则:把竞争作为社会市场经济体制的基础。竞争促进创新,创造财富,带来繁荣。③ 为了减少对竞争的限制,国家必须创立和实施竞争的规则,对垄断、寡头和卡特尔进行监督和控制。这与欧肯强调竞争秩序总体上是相一致的。

二是社会原则:德国基本法强调德国属于"社会国家"。欧肯强调市场竞争本身就在实现着社会的功能。他认为,竞争秩序本身就能解决一大部分的社会不公平问题,因为大量生产要素的投入者通过市场及其竞争秩序获得回报。这种回报是符合人的尊严的,是"社会"的。又如米勒-阿尔马克认为,"面向消费者的需要,已经意味着市场经济在承担一种社会作用……在同一方向上,竞争体制保证和促进劳动生产率不断提高"④。虽然有效的竞争政策可以避免市场权力引起的收入分配的紊乱,但是国家可以发挥提供辅助性支持的作用,在社会政策的范围内,通过社会救济、

---

① [德]阿尔弗雷德·席勒、汉斯-京特·克吕塞尔贝格主编《秩序理论与政治经济学》,山西经济出版社 2006 年版。

② [德] H.-D. 哈尔德斯,F. 拉姆耶尔和 A. 施密特:《市场经济与经济理论——针对现实问题的经济学》,中国经济出版社 1993 年版。

③ Erhard, Ludwig, *Prosperity Through Competition*, New York, Frederick A. Praeger, 1958.

④ Müller–Armack, A., *Wirtschaftsordnung und Wirtschaftspolitik Studien und Konzepte zur Sozialen Marktwirtschaft und zur Europäischen Integration*, Bern, Haupt, 1976.

保险、津贴等形式进行再分配。①

三是稳定经济的原则：有效的竞争政策被看作价格稳定的重要前提。欧肯的经济政策当中基本上没有扩张型财政政策的地位，而且他强调是货币秩序而不是货币政策。根据欧肯的观点，相对于财政政策，货币政策具有首要性，其着眼点在于币值稳定。② 货币的稳定有利于稳定投资者和消费者的预期，保证市场的有效运行能力，避免社会冲突。在国家预算收支大体平衡和货币政策适宜时，价格水平的稳定可以同较高的就业水平并存，主要应该依靠对应的货币政策措施来平息经济发展的波动。③ 与此相应，在欧盟国家中，德国政府在坚持欧元的优先地位和财政纪律方面也属于表率。

四是与市场一致的原则：这一原则适用于一切国家措施。国家的措施要尽可能同市场一致，即与市场经济的框架条件和基本原则保持一致。④ 应尽可能少地受到干扰市场过程，特别是价格的形成。

这里我们需要注意的是，德国社会市场经济的建立和发展，不是单单受到某一种单一学说或者流派的影响的结果。凯恩斯主义学派后来也对社会市场经济发挥了影响。比如德国在 20 世纪 60 年代，人们普遍认为政府还应维护经济稳定。德国在 1967 年经济衰退时期颁布了《促进稳定与增长法》（简称《稳定法》）。这一法律实际上试图用"开明的市场经济"（aufgeklärte Mark-

---

① ［德］H.-D. 哈尔德斯，F. 拉姆耶尔和 A. 施密特：《市场经济与经济理论——针对现实问题的经济学》，中国经济出版社 1993 年版。

② Eucken, Watter, *Die Grundlagen der Natianalökonomie*, Viete Auflage, Verlag von Gustav Fischer, Jana, 1977.

③ ［德］H.-D. 哈尔德斯，F. 拉姆耶尔和 A. 施密特：《市场经济与经济理论——针对现实问题的经济学》，中国经济出版社 1993 年版。

④ 参见"Marktkonformität", in: Gabler Wirtschaftslexikon, http://wirtschaftslexikon.gabler.de。

twirtschaft）来替代社会市场经济。① 它使得国家有义务推行凯恩斯主义的稳定政策，即著名的反周期的财政政策。②《稳定法》第1条规定，"联邦、各州和社区在采取经济和财政措施时，要注意宏观经济平衡的要求。这些措施必须在市场经济体制的范围内，有利于保持适度的增长速度，实现价格水平的稳定、高就业与外贸平衡"。在 70 年代，宏观调控操作导致了国家债务的迅猛增加。就是在经济发展有利的时期，国家债务的这种增加也未能停止。反周期的财政政策最终不得不停止。③宏观调控乃至全面调控的操作缺乏信息基础，很多决策基于经济学模型。这些模型一般搭建了很多变量之间的粗略联系，需要在很多进一步假设的基础上做出决策。但这些模型结构与假设难以全面考虑各种政策的时滞，难以准确呈现总体经济的结构和发展。④ 信息基础的缺乏说明了即便采取宏观调控手段，也要尽量采取比较保守的方案，而不是积极的国家干预政策。⑤ 随着国家调控方案的停止，《稳定法》也失去了意义。在对现实经济问题的讨论中，它几乎不再起什么作用。⑥ 不过该项法律仍然存在。而且经济鉴定专家委员会在继续发挥作用。如果按照欧肯对竞争秩序的设想，只要建立和维护一种

---

① ［德］克里斯蒂安·瓦特林："全面经济调控和收入政策——对《促进经济稳定和增长法》的考验"，载何梦笔主编：《秩序自由主义》，中国社会科学出版社 2002 年版，第 432—445 页。卡尔·席勒（Karl Schiller）担任经济部长之初，推进了《促进稳定与增长法》的立法，由此引入了凯恩斯主义全面调控政策。这种推行凯恩斯主义经济政策的"统制经济"被他称为"开明的市场经济"。

② ［德］H. - D. 哈尔德斯，F. 拉姆耶尔和 A. 施密特：《市场经济与经济理论——针对现实问题的经济学》，中国经济出版社 1993 年版。

③ 同上。

④ ［德］阿道夫·瓦格纳和扎比内·克林格尔（2004）："经济周期政策"，载［德］H. 罗尔夫·哈塞、赫尔曼·施耐德与克劳斯·魏格尔特主编《社会市场经济辞典》，复旦大学出版社 2004 年版，第 146—147 页。

⑤ 同上。

⑥ ［德］H. - D. 哈尔德斯，F. 拉姆耶尔和 A. 施密特：《市场经济与经济理论——针对现实问题的经济学》，中国经济出版社 1993 年版。

"完全竞争"的经济秩序，扩张性财政政策或者货币政策都没有其运作的必要性。

本书出版小记

欧肯的《经济政策的原则》一书的中译本早在 2001 年由上海人民出版社出版，并在 2002 年第二次印刷。而此书的翻译和校对工作则完成于 1996 年。当时作者姓名译为瓦尔特·欧根，主译者为李道斌先生，主校者为德意志银行宋学明博士。该书与此前于 2000 年出版的《德国秩序政策理论与实践文集》（庞健、冯兴元译）属于姐妹篇，由德国何梦笔教授担任两卷本的主编。遗憾的是，虽然如此，上海人民出版社在《经济政策的原则》一书封面上漏印何梦笔教授作为主编的大名。鉴于《经济政策的原则》一书的重要性，我们征得李道斌先生的同意和上海人民出版社的友情支持，在李先生译本的基础上重新安排翻译，由冯兴元负责校核全部译稿，并由中国社会科学出版社出版。作者的译名改用瓦尔特·欧肯，亦即沿用中国社科院经济研究所左大培教授所译《国民经济学基础》（商务印书馆 1995 年版）的作者译名。全书增加了何梦笔教授对欧肯思想的详尽引介和 1990 年德文版的两个重要附录，均由对外经济贸易大学史世伟教授负责翻译。德国弗赖堡瓦尔特-欧肯研究所原所长范伯格（Viktor Vanberg）教授为译校提供了 1990 年德文版样书。笔者也有幸在 2012 年 5 月和 6 月接受德国雅克施坦特基金会的资助，作为客座教授访问法兰克福财经管理大学东西方文商研究中心。在德国逗留期间，笔者在德国社会市场经济的发展经验方面有幸得到何梦笔教授的悉心指点。笔者也拜访了欧肯研究所，就德国弗莱堡学派和社会市场经济与该所范伯格教授和现任所长拉斯·菲尔德（Lars Feld）教授进行了多次访谈，收集了大量的相关资料。对上述译者、校对者、编辑者、学者、大学、研究机构、出版社和基金会，我在此表示由衷的感谢。全书校译文字若有不当之处，也请读者指正。

冯兴元[①]
2014 年 3 月 8 日完稿于德国柏林

[①] 冯兴元，中国社会科学院农村发展研究所研究员，天则经济研究所副所长、天则中国企业家研究中心主任。

中文第一版序言

今天，在集中管理经济崩溃之后，瓦尔特·欧肯的著作在世界范围内越来越引起人们的兴趣，这不是偶然的：瓦尔特·欧肯在西欧被视为"社会市场经济"思想之父，因此，1945年以来，西欧各国政府一再聘任他为"市场经济的权威辩护人"［路德维希·艾哈德（Ludwig Erhard）语］。

的确，欧肯一生的成就不在于设计一个符合西欧和德国情况的、成功的市场经济的经济政策纲领。更多的是，他在具体经济政策上的活动，他本来的工作是非常原则性的，正因如此，今天他的著作在中国、东欧以及在富裕的工业国家与在贫穷的国家里一样，具有现实意义。

1. 他用秩序理论发展了被作为经典的系统学和方法，用这种方法可以不依赖历史条件来研究各种经济秩序。

2. 他用秩序政策提出一个经济宪法的设想。为此，他设计了经济政策的原则，这些原则全面地以建立一个"竞争秩序"为目的。一个经济调节的合理体系应防止所有公民贫困，同时能享有自由。

同秩序政策的设想一样，秩序理论是在数十年的工作和研讨中形成的，其中很大的部分应产生在纳粹时代，这些理论是对20世纪灾难的一个回答。

瓦尔特·欧肯生于1891年1月17日，成长在耶拿他双亲的家里。他父亲鲁道夫·欧肯是哲学家和诺贝尔文学奖获得者，他的母亲是玛勒琳·艾琳·欧肯。

瓦尔特·欧肯在波恩和基尔结束学习生活之后，在第一次世界大战中服兵役，其后在柏林任讲师，从事教学活动，并在杜宾根获教授职位。1927年，他应聘赴弗赖堡，在那里一直生活到1950年逝世。1920年，他同女作家埃迪特·埃德西克结婚。埃德西克生于斯摩棱斯克，并在那里度过童年。1923年，欧肯发表了有关通货膨胀理论的论文：《对德国货币问题批判性考察》，1925年发表论著《国际货币问题》。

与当时在德国占统治地位的反西方民族主义相反，古典的和现代的美国、英国和法国的经济学是他的著作的前提。然而他看到，能解决现代工业社会问题的基础必须是更加广泛的。因此，他不断从事哲学和历史的研究。对他有重大影响的学者如罗马的哲学家斯托阿·塞涅卡、法国启蒙哲学家蒙田、孟德斯鸠和社会学家洛伦茨·冯·施泰因。在他的书房案头上挂着冯·伊曼纽尔·康德、戈特弗里德·威廉·莱布尼茨、戈特霍尔德·埃弗赖姆·莱辛、约翰·沃尔夫冈·歌德、弗里德里希·席勒、沃尔夫冈·阿马德乌斯·莫扎特以及唯一的经济学家海因里希·冯·屠能的画像。欧肯喜欢现代绘画。

同他思想上交往的人，有各种派别的经济学家，从F. A. 哈耶克到约瑟夫·熊彼特，其中还有非经济学家，如表现派画家奥古斯特·马克和路得维希·基希那，作曲家马克斯·雷格、化学家赫尔曼·斯陶丁各、物理学家维尔纳·海森堡和女作家里卡达·胡赫等。当他1947年作为第一个德国人被接纳加入朝圣山学社（或译"蒙佩勒兰学社"）时，还增加同其他人如哲学家卡尔·波普尔的新交往。对他来说，同埃德蒙·胡塞尔的友谊具有特别重要的意义。胡塞尔对他在科学理论上有很大的影响。

他不仅对经济学中的意识形态，而且一般地对权力的意识形态进行批判性分析。他不仅将哲学家弗里德里希·尼采和马丁·

海德格尔，而且也将马丁·路德的唯意志论、法国哲学家让·雅克·卢梭的《契约论》和社会学先驱克洛德·亨利·圣西门的进步意识形态都视为反对自由的、非理性的传统。

当他在当时德国大学占统治地位的"历史学派"中进行国民经济学深造期间，在他作为帝国纺织工业联合会副代办（1921—1924年）期间，他认识到，学院经济学如何受经济利益集团影响，而找不到对世界经济危机的答案。对此，他体验到，德国的第一个民主政治没有能力监督政权。因此，纳粹专政才得以实行。

欧肯作为大学教授投身于德国大学共同反对纳粹主义的斗争。这一斗争失败了，因为只有少数人准备反对正在形成的专制。欧肯充分认识到，他和朋友们不可能防止纳粹主义。使纳粹得以肆虐的思想、政治和经济的灾难，迫使欧肯在经济学上重新提出基本问题。他看到一个原则的关系：经济调节的合理性和效果取决于社会制度监督政治权力和阻止经济权力的能力。这一问题的提出要求各学科间的合作，要求超出学院范围的政治和思想的交流，其基础是在20世纪30年代初创立的。当"弗莱堡学派"由欧肯同法学家弗朗茨·伯姆合作而产生时，参加这一学派的有弗赖堡的其他经济学家和法学家，其中与经济学家威廉·勒普克和社会学家亚历山大·吕斯托的交往最为重要，此二人在纳粹时代过着流亡生活。

1933年后，弗赖堡大学在校长马丁·海德格尔领导下实行纳粹大学宪法，开始在科学活动中对青年进行迫害。对此，欧肯公开表态，正如历史学家贝恩特·马丁指出的，欧肯是"马丁·海德格尔的真正对手"。早在1936年，弗赖堡大学生中的纳粹分子就要求处死瓦尔特·欧肯及其朋友。同时，他的妻子埃迪特·欧肯－埃德西克和她的家属由于犹太人出身也遭到威胁。尽管如此，欧肯在当时仍然举办题为"科学的斗争"思想自由讲座。他的妻子在纳粹时代不得不停止作家的生涯，同他一起在弗赖堡主持一个有许多客人来往的家,大学生和同事在歌德路进进出出,并且可以参加公开的讨论,对纳粹时代来说,这是不可想象的。在那个时代,欧肯著有诸如《资本理论研究》(1934年)、《国民经济,目的何在?》(1938年)和他的第一部主要著作《国民经济学基础》(1940年),同时,他还发展了"秩序理论"。

欧肯外表给人以严肃的感觉,实际上,他喜欢同他的三个孩子玩耍,并且在黑森林徒步旅行。他从对家庭、朋友和大学生的紧密关系中汲取反对纳粹的力量。谁要是遇见他,都会体验到他是一位从其对话者那里期望得到独立提问的科学家。

自从1938年11月对德国犹太人大屠杀以来,瓦尔特·欧肯同经济学、法律学和历史学界的友好科学家以及弗赖堡各住宅区的许多牧师会面,以商讨如何在可预期的纳粹国家崩溃之后的时代建立一个自由的社会。尽管当时秘密集会的形势是那样的严峻,但存在一个具体的对时代的希望:通过合理的分析有可能理解权力、不自由和贫穷的关系。在这一基础上,可能决定一种经济秩序的框架条件,这种秩序能使人们同时获得尽可能大的自由和对经济进行合理的调控。

1944年7月20日后,这个反对派研究团体遭到了镇压。盖世太保多次审讯了瓦尔特·欧肯,但没有逮捕他。欧肯的三位"弗赖堡团体"的朋友,经济学家阿道夫·兰珀和康斯坦丁·冯·迪策以及历史学家格哈德·里特遭到纳粹政权的监禁,直到柏林解放。

随着纳粹统治的结束,欧肯开始了他辉煌的时期:当建设民主,寻找能取代计划经济的经济政策纲领时,他的经济政策思想在1945年后的年月受到欢迎。欧肯为法国和美国军政府以及联邦德国第一届政府提供咨询。

从此,"弗莱堡学派"成为联邦共和国建立神话的一部分。德国从1945年彻底瓦解的计划经济贫困中迅速地走向富裕,这一

"经济奇迹"的科学前期工作同欧肯及其朋友联系在一起。

事实上,欧肯和其他经济学家所代表的个别重要的设想在联邦德国得到了实施(例如货币政策和币制改革)。

但欧肯著作的核心,即自由经济宪法的构想和对经济权力分析的方法,在政治上并没有得到贯彻。他要求的对竞争秩序的基本原则作出选择在德国从未实行过。

在1945年后的年代里,弗莱堡学派与德国大工业和大银行的新旧领导人展开激烈的争论。弗莱堡学派要求彻底地拆散大工业,并详细地提出了已制定好的新的经济秩序法律草案。在1945年后的最初年月,该学派部分地得到军政府中美国反垄断传统代表的支持,但最终还是输给了纳粹时代存留下来的工业利益集团。

众所周知,经济部长路德维希·艾哈德一再称赞欧肯是他的政策先驱思想家。但几乎没人知道,欧肯临终前曾批判康拉德·阿登纳政府的经济政策为"自由放任主义"政策。

1950年3月,欧肯在完成他的著作《经济政策的原则》后不久于伦敦去世,当时他在伦敦经济学院作一系列题为《这个不成功的年代》的报告(1952年公开发表)。

《经济政策的原则》

欧肯在撰写《经济政策的原则》时,是生活在一个遭受贫困威胁的国家里。集中管理经济瓦解,黑市和自然经济泛滥。虽然专制已成为过去,但经济自由却微乎其微,经常只存在于饥饿和腐败可能性之间的选择之中。

当时,欧肯和他的同事在医生、医院和当局那里搜集有关人民健康和营养状况的报告和数据,以敦促盟国军事当局迅速采取行动。尽管如此,欧肯警告,不能完全相信单靠来自美国的马歇尔计划的钱能救急的想法,因为灾难的原因太深重了。

在大多数人只有极少的经济自由,而少数人却掌握着大部分的经济权力时,到处都充满了贫困。这种情况是当时存在专制的社会结构残余造成的。缺少的正是一个有运作能力的经济调节体系，这个体系同民主法治国家的价值和结构是一致的。因此，欧肯要求对值得建立的经济秩序做出有意识的原则选择。

欧肯提出的任务是：

"如何能给这个新的工业化世界和它数倍增长的人口以一个充分的国际经济秩序？如何能给各个国家以适用的经济秩序？这不仅只关系到人类能否生存和今天重大的技术发展能否促成经济上的成果，而且同时必须在新的秩序中消除个人成为一部庞大的经济机器中无意志的微小部分的危险，成为一个无自由的、大众化的东西，没有自发的自主性、本性和个性。"欧肯说：这种秩序"将不是自动地产生的"。他认为"这种在科学中得到发挥的思想对行动是不可缺少的"。

经济调节的三种秩序类型

欧肯从经济程序各个环节的情况出发提出："如何对日常经济过程进行调节？"他断言，经济调节有两种基本形式，以经济权力对立的情况为特征。集中管理经济在可能的多种经济秩序选择中，其特点是个人被最大限度地剥夺权力而失去影响，中央拥有最大的权力，同时为经济上的下属制订经济计划。与此相对立的是完全竞争，在这里没有人在经济上拥有控制他人的权力，但一切经由价格机制不断决定生产。在这里，每个人都实施自己的经济计划，这些计划通过协调以非等级制的方式结合起来。

最强有力的权力集中制度不仅得不到自由，而且也最大程度地降低效益；最大个人自由的和最小经济权力的制度，同时也是经济上最有效率的制度。

在所有个人通过价格调控经济过程的完全竞争和通过中央调节之间，存在一个经济调节的第三种形式：即通过权力集团的调节。这第三种类型"秩序类型"有自己的经济规律，它通过在其中实现的市场权力强度和分配来调节经济过程（例如寡头垄断不同于部分垄断)。欧肯用一简单的标准来说明,完全竞争的市场和权力集中的市场关系到经济调节的两种不同类型:在完全竞争时,所有市场参与者有价格作为他们计划中的固定的数据。个别企业不可能实行市场战略。虽然它们无法计算对价格形成的微小影响。与之相反,权力集中的市场存在个别或若干市场参与者,他们对价格或多或少是作为可变数来处理的。因此,他们能推行价格政策,并达到干预反对他们利益的其他市场参与者的计划(例如额外利润、关闭市场、阻碍生产)。在权力集中的市场上,还为价格政策规定某些界限,而在集中管理经济中,这种政策却没有受到限制。权力集中的私有经济作为集中管理经济和完全竞争的市场经济之间独立的秩序类型存在。

欧肯对集中管理经济的分析探讨属于西欧经济学中的教科书知识的标准。欧肯秩序理论的其他决定性的、但令人难堪的认识已被忽略:在富裕的工业国中存在的各种市场经济体系,如一贯宣称的那样,绝对不是效率竞争的市场经济。因此,也不是集中管理经济的完全对立面。这些体系越来越多地由第三种秩序类型确定:即由经济权力集团调节经济。

根据欧肯的意见,尚有权力集中的后果没有被认识到:"抹杀竞争和垄断的差别是符合经济权力集团利益的。这样,垄断的作用成为无界的。它越是避开科学,就越抹杀差别。"

经济政策的经验

用从秩序理论中获得的认识,可以对一切经济政策的计划根据它们的效果加以检查。

集中管理经济的经济政策对合理的经济调节在结构上是无能为力的。这种政策不可能使千百万人的供求相互协调,并把握资源的稀缺情况。因为这一体系原则上剥夺了个人在经济上选择和承担责任的自由,因而迟早要造成贫困。对欧肯来说,集中管理经济同时对国家宪法起决定性的影响,它强行实施专制,是与法治国家和民主不能相容的。

"自由经济"的政策在世界范围内被当作对集中管理经济的原则性抉择：市场经济的不同经济政策属于这一政策。它们的共同基本原则是：国家的经济权力应尽可能地减少到最低限度，应让个人将自己的经济利益掌握在自己手中。个人，作为消费者，最了解自己需要什么；个人，作为生产者，如果通过价格机制指导需要什么，则能从自己的利益出发，为他人的利益将劳动力最佳地投入。

从古典的经济学和自由主义中产生出这种观念，它是以作为"自然秩序"的价格机制的自发形成为前提的。在遵守刑法和民法规定的情况下，如果给予个人以利己主义的自由，则稀缺问题将自行解决，这只有在取消国家强制监督，同时使私有制和契约自由合法化时才能办到。

实际上，"自由经济"的政策引来了工业化革命性的发展。但如欧肯在《经济政策的原则》中所表明的，它最终将导致不自由和经济调节的失灵。

早在"自由放任"的初始阶段，就产生了"严格的所有权、合同法、公司法和专利法"。尽管如此，以市场经济为宗旨的国家从那时到今天允许以下一点：即为了取消市场自由，可以利用市场的自由。给予自由通过效率参加自由竞争。同时也给予自由通过非效率斗争——即通过卡特尔、兼并达到控制市场，通过市场封锁、拒绝供货、倾销破坏效率竞争，并由此形成拒绝权力。

除此之外，在市场经济工业国家的历史上，欧肯还分析了第二个集中权力的步骤：市场权力任其自然发展，可能变成政治权力。政府可能受工业联合会和银行左右，修改法律，发放补贴和封闭市场。决定经济成功与否，市场效率的作用越来越少于直接在市场或将国家当作工具取消效率竞争的能力的作用。

那些作为国家和经济严格分离考虑，将系统地导致私人经济权力和国家交织在一起。

自由经济的经济政策，不管干预主义成分有多少，将导致某种类型经济秩序：即通过权力集团进行经济调节。

如欧肯分析的那样，权力集团的经济调节是不稳定的，可能过渡到普遍的集团无政府状态或计划经济专制。对于这条通向不自由和大众贫困的道路，在缺乏充分民主和法治国家的对抗力量的世界各国有许多例子。这种权力集中的结果可能是自由的彻底终结。例如在德国，"自由市场"使纳粹时代"作为砖瓦基础的康采恩有可能轻易地砌入集中管理经济的大厦"。

这样，欧肯在其1946年1月受盟国委托，为德国经济的转变而撰写的原则鉴定中作出如下的结论："自由经济和集中管理经济的调节方法失败了。"

有没有摆脱这一困境的出路？看来似乎是没希望的。因为经济学对经济秩序的思想未曾有准备。不管是自由经济学，还是由其产生的马克思主义经济学，都未曾出现过设计经济政策的综合纲领的思想。这些经济学对此无能为力，因为它们是以经济发展的自然规律为前提的。一部分人相信社会主义胜利的历史必然性，而另一部分人则坚信资本主义必然胜利。欧肯在他的这部著作中表明，这样的发展必然性是不存在的。不可避免的是，对经济秩序作出选择：不作选择正意味着在转变的情况中听任权力集团对经济调节的秩序类型作出明确的决定。这种结果是不自由和贫困，而那里曾希望自由和富裕。

不一致是必然的：必须由社会对这个经济秩序应适合的目的作出有意识的决定。科学的任务是，为那些尽可能广泛地符合这一目的的经济秩序设计出一个秩序政策的纲领。这就是瓦尔特·欧肯和弗莱堡学派的工作。为了实现所有人的自由和防止所有人的贫困，他们草拟了竞争秩序。

竞争秩序

欧肯及其朋友在《秩序年鉴》第一卷前言中这样解释道："我们所主张的竞争秩序是同样远离两种所谓的经济秩序（计划经济和自由经济）。""不管国家活动多少，这一问题基本上已过去。这并不关系到数量问题，而关系到质量问题。"国家既不应企图调控经济过程，也不应让经济放任自流。"形式的国家计划是可行的；国家计划加上经济过程的调节则是不可行的。根据形式和过程差别的认识行动，这是基本的。"

不是少数人，而是全体公民都能经由价格机制来调节经济，只有这样才能达到目的。这个使之可能的、唯一的经济秩序就是"完全竞争"。这种秩序，只有当所有的市场参与者都可能改变市场竞赛规则时，才有可能实现。因此，国家必须通过相应的法律框架规定市场形式，即在其中进行经济活动的竞赛规则。"现代经济政策的核心问题也应作为核心问题来对待。这就出现使建立完全竞争的、功能正常的价格体制成为任何经济政策措施的基本标准。这就是经济宪法的基本原则。"

欧肯解释道："禁止卡特尔也有些不够。原则主要不是消极的。确切地说，一个积极的经济宪法政策是必要的。"他把美国反垄断政策的失败归咎于竞争法中应当反对通过其他政策得到支持的权力集中。因此，欧肯要求彻底修改全部与经济权力有关的法律领域：从专利法、股份公司法一直到通过一贯的责任在法律上实现责任。这不是反对所谓的滥用经济权力，而是经济权力本身对欧肯于1947年一份为在一个自由的社会中建立一个有成效的经济鉴定中提出的要求。

在《经济政策的原则》中，欧肯设计了竞争秩序的建构方式。这种"构成性的原则"从货币政策经由私有制问题延伸到公开市场问题。但是，欧肯也看到，即使在建立这种效率竞争的宏观条件时，已不可能出现可接受的社会和生态的后果。因此，他提出了"调节性原则"。

这种综合的设想同经济政策制定者今天所遵循的，即世界范围内经济学家给东欧和南部国家建议的点式办法相对立。人们往往说：契约自由和私有制能使所有人获得经济自由和富裕。"秩序思想"表明，这种假设是错误的，因为它是不充分的。

在竞争条件下的私有制、在权力集中的市场中的私有制或者在私有资本主义集中管理经济（如在纳粹时代）中的私有制是如此不同，以致几乎令人迷惑地在所有这三种秩序中都使用这个相同的法律概念"私有制"。对以前的国有农场实行私有化，如果紧接着就是缺少市场自由的话，那对各个农民究竟有什么帮助？今天世界市场的状况表明这一点：例如，在较贫穷的国家里，千百万农民和小工厂主只能以低于成本的价格出售其产品，因为效率竞争受到富有工业国津贴的产品、本国的贸易垄断或者世界市场私人贸易寡头的阻挠。这是一种部分的剥夺，而又不需要正式的法律手续。私有制和契约自由对大多数人是有效的，只要仅仅是"正式"的，如它们不是在完全竞争的条件下实现的一样。

如马克思认为的那样，"资本主义"的异化不是剥削过多的结果，而是除其他原因之外太少有效竞争的结果。只有当所有其他种类的竞争受到国家和社会方面的阻止时，有效竞争才能得到贯彻；当刑法和人们交往礼节文化根据身体素质原则应将竞争排除在外时，竞争秩序却额外地阻止仅仅为权力而进行的斗争，以及为争夺对政府最大影响的竞赛。

经济利益集团往往企图将效率竞争解释成脱离现实的东西，以此来逃避这种竞争的令人为难的结果。同时，"完全竞争"概念经常同"完美竞争"概念混淆。"完美竞争"概念出自新古典派经济学理论，指的是一种高度抽象的模型。如欧肯早在1940年强调的那样，这种模型根据定义不能在现实中重新找到。

与此相反，"完全竞争"却是真实存在的，它借助欧肯的简单标准（无人能推行市场战略）在历史和现代的不同经济中，其许多部分或多或少在市场上得到证明。经济宪法是使"完全竞争"成为决定整个经济的市场形式。

对欧肯竞争秩序的另一个反对观点是"自发秩序"的社会哲学。这一根据诺贝尔奖获得者 F. A. 哈耶克建立起来的经济演化主义观点，相信市场的自然规律发展。因此，对于哈耶克而言，秩序政策似乎对那些坚持马克思主义历史法则的人一样毫无意义。欧肯的经济宪法想通过一个不依赖市场的法律框架来保证个人的"自发性"。而哈耶克则允许通过市场法制自发发展，包括一切结果。

后来的哈耶克走得更远，从经济理论变成一个文化通论：人们能合理和合乎道德地作出选择的启蒙思想被"集体选择"的规则所代替。无论是大康采恩还是整个文化界，集体的竞争选择关系到文明的一切：它们为法制、道德观念和文化思想而竞争。那些在竞争中按照规则得到贯彻的东西就是有理的。因此，哈耶克说："我不知道什么是社会的。"而欧肯相反，他说："没有什么不是在社会方面重要的。"

"秩序的相互依赖性"

欧肯不仅主张实行竞争秩序，因为它使有效能的经济调节和经济自由成为可能。完全竞争是一种超越经济的"剥夺权力的工具"（弗朗茨·伯姆语）。这关系到"秩序的相互依赖性"，牵扯到经济的、国家的和社会的秩序关系。虽然"秩序的相互依赖性"贯穿于整部著作，但对欧肯来说，它比著作献身于读者具有更重要的意义。1950 年，他的意外去世，使他扩展《经济政策的原则》的计划无法完成。

国家政体和经济形式是相互依赖的。因此，欧肯围绕着对"秩序的相互依赖性"的探讨扩大了亚当·斯密以来对经济主体的经典分析。

集中管理经济总是同专制的国家政体相联系的。总的权力集中使二者统一。与之相反，完全竞争和民主属于一个整体，因竞争经济本来就是"民主的，因为在其中经由消费者，即人民，在日常协调中，即完全通过价格形式，对经济过程进行调节"，正像欧肯1947年在一个关于改革联邦德国经济的鉴定中写的。

权力分立的古典思想意味着分离国家基本权力——立法权、行政权和司法权，以便能相互进行权力监督和限制。欧肯将这一决定性的现代社会发明推广到经济和国家总体秩序上：完全竞争意味着一种经济权力最大限度分立的经济，这种经济符合于民主法治国家中的权力分立。

古典的权力分立构思的继续发展是必要的。使用经济权力有可能使自己不犯法，使法治国家和民主不瘫痪。例如，康采恩和大银行可能阻挠，甚至抵制立法机关独立意志的形成。这是在无腐败的情况下单靠经济依赖亦可能做到的，大量劳动力和少数企业的税收用来合法地施加压力就足够了。这种压力违背民主宪法精神，例如民族自决权原则和公民在法律面前平等的原则。弗莱堡学派的法学家们也警告存在"经济自创权力"，它们替代了"大部分的德国国家民法秩序"。

民主的法治国家和市场经济保障自由，这一今天在东西方流行的公式是错误的。权力集中的市场经济同专制完全结合，如拉丁美洲的专制国家或东南亚市场经济专制表明的那样。

欧肯在他遗留下来的笔记中指出："秩序的相互依赖性"的其他结果可能是对整个研究计划的推动；同时，对他来说，这也关系到文化发展、经济体制和国家秩序的相互依赖。一个现实的例子是在新闻和图书市场上权力集中的世界性问题。出版社拥有社会舆论越少，通过公众监督国家权力的可能性就越小；反之也一样，公众自由的反对越强烈，通过民主的压力刹住经济权力集中过程就可以越早。

"秩序的相互依赖性"揭示富有的工业国家的矛盾心理。一方面是它们的经济效率以及较高的法治国家和民主水平；另一方面是它们自由和生产力的限度以及它们特有的不稳定性。按国家权力分立的情况，国家和经济之间以及在经济内部被实现的，是建立个人的自由。通过权力集中取消国家和经济中的权力分立越多，对自由的威胁就越大，就像每个完全竞争的部分市场支持整个社会制度的自由一样。相反，每个向权力集中的步骤都是向集中管理经济体制的不自由、无权利和无效率迈进一步。

欧肯的著作《经济政策的原则》问世后40年，经济学家瓦尔特·亚当斯（密歇根州大学）和詹姆斯·W.布罗克（俄亥俄）在研讨中（《美国经济中的大联合企业工业、劳动和政府》，瓦尔特·亚当斯，詹姆斯·W.布罗克，纽约，1986年）取得了类似的结果：即使是美国——世界上最发达的法治国家之一——在政治自由方面也越来越多地面临大银行和大工业引起的瘫痪的危险。北美许多现实的市场分析表明，越来越多的大企业由于它们的规模而变得无利可图。尽管如此，它们还是生存下来。原因正是它们太大了，当人们打算让它们破产时，国家的措施人为地将它们保持下来。因此，这两位经济学家要求："将企业保持在一个社会能承受它们失败的规模之内——这个规模防止私人的悲剧变成社会的灾难，并因此也防止公众成为经济规模的人质。"

欧肯认识到，自由社会自我破坏的这种危险不可能通过小小的修补而消除。正因为他是"西方"启蒙传统的辩护士，他的经济政策的构思排除仿效西方经济政策，古典的民主法治国家的整体必须用一个权力减少到最低限度的经济宪法来修订和扩大，它就像宪法保障普选法和法官独立一样必要。这样，瓦尔特·欧肯的功绩就在于他一贯地将启蒙的一般纲领——实现人权——运用到经济秩序上。

转型的标准

欧肯在《经济政策的原则》中简要地诠释了秩序政策的条件和标准。为了能启动竞争秩序，那些起始条件是必需的，欧肯在1945年后为盟国以及后来作为首届西部德国政府顾问时（1945—1950年）所撰写的德国经济转型鉴定中作了说明。当然这些鉴定不宜全盘用到现在的东欧各国，但它们包含着转型的重要标准，一般对摆脱崩溃了的集中管理经济困境的途径可能是重要的。

竞争秩序的出台只有在一定的起始条件下才有可能。首先属于这些条件的是，不可始于由过去这种秩序类型——权力集团调节经济——带来的这样的企业规模。

1947年欧肯要求作为紧急措施，将所有纳粹时代开始建立的康采恩立即解散，即使从这种群体中不产生垄断的权力地位，这也应该是适用的。

第二阶段，反对经济权力的一般法律应生效："卡特尔、辛迪加等必须禁止，并宣布为非法，一般只要不是技术和国民经济状况不允许，康采恩、托拉斯和个别的垄断企业都必须拆散或解散。"凡是牵扯到防止和解散经济权力的法律的企业，都是有能力以某种方式影响市场的企业，就像在完全竞争情况下不可能那样。

由于个别国家选定效率竞争的秩序政策，就没有权力拆散外国大企业，因此，"将停止并阻止国际康采恩从东西方入侵作为进一步启动的前提是必要的"。

欧肯的这个主要要求，同今天在东欧获得优惠而上马的跨国企业完全对立。这一要求得到第三世界经验的支持，在那里，国家领导人往往企图通过国际康采恩的安营扎寨，从工业的进步中获取利益，而无须放弃对外贸易保护主义，正是对外贸易保护主义在许多情况下可以使跨国企业的投资具有吸引力。因为，通过进口限制，它们获得在各自国内市场上行动不受外国竞争干扰的保证。结果经常是，如欧肯预言的那样，由于非效率竞争，使各个市场现有的国内中、小型企业遭到灭顶之灾（如通过倾销）。

与今天流行的观念相反，寡头垄断和大量的市场权力在国家级别上服务于国家竞争能力，欧肯认为，这将通过强大的康采恩来加以防止。这样，欧肯的拆散计划特别涉及那些在世界上拥有外国参与的企业，如法本工业集团和德意志银行。这样的权力结构有能力对政府施加压力，其目的是通过进口壁垒保护国内市场，并通过出口津贴补助这些企业，两者都损害消费者的利益。而对无津贴的小生产者来说，这关系到它们的"世界市场能力"，就是说，它们是否有能力在公平的条件下参与世界市场。

对欧肯来说，在世界经济中实行竞争秩序和一体化是不可分的。在1945年后的严重形势下，许多人倡议自给自足和国家计划供应，而他却主张根据效率竞争原则进行自由的世界贸易："适应与世界市场的联系是最好的和平经济的保证。"同时，"市场越大，经济权力地位的建设就越困难"。

然而，通常不仅仅是经济民族主义的意识形态和那些从贸易保护主义中获得好处的国内经济集团反对世界市场开放。由于私人贸易寡头垄断、国家对贸易限额、出口津贴和无数的不按税率的贸易障碍，这个被称为自由的世界市场在许多方面是不自由的。因此，取代世界市场上生产者真正有效竞争的，往往是经济地区斗争。然后，那些通过津贴和周密考虑的贸易障碍能够最好地保障自己的农业或工业在世界市场上的份额和寡头垄断利润的国家被当作最成功的国家。在经济地区竞争时，较穷的国家，包括东欧变革的国家，最终只能输掉。必须做些什么？

欧肯力主国际竞争秩序，表明这点对他很重要，个别经济上较弱的国家也可能在权力集中的世界市场情况下，在国家层面上开始推行竞争秩序。

一方面，他主张取消所有经济民族主义措施，如津贴、外贸垄断或进口限额；另一方面，他建议实行市场权力进入限制，以撤销国际大企业建立工商企业和机构的自由，由此吸引国外中、小企业的投资。同时，他要求在国内不仅"拆散康采恩和解散卡特尔"以及放弃对经济集中的任何优惠，而且也要求在经济政策的各个领域中（从税收政策、资源供应到政府订货的分配）系统地优待适于竞争规模的企业（中、小企业）。

关于国内市场，同国际经济关系一样欧肯也制定相同的标准。通过这一基本原则，使各个国家既能在权力集中的世界市场情况下发展一个向世界市场开放的、运转正常的国内市场，又能对外给一个更公正、更自由的世界经济以刺激。

这个计划可用到世界经济的其他现实问题上。今天，生态倾销起到一个比传统倾销更大的作用。为了能给世界市场提供更低廉、更具竞争能力的产品，各国都在消灭自己的和整个人类的生存基础。一个不顾参与这种非效率竞争的国家，有一个简单的、现实政策的途径：要求自己的企业有充分的环境标准，这种标准也适用于进口产品（必要时采用进口禁令）。一个这样的秩序政策下的世界市场一体化战略，其在经济上的意义到底怎样，正表现在环境技术领域上：今天，在世界市场上，最具前途的环境技术大多来自那些拥有最严格且最早实施环境法的国家。同样的情况也可能对运用欧肯的市场权力限制有效：只有拥有运行正常的竞争性市场和经济独立民主的国家才能推动创新，同时有效、公正、民主地解决重大的前途问题。

死胡同——宏观经济增长战略

谁要竞争秩序，谁就必须制定反对国内外新旧权力集团的政策。谁不要或不能实行竞争秩序，留给他的只有宏观经济转向战略。几十年来，这种战略在世界上有超过 10 亿人口的国家采用。现在它也被富裕的工业国和联合国组织、世界银行和国际货币基金组织推荐给东欧。它的公式是：通过国民生产总值、对外贸易和外国投资的不断增长来达到共同富裕。它根据是否运用这种具有或多或少货币主义或凯恩斯理论倾向的战略，很少增添其他指导性标准，如最大限度地降低通货膨胀和国债。

今天，这个同这一政策相结合的经济起步被当作科学的最新水平提供给变革的国家。实际上，这个起步是"一种倒退，是重商主义思想的复活"，就像瓦尔特·欧肯早在1949年的一个讲座上指出的："不再是各个投资的互相协调起决定性作用，而是对经济中整个投资额感兴趣。"这是一种倒退，"因为经济事实被当作次要的东西来看待。"欧肯把西方纯宏观经济思想的脱离现实看成同东方计划经济思想类似的东西："我们在集中管理经济中也找得到对规模所作的这样的总体论述，如总消费、总投资、总储蓄、总进口和总出口。人们再也看不到单个企业和家户管理，而只看到综合考量中的总体流量。"

世界经济的最简单数字表明，宏观经济战略必定是错误的：总体经济增长迄今不可能是世界流行饥荒的原因。粮食生产至今的增长（对比之下，农业企业世界粮食生产在20世纪90年代也越来越多地达到了生态极限，因此，已不可能持久地继续增长下去，参见《1944年世界各国》，世界钟表研究所出版，美国首都华盛顿，莱斯特·R. 布朗、克里斯托弗·弗莱文，纽约，1994年）表明，即使在计算上平均每个人尚有少许剩余，根据联合国统计数字，世界上仍有5亿多人口在遭受饥饿，每天有3.6万儿童死于营养不良。

宏观经济转向战略问题表现在那些加强通过世界银行及其机构如国际货币基金组织，在经济政策方面进行调节和支持的国家的命运上。联合国儿童基金会的研究（《面貌调整：十个国家情况的研究》，Giovanni Andrea Cornia 出版社出版，牛津大学印刷，1987/1988年）指出，在不同的国家，尽管国际货币基金组织和世界银行给予援助和提供咨询，营养不良、疾病和教育困境有增无减，其中也包括经济增长的国家（如巴西、斯里兰卡）或者财政和贸易赤字缩小的国家（如牙买加、菲律宾）。其他研究证实，生态资本在结构调整的国家中迅速地被消灭。

还有原因，比如对外贸易的增长：如果没有必要的秩序政策上的宏观条件，提高对外贸易出口就可能意味着，大多数人口继续被排除在世界市场之外；如果国内大多数消费者没有购买力，要求有效地满足他们的基本需求的话，那么对国内大工业和大土地所有者来说，是最有利于为出口进行生产的时候。穷人这样久没在世界市场上出现，就好像他们没钱，即没有能用来对经济调节进行投票的"选票"一样，不是整个国家，而只是极少数人在这种情况下进入世界市场"一体化"。事实上，今天世界上最穷的地区——有或无开放战略——几乎脱离世界市场（世界贸易的81%是在最富有的五分之一人口中进行）。这个问题并不是新的：在富裕的国家里，用来自贫穷国家的粮食喂养牲口，而穷人却缺少粮食。早在20世纪40年代，欧肯就开始从事设计他的竞争秩序。

缺少具有一贯性的秩序政策，摆脱贫困和不自由的一切可能途径的试验，在世界范围内均会以失败告终。宏观经济增长战略的后果是灾难性的，以致发生了一场超出专业圈子的有关转变政策基础的原则性的争论。意见分歧和束手无策，直至质疑世界银行的领导。这也是一次机会。它表明在经济政策研讨中新的开诚布公。同时，独立的生态学和第三世界组织要求对"国际竞争秩序"采取步骤。

竞争的界限——生态秩序政策

为了评估物品稀缺的情况，竞争性市场是理想的认识途径。但它的运转只在一个前提条件下，即只有那些可以列明可界定的权利主体的产品才能加以评估：空气属于大家所有，不只属于今天活着的人，而且是属于所有的人和其他在地球上今天和将来生活的生物。空气不能买卖。因此，它不进入各个生产者和消费者的经济核算中。由于市场机制没有这种生态物品意识，因此，它用零价格来计算。但它实际的价格是无限大的，因为没有它，就不可能有生命。

市场颠倒了这种经济基本事实：它通常是奖励那些善于尽可能多地将"免费"的物质转变为有价的商品的人。因此，现行市场经济的一切经济核算都或多或少是错误的。工业国家因不支付由它们造成的费用，而这样欠下后代人的债，以致人类的前途受到威胁。如果不发生一个深刻的转向，所有市场经济都将由于体制对生态稀缺的盲目性而遭到失败，就像集中管理经济及其体制对各种匮缺的盲目性所经历过的那样。

价格必须反映生态上的真相。因此，欧肯要求禁止破坏自然或损害健康的生产。除此之外，今天具有决定性的是，将秩序政策的计划作为整体运用到全球生态问题上：国家规定一个人们在其中可行动的框架，这个原则不仅适用于市场规则，而且也适用于它的物质基础。为此，例如今天必须禁止大部分的化学生产和整个核工业。

根据欧肯的原则，采取例如对付紧迫的气候灾害的下列经济措施是可能的。个别国家或国际组织（如联合国）可以根据今天关于改变世界气候的知识，规定大气中二氧化碳所许可的含量，而不至于将人类生存的前途孤注一掷。这个含量是一切经营的宏观物质条件，应作为配额进行规定。各国必须规定这样的宏观条件，在这条件之内可以自由经营。只有通过对市场的这种界定，竞争市场的价格机制才可能发生作用。如果根据自然科学知识，将要燃烧的燃料数量在政策上加以规定，则可能对石油、煤炭等形成竞争性价格，这种价格，国家无法调整，从而使资源最佳分配成为可能。

许多方面只有在竞争秩序的基础上才有可能向有利于生态的经营方式转向。属于这一点的，例如建立完全责任性的原则，没有一种环境破坏是不可避免的。除此之外，被剥夺了权力的市场是一个对必要的环境法能彻底地决定和贯彻的必要前提，而不为强大的利益集团所封锁。

防止经济权力的产生，才能结束对人类生存基础的破坏。自然和文化的多样性遭到市场垄断的破坏。今天，全世界95%的能源产量只靠30种植物提供。仅仅在印度，50年前还种植有3万余种稻子，而今天只剩50余种。每天都有若干动植物物种无法挽回地在地球上消失，其中绝大多数是由人类几千年培育出来的品种，但也都已绝迹。为了这些品种，千百万相互独立的动植物育种者付出了终生的心血，做出了巨大贡献。如今，通过工业化农业中的寡头垄断造成的市场操纵和与此相联系的基因专利化（参见欧肯对专利法的评论）剥夺了个体农业自己育种的自由。

因此，产生了一种新的、没有经济效率可以抵消的贫困：对物质危险的反应途径同多样性一起消失（例如植物病虫害、气候变化）。今天，市场的多样性只有在秩序政策的框架之内才有可能。同时，市场多样性又是文化和自然多样性的前提。没有文化的多样性，就没有创造性；没有创造性，就找不到摆脱世界性贫困的道路。没有自然的多样性，就没有进化，也就没有生命。

贫困和不自由的新形式表明欧肯经济宪法的现实性。当然，今天还存在欧肯著作中没有充分评价的或者没出现的、重要的秩序政策关系。今天，个别地方在欧肯还在世时大概是另外一种样子的。例如欧肯1950年以他的"垄断局"计划给予反垄断一个特别重要的地位。而今天，在世界市场上寡头垄断则是权力集中的决定性形式。这样的问题要求进一步思考，并且丝毫也改变不了欧肯构思的应用价值。

今天表明，他的重要性远远大于50年前。在战后欧洲，许多人在快速富裕起来时可能忘记，耽搁了对竞争秩序的经济宪法作出选择。今天，这在东欧是不可能的，因为在那里，由于很少存在欧洲从启蒙时代发展起来的个人自由权利的重要前提，放弃秩序政策直接造成继续贫困和不自由。类似的情况对更加贫困的南部国家也适用。但就是最富裕的工业国，今天也不可忽视选择竞争秩序的必要性。在这里也表明，迄今为止的政策的继续将毁灭人类前途。

"秩序理论"和"秩序政策"将有助于我们找到一条通向公正的、有利于生态的世界经济秩序。

瓦尔特·奥斯瓦尔特·欧肯
1998年10月　法兰克福

目　　录

中国需要建立和维护一个竞争秩序 …………………………（1）
欧肯及其经济思想简评 ………………………………………（1）
中文第一版序言 ………………………………………………（1）

第一编　关于秩序政策问题的初步定位

第一章　关于任务 ……………………………………………（3）
　　经济过程的调节 …………………………………………（3）
　　关于社会问题 ……………………………………………（13）
　　经济与政治的关系 ………………………………………（15）
第二章　丧失个性、权力斗争与意识形态 …………………（18）
第三章　秩序思维 ……………………………………………（22）

第二编　经验和批判

第四章　自由放任经济政策 …………………………………（31）
　　学说 ………………………………………………………（31）
　　市场形式——垄断问题 …………………………………（35）
　　结论 ………………………………………………………（59）
第五章　经济政策试验 ………………………………………（61）
第六章　集中指导经济过程的政策——概论 ………………（65）

第七章 集中管理经济的经济过程（集中管理经济理论） ……………………………………（69）
前言 ……………………………………………（69）
经济过程的总体特性 …………………………（70）
经济过程的各个方面 …………………………（90）
结语 ……………………………………………（105）

第八章 集中指导下的经济政策：批判 …………（112）
调节体系 ………………………………………（112）
社会问题 ………………………………………（127）
抗衡力量 ………………………………………（132）
集体所有制和社会问题 ………………………（138）

第九章 中间道路的经济政策 ……………………（145）
充分就业政策 …………………………………（145）
部分集中调节经济过程的政策 ………………（149）
职业阶层秩序政策 ……………………………（150）

第十章 试验的经济政策——结果 ………………（155）

第三编 自由和秩序

第十一章 再论这一问题 …………………………（163）
一些后果 ………………………………………（163）
秩序的相互依赖性 ……………………………（187）
社会问题 ………………………………………（191）
失败原因 ………………………………………（199）

第十二章 发展必然性的神话 ……………………（206）
引言：有关思想 ………………………………（206）
矛盾 ……………………………………………（212）
经济政策思维的基本形式 ……………………（215）

第十三章 历史事实——对经济政策带来的后果 …………（220）
问题 ………………………………………………（220）
回答 ………………………………………………（221）
经济政策的任务 …………………………………（225）
经济政策行动的直接后果 ………………………（227）
结论 ………………………………………………（229）

第十四章 技术、集中与经济秩序 ……………………（233）
占据优势的观点 …………………………………（233）
技术强化竞争 ……………………………………（235）
企业集中，非经营集中 …………………………（239）
秩序形式对企业规模的影响 ……………………（242）
反对竞争 …………………………………………（244）
对科学与经济政策的后果 ………………………（245）

第四编 竞争秩序及其实现

第十五章 竞争秩序政策——导言 ……………………（249）
形势——新的开端 ………………………………（249）
决策 ………………………………………………（250）
"原则"和"时机" ………………………………（258）

第十六章 竞争秩序的政策——构成性的原则 ………（262）
基本原则 …………………………………………（262）
货币政策的优先地位——货币政策的稳定器 …（264）
开放市场 …………………………………………（273）
私有财产 …………………………………………（279）
契约自由 …………………………………………（284）
责任 ………………………………………………（288）
经济政策的稳定性 ………………………………（294）

构成性原则的统合性 ································ (297)
第十七章　竞争秩序的政策——调节性原则 ············· (300)
　　竞争秩序中的垄断问题 ····························· (300)
　　收入政策 ··· (308)
　　经济核算 ··· (310)
　　供给的反常行为 ··································· (312)
第十八章　竞争秩序政策——经济秩序政策的相互
　　　　　依赖性 ······································ (314)
　　相互依赖性 ······································· (314)
　　景气政策 ··· (318)
　　社会政策 ··· (322)

第五编　支撑力量

第十九章　建立秩序的力量 ····························· (337)
　　国家 ··· (337)
　　科学 ··· (349)
　　教会 ··· (358)
第二十章　自利、经济原则与公共利益 ··················· (362)
　　意见分歧 ··· (362)
　　现实问题 ··· (364)
　　对问题的初步理解 ································· (366)
　　个体利益与总体利益 ······························· (367)
　　结论 ··· (380)
附录 ··· (383)
人名对照表 ··· (398)
术语对照表 ··· (403)

第一编

关于秩序政策问题的初步定位

第一章 关于任务

　　工业化和现代技术引起了一场独一无二的历史大变革。人所处的经济技术环境发生了根本变化。歌德与柏拉图生活的环境比歌德与当代人生活的环境更加接近。人的生活方式也随之起了变化。在这种变革中，出现了新的、重大的经济政策问题。尽管自然科学和技术硕果累累，但仍然没有找到与这种新型的生活环境相适应的秩序。在这里，我们面临比例失调问题。解决此问题，需要思想家作出艰苦的努力。然而，事态的发展表明，通常的经济政策讨论却充满过时的概念和矛盾。

　　这就更需要转向事实本身，从20世纪的现实出发，了解问题的所在。

　　社会保障和公平是时代的两大要求。工业化以来，社会问题越来越成为人类生存的中心问题。它具有一种非凡的历史力量。必须首先为解决社会问题集思广益，采取行动。

　　但是，社会问题不是一个孤立的问题，只有同其他主要问题联系起来观察和处理，才能获得解决。究竟什么是社会问题？从一开始就存在着如何准确说明这个现实的问题。问题的突破须从简单的事实开始。

经济过程的调节

　　一　每个人都会提出自己的社会和经济政策要求。有的人要求降低食品价格，有的人要求提高工资，有的人要求提高和稳定其出售的货物价格，还有的人要求提供失业保护等，不胜枚举。怎样才能从这些纷乱的要求中找出本质问题呢？又怎样理解本质问题之间的联系呢？或许最好是用我们所熟悉的比较法。让我们来仔细观察一个容易被忽视的小小经济体。在那里，经济关系远比在复杂的当今世界中清晰得多。

一个30口之家的封闭式家庭经济，家长是一位男性长者。这个"自给自足经济"拥有10公顷不同土质的土地和20个劳动力，其余是儿童、老人和病号。家长不仅必须对春种秋收做到心中有数——多少土地种土豆、多少土地种燕麦或其他作物，是否要盖新的马厩等，而且还必须安排好每天的工作，最佳地使用每个劳动工时，以满足家庭需要；他必须及时准备好必要的工具、役畜和物资，即所谓的互补性物资，例如，在收获土豆季节及时地准备好车辆和役畜，以便将土豆运回家；及时为牲口备好饲料，为人准备好食品。家长也许不能完全胜任这个任务，可能会由于计划不周，造成劳动力的浪费。例如，派人去林中干活，而田里的活更需要人手，并能带来更大的经济效益。或者突然缺少一头役畜，因让它干其他的活去了。在这种经济安排中也经常会发生错误，但家长可以进行调整。他能够估计出每个劳动工时或每块土地合理使用的价值。他还要不断地作出评估。只有如此，才能制订出计划，把各个单项活动协调起来，执行计划，以满足需要。他就是这样调节着日常的经济过程。

现在，我们暂时避开这个小小的自给自足经济体，来看一看一个工业化国家的情况。在某一机械厂里，我们看到的，除了人外，就是一个个工件在转动。现在就出现一个带根本性的问题。在自给自足经济中，修理一台织布机的工作可以通过家长的计划轻而易举地纳入经济过程，以达到最佳地服务于这个小集体的商品供给。怎样才能使现代机械厂的一个工人的劳动达到同样的效果？这就不是20个人的合作，而是成千上万人的配合才能做到的。而为了满足其余所有人的需求，也为了满足这些机械工人的需求，有效地使用劳动或工件取决于对所有的生产资料和劳动力的调节。怎样才能充分调节这个庞大的总过程？这就是从这个普通的、日常的事实中产生的问题。这样，我就不得不请求读者在探讨经济政策问题时不要立刻陷入关于"资本主义"或"社会主义"的带有"世界观"色彩的争论之中，而要冷静地观察一下周围的事物。在这些日常事实中，我们将会遇到各种重大的问题，这不是在说大话。同时，我也不得不请求国民经济学家们转到日常的事实上来。许多人习惯于谈论很复杂的问题，而不注意基本的具体问题。

我们来做另一个日常的观察：在边境检查站上我们看到满载机器、家具和纺织品的货车开出国境。同时满载煤炭、钢铁、木材和机器的货车驶进国境。任何一台出口的机器，任何一匹出口的纺织品，总之，每一件出口的货物都不再直接用于本国的商品供给。反过来，进口的每吨煤炭或钢铁都会增加本国的商品供给。如何做到使进口的货物同出口的每部机器或每匹纺织品和每单位其他货物一样对本国居民至少具有同样的用处？显然，为此需要准确的经济核算，需要对整个经济过程进行合理的调节，以便同其他国家的交换能真正地有利于本国的商品供给。但这里也有一系列难以预料的问题。小的自给自足经济比较容易解决这类问题。家长能测算出他需要卖多少木材或纺织品才能换回他所需要的盐和皮革。一个有数百万人口的国家，情况就不同了，妥善解决这个问题为其生存所系。任何不能保证换回同等价值货物的出口都会损害本国的商品供给。如何调节本国的经济过程，使它同其他国家的货物交换能够符合本国商品供给的要求呢？

二 调节（Lenkung）问题已经进入了一个全新的阶段。在鲁宾逊·克鲁索那里或者在家庭自给自足经济中，调节问题只在很小的范围内起作用。而今天，这一问题才显示出其促进因素的作用。一个封闭式的自给自足经济的领导者或许也能够看出，如何从生产资料的组合中选择一种最能满足需要的途径。然而，对一个包括一系列国家的、其经济过程相互密切地联系在一起的大集体，其调节的任务完全不一样，难度要大得多。这些任务只能逐一地解决。例如，在自给自足的家庭经济中，妇女在晚上或冬天纺纱，有时有些人还织布。但在现代工业化经济中，取而代之的却是门类复杂得多的纺纱厂和织布厂，这些厂的日常经济过程本身就表现出极其广泛的调节任务。燃料、鞋类和肉类等的供应也是一个道理，尤其是如何有效地协调各个生产部门及其许多各种各样的劳动力和原材料储备，更是一项复杂的任务。调节任务的扩大使其本身似乎获得了新的内容。

如果一个大国每年要把 2 亿吨煤分配给成千上万的工厂和家庭，人们就要问：钢铁工业、机器制造业和纺织业等各应得到多少煤？应该分给哪些企业？用于何种生产目的？哪些家庭需要煤？什么时候需要？每天都要对成千上万的劳动力和商品作出相应的决定，而且涉及每个劳动者和每个生产资料单位。但事情并非到此结束。问题不在于对煤炭、钢铁、皮革和烤烟等的决定同时进行。更为重要的是，这些决定必须合理地相互配合。制鞋需要皮革、煤炭、劳动力、化学原料、机器和小扣眼，等等。生产是互补性物资的组合。就连自给自足经济的家长也了解这一点。如果他要伐木或运木材，那么，他就必须使劳动力、工具、车辆和役畜相互组合，即要及时地按正确的比例弄到这一切。因为其他方面的生产也要同时进行，例如甜菜地或马厩的活也要干，那里也需要劳动力和生产资料，所以，要做到正确调节不是容易的事。存在争夺生产资料的斗争，这必须靠调节来解决。哪怕只缺少一种生产资料，例如，在一定时间内缺少一辆车，那么，整个生产计划就无法实施。这一切在巨大的、工业化的世界里也经常发生。所不同的只是调节的任务在这里已经繁重到难以预料的程度。对织布厂来说，仅有棉纱还无法开工，它需要及时得到煤炭、劳动力、多种化工原料和电力等供应。只有当各方面都能及时提供必需数量的互补性物资时，各种生产资料才能得到合理的调节。每一个企业都必须尽可能选择合理的组合，切忌"总体思维"，好像在现代经济中采煤、钢铁和机器制造工业部门都可以自成一体地运转，好像资本和劳动就是经济支柱。现实并非完全如此。任何一个企业，例如制鞋厂，都要与几十种甚至上百种市场打交道，如劳动力市场、煤炭市场、其他原材料市场和机械市场，等等。所有劳动力和生产资料都必须相互配合。"制鞋业"与其他许多行业相比不算一个大行业，但是，它也遇到各种各样的生产资料问题。管理者的任务是选择尽可能合理的组合，首先是使所有这么多企业，从煤矿到丝织厂和农场的组合过程相互衔接。

三 大多数的经济过程具有动态性质，这就大大增加了调节的难度。即使在封闭式的自给自足经济中，家长也要不断使自己的计划适应变化着的情况：生老病死、战争或其他情况的变化都将迫使他改变计划。经营就是适应。如果家长为改善未来的供应而"投资"，例如，他打算增加牲畜头数，因而不得不扩建牲口棚。为了能投资，他不仅必须设法"节约"，而且为了增加牲口头数和扩建牲口棚，他还必须重新调节劳动力、搞建筑材料、配备工具，并要增加饲料供应，等等。投资后，对整个经济过程的调节与以前根本不同了。必须重新协调各种活动，配置生产资料。虽然更多的役畜、肉畜和奶牛能够改善商品供应，但也需要更多的饲养牲畜的劳动力和更多的饲料。如果继续投资，又会出现新的不平衡，周而复始，循环往复。

工业化经济具有更大的活力。这种经济不仅需要不断地适应由于人口和需求引起的变化，而且工业化时代的生产设施使以往的生产设施显得十分渺小。这种生产设施不断变化着，扩大着。在这里技术知识的拓宽是这一发展的特别有效因素。

怎样才能成功地调节好这种充满活力的、工业化的经济过程？怎样才能使这些投资、新建的高炉、轧钢厂、机械厂、制鞋厂等形成一种相互协调的关系？怎样才能使鞋厂不至于过多，并与制革业相适应？为保证新的高炉和水泥厂能正常生产，怎样才能避免煤矿过少？同时怎样才能使这种扩大了的生产设施满足需求，并使新的消费品得以合理地分配？

调节问题比以往任何时期都更加困难了，而它又是始终至关重要的。

四　即使按照上述看法，我们仍然没有从中得出决定性的结论。正像我们看到的那样，在一个30人的家庭经济的日常经济过程的调节中，一个人的有条理的谋划能完成对必须满足的需要的选择、对最佳的生产组合的选择和对互补性生产资料在时间上的相互协调。如果超出了个人能力，那么，调节问题如何能解决？我们知道，经济发展史向着超越个人能力的方向前进，正因为在自给自足经济的狭小范围内人们已经不能充分发挥分工的优势。在全面分工的经济体系内，个人只能看到经济过程的一部分。那么，怎样对经济全过程进行调节呢？

在这方面，经济秩序是决定性的。

经济秩序的任务是，把所有劳动者的每一个工时和无数的物质生产资料不断地加以合理配置，以尽可能消除经济稀缺。分工越发达，越集约化，对经济秩序的要求也就越高。个别计划和行动如何配合，满足哪些需要以及如何进行调节，所有这一切都取决于经济秩序。种植多少小麦或大麦，加工多少面粉，烤制多少面包，消费多少，是否和如何置办互补性的物品——劳动力和物化生产资料，面包又如何分配，这一切都取决于市场，即由面包市场、面粉市场、粮食市场、劳动力市场与一切物化生产资料市场以及货币市场和经济秩序的其他方面来解决。如果没有市场，就需要靠调节总过程的集中管理部门来解决。在工业化世界的经济秩序中,那些过去在自给自足经济中由家长每天所完成的工作,现在要依靠建立秩序的理性来完成。能否对经济过程进行充分的调节和达到何种程度,取决于具体经济秩序的建立。

五 观察一下自给自足经济,我们便会再次看到一个关键性的问题:如果一个自给自足经济的家长要对几立方米木材作出决定,那么他应确定每立方米木材,甚至每一块木料在各项用途中所能取得的效益:用来建牲口棚、造马车或者作燃料等。所有这些评估和决定只有在整个经济过程的框架中才有意义。如果经济过程的某个环节发生了变化,而你为了弥补由于严寒造成的损失,或春季农田需要增加劳动力,那么,对木材的安排也要作相应的调整。只有当经营者对整个情况了如指掌,并始终注意当前的情况,他才能卓有成效地对每件事情作出正确的评估并发出指示。所有经济现象、评估和行动都是相互联系的。

在工业化经济中,经济过程恰恰存在着同样的相互依赖关系和一体性。但是,谁也不可能掌握每天经济运行的整个过程,因此,谁也不可能立刻作出必要的调整和改变。但怎么样才能有效地解决整个过程的问题呢?人们过于大胆了吗?由于技术化和工业化分工的发展,人们给自己提出了一个自己无法解决的调节任务吗?为了取得解决这种经济调节问题的基础,人们必须明白,经济的核心现象是稀缺,而克服稀缺则是目的。在采取任何一项行动时,必须确定,这种行动是否有利于达到目的,并且在多大程度上达到这一目的。这是经济核算的任务。为了对生产资料进行合理的组合,需要有一个"稀缺测量器",它能显示出各种物资稀缺的情况,确定必须怎样安排各个工厂的产量。也可以说,为了解决调节问题,应当在经济秩序中配置一台"计算机"。

问题是如何做到这一点。举个例子来说,木材拍卖的价格是随着购买者的出价而形成的,而且购买者提出买价时总是反复地与制成品的销售价作比较。生产资料价格和产品价格是他计划的基础。企业和家庭用它们的经济计划支撑着经济的运行过程，并通过价格相互联系起来。在这里，调节是自动进行的。因市场形式和货币体系的不同，价格的形成也存在很大的差异。在什么情况下价格体制能起到"稀缺测量器"的作用呢？怎样才能充分起到这个作用呢？或者还有其他的途径——由中央部门下达指示。中央部门有能力作出评估或者提出有意义的指数吗？能在集中管理经济中设置一个"稀缺测量器"吗？这两种调节方法能结合使用吗？这种计算机究竟是什么样子的呢？人们看到，这里是经济政策问题的关键所在。

一再遇到各种评估问题。我们起床后劈柴、生火、挑水、买面包、准备早餐等，每进行一项活动，我们都要不断地对每项活动和储备的每一部分的每项用途作一番估计。也就是说，评估要作为我们全天工作的一部分，并且我们要不断地为满足需要权衡每一工作的意义。只有这样，我们的行动才有方向，才有意义。如果不是这样，那么，我们就是盲人骑瞎马，所做的各种事情之间没有联系，有无成效则只能听天由命。再来看一看自给自足经济。如果每个人各行其是，一个人下田种地，另一个人在菜园里干活，相互之间不协调计划，谁也不知道稀缺情况。这样，分工失灵，物资供应的运行失调，包括整个大工业化分工经济过程的经济秩序更是这样。倘若没有精确运行的"稀缺测量器"，虽然可以进行经济活动，但这些活动已失去相互联系，已不是以克服稀缺为目的。1946年或1947年在德国生活过的人都知道，这意味着什么。

六 我们看到，无论是在鲁宾逊生活的环境，还是在自给自足经济或者大工业化世界中，所有经济现象都是相互联系的。在大工业化经济中很少像鲁宾逊那样，存在游离出来的独特领域，例如木材业。因为每一项劳动成果和每一种生产资料的使用都和其他活动相联系。在林业、农业、工业或商业中都不存在独立的部分秩序。一切都是相互联系的。在自给自足经济中，统一由家长的思谋来实现，而在这里则由经济秩序来实现。因此，任何一项经济政策措施都只有在经济过程运行的整个经济秩序框架内才有意义。为使经济秩序完善并合理地调节整个经济过程，有必要使所有个别的秩序政策——国家制定的贸易政策、价格政策、信贷政策也好，还是约定俗成的形式也罢——相互配合。

举几个例子：众所周知，农业危机绝不必然是农业内部活动所引起的，也许是货币或工业发展到垄断后引起的。想单纯通过农业政策手段来解决农业问题，这种就事论事的农业政策忽视了各种政策之间的联系。任何一个领域的秩序都只能是整个经济秩序的一环。如果公司法对建立有限责任公司放手的话，那将大大加强投资活动。任何一个促进垄断形成的专利法也会对投资规模和投资方向产生影响，因而也将对经济过程产生影响。经济过程的总体联系要求人们把每一项经济政策行动同整体过程及其调节相互联系起来看，也就是同整个经济秩序联系起来观察。例如一个外汇法或者一个关于价格控制的规定，都可能导致采取新的调节办法来分配原材料，甚而变革整个经济秩序。

相反，由于经济秩序的不同，相同的经济政策会产生不同的结果。请看以下例子：为了摧毁德国在经济上的实力地位，1947年美国驻德军政府颁布了解散卡特尔和康采恩法。此事发生在基本上靠中央当局调节经济过程的时期。在这样一种经济秩序条件下，解散任何形式的工业垄断组织一定不会产生影响。当煤炭、钢铁、水泥、皮革等行业的卡特尔或者康采恩被解散时，这些方面的物资供应有什么变化呢？一点变化也没有。解散前后，这些生产资料都由中央部门分配。所以经济调节没有质的改变。反之，如果1947年德国不是那种秩序，不是集中管理部门行使调节职能，而是由价格来充当调节者，那么，反垄断法定会带来不同的反应，其作用就会大得多。再举一个例子，如果在19世纪两个国家缔结了关税同盟，其作用非同小可：两个国家的企业分工扩大了，经济区也扩大了。但是，如果两个国家在20世纪中叶组成了关税同盟，情况就不一样了：它们的经济过程基本上受中央计划部门调节，重要商品被没收而控制在中央计划部门手中，并且在所有的经营商品中，外贸范围按中央计划进行调整，对两国外贸起决定性作用的是这些中央计划，而不再是进出口商的计划。如果两国中某一中央计划决策单位无视关税同盟，不愿意或不能够扩大与伙伴国的货物交换，那么，关税同盟就形同虚设。

上述例子带有普遍性。因为一切经济过程之间存在着总体联系，而且由于经济秩序不同，这些过程运行也不相同，所以在不同经济秩序条件下，同样的经济政策措施的结果也会两样。归根结底，这些政策措施应该服务于一个任务，即保持或建立一种功能良好的经济秩序，使经济过程得到充分的调节。

许多行家认为，唯一可行的办法是根据各个领域的不同要求来处理各个部门的经济政策。例如，应该根据农业专家的经验实行农业政策，根据股份公司的最新经验推行股权政策（Aktienrechtspolitik）。诚然，专业知识是需要的，但是单凭这些知识还是远远不够的。这种零打碎敲的办法忽视了各种经济现象之间的相互依赖关系这样一个基本事实。现实的解决办法是，将农业政策及公司法等作为部分秩序来制定，并将部分秩序作为整体秩序的环节来看待。"但为什么要求一致呢？难道各个时期的经济秩序不是各种秩序成分的大杂烩吗？农村的封建制度与自由民的手工业行会和大商贾的自由贸易，这些完全不同的形式不是同时并存了数百年而互不干扰吗？现在我们要求建立一种无所不包的、服从统一观点的经济政策，这种想法不是一种脱离现实的迂腐理论的余毒吗？要回答这个问题并不难。从前可能做得到的事情，现在已经无法再办到了。由于核算工作的高度发展，分工达到了前所未有的程度，各种经济活动达到了更高的合理化，这一切使现代经济成为一个极其复杂的机构，对协调过程中的各种矛盾反应极为灵敏。现代经济只有在一个统一的政策范围内才能充分发挥功能。为了建立这种经济宪法，必须深入地研究，不仅要科学而透彻地阐明问题，而且要把我们所希望建立的秩序落实到拯救我们面临灭亡威胁的文明的思想中。"〔L. 米克施（L. Miksch）语〕。

一切经济政策问题归根到底都是经济秩序问题，并只有在这个范围内才有意义。

关于社会问题

一　产业革命以来，对日常经济过程的调节成为一个中心问题。大多数人看不到这一点，他们是作为工人、企业家、农民和手工业者认识他们周围的环境的，而在他们直接接触到的经济环境中，这个问题又是零星地暴露出来的。

他们更关心的是另一个问题：某个工人会问，为什么我的收入比我的邻居少？我能不能多得到一点？对大多数工人来说，这是经济政策最重要的任务。如果一个工人在经济危机中失了业，他就会提出经济保障要求，希望能有一份适当的固定收入。对绝大多数人来说，分配问题是经济政策的首要问题。在这里，现代经济政策最强烈的变化是以此为起点的，自1929年至1932年的经济大危机以来，避免失业成了许多国家经济政策关心的头等大事。

二　如果观察一下某个简单经济的类似过程，就会发现工业经济中的分配问题是多么困难。

对一个封闭的30口人的家庭来说，衣食住行的费用和其他消费品的日常分配是一目了然的，但同样会产生摩擦和冲突。相对而言，分配问题较为简单，因为家长了解每一个成员，也了解他们的需要。当前庞大的分工经济涉及数以百万计的家庭和工厂，它们的计划和成果又难以预测地相互联系在一起，日常的分配过程十分复杂，对经济政策的影响是重大的。成千上万的劳动者在不同的岗位上参与这庞大的相互联系的生产过程，因此这就涉及将这些生产成果在他们中间进行分配的问题。每个人应该得到哪些物品？数量多少？

已经尝试过分配政策的三种办法。有些国家由中央计划部门用调拨或定量的办法来分配社会产品：住房、食品、衣物和许多其他商品。或者是经济政策让劳动力市场决定工资形成，在这里出现差别很大的市场形式：需求方垄断、供给方垄断，等等。或者是让雇主和工人集团在国家有关部门指导下进行工资谈判。

在工业化的经济中，应该采用什么样的分配政策？怎样才能避免经济萧条造成的大规模失业？

三　无论这些问题的答案是什么，都离不开对经济过程的调节这个主要问题。

每时每刻的经验都对此关系提供鲜明的概念。工资既是收入，也是成本费用：对工人的家庭来说是收入；对支付工资的企业来说是成本费用。作为成本因素，工资决定着每一个企业经济过程的计划和调节；作为收入因素，它影响着社会产品的分配，因为它是家庭购买力的基础。经济的调节和社会产品的分配这二者是相互联系的。当然，由于经济秩序的不同，二者之间的联系方式也各不一样（见第十七章中的"收入政策"部分和第十八章）。

仔细观察一下便知，社会产品的分配是整个经济过程及其调节的组成部分。工人 A 得到多少工资和利息，他用这些钱能购买到多少物品，这些都与整个经济过程的调节有关。分配政策是经济政策的一个重要组成部分，两者不可分开，从一开始就必须把它看作整个秩序政策问题的一个环节。这种认识是解决社会问题的第一步。但是这还不够，我们必须再前进一步。首先必须认识到，这不仅涉及产生秩序政策问题，而且也是对社会政治状况的改变。

经济与政治的关系

一 自法国大革命和工业化以来,欧洲传统的社会结构被摧毁了。庄园主统治消失了,许多旧的地方自治机构、等级制度和行会,总之所有过时的社会结构都不复存在了。新的社会阶层,首先是产业工人和职员阶层形成了。社会向着由国家来凝聚流动的个人群体的方向运动。这种运动从欧洲席卷了世界各国,旧的社会生活方式土崩瓦解。领导阶层或称精英走马灯似地更迭着。君主、贵族和市民阶层在许多地区被挤出旧的领导位置,新的领导阶层取而代之,但没有达到稳定状态。

1789年开始的、动摇了国家社会结构的政治社会革命和1770年开始的、以在英国纺织和钢铁工业中产生第一批现代工厂为标志的、并被世界视作榜样的工业革命,动摇了我们社会的传统状态。实际上,这两次革命产生了一种冲击力,迄今仍在起作用,其结果仍无法预料。康德(Kant)对法国革命的评价同样适用于工业革命。他说:"人类历史上的这一现象是不会泯灭的。"

二 这两次革命的影响是相互联系而又相互渗透的。许多重大问题也由此产生。尤为困难的是,自产业革命以来,新出现的劳动大众只能在复杂的制度范围内繁衍生息。任何一种消费品的生产过程都要求制定商品市场、劳动力市场和货币等许多相互影响的部分秩序,舍此办法,任何一个家庭都无法获得任何消费品。除此之外,作为一个整体的经济秩序,像其余它所包含的各个领域部分秩序一样,都与人类的其他所有秩序相互依赖。这就是家庭所处的环境。也就是说,不仅各个部分的经济秩序之间存在相互依赖关系,而且经济秩序与人类生活的其他所有秩序也有着相互依赖关系，人们应懂得这一点。但是，由于人们只能在某种秩序下生活，所以他们作为群体倾向于破坏运转着的秩序。这就提出了一个我们尚需进一步探讨的重要事实。

三 必须设法建立适应工业化、城市化、技术化和人口迅速增长时代的秩序。秩序不会自行产生。确切地说，在科学界得到发展的思想是指导行动所不可缺少的。

经济领域中就出现了这样的问题：如何在工业化的现代经济中建立一种运作良好的、符合人的尊严的秩序？今天，当我们提出这个问题时，情况同生活在19世纪初和中叶的伟人们提出这个问题时完全不同了。这是希望之所在。19世纪中叶的自由派，不管是西斯蒙第（Sismondi）、圣西门（St. Simonisten）主义者还是马克思（Marx）和蒲鲁东（Proudhon），总而言之，当时的所有思想家所处的经济、政治和社会环境都不同于今天。产业工人的问题是尖锐的，与今天完全不同。人们当时只了解产业革命前的经济和大变革开始的状况，当时还没有康采恩、卡特尔、信贷银行和工会，或者也只是刚刚开始萌芽。当时也没有像今天这样丰富的、对工业经济过程的集中调节的经验。但是，那个时代所产生的种种主义还束缚着今天的人们，至今许多人还沿用当时形成的概念，如社会主义和资本主义。我们能够而且应该脱离空想阶段，步入以经验为基础来制定经济政策的阶段。我们在货币政策、危机政策、农业政策、卡特尔政策、贸易政策和税收政策等方面都积累了丰富的经验。我们当然要充分利用这些经验，但流水账式的描述于事无补。

19世纪70年代，H. 泰纳（Hippolyte Taine）放弃了对文学、艺术和哲学的研究，转而潜心研究经济、管理和法律等迫切问题，因为他认识到这些问题的重大意义。他长年闭门不出，以极大的热情致力于他的新课题。然而他却没有取得明确的结果，没有找到解决问题的捷径和普遍适用的原则。正如他的家人后来写的那样，他曾劝告人们在这些问题上"应该摸索前进，要容忍不合常规的事和不完善的事，对部分解决办法也应知足。继续研究各种法则和确定事情成功与否的普遍条件"。泰纳以他对现实的敏感正确地认识到了当时的状况。当时人们对工业、技术经济还缺乏充分的认识，还不能制定出一个完善的经济宪章。因此，他们在某种程度上只依靠推断。今天情况不同了。特别是最近半个世纪，随着经济政策的迅速变化，随着干预主义、充分就业政策、集中管理经济的尝试，随着工业化速度的加快，人们获得了许多教训。要是在今天，泰纳一定能得出更为准确的结论。

世界和人类的基本问题不受时代的限制。古代的智者提出的问题与康德或歌德（Goethe）提出的差不多。但是随着技术化、工业化、大众化和城市化的发展，经济政策问题增加了新的内容。尤其是今天，在取得了某些历史经验之后，人类已经具备了解决这些问题的能力。现在是解决这些问题的时候了，否则工业机器将会把人类压垮。

一方面是自然科学和技术取得了巨大成就，另一方面是秩序上存在不足，这种失调状态必须克服。这是一项艰巨的思想任务，但却没有得到解决，甚至还没被认识到。尤其是缺乏这一点：那就是只有少数人懂得各项秩序之间的相互依存关系。党派之间使用陈腐的口号和武器相互争斗。人们看不到，我们时代的中心问题——社会问题——在秩序框架内有其地位，并且只能以此为出发点，才能解决我们面临的问题。这也是本书意欲完成的任务。

第二章　丧失个性、权力斗争与意识形态

一　"一种文化是以确定的规则、纪律，由冲动向理智的过渡，以及对未来的预测为前提的，总之就是以高度的教育程度为前提的，这些条件是自行其是的大众完全无法达到的。由于他们的破坏性力量，他们会像微生物一样，对虚弱的机体或尸体起加速瓦解的作用。要是一座文化大厦腐朽了，群众就会使它崩溃。现在，他们的首要任务显示出来了。突然，大众的盲目力量转瞬之间竟成了历史的唯一哲学。"——G. 勒庞（G. Le Bon）曾试图用这段话来刻画我们时代的特点。[1]"大众"摧毁了经济、社会和国家的传统秩序，并使建设新的、合理的、充分而又符合人的尊严的秩序成为不可能。简而言之，这就是整个思路。

二　深入分析一下便可以看出，冲突并非这样简单。任何一个社会都是由一个领导阶层来领导的。用帕累托（Pareto）的话来说[2]，领导阶层又分解为两个阶层：一个比较小的领导层 A 和一个大得多的被领导层 B。社会始终像一座金字塔。有些时期，领导阶层或者说"精英"长期保持稳定，有些时期他们又像走马灯似地

---

[1] 见 G. 勒庞《大众心理学》，1932 年，德文第 6 版，序；还有奥尔特加·加塞特（Ortegay Gasset）《群众起义》。

[2] 见 V. 帕累托《政治经济学讲义》，1927 年，第 2 版，第 102—108 页；《普通社会学》，1926 年，第 2 版，卷 1，第 25 页等。帕累托关于精英及其交替循环的理论只是片言只字，还需用统治（Herrschaft）或分层（Überlagerung）学说加以补充。但作为我们论述的出发点已经足够了。

交替。自法国革命和工业化开始以来，我们进入了一个领导阶层迅速变化的时代，这种变化在20世纪大大地加速了。重大的问题便从这里发展而来。

迄今为止，一个领导阶层取代另一个领导阶层常常是通过外交或军事事件实现的。对我们来说，更重要的是领导阶层更迭的内部原因，尤其是旧的领导阶层与那些夺取领导权的阶层或集团之间的斗争。首先从B阶层中分裂出B1集团，这个集团试图夺取社会的领导权，也就是要推翻A阶层。但A阶层也在分裂，产生了A2集团，它倾向于同B1集团结盟。

我们时代的两次大革命在政治、社会及经济方面都是相互交织在一起的。两次大革命加速了领导阶层迅速的更迭：从铲除旧的封建地主的领导开始，继之是没完没了的新产生的集团和阶层之间的斗争。

在一个国家里，是农业官员权势大，在另一个国家里，是工会干部说了算，在第三个国家里，也许是工业实力集团的头头取而代之。相反，在第四个国家里，又可能是结成部分垄断的零售商或者是金融界人士短期或较长时期内控制了A1集团。也许这个A1集团是由一个官员阶层组成的，而且在意识形态上主宰着这个国家，以暴力手段阻止B1集团的崛起。

三 所有集团，不管是经济的还是政治的，都需要"意识形态"。他们都宣称主张自由、权利和人道主义。例如B1表示反对"资本主义"和"反动势力"，争取"平等"和"进步"。A1则声称为"真正的自由"、"真正的平等"和为反对"独裁"而斗争。A2往往也有自己的一套人道主义意识形态。这是一种"意识形态的化装舞会"［勒普克（Röpke）语］，而且可以看得出，谁是戴假面具者。事实上，这是政治和经济领导集团在争夺权力或捍卫既得权力。

值得指出的是，在这种权力斗争中，"自由"、"公正"或

"权利"一类带有十分严肃内涵的词都被用来服务于某种特定的目的。这是他们斗争的武器,是他们夺取或捍卫权力的手段。

他们所追求的目标始终是实现他们真正的或想象中的利益。这样他们就要求补贴、价格保证、提高工资、征收关税,甚至要求国有化等。意识形态应是服务于他们利益的工具。

意识形态是权力斗争的工具。这是另一个有重大意义的事实。19世纪和20世纪,意识形态越来越具有世界观的救世学说性质,而且掌握了各国人民。[1] 从前对鬼神的迷信支配着人与自然的关系,这种迷信虽然已被自然科学所破除,但却在社会和经济领域生根和发展。今天,"资本主义"、"帝国主义"、"马克思主义"等被视为超人或鬼神,操纵着一切社会生活,每一个人都离不开这些词。神话排挤了理智。各种世俗救世学说相互碰撞。"社会主义"反对"资本主义"的斗争变成了一场信仰之争。

四 准确地说,不是大众,而是变化不定的、相互斗争的领导阶层竭力影响经济政策,并且用他们世俗的预言和利益说教拉拢群众。应从这个历史环境出发来观察秩序问题。事实上,秩序问题要在历史环境中加以解决。现代工业经济和社会不仅提出了一系列实际极其困难的、相互联系的、生命攸关的秩序政策(ordnungspolitisch)上的新任务,而且也引起了领导阶层的权力斗争,这种斗争是旷日持久的,并将对现代经济政策产生决定性的影响。如何在这种纷繁复杂的权力斗争和意识形态斗争中解决秩序问题?面对这个问题是极其困难的。

一定的秩序政策思想究竟有无可能不顾权力实体的反对而贯彻下去?这里又出现了一个更加深刻的、涉及面更广的问题:在领导阶层和利益集团的意识形态斗争中,究竟对秩序有无足够的认识?是否真有可能制定出不同于受利益约束的意识形态的经济

---

[1] 见 W. 林斯(W. Rings)《揭穿政治画皮》,1947年。

政策原则？无论怎样严肃地看待人们对这个问题的怀疑都不算过分。这也是我们自己的问题。

对这个问题，我们暂时既不能肯定也不能否定。诚然，凡了解经济政策争论的人都倾向于否定。尽管如此，我们还必须设法避免权力斗争中的意识形态主观性，探索出一个客观的解决办法。

五　有此可能吗？对后代的经济政策思想有巨大影响的西斯蒙第早在1827年就写道："今天的社会处在崭新的生存条件下，对此我们还缺乏任何经验。"如今我们有了经验。解决秩序问题的唯一可能性是：充分利用这些经验，由主观转向客观，放弃往昔过时的意识形态。150年以来，在不同国家用非常不同的方法实现的工业化过程中，人类本应学到许多东西。采取现实主义的态度是可能的，也是必需的。但是，陈词滥调和迂腐的意识形态像迷雾一样笼罩着现实，没有彰显本原的、自生的问题。

现在有必要从根本上来研究现代世界中提出的调节问题。只有提出这个问题，才有对调节方式的研究，才有对秩序的思考和行动。

第三章　秩序思维

一　多变性与多样性是各种经济现实的一个基本特点。只要回想一下我们自己的经历，就可以明白这一点。1914年之前，欧洲国家对经济过程的调节就与1918年之后不同。自1929年至1932年的经济危机以来，又是另一种调节办法。此后，经济形式的变化迅速不断，而且各国，如德、苏、法、英，各不相同。经济现实好像缺乏任何形式上的共同点。每个国家的每个历史时刻好像与其他任何时刻都无相似之处。难道不能在经济现实中找出对未来经济政策可能具有意义的秩序形式吗？如果真是这样，那么，从经验中就很难或者根本不可能取得可资借鉴的东西了。因此，完全怀疑我们能够完成自己的任务，也就不无道理了。

二　但是，在这里，科学的形态学结论给我们以启示。倘若我们想从极其繁杂的历史多样性的紊乱中解脱出来的话（这种多样性使一切认识与行动变得无法把握），那就必须寻找一个阿基米德点（即观察事物的突破点——译者），从这一点出发，可能认识经济现实的各种形式及其日常的运行过程。形态学向我们提供的这个阿基米德点就是这样的事实：不管何时何地，一切经济行为都是建立在计划基础之上的。为了克服物质的稀缺，无论是生活在公元前1万年石器时代的人，还是中世纪的农民或今天的工人和商人，都毫无例外地有自己的计划。计划的准确度因时而异，差别很大。但是，无论何时何地经济行为都是以计划为根据的。这一简单的事实是确定无疑的，是所有进一步探讨的坚实基础。

科学的形态学对经济现实进行了精确的研究,即对现在的和过去的企业和家庭进行具体的调查,了解它们以何种形式与其他家庭和企业保持联系。

例如,某地方有一家机械厂,1948年年初,它从中央管理部门得到配给的铁和煤,并且必须把自己制造出的一部分机器提供给中央计划部门指定的单位,另一部分可以自由出售给私人。对有些原材料,如石油,这家企业只能用实物交换办法取得,其他原材料则支付现金。工人也是由劳动局分配来的。大部分工人有自己的菜园子,生产土豆和蔬菜,以供自家之需。这种情况说明了什么?它说明存在不同的经济秩序形式:集中管理经济、交换经济和自给自足经济。要是我们再深入一步观察,便会发现,企业的市场价格——就其在自由市场中而言——的形成是千差万别的。尽管它在自销的机器方面可能拥有垄断地位,但在购进石油时又可能与其他企业处于竞争之中。在另一家机械厂里,经营形式会是另外一个样子:例如,它根本不能自由销售机器。1948年年底,实行货币改革之后,这两家工厂和其他许多工厂及家庭的情况发生了根本的变化,实物交换受到抑制,自给自足经济形式和集中管理经济形式也遭到同样的命运。对个别企业和家庭分别进行的分析首先表明,存在一种极为普遍的多样性现象,即个别经济形式并存和形式迅速变化。接着人们会立即面临这样一个事实:组成一切具体经济秩序和市场的纯粹形式会重复出现。我们要是把这一分析延伸到过去时代,也会发现同样的情况。如果我们对托勒密(Ptolemäer)时代埃及的官办工场、18世纪德国东部的容克地主庄园、15世纪科隆的批发商或者19世纪初德国西部的农庄作一番调查,虽然证明各种经济和当时的经济秩序都具有非常明显的个性和多样性,但是,所有这些历史上的多样性都是由较少的几种纯粹经济形式融合而成的。这样,科学研究便从所有这些经济现实中获得了一种新的认识。虽说每个历史时期都有其特点，但仍然能确定连贯的形式，并在此基础上取得对经济政策带有根本性意义的经验。

三 为了从个别和总体上确定这些纯粹形式，有必要深入各种经济活动的源头——经济计划——上来探讨。然而，计划的形成取决于经营所采取的形式（Formen）。这样，通过对经济计划的研究，就可以准确地把握形式。①

简而言之，在各个历史时期只有两种基本经济形式，而非更多。一个公共团体的日常经济生活可以由一个计划机构用计划来调节。这就产生了"集中指导经济"的纯粹基本形式。如果这个团体不大，例如一个封闭式的小家庭，那么，一个人就可以总揽全局。我们称这类经济形式为"自给自足经济"。或者整个国家的经济过程集中计划，这就需要有一个管理机构，这就是"中央管理经济"。另一种纯粹形式是"交换经济"，在这种经济中，众多的企业和家庭自主地制订计划，相互进行经济交往，并存在着一个协调它们经济活动的市场机制。它可以是实物交换经济，也可以使用共同的交换手段"货币"，因此称为货币经济。集中管理经济是一种服从于计划执行者的体制。在自由市场经济中，个体经济计划的协调是通过价格或交换价值来实现的。企业和家庭相互是以卖主和买主的身份出现在交往中的，而且是通过各种不同的形式，即"市场形式"。根据不同的市场形式，各个个体经济以不

---

① 摘自形态学资料：W. 欧肯《国民经济学基础》，1950 年，第 6 版；《国民经济学的意义何在？》，1947 年，第 3 版；以及《经济过程的暂时调节和经济秩序的建立》，收在 1944 年《国民经济学年鉴》第 159 卷中。H. 冯·施塔格尔贝格（Stackelberg）《市场形式与均衡》，1934 年；《理论国民经济学基础》，1948 年；《国民经济学基础》，收在 1940 年《世界经济文献》第 51 卷中；以及《不完全竞争的问题》，收在 1938 年世界经济文献第 48 卷中。H. 默勒《成本计算、销售政策和价格的形成》，1941 年。A. 米克施《竞争和使命》，1947 年，第 2 版。E. 钱伯林《垄断竞争》，1936 年，第 2 版（附有书目）。R. 格鲁普（R. Grupp）1947 年在弗赖堡完成的博士论文《建立完全竞争市场形式的问题、缺陷及其理论分析》，未发表。

同方式制订和协调自己的计划。对个体经济供求双方的计划进行详细的研究后，可以区分出下列几种市场形式：

表3–1　　　　　　　　各种市场形式

买方	卖方				
	竞争	部分寡头垄断	寡头垄断	部分垄断	垄断（个体或集体垄断）
竞争	完全竞争	卖方部分寡头垄断	卖方寡头垄断	卖方部分垄断	卖方垄断
部分寡头垄断	买方部分寡头垄断	双边部分寡头垄断	买方部分寡头垄断有限的卖方寡头垄断	买方部分寡头垄断有限的卖方部分垄断	买方部分寡头垄断有限的卖方垄断
寡头垄断	买方寡头垄断	卖方部分寡头垄断，有限的买方寡头垄断	双边寡头垄断	买方寡头垄断，有限的卖方部分垄断	买方寡头垄断，有限的卖方垄断
部分垄断	买方部分垄断	卖方部分寡头垄断，有限的买方部分垄断	卖方寡头垄断，有限的买方部分垄断	双边部分垄断	买方部分垄断，有限的卖方垄断
垄断（个体或集体垄断）	买方垄断	卖方部分寡头垄断，有限的买方垄断	卖方寡头垄断，有限的买方垄断	卖方部分垄断，有限的买方垄断	双边垄断

四　倘若涉及交换经济中的企业和家庭，那么，不仅市场形式，而且"货币体系"，对它们之间的协调都具有决定性的意义。一家机械厂，如果不进行实物交换，就需要货币。它拥有一笔现金存款。它的计划和行动取决于客户的需求，并取决于生产资料的价格和劳动生产率，前者是通过货币供给来体现的，后者是要用货币支付的。由此可见，对组成交换经济的众多企业和家庭的协调也是由货币供给形式或货币体系来决定的。

五　一个国家的经济秩序是由企业和家庭在其中相互结合、各自实现的形式之总体构成的，也就是由经济过程在其中具体运行的形式之总体构成的。这就是经济秩序的定义。很显然，恰恰在工业经济中，经济秩序变化极快，而且各国情况又各不相同。但是，由于经济秩序是由有限的纯粹形式组成的，所以，又是可以比较的，可以准确地区分它们的相似点和差别。

就1850年的英国经济秩序或者1930年的德国经济秩序而论，虽然每种经济秩序均具特点，各不相同，但是，这种个性又是由对有限数量的纯粹形式的不同选择"融合"而成的。以1949年的苏联经济秩序为例，它是由占支配地位的集中管理经济秩序形式同交换经济的市场形式和各种货币体系的某种融合形成的。经济秩序的任何变革——例如1948年在德国经济秩序建设中完成的大变革——都是对现行纯粹秩序形式的改变。这种改变可以不用空话准确地表达出来。

六　形态学是在科学的推动下产生的。没有形态学，就不能认识经济的真实情况。通过运用从现实的经济中，即从企业和家庭中获得的形态学体系，可以认识各种现实经济的经济秩序构成结构。这样，科学就远远超越了那些"城市经济的"、"资本主义的"、"社会主义的"等模棱两可的提法。

通过深入现实，到家庭和企业中去探索秩序形式，并把它们一个又一个地从同其他形式的融合中分离出来。如果有人想杜撰出一种模式，而不是在现实中去寻找，那就是一种不折不扣的游戏。如果把竞争模式看作各种产品和所有供给者在各方面都整齐划一的话。那我们从一开始就不必着力去说明经济现实中存在的实际竞争了。

七　必须在具体秩序的结构构成上去理解各种经济机构与制度，例如合作社、辛迪加、工会或货币发行银行，甚至价格、工资和利息，它们在集中管理经济型的经济秩序中和在以交换经济为主的经济秩序中的意义完全不同。在交换经济中，这些机构与制度的作用取决于市场形式或货币体系。此外，像所有制、契约自由或责任之类的法律概念也因秩序形式不同而不同。

形态学在对经济形式作准确描述时，还有另一重要作用：为准确认识日常经济过程的相互联系提供基础。在不同形式的经济秩序下，经济运行过程也不同。1948年货币改革后，随着原来的经济秩序形式的变化，日常的经济运行发生了根本的改变，对这一点每个德国人都有深刻的体会。再举一个简单的例子：某个林业管理部门一年想销售1000立方米松木木材。在某些国家，林业部门采用了集中管理经济的办法，根据中央计划，将木材分配给各个企业和家庭。另一种办法是，林业部门举行拍卖会，在那里决定价格，借助交换经济来进行分配。对木材用途的控制也存在很大的差异，这要看管理部门是否拥有卖方垄断地位，或者说看需求者是否能从国内外其他供给者手中进货，或者是否在供给上只有一个竞争者起作用，也就是说，存在寡头垄断，还要看收购商和木材厂是否结成了买方垄断性联盟，等等。由此可见，产品供给方式通常取决于现行的秩序形式。由于秩序形式的不同，计划依据的数据性质也就不一样。因此，形态学也是对经济运行过程进行理论分析的前提。[①]

八 至此，形态学的意义仍未阐述完全。虽然揭示经济现实的形式是为了认识现实，但它也是发现对经济政策有用的秩序形式的先决条件。结合经济上的形态学，我们就能创造出思想武器，并准确指出：自产业革命以来实行过哪些经济秩序形式？在这些经济秩序下，日常经济过程是怎样被调节的？这种调节对人类其他秩序有何影响？采用这种办法也许能够找到可用的秩序形式。

我们的问题完全不同于当前人们习惯提出的问题。今天最经常听到的问题是：历史发展的必然性将把经济政策推向何处？谁这样提出问题，他的前提就是：历史和经济政策有其必然方向。

---

① 作者眉批："开放型的和封闭型的市场形式"。从这一眉批中可以推断出作者还要论述一下这两种市场。见W. 欧肯《国民经济学基础》，第6版，第91页。

他为观察现实提出了一个标准很高的公式化要求。他只按照这种要求来观察经济现实,并且只从证实诸如"资本主义"的必然发展这个角度来认识经济现实。①

相比之下,应该使经验真正发挥作用。撇开这类公式化要求,我们必须简捷地探索一下工业化开始以来通过经济政策建立或可能建立起来的经济秩序形式,再来回答另外一个问题:这些秩序形式的实现产生了哪些结果,也就是说这些形式如何经受住了考验。

---

① 对这个公式的评论见本书第十二至第十五章。

第二编
经验和批判

就本编的目的而言，或许应该将工业化时期的经济政策区分为两个阶段：一个是较长的"自由放任政策"阶段；另一个是紧跟其后的较短的"经济政策实验"阶段。在这两个阶段，极有可能获取有关经济政策的种种经验，它们包括：问题、解决的办法、成果和失误。

第四章　自由放任经济政策

学　　说

一　何处存在自由放任经济政策？通常的回答是：它存在于国家不干预经济的时代。

对历史事实略加观察便可证明，上述回答是错误的。恰恰在自由主义的政策阶段，国家提出并制定了有关财产、契约、公司、专利法等严格的法律。每个企业和家庭在这样一个国家确定的法制规范框架内从事日常活动，发生买卖、信贷或者其他经济行为。——在这种情况下怎么可以谈论"国家不干预经济"呢？

那么究竟什么是自由放任政策？——在这个阶段，为了建立正常运转的国家机器和保证个人自由，国家致力于建立本身的秩序和制定宪法；同样，通过制定综合性法典建立起法制，因此，也就在总体上决定了经济秩序。但是，按照总体框架，经济秩序监督并不被看作是国家的特别任务。人们相信，在法律框架内，一个足够充分的经济秩序能得到自动发展。构成自由放任经济政策基础的信念是，当自由和法律原则被遵守时，一些适用的形式，即总体上合乎目的的经济秩序，可以从下面、从社会的自发力量中自动地扩展。仅仅在个别场合，例如货币发行银行，需要尝试建立部分经济秩序；但是在总体上，国家将经济活动的形式交给私人决定。众多来自中世纪和重商主义时代的调节、价格规定、禁令和强制联合等被废除了，它使人们确信，自由可以使一个比迄今为止好得多的秩序变为现实；人们相信，最终能够找到并实现这一完全正确的、合乎自然的、极好的秩序。在这一秩序下，完全竞争的法则操控着生产和分配。一旦取消了进出口禁令或者削减和废除了关税，一个更好的国际贸易秩序便将取代坏的秩序。在良好的国际贸易秩序中，产品的流动由竞争价格调节。——由上帝引入万物、同样也引入经济的逻辑和力量应发挥作用。——不过此后，在19世纪，这一曾经赋予理念以巨大冲击力的形而上学论证便逐渐消失了。蒙田早就主张将自由放任原则作为人类行为的普遍原则。他在1580年撰写的散文中就警告过，不要什么都干预，而要让其自然发展。"自然比我们更了解自己的变化"，应任其"自由放任"。[①]

二 自由放任政策基本上统治了一百年。一般而言，它是19世纪的经济政策；准确地说，它从19世纪初期和中期的大变革开始，直到1914年。现在，众所周知，在19世纪70年代末，经济政策向干预主义转变，即这时在贸易政策方面开始实行保护关税。随干预主义而来的是自由主义政策逐渐被抛弃，它为过渡到经济政策的实验时代做了准备。但是，干预主义并不意味着从根本上放弃了让私人建立经济秩序的政策。它干预经济过程的个别场合，例如通过关税政策，它也间接地对经济活动的形式产生影响。不

[①] 自由放任原则作为人类行为的普遍原则早已由蒙田（Montaigne）所代表。在1580年的评论集中，他已经警告，不要对所有事务进行干预，而是要维护大自然。"它比我们更懂得自己的事务。"（Laissons faire un peu la nature）见R. 欧肯《伟大思想家的人生观》，第20版，1950年，第321页。——关于经济政策准则的演变，见A. 翁肯（Oncken）《自由放任》，1886年；A. 吕斯托（Rüstow）《经济自由主义的终结》，1945年；凯恩斯（Keynes）《自由放任的终结》，1926年，就其原则性含义而言，他自然不再理解这一经济政策的基本思想。

过这里只是某些"零星"的干预，并不试图根本改变经济秩序。因此，我们就不必特别强调干预主义的经济政策了。①

19世纪和20世纪初经济政策的成果是巨大的。在这个时期，欧洲完成了工业化，在居民人口增长了一倍多的同时，商品供应达到了前所未有的丰富水平。但同时弊端也显露出来了，对此，只要想一想危机和社会紧张状况便清楚了。

的确，很容易对这个时期的经济政策提出批评。人们深知，"年轻资本主义"、"自由资本主义"或"自由贸易主义"的行为，虽然建设起巨大的工厂，但同时也使人们陷入不幸。圣西门主义者（St.-Simonisten）、西斯蒙第和马克思提出的这些批判经常被重复，都已成为陈词滥调。这些批判仅仅同工业化早期的考察相联系，看不到进一步的发展，同时也不了解市场形式和货币体系，而没有这方面的知识，批判就抓不住任何实质问题。

与此相反，自由放任政策的拥护者们指出了该政策的巨大成就。于是就出现了两个相互对立的派别。其中一个把这种政策看作是魔鬼的创造，另一个则把它看作是失去了的天堂。然而，两者都没有总结出推行经济政策的经验。

三 回顾历史我们能够肯定，上述经济政策在经济史上有两个重要作用。

18世纪和19世纪初构思的、并且基本上得到贯彻的自由放任经济政策，肯定不是工业化后出现的，而是这一政策使得工业化成为可能。虽然经济政策体系的思想先驱者们，例如亚当·斯密没有想要工业化，但事实上经营自由、农奴解放、自由贸易和迁徙自由等政策却为现代工业的产生和发展创造了决定性的前提

---

① 见 W. 勒普克（Röpke）《国家干预主义，国家干预》，第 4 版，补充卷，1929 年；L. 米塞斯（Mises）《对干预主义的批判》，1929 年；M. St. 布朗（Braun）《国家经济政策的理论》，1929 年。

条件。[①] 当工业化成功以后，自由主义经济政策有了一个新任务，这就是建立工业经济秩序。历史地看，这是它的第二个重要作用。自由主义政策花几十年时间在英国、德国、法国、美国和许多其他国家进行这项工作，它对今天的秩序政策难题具有重要意义。自由放任的经济政策是用交换经济的方法解决秩序难题的尝试。

四 评论自由主义经济政策，就像评论其他各种经济政策一样，只有从事实出发，也就是从在企业和家庭中发生的具体经济过程出发，才可能顺利地进行下去。由于各个企业和家庭只是总体经济过程中一个极其微小的部分，所以——如我们已经肯定的——使所有企业和家庭的计划及活动过程相互协调一致，就是一个具有决定性意义的经济政策问题了。像我们早已知道的那样，在交换经济型的经济秩序中，协调或者相互配合依赖于货币的种类，企业和家庭通过货币相互联系；此外还依赖于实际存在着的市场形式。正因为如此，对各种经济秩序类型不加区别，只做总体性的判断，所有这样的企图是注定要失败的。在 A 国经济秩序下，一种商品被当作货币流通，这里完全竞争、卖方垄断和卖方寡头占大致相等的份额；而在 B 国，货币是经信贷渠道产生的，并且竞争市场占绝对优势地位。那么，在这两个国家里，家庭和企业之间的相互联系和配合肯定不一样，所以生产和分配也互不相同，调节系统也不相同。这一点很重要。因此，批判性研究必须注意到现实存在的市场形式和货币体系。

五 从经济学角度看，自由放任的两个基本思想是：第一，消费者应该在日常经济过程中居统治地位；第二，日常经济过程应该通过不受计划约束的各个经济主体，即家庭和企业的相互协调，借助价格自动机制来调节。"一切生产的目标和目的是消费，"

[①] 见 G. 冯·舒尔策—格韦尼茨（Schulze-Gaevernitz）《产业革命》，《社会科学文献》，卷 66，1931 年；W. 霍夫曼（Hoffmann）《工业化阶段和类型》，1931 年；H. 迪策尔（Dietzel）《技术进步和经济自由》，1922 年。

亚当·斯密曾这样说过,"而且,只有对满足消费者利益来说是必要的时候,生产者利益才应该被考虑。这个原则是如此简单明了,以至于打算证明它显得多么无聊。"① 但是,在自由市场上形成的价格,应该成为竞争性价格,它可以在所有领域精确地引导生产的方向,最理想地满足需要,同时保障所有的人充分自由。

问题是,自由放任经济政策实际上是否达到了它想要的,即在实现消费品最优供给、发展生产力和达到一般均衡的同时,使所有自由企业和家庭相互协调?此外,鉴于社会问题,在同其他秩序并存及人类自由的实现过程中,这些秩序形式如何经受住考验?对此问题的回答更具历史意义。过去时代经济政策提出的秩序问题都是普遍性的问题,始终具有重要意义,但今天,实践的发展使它有了特别的现实意义。对此,只要看一看垄断问题或由贷款提供的货币供给就明白了。

可见,我们从历史事实出发的探讨,带有一般的性质。

市场形式——垄断问题

A. 对经济过程的调节

一 形成垄断的倾向。

自由放任的经济政策原本相信,竞争是无所不在的。借助竞争,劳动力和产品在企业和家庭之间被有效地分配,需求得到最好的满足。

但是,其他的市场形式多次出现。特别是经济政策本身也提

---

① 亚当·斯密(A. Smith):《国富论》,第4篇,第8章,英文版,无出版年代,第517页;德文版,由 I. 施托帕尔(Stöpel)译,普勒尔出版,卷3,1906年,第206页。

供了联合和排除竞争的自由。许多地方劳动力市场出现了雇主垄断，许多地方产品市场产生了垄断或寡头垄断，拥有广阔统治领域的卡特尔也形成了。自由主义经济政策专家们不同意这种看法。他们说，只是在 70 年代末期以后，当自由放任政策已经衰落、干预主义已经兴起的时候，垄断才得以产生。就是说，卡特尔是由保护主义的贸易政策引起的。但是他们错了。下面这种说法肯定更符合实际，即干预主义的政策，例如保护关税等，有力地促进了垄断和寡头垄断的形成；可是在此之前，在那些供应地方市场的铁路、水泥厂、机器制造厂和钢铁厂中，卡特尔和垄断或寡头的态势就已经存在了。在另外一些行业，如德国的采煤业或煤炭工业，自从上世纪末期以来一直存在有紧密联系的卡特尔，尽管那时德国还没有关税保护。劳动力市场上的买方垄断对社会问题的产生起了极重要的作用。

在那些可能的地方，供给者和需求者始终试图排除竞争，赢得和维持垄断地位。这种排除竞争和追求垄断地位的强烈欲望，在任何地方和任何时代都活跃。每个人都在窥视成为垄断者的机会。为什么在 13 世纪的城市里三个面包师就要竞争呢？他们相互可以谈妥，形成垄断，除此之外，他们也试图阻止新面包师的出现。过去是这样，今天和将来亦如此。劳动力市场上的雇主，产品市场上的供给者和需求者，或者工人，都力求达到垄断地位。"形成垄断的倾向"是普遍存在的。各种经济政策都必须考虑到这个事实。自由主义经济政策也不例外。

那么，其他市场形式出现对经济过程产生的影响，在当时的环境下已经能够看到了。

二　垄断和部分垄断——标准。

1. 最早的自由主义经济政策批判者之一 C. 傅立叶的反对意见是由此引起的：在饥荒时期他作为一家贸易公司的职员被委派将大米沉入大海。在垄断或部分垄断统治市场的地方，这种销毁存货的事情常常发生，例如调味品、小麦、咖啡在某些情形下被毁掉了。可是，这决不仅仅发生在自由主义经济政策时代，而且恰恰也在重商主义时代，例如那时的东印度公司也经常发出关于销毁存货的指示。

为什么不用一个简单的例子来说明问题呢？比如，一个垄断者拥有200万袋咖啡的存货，他打算在下一个收获季节到来之前卖掉它们。在接触了市场之后他发现，各种不同价格下咖啡的销售量和收入如下：

每袋价格（马克）	销量（百万袋）	总收入（百万马克）
100	1	100
90	1.2	108
80	1.5	120
70	1.9	133
60	2	120

可见，当价格每袋为70马克、销量为190万袋时，总收入达到最高点。因此，如同在这种情形下经常发生的那样，垄断者把10万袋咖啡销毁掉，这对他是有利的。上述例子中的销毁是否会发生，这取决于收获量和需求弹性。

有人可能反驳说，垄断者不必如此行动。他可以确定一个比如60马克的价格，这样就不必销毁存货，而且市场也得到了最好的供给。这个意见是正确的，就是说，假如垄断者按照"最佳供给原则"行动的话，他将会把价格降低到60马克。但是，如果他追求的是"最大总收入"，他就会作出销毁存货的决定。他也可能在60马克和70马克之间选择一个价格，这时有一小部分存货被销毁。或者他在需求变化时保持价格不变，这样他就不能与变化了的需求相适应。总之，我们看到价格和销量并不是完全固定不变的，它们在一定程度上取决于垄断者的意愿。同时这也表明了，存货的销毁是如何发生的。

撇开例如价格差异等所有错综复杂现象所作的这一极简单的阐述，对我们的讨论已足够了，它说明了卖方垄断者们是怎样处理现有存货的。

由此得到了对经济政策来说很重要的结果。除垄断者把价格固定在60马克这一极端的情况之外，价格并不确切地反映稀缺情况，而可以比事实上的更高，所以本来能够满足需求的货物要被毁掉。相反，在一般竞争条件下，这些货物会被完全用作消费品供应。给企业和家庭以计划和行动自由的经济政策之所以这样做，是因为它相信，单个企业和家庭的计划和行动通过价格被有效地相互协调了，它们共同为对消费者的产品供给提供服务。每一个企业应该追求利润。当企业按照价格体制进行自己的经济核算时，虽然它本身不能意识到，但它已经在为总体利益服务了。这就是价格体制的作用。单个企业本身不可能知道哪些货物比另外的货物对消费者更有用，比如鞋厂业主不知道，究竟更需要男鞋、女鞋还是童鞋。价格机制则能够促使每个企业及时提供恰当的产品。在价格体制中，精明的脑瓜似乎应发生作用，在调节系统中，赢利和亏损也有自己的功能。

但是，在现有存货被垄断供给的情形下，如咖啡垄断的例子表明的那样，盈利状态的核算与其他各个经济主体利益之间的矛盾就变得明显了。在这种场合，总体经济调节体系失灵，垄断者对盈利的核算并不必然导致市场最佳供给，就此而言，调节机制是有缺陷的。此外，在这里也不像自由主义经济政策期望的那样，消费者是经济过程的权威指挥者，确切地说，垄断者能够从消费者那里将一部分现有的存货拿走。

我们从这一事实出发：垄断者知道他能够决定价格，或者说他知道，市场价格形成依赖于他的供给。咖啡垄断者知道，当他供应更多的咖啡时，咖啡价格就会下降。由此产生了垄断者的市场策略。如果咖啡市场上有许多咖啡商同时供货，他们每个人只满足一小部分需求,每家公司都把咖啡价格看作一个既定量,它与厂商的供应无关,这时情况就完全相反了。这时在供给方面存在着竞争,使得每人不得不按照 60 马克的价格出卖咖啡,也就不存在可能被抛入大海的剩余货物了。

2. 上述市场差别对理解下面的第二种情况也是重要的。这种情况是指垄断者不是从现有存货中供货,而是借助一定生产机构在持续不断的过程中生产,即借由"持续不断的生产"供给产品,例如城市里的煤气厂、铁路、生产的药品具有垄断地位的化工厂,或者由多个钢铁厂组成的、集体垄断的辛迪加等。

这时对垄断者的计划和行为来说,生产成本具有决定性的意义。每个企业主都知道这一点。在上述联系中意识到成本核算对调节整个过程究竟有哪些作用,是非常重要的。[①]

如果存在某一生产设施,那么卖方垄断如何影响经济过程的调节呢?[②] 这个问题要视涉及的是单家企业垄断还是多家集体垄断而定,比如是被垄断的铁路呢,还是一个陶瓷工业卡特尔。

倘若边际成本等于边际收益,那么垄断者则在边际成本小于价格的领域实现其最大纯收入。垄断的糖精厂不会生产如此多的糖精,以至于使最后一单位的糖精生产成本与糖精的价格相等。因为,作为垄断者,它要考虑需求对其供给的反应。若使供给增大,从而导致糖精的价格停留在边际成本上,这是不合算的。当

[①] 关于成本原则和"边际成本"概念见本书第十一章"成本核算"部分。产品最优供给的决定性标准是边际成本核算。即使经济过程不是为了满足消费者的需要,而是为了实现中央部门的投资计划,即如果不存在协调机制而存在着服从机制,这个标准也是有效的。下面我们首先把一定的收入分配状态当作讨论的前提,以后我们还要对这一前提进行探讨。

[②] 关于这一点,参见 A. 库尔诺(Cournot)《关于财富理论的算术基础》,1838 年,德文版,1924 年;H. 冯·施塔格尔贝格《理论国民经济学基础》,1948 年,第 185 页等;E. 施耐德(Schneider)《垄断经济形式纯理论》,1932 年,和《经济理论入门》,1949 年,第 242 页等;F. 克莱布斯(Klebs)《卡特尔形式和价格形成》,1939 年;L. 米克施(Miksch)《关于均衡理论》,载《经济和社会秩序年鉴》,1948 年。

然，如果是处于竞争状态的供给者，其行为就是另外的样子了。

人们习惯于说，在卖方垄断的市场上存在均衡。这只在很窄的范围内是正确的。虽然铁路、煤气厂、糖精厂等提供了很多东西，从而使每个愿意和有能力支付垄断价格的需求者能够运输货物和买到煤气及糖精，就此而言，存在"垄断均衡"即一种"准均衡"；但是，这里有两个问题必须注意。准垄断均衡并不是被清楚地决定的。因为，垄断者能够降低价格，从而导致对居民有一个较好的供给，然后价格和边际成本之间的差距缩小，直至达到最佳供给时完全消失。这样，便不能肯定，在哪里准均衡成为常态，煤气和糖精等的"准均衡"供给量是多大。另一个问题更为重要：在价格和边际成本不一致的情形下，国民经济的一般均衡被扰乱了。在从属于卖方垄断的企业里，生产设施不能被充分利用，不会为尽可能彻底地克服稀缺所必要的那样，调节尽可能多的劳动力和原料进入这些企业，并生产尽可能多的产品。在这样的场合，各种不同生产部门之间的彼此协调配合没有充分实现。边际成本原则未充分实现恰恰表明，垄断妨碍了经济过程走向一般均衡的趋势。企业的经济核算也没完成我们曾谈到的整体经济之功能。

下面是多个企业集体垄断对调节经济过程的影响。举个例子：在某一国家，70家迄今为止相互竞争着的剃须刀片生产厂家，结成为一个简单的价格卡特尔，并且把价格提高了10%。由于各个企业仍然按照边际成本原则行动，它要扩大剃须刀片的生产。但是，提高了的价格使剃须刀片稀缺表现得比实际上的更大：在这里价格指数失去了作用。为"完全"实现边际成本原则所必须满足的第二个条件不具备。市场是不均衡的，相对生产了过多的东西。

自19世纪中期以来，这种集体垄断即简单的价格卡特尔出现过数千次，它特有的不均衡性揭示了它遭遇到的命运：它迅速地

第四章　自由放任经济政策　　41

瓦解，或者转换为其他卡特尔形式。不过极少数价格卡特尔也曾持久存在并圆满运转过。参加卡特尔的各公司常常以低价即违反卡特尔协议推销自己的产品；或者，为了能够卖出存货，它们解除协议以使自己脱身。当试图压缩各个公司的生产使其适应被提高了的价格的时候，便走向其反面。以后，价格卡特尔转变为区域卡特尔、份额卡特尔，或转变为辛迪加。这些所谓更高级的卡特尔形式阻止各参与公司按照边际成本的原则生产。一个辛迪加可以促使其成员像个别垄断者那样行动。这里人们可以想到德国煤矿辛迪加和炼铁业辛迪加。这时，虽然实现了局部均衡，但一般均衡却被持续破坏了。

　　3. 每个企业都必须解决互相交织的三个问题：我怎样使用已收获的小麦、豌豆、大麦等现有的存货？今年我要生产什么和生产多少？庄园主这样问自己，并试图通过实施他的经济计划给予回答。第三个问题是：生产设施如马厩、谷仓等需要改变吗？这是投资问题。同庄园主一样，纺织厂或机器制造厂也必须不断决定，应该如何使用那些以前生产出来的、作为存货的产品；继续生产什么；以及是否应该改造生产设施，是扩大还是缩小。对产品供给而言，上述所有决定、也包括投资决定的正确组合有决定性作用。

　　正如已经指出的，关于支配"现有存货"和"持续生产"这两个问题，在各种不同市场形式框架内其解决方式亦不同。这也适用于第三个问题。市场形式怎样对投资和投资组合产生影响呢？——现在我们不问，为什么这一矿区这样或那样使用它的"现有存货"，为什么它在"经常性生产"中每天采掘某一定量的煤；而是问：为什么它建设一个新矿井或者炼焦厂？一个完善的分析应表明，这一矿区是处于同其他许多矿区的竞争中，还是同寡头垄断的斗争中，或是处于寡头垄断的、不稳定的均衡状态之中，或具有部分垄断的地位，或者它是某个辛迪加的成员，根据这些不同状况，矿区采取不同的行动。

众所周知，在许多时候垄断者不投资，因为竞争没有迫使他把生产合理化。假如存在竞争压力的话，车辆完全破旧的铁路、装备着旧时代制造设备的化工厂，可能早就被改造了。而在这里，投资相对太少了，生产资料组合不是最优的，与当前的技术水平不相适应。这说明，垄断造成了部分投资不足。

但是垄断者不一定这么做，他可以作相反的选择，可以不分配垄断利润，而用它进行投资。铁路公司就有过度投资的情形。垄断者能成功地筹集到用于投资的大部分资本，因为他作为垄断者，风险比较小。当铁路公司居于垄断地位时，进行一条铁路的电气化工程建设就会比它必须考虑与轮船、汽车竞争要更容易些。正是因为垄断的风险较小，银行和其他贷款机构也优先向它贷款。这样，就会出现与前面相反的情况：过多的社会资本涌入火车和它的装备、电气化铁路及水泥厂等的建设之中；与此同时，另外那些为满足消费者急需的投资，如住宅建设，却停止了。

在调节投资时，集体垄断过去和现在都表现出特殊的性质：大家知道，在辛迪加成员争夺份额的斗争中，投资经常不是出于用这些设备进行生产的目的，而是为了争取或保持一个更大的份额。或许对此我们想到了德国钾盐工业在其辛迪加成立后的发展。此外这里还看到，辛迪加一般来说不能像单个垄断者那样，持续地贯彻同样的政策。

每一笔投资都要求辅助投资。例如在一个封闭的小的自给自足经济中，如果主人不准备增加牲畜存栏数的话，他便不会产生建造一个更大马厩的念头。而如果他建马厩的话，他就要同时考虑到使马车、饲料生产等按比例地增加。否则，投资在经济上就没有或很少有意义。即使在这样一个小的自给自足经济里，仅仅为扩大牲畜存栏数、饲料生产和马厩的规模，就已经需要一系列困难的判断和计划，以便使投资相互协调，即达到均衡。那么，在现代经济中，对成千上万的各种可能投资进行正确的选择并使其按比例地投入，这简直太困难了。比如在一个矿区或一个造纸厂的每一笔投资，都要求对制造生产资料和加工产品的辅助投资。我们知道，应该由将资本分配到各个企业和各投资项目的价格和利率机制作出选择。但如果存在垄断，这一调节机制就不能有效地运作。在垄断（和寡头垄断）范围内，是否投资和投资多少，在某种程度上是偶然决定的。被垄断企业吸收的资本可能太多或太少：这家垄断的煤气厂喜欢固守老设备，而另一家却高兴彻底更新和大量投资。这里，在某种范围内是偶然性起作用，即取决于领导者的个人行为。那么，当一个铁路管理机构为使若干线路电气化而接受大量贷款时，它可能就此将资本引向错误的方向，或许将这些资本投向道路建设、各种机器制造厂或纺织厂要好得多。当然也可能是另一种情况：电气化进行得太晚了，鉴于充足的电力供应，本应更早就进行了。究竟是这种情况还是那种情况，在垄断条件下是难以判断的。调节资本流动的机制是不确定的，就像一辆操纵系统失灵的汽车。卖方垄断者的生产设施是否纳入均衡投资的计划中，是由偶然性决定的。

  垄断企业常常大力投资，他们有能力迅速更新生产设施，使其与当时最新的技术知识水平相适应。这种情形使得一些作者——如熊彼特——错误地将卖方垄断看作为经济上占优的市场形式。出于同一理由，技术专家们也常倾向于对垄断作出积极评价。——一家垄断了制鞋机械行业的公司能够用它的垄断利润投资，为不断改善全部机器设备使用其垄断利润。凭借它的垄断地位，它能迫使制鞋工厂、最终是买鞋的人，以鞋的垄断高价的形式将这笔款项交给它支配，供它用来投资。"强制储蓄"、更正确地说是"强迫放弃消费"，不仅由现代信贷机构引起，而且也由垄断引起（这里同时表明，垄断—强制储蓄过程在各个垄断市场形式下以各种各样的形式出现）。买鞋的人即消费者，被迫紧缩他们的消费，也即在一定范围内放弃对用来制造例如纺织品、住宅等的生产资料的使用。在其他生产部门很难取得资本的同时，资本流向被优先调节到制鞋机械制造。制鞋机械制造公司技术设备的迅速更新在技术上或许有利，但从经济上看，按正确比例克服所有产品稀缺才是关键。尽管垄断公司凭借垄断地位成功地为自己输送了更多资本，以有利可图的方式多投资，但如果没有垄断的话，这一企业投资可能要少得多，所有机器设备的更新或许要慢得多，但其他生产部门却会拥有更多的生产资料，并且最终决定性地使消费品供给在整体上更好。所以，对垄断者技术设施的赞赏在经济上是没有意义的。

4. 现在，有必要追述一下从持续的生产过程中获得供货的垄断供给，因为需要补充迄今为止的讨论成果。由于在垄断情况下对生产设施的建设缺乏可靠的调节，垄断者在持续生产中的预期成本便不必正确地表示生产资料的稀缺状况。我们提到过的糖精厂、煤气厂、铁路等，正是因为它们的生产设备不符合稀缺状况，例如技术设备过于原始或过于豪华，它们才能够作为垄断者耗费过高的成本。

上述事实对解释现实和说明经济政策都有深远的影响。垄断和竞争情形下的成本曲线不应被看作是同样的，一个垄断性的糖精厂也许有一条与处于竞争中的糖精厂不同的成本走向。经济理论在比较总成本、边际成本、平均成本和边际收益时也应该注意这一点。

上述事实对经济政策同样有非常重要的意义。垄断监控在这里遇到了最困难的障碍。因为，它不应当毫无顾忌地以垄断者的成本为依据。这一成本也许是错误的，就是说，它不符合实际上的稀缺关系。这种情况适用于个体垄断和集体垄断：既适用于一个垄断钢厂，也适用于一个其个体成员在份额斗争中成本发生了错误的辛迪加。

5. 如果我们从空中鸟瞰一个国家的话，就仿佛我们从宏观角度看到下面这些现象：每天，小麦、生铁、皮革、面包和其他所需要的生产资料和消费品持续不断地流入各个企业和家庭；与此相联系，钢铁厂、鞋厂、农庄、面包房以及这个国家的所有其他企业，每天都在利用现有生产设施持续不断地生产。同时，在较长的观察时间里还可以清楚地看到，这个国家的全部生产设施在慢慢地变化，出现了更多的钢铁厂、化工厂、房屋，等等。从许多企业和家庭不计其数的计划和活动中，经济调节体系按照交换经济的规则交错配合地完成了三重的任务，每个企业和每个家庭在各自领域中解决了它们，而使各企业和家庭之间协调一致是价格体系的任务。但是，也可以看到，垄断的存在扰乱了所有这些企业、家庭的计划，并损害了向全社会均衡发展的经济过程的活动，接近一般均衡仅仅是偶然的，单个经济实体的经济核算被歪曲和不再有效地融入总过程，消费者不再居于优势地位了。

上述结果也被垄断价格的僵化性质这一众所周知的事实所证实。在给定条件迅速变化的现代工业经济中，产品的稀缺程度不断改变。为了接近一般均衡，必须持续不断地变动价格。但是垄断者不必使自己适应。举个例子：在一个垄断的发电厂里，技术发明及其应用可以降低价格，这对于附近地区进一步发展经济很重要。可是垄断的发电厂不必这样做，它让价格保持不变。当然，也可能发生僵化的价格被垄断斗争打破的情况。

三　垄断斗争。

1. 三个石油康采恩或两条铁路之间相互斗争：一个居于部分垄断地位的水泥辛迪加同迄今为止生活在辛迪加阴影下的局外企业斗争；一个铝材辛迪加对机器供应商、信贷提供者和顾客施加影响，以此阻止成立一个新企业。这就是垄断斗争的一些例子。

垄断斗争是19世纪和20世纪经济史中引人注目的现象。当然，在过去，例如在中世纪也充满了这样的斗争；但是今天，并且在19世纪，它们通过工业化已经具有了更大的范围。垄断斗争最重要的手段之一是阻拦：阻拦提供原料，阻拦供给和销售，阻拦信贷，阻拦顾客购买对手的货物，阻拦许可证发放等；罢工和不准进厂同样是阻拦。阻拦的缓和形式是独占合同和忠诚优惠，当顾客从对手那里购货时，它就失效了。为此，较低的要价即"斗争价格"成为垄断斗争的有力武器。凯斯特纳在1912年就已对德国的垄断斗争作过清楚的描述，美国的托拉斯文献和托拉斯评论中也充满了对美国类似现象的叙述。①

以前——西斯蒙第和马克思的时代，部分直到20世纪初——人们相信，这样的斗争是完全竞争的特征。但相反的说法才是正确的。恰恰是当完全竞争逐渐消失时，垄断斗争才得以产生。完全竞争下的供给者和需求者没有能力也不愿意实行市场战略。假如供给者对需求者表示阻拦，那么他只是在损害自己，对于这个问题现在已很清楚了。可是，另外一个问题还没有被科学充分地阐明。这就是，对具体垄断斗争的形态分析将表明，对应于在现实中可以找到的各种市场形式，垄断斗争也是不同的：比如若干电力康采恩之间的斗争不同于具有部分垄断地位的化学工业康采恩反对局外小企业的斗争，铁路垄断集团与车厢制造业辛迪加的斗争也是另外的样子。可惜缺乏对具体的垄断斗争的形态分析。②

---

① F.凯斯特纳（Kestner）：《强制组织》，1912年，第2版由O.莱尼希（Lehnich）修订，1927年；F.伯姆（Böhm）：《竞争和垄断斗争》，1933年。作理论分析的有米克施和施塔格尔贝格的论著，参见本章以上有关注释。

② 有关整个问题，见H.冯·施塔格尔贝格《市场形式与均衡》，1934年；R.特里芬（Triffin）《垄断竞争和一般均衡理论》，1941年；H.莫勒（Möller）《计算、营销政策与价格形成》，1941年；E.张伯林（Chamberlin）《垄断竞争理论》，第三版，1938年。

但是已经指出，在垄断斗争过程中成本原则不受重视。更确切地说，为了损害对手，并把自己的意志强加于对手，成本原则被有意识地违反了。比方说下面的情况就是如此：一个占据部分垄断地位的水泥辛迪加，为了同局外企业斗争而将斗争价格定为其成本的一小部分，或者两条相互竞争的航线将它们的运费降低到不值一提的水平。

在个别市场上，垄断斗争很快就过去了。大多数情况下，它结束于垄断形成之时，或者结束于不稳定的寡头垄断均衡状态。当局外企业加入或被买下时，水泥辛迪加的垄断斗争就结束了；互相斗争的两条航线也愿意暂时回到没有任何协议的不稳定的均衡之中，直到以后新的斗争爆发、形成卡特尔或者其中一条航线从斗争中退出。

尽管个别市场上的垄断斗争难以长期持续，但倘若垄断或寡头垄断的市场形式存在的话，却是持续的现象。抵制威胁性竞争的垄断一再卷土重来，部分垄断或者寡头垄断一再出现，在它们之间不断发生斗争。这些斗争导致价格不再反映产品的稀缺状况，即降低了价格体制的作用程度。即使在上述市场形式下不稳定的均衡状态出现时，价格体制的功能也将遭到损害。比如，由于每家公司都想避免因为降价挑起竞争对手采取市场战略的对策，所以例如生产水泵的垄断寡头得以保持某一种价格，这时根本不能想象他的价格会等于边际成本。

2. 某些——不是全部——垄断斗争具有"封锁"市场的目的。一个铝材辛迪加企图反对非成员公司建立新的轧辊厂，它便采取封锁机器供应、阻拦提供信贷等恐吓手段，实际上取消了经营自由。自由主义经济政策想要通过废除许多传统特权、取消限制、强制和取消行会等来建立开放的市场，以促进效率竞争，使企业优胜劣汰，可是"阻碍竞争"却常常使靠立法确立的开放市场失效，并妨碍了效率竞争。

3. 效率竞争像一场赛跑。在并行的冲刺中，个别企业的效率提高了，而在终点应由消费者来决定谁取胜。对企业及其领导人的选择、技术和经营方式的选择应该在效率竞争中进行，利润、亏损、破产在效率竞争中才有其意义。而消费品的供应状况将决定竞争的结果。

但是在垄断竞争中，起决定作用的不是对消费者的贡献，而是现有权力地位的强弱程度。例如，在两条轮船航线的寡头垄断斗争中，储备量大小是决定性的，它决定着斗争双方的能力和能忍受斗争价格的时间长短。在一个部分垄断的烟草业康采恩与有效率的小企业的斗争中，起决定作用的也不是效率竞争，而是康采恩的权力地位：它可以与烟草供应商订立独占合同，阻止顾客到对手那里购买香烟等。垄断斗争不仅与效率竞争不同，而且阻碍它。这是一个具有重大法律和经济政策意义的事实。在这里，19 世纪和 20 世纪初的自由主义经济政策陷入了矛盾之中：它给垄断斗争以自由的同时，也就抑制了自己所期望的效率竞争。

通行的原则是：谁允许垄断斗争，谁就阻碍了效率竞争的发展；谁要效率竞争，谁就不能赞成和允许垄断斗争。

4. 一国的垄断集团越强大，所产生的对均衡的干扰就越大。这是因为，现有垄断越多，供求两方面垄断的市场形式就越可能蔓延。人们不难想象，一个到处充满了垄断的经济将是完全失衡的经济，所有农业、工业集团都处于相互斗争之中。一个这样"集团无政府状态"的经济秩序或许会很快过渡到对经济总过程实行集中管理的经济中去。

B. 分配和社会安定

一　劳动力市场。

1. 1831 年普鲁士商业部长冯·舒克曼（v. Schuckmann）曾经

建议，以法律形式禁止所谓"实物工资"——一种以发放本厂产品代替工资的工资制度。他的建议遭到了其他部长的反对。其中的一位解释说："所建议的措施同应该注意的经营自由原则是相矛盾的。"对此冯·舒克曼反驳道："在绝大多数存在竞争的场合，职业自由寻找并得到了庇护，在这些地方竞争能够进行，不需要国家的监护。但是在少数情况下，竞争难以避免地成为不可能了，在这里不存在那种均衡力量，因此不能按照立法者的意愿在不需要他们帮助的情况下便能使事物趋于均衡状态。这时立法者采取措施是必要的。""例如在整个西里西亚地区，除了在格兰茨伯爵领地有一家棉纺厂外，没有其他的棉纺厂。在这家工厂里有400名男女童工和妇女，他们不适于其他的工作，由于年龄和习惯，他们只能在接受这个工作或失业之间作出选择。这里的工厂主也做得太过分了，在劳动时间和效率方面他要求工人作出超乎常人的努力，但却通过实物工资制仅向工人支付名义工资，无论景气还是不景气，年年如此；他也能够为他的食品和货物贸易订立垄断、强制、惩罚等法规。但是他的工人们却无权决定辞掉这份工作离开他，或者可能的话烧掉这个工厂。"[①]

为什么会这样呢？这就是因为劳动力市场上的买方垄断在当时广泛地存在。在那里对工资没有规定明确的界限而被雇主随意压低，工人从社会产品中得到的份额远远小于雇主方面也存在竞争时造成的均衡工资。同时这里也常常产生恶性循环：工资下降得越多，工人拥有的财产就越少，从而进一步强迫工人做更多的工作，或者强迫妇女、儿童也参加劳动。伴随工资降低而变化着

---

① 见 G. K. 安东（Anton）《普鲁士工厂立法史》，1891年；G. 阿尔布莱希特（Albrecht）：《社会阶级》，1926；K. P. 亨塞尔（Hensel）《有关19世纪德国行业劳动宪章的秩序政策研究》，弗赖堡大学博士论文，1937年；H. 赫克纳（Herkner）《上阿尔萨斯的棉纺工业》，1887年。还有 H. 冯·屠能（Thünen）《被孤立的国家》，1850年，卷2，第1节和第2节。

的劳动供给——是供给的反常反应——使工人的生活状况继续恶化,而使买方垄断者的权力越来越强大。

在上面的或者类似的情况下,实际上不能带来自由的自由秩序的想法遭到工人的反对,就不令人感到奇怪了。

2. 伴随着工业化,许多工人丧失了生产资料所有权,他们曾使用这些生产资料进行生产,在手工工场、小农企业或自给自足经济中占有它们。后来家庭和企业虽然分离开来了,但在小企业和自给自足经济中,它们还是联结在一起的。虽然历史上这种分离已经以各种形式存在过,但是现在它占了统治地位。

这一事实成为马克思分析和批判"资本主义生产方式"的重点。"即以各个独立劳动者与其劳动条件相结合为基础的私有制,被资本主义私有制,即以剥削他人的但形式上是自由的劳动为基础的私有制所排挤。"[1] 据说经过这一转变过程,工人变为无产者并受到资本剥削。对马克思而言,生产资料作为私有财产与工人相分离是事实的核心;将来,就是说当工人重新与生产资料结合在一起的时候,这种分离才会在必将出现的生产资料共同占有的合作时代中被克服。

马克思的批判无疑是必要的,但他把批判的重点置于错误的位置上。机器不属于工人所有这一事实不是决定性的;起决定作用的事实是,拥有机器的劳动力需求者是在垄断的市场形式下寻求劳动力的。虽然生产资料所有制的发展是新的社会问题产生的前提,但这一社会问题通过劳动力市场的形式才取得了自己的特性。由于企业主作为需求者占有垄断或部分垄断的地位,工人便得不到相当于其劳动的边际产品的工资。马克思透彻和正确地描述了工人的困境,但却没作出正确的解释。由于他忽视了市场形

---

[1] 见 K. 马克思《资本论》卷1,第6版,1909年,由 F. 恩格斯编辑出版,第727页。(中译文见《马克思恩格斯文集》第五卷,人民出版社2009年版,第873页——译者)

式，他的分析在其体系的关键点上是不成功的。劳动力与生产资料所有制之间的分离很少引起19世纪的社会问题，同样，社会问题也很少能通过建立生产资料集体所有制而得到解决。以后的发展也表明，那个时代产业工人的贫困不能像马克思和他的学生们认为的那样来解释。

3. 从19世纪中期开始到20世纪初，工人的状况得到明显的改善。之所以如此，并不是因为工人与生产资料所有制的分离被取消了，相反，这种分离更加扩大了。起决定作用的是日益增长的机械化水平提高了人的劳动生产率。每个工业化国家都提高了本国的生活水平。但是在工业化进展缓慢或者现在才开始的地方——像许多东亚国家——供应状况则要差得多。可见，劳动边际生产率的提高是一个决定性的事实。

另一方面，现在工人也得到了社会总产品中较大的份额。这主要是通过劳动力市场形式的变化实现的。它是如何发生的呢？决定性的推动力来自两个方面：交通的改善，通信工具和劳动中介组织的改进拓宽了劳动力市场。这一发展的影响是很强烈的，它促使许多劳动力市场从买方垄断或买方部分垄断向充分竞争的方向转变。当然，劳动力市场的拓宽，仅仅部分是有意识地帮助工人，像在山区修建铁路以便居民可能到附近的工厂或矿山去工作等；但即使劳动力市场的拓宽是无意识的，它的社会意义也是十分巨大的。

以后，保证结社自由使工会的产生成为可能。工会出现后，劳动力市场形式发生了变化——现在雇主面对的不再是互相竞争的工人，而是工人的团体：即带有部分垄断性质的工会或由联合起来的工人组成的部分寡头性质的团体。毫无疑问，劳动力市场的转变促使工人在社会总产品中所占的份额增加。可是它也带来了新的难题，因为劳动力市场向两方面的垄断方向发展而带来了新的秩序政策方面的困难。正像罢工和把罢工者解雇所表明的，市场再度失衡了。供求双方的权力集中取代了需求方的权力集中。社会在阶级分裂中延续。在许多国家——比如在德国——劳动力市场上的上述市场形式没有能持久,而是引起了进一步改造的趋势,即转向国家干预和国家确定工资,甚至转向国家对劳动力实行集中调节。①

二 总体秩序。

1. 劳动力市场和在其上实现的市场形式不是单独对工人社会状况的变化产生影响。仅仅想从劳动力市场出发解释社会问题,这可能是一种点式的观察问题的方式,因此是不充分的。由于所有经济现象相互依赖,对劳动力的需求便依赖于总体经济过程。或者也可以这样表述:劳动力需求不仅取决于工人在劳动力市场上所处的市场形式,而且也取决于需求曲线的位置和弹性,需求曲线是被所有其他的经济过程决定的。比如,在某一地区的纺织工人劳动力市场上几乎是完全竞争的,尽管如此,仍然可能出现失业。为什么呢?其他工业区域更为迅速的需求变动、技术进步以及别的因素的改变都可能是原因。当价格体系运行时,上述类型的失业只是暂时的。此外,另一组原因更为重要,对经济政策更有意义。这是指,由于价格体制没有充分地发生作用,它没有能力建立一般均衡,这时失业同样会出现。例如纺织工人失业可能由以下情况引起:通货持续地紧缩,因此对纺织品的需求减少了;或者煤矿工人长时间罢工迫使纺织厂关闭。在上述调节机制失灵的情况下,失业可能持续很长时间。

现在我们知道,价格体制的运作效率取决于实际存在着的货币体系和市场形式。第三种货币体系②的出现以双重方式威胁着社

---

① 另见 N. 费里(Fery)《关于工会问题的形态学研究》,弗赖堡大学博士论文,1949 年;R. 冯·施特里尔(Strigl)《实用工资论》,1926 年。

② 见 W. 欧肯《国民经济学基础》,第 6 版,1950 年,第 120 页等(这里第三种货币体系是指银行体系创造货币的货币体系——译者)。

会保障。一种方式是通过持续的通货紧缩，它不断减少所提供的劳动力岗位的数量，就像1929—1932年世界经济危机表明的那样；另一种方式则是持续通货膨胀对社会保障的威胁。尽管在危机后政策试验年代信贷扩张正是为了克服失业和提供更多劳动力岗位，但是货币数量持续的扩张却使得工人的积蓄贬值，这样各个工人的生活保障便在有决定意义的地方被削弱了。在持续收缩或扩张中表现出来的货币的不稳定，是现代经济中社会不安全的主要原因。假如没有它的话，今天的社会问题就是另外的样子了。

2. 在交换经济类型的经济秩序中，有两个因素对社会保障程度和分配过程而言具有决定性意义。这就是处于秩序框架中的劳动力市场以及在总体秩序中作为市场形式和货币体系占据支配地位的秩序形式。这两个因素也决定着工人能否得到与他的生产效率相等的价值，即得到与他对消费品供应所做贡献相符合的价值额；决定着工人是否被"剥削"。这两个因素对经济和社会政策来说应该是具有决定性意义的。这里，我们接触到了社会问题的核心。

C. 法治国家——自由

一　国家应该置于法律之下，"国家本身应该在理性和法律界限之内行事和活动"〔冯·莫尔（v. Mohl）语〕。所以它应该承认和保护各个公民的自由和权利范围。这是法治国家的思想。同时法治国家应该保护其公民的权利不受两个方面的侵犯：一个是国家管理机构的强权，它在一切时代——尽管时多时少——都带有以所谓的公共利益名义损害个人自由的趋势；另一个是公民之间的相互威胁。作为强权国家的对立物，法治国家的思想源远流长。例如在古代，它不仅存在于希腊哲学及其国家的一些实践中，而且也存在于日耳曼等国家的实践中。其形式是变化着的，有各种不同类型的法治国家；但法治国家是历史的普遍现象，到处都出现，只要自由被认真地付诸实践。——在将来亦会如此。

在近代，人们为实现法治国家作出了巨大的努力。立法权、行政权和司法权三种国家职能的分离促进了法治国家的形成，这就是说，这三种职能在组织上分开。同样，通过宪法保障公民基本权利，例如迁徙自由、财产自由、言论自由以及最根本的人身自由。接着建立了行政诉讼管辖权，它必须监督行政合法性原则的运用。为了保护公民不受他人侵犯，现代法治国家也废除了农奴对农奴主的一切隶属关系。保护财产自由，不仅反对来自国家行政机构的侵犯，而且也反对来自周边的国家和人民的侵犯，不管他们如何强大和有影响。

二 19世纪和20世纪初发生了以下重大历史事件：整个宪法和法律政策都为着贯穿着法治国家思想。① 同时在经济政策方面也实行自由放任政策。法律政策和经济政策在思想和行动上相对应，这对建立法治国家具有根本的重要性。因为，根据这个时代的历史经验，当时能够回答这样的问题：法治国家的法制与来自自由放任政策的经济秩序能协调一致吗？或者，它们能在多大程度上协调一致？——我们从一系列与秩序相互依赖性相互关联的问题中提炼出这个重大问题。历史研究也使人们可能在这个根本点上回答这一原则问题。在工业化世界，即使产生垄断或寡头，经济活动形式也可由经济活动者自己建立吗？这样经济秩序就可以不被看作秩序政策的难题，同时也就可以实现法治国家了吗？

三 回答肯定是矛盾的，并恰恰因此是重要的。在19世纪，像宪法规定的公民基本权利、国家权力分立、行政机关的合法性以及行政法庭对它的监督等，作为法治国家的机构得到了发展。

---

① 对此可参见例如格奈斯特（Gneist）《法治国家》，第2版，1879年；F. 施纳贝尔（Schnabel）《19世纪德国史》2卷本，1949年第2版，第124页等。

那么，就此而言，有可能在自由主义经济政策时代实现法治国家。法治国家与在上述经济政策下发展的经济秩序，就这点来说是相互协调的。当时，针对国家机构的强制和专横行为，个人受到了广泛的保护。

尽管如此，在这个时代法治国家未能完全实现。之所以如此，正是因为垄断和垄断斗争破坏了它的实现。这里有两个决定性的因素。

1. 在垄断存在的地方，例如劳动力市场上存在买方垄断，尽管宪法有保障所有基本人权的规定，个人自由仍然受到极大的限制。冯·舒克曼谈到的西里西亚工人，以及英国、德国等许多其他国家的工人，他们在19世纪初期和中叶与居于买方垄断地位的雇主们同时存在，但并不享有人身自由。宪法所保证的某些基本人权也帮不了他们的忙。只有改变市场形式才能帮助他们。社会主义批评家以下的论断是绝对正确的：许多工人仅仅在形式上是自由的，实际上是不自由的。但是，并不是"资本主义"的荒诞形象，而是所存在的某种市场形式阻碍了基本人权的实现。

如果在进入市场方面存在障碍，那么无论过去还是现在，经营自由都是虚假的。例如，一个美国的金属加工工人事实上不可能迁入某些城市，因为那里的工会不接受他，他找不到工作岗位，这时候，迁移自由权就只是形式上的。在这样的情况下援引自己的自由权利，只是为了取消其他人受法律保障的自由权利。对一个想从事水泥贸易的公司来说，如果水泥辛迪加拒绝向它提供任何产品，即封锁它时，它也就仅在形式上享有经营自由权利了。而水泥辛迪加坚持契约自由权，按照这一法律，其成员有联合的自由权利。在行使这一自由权利时，其他人——商人——的自由权利就被剥夺了。自由权利剥夺了自由权利。还有，国家立法给个人以结社自由，但是当工业或工人的权力实体实行了组织强制，即强迫个人加入集体的时候，结社强制也就从结社自由中产生了。

法律制度的职能从根本上说是随市场形式和经济秩序结构变动的。① 比如，机器厂是处于竞争之中还是居于垄断地位，其私有财产性质是不同的。前一种情况下私有财产形不成私人的权力，这时封锁等强制手段无法应用，强制缔约也不成为法律政策要解决的问题。但是，如果私有财产建立起垄断地位的话，它就同私人的权力相结合了。有关封锁和其他强制的威胁限制了顾客或者工人的自由领域，无论过去和现在，它都是与法治国家的基本思想不一致的。

2. 今天，谁乘车，或缔结一份保险，或使用煤气和电，或与银行打交道等，他会惊讶地看到，对这些和很多其他商业关系来说，通行的不是国家制定的法律，而是保险公司、铁路公司、银行等的一般经营规则。这种自创的经济法规在很大的范围内排挤了国家的法律，在生产资料市场和消费品市场上均如此。在市场上实施法律中所形成的普通商业惯例——例如对世界贸易条款——是不可缺少的。但是，当由垄断的联合会创立和实施时，它们就具有另外的性质。银行联合会、糖业辛迪加、有轨电车公司等能够实行它们的自治权，因为顾客离不开它们。被私人权力确立的经营规则具有强制权。"对今天由唯一一个商人与各行各业供应商们签订的购买合同来说，国家的法律仅在极小的范围内适用，而大范围内适用的是数不清的联合会和有影响力公司的五花八门的'法律'。但是它们的内容是最可怀疑的。在目前这个政治权力四分五裂的时代，普通法、共同法、民法典和其他国家法律中有关购买和信贷的规定都毫无例外地致力于保证利益的公正平衡（风险转移、缺陷责任、不当延误的后果、履约不可能性等）；相反，在市场联合会等经营规则的起草者们那里，单方面地改变权利和义务的分配、使其有利于市场供给方的倾向却占据统治地

---

① 见 W. 欧肯《国民经济学基础》，第 6 版，1950 年，第 240 页等。

位。这不是创造公正,而是创造不公正。也正是出于这个原因,争议调解协议出现了,以避免让国家法庭对成文法律作出不利于市场垄断者的解释。争议调解方式非同寻常地广泛运用,使得国家司法机构在卡特尔法和市场法方面,在越来越大的范围内受到排挤。而且,对违反卡特尔义务的争议调解程序经常具有纯粹刑事诉讼性质,在赔偿和违约刑事诉讼等形式下,事实上产生了私人刑事司法。"[①]——私人权力实体制定的法律,能够部分地抵消法治国家在公民中间建立起来的法律保障。

保护公民免受他人专制,这一点虽然在19世纪就已经受到法治国家宪法的完全保证,但垄断和部分垄断产生后,它却通过两种方式被削弱或者取消了:一种是个人对私人权力拥有者的经济和社会的依赖,另一种是私人权力实体将相应法规贯彻到其一般经营条件之中。——康德把通过法律限制自然状态的绝对自由看作是国家的任务,在这一范围内才能保证个人免受他人的专制,自由的共同生活才有可能——这是一种所有的人能够发挥其才能的文明状态。但是,在19世纪和20世纪初,尽管人们为实现法治国家作了一切努力,但却由于私人经济权力实体的阻挠,这一目标始终没有实现。例如,一个依赖于出版商的家庭手工业者,他作为承租人又要受制于房地产主联合会自创的法律,尽管他有宪法保障的部分权利,但他的自由范围是很小的。

四 如果法治国家能成功地保护它的公民免受国家独裁本身的侵犯,那么它就不能在其他公民的专横行为面前成功地保护它自己。在集中管理经济型的经济秩序中则相反,在那里人们恰恰不能防止国家的侵犯,同时私人权力也不起决定性的作用。

[①] F. 伯姆《作为历史任务的经济秩序和立法程序》,1937年,第158页。除此之外,对这一问题的论述还有:H. 格罗斯曼—德尔特(Großmann-Derth)《经济部门的自创法律》,1933年,和《违约提供服务的法律后果》,1934年;L. 莱塞尔(Raiser)《一般经营规则法》,1935年。

所以，在现代工业世界里，如果听任经济形式本身自行发展，法治国家就只能是片面地得到部分实现。到了20世纪，国家通过贸易政策、建立强制性卡特尔等，甚至促进了私人权力的形成。于是，国家用一只手使法治国家本身受到威胁，又用另一只手——比如通过权力分立、基本法等——试图实现法治国家。一般而言，只有在那些国家法律制度与"相应的"经济秩序同时实现的地方，法治国家才能获得完全成功。可是，垄断和部分垄断与法治国家是不相应的，因此，它们不是这样一个经济秩序的组成部分。

这里只是从垄断与法治国家的关系来论述的。此外还有一个重大的问题，这就是国家的政治机构与制度，主要是国家意志的形成，究竟如何受垄断的影响？这一影响极其深远。以后我们还要谈到它，那时将说明，垄断的形成甚至会改变国家的面貌。①

自由放任的经济政策以下面的伟大思想为基础：自由应该是本来就有的，并且按自然法则、上帝所希望的秩序得以发展。推动这一发展的思想家们有理由拒绝去某些地方建立自由主义秩序，因为在这些地方本应由其自生自长；如果在这些地方让它由下而上自发形成丰富的形式，则应拒绝对它进行从上到下的干预。如同亚当·斯密描述的，人们本能的自发活动产生了分工、交换、储蓄、货币和竞争，并且个人的自由力量导致供给和需求上准确价格的形成。自然的智慧就是这样最终渗透于全部经济过程，"看不见的手"以其内在的固有法则发挥作用。因此，经济自由对所有经济政策决策者来说具有双重的重要性：它是合乎人类尊严的个人生活之基础；同时它也使从中产生经济的某些自然法则的造物主计划得以实现。不过，实际的发展却表明，经济政策从两方面看没有达到它所希望的目的。这表明，当自由可能产生私人权

---

① 现代经济是否必然向垄断发展，这一问题可参考本书第十二至十五章。

力时，满足自由便可能成为对自由的威胁；虽然私人权力激发出了巨大的能量，但这股能量也可能起破坏自由的作用。一个自由的、合乎自然的秩序不是简单地通过放任自流的经济政策产生的。相反，只有经济政策以实现这一秩序为指南时，后者才能够产生。

结　　论

对自由放任原则进行批判性探讨的目的在于，从经济政策的经验中获得关于经济政策的基本方针。可以看到，事实上从对自由放任时期经济政策的分析和批判中能够得到一定教训，它为拟定积极的经济政策原则做了准备。

如同已经指出的，上述经济政策的原则特征在于：它不仅把建立游戏规则、建立人们在其中进行经济活动的框架或形式交给了个人，而且把围绕数量和价格开展的日常斗争，即经济过程也交给了个人。只要围绕秩序形式的斗争符合某些法律原则时，经济政策允许其自由开展。因此这种经济政策可以表述为：它让自由计划的个人来协调企业和家庭的活动。

但是，当它遵循自由放任原则时，此种经济政策预期会产生以下结果：

1. 实现多种多样的市场形式和货币体系。按照所实现的市场形式和货币体系，各个经济活动的配合协调也各不相同。价格的自动机制随变化着的形式而变换并随之形成。能够产生垄断和寡头，也能够产生使货币供给伴随信贷投放而过多或过少的货币秩序。这两种趋势都是危险的。

2. 恰恰在工业化经济中，均衡被持续地打破了；而且这种打破还无法避免。技术更新、人口变动、收获量波动以及其他因素变化会扰乱均衡。在这方面没有什么必须改变的。问题在于，扰乱过去后，经济过程是否迅速地向新一轮均衡接近。这是在工业化经济的经济秩序中建立起来的调节体系的任务，调节体系应该作为稳定因素起作用。

事实已经表明，当第三种货币体系形成以及寡头的或垄断的市场形式存在时，调节体系不足以不断地重新建立均衡，第三种货币体系甚至能够不断导致远离均衡。于是便提出这个问题：其他货币体系和市场形式能否完成恢复均衡的任务？它们是怎样形成的？与此同时，我们就触及经济周期政策问题的核心了。

3. 造成失衡的形式引起了国家机构集中干预经济过程的趋势。就其向其他经济秩序转变来说，失衡的市场形式是不稳定的。比如煤矿或者钢铁工业组成了辛迪加，那么使这些工业隶属于国家的集中指导就变得紧迫了。就此而言，自由放任原则的贯彻导致了取消它的趋势。

4. 但是，经验绝对没有证明，交换经济的方法是根本不可靠的，价格体系根本没有能力完成调节任务，市场和价格体系也不必再调节日常经济过程。更确切地说，只是某些市场形式和货币秩序是不可靠的。

经济秩序不应该任其自发形成。其他市场形式和货币秩序或许能够证明是有效的。当经济政策着手建立那些使有效的市场形式和货币秩序得以展开的条件时，经济政策便有了成功的巨大希望。

第五章 经济政策试验

自1914—1918年战争以来，世界经济政策进入了一个新纪元。在此之前十年间的干预主义经济政策为这一转变做了准备，不过它却是突然发生的。

一 新纪元虽然告别了自由放任的经济政策，但是它并不意味着前面批判过的失衡的市场形式和货币体系消失或者退却了，实际的情况正相反。经济政策在许多国家里促进并建立起垄断；在金本位制取消后，货币供给亦普遍地与信贷投放联系起来了。

不过，还是发生了从自由主义政策向其他方向的转变：现在经济过程和经济秩序不再像过去那样多地由个人安排，它们或多或少地由国家所决定。

二 所有的国家都在进行试验，像德国、美国、英国、法国、苏联、瑞典等，这里仅列举了其中的一些国家。到处都出现了经济政策的新样本，即试验样本。但是这些试验也到处都具有特殊的、民族的特征。例如在德国，它以1914—1918年战争期间对经济实行集中管理的尝试开始，随后1919年的国有化法，经过自1933年起充分就业政策的若干中间阶段，走向1936年对经济过程实行集中调节的经济政策。此后的试验伴随着多次变动，一直持续到1948年。在苏联，第一个试验是所谓战时共产主义，新经济政策紧随其后，接着则是1928年开始的集中计划经济政策，后者又经历了许多单个试验阶段。在美国，稳定价格水平的政策实行了 20 年，经过罗斯福（Roosevelt）新政和战时经济政策，在 1945 年开始实行充分就业政策。于是试验一个接着一个。可是因为每个国家都进行自己的试验，世界经济政策就失去了它曾一直保持到 1914 年的统一风格。对此人们也许可以比较一下 1949 年时的美国、苏联、英国和荷兰，各国肯定实行着各种各样不同的经济政策方案。

有时一国的试验会对其他国家的试验起激励作用。墨索里尼（Mussolini）从 1926 年起进行的社团经济试验[①]，推动了罗斯福的新政，不过后者只是个短短的插曲；同样，它也对 1933 年后德国的职业阶层秩序试验产生了影响。虽然如此，后来者却在这里或那里远远偏离了它们的先行者，因此这些国家也没有产生统一风格的经济政策。

难以一目了然的多种多样试验恰好是这一时代的根本特征。

三 另一个特征是：这些试验常常是即兴安排的，它们绝大多数事先没有经过周密考虑，因此，后来都难能始终如一地贯彻下去。1917 年列宁（Lenin）领导俄国实行变革，并以此开始了一个大的经济试验时期，他并没有考虑到经济调节问题；在试验的时候他才开始注意到这一问题，但难题已经产生了。[②] 1933 年后德国的经济政策在固定汇率下开始了军事扩张，并由此始终存在的趋向是：中央管理机构插手经济生活，以后导致了价格普遍冻结和经济集中管理方式的迅速扩展。

农产品价格下降、失业、出口回落及其他损失，这些日常问题的压力无论过去还是现在都促使许多国家进行试验。最强烈的推动力来自 1929—1932 年大危机。从此开始，阻止灾难再次发生

[①] 对于这一有趣的试验参见文集《社团经济理论》，W. 福萨蒂（Fossati）编辑出版，1938 年，和关于 E. 冯·贝克拉特（Beckerath）著作的论文，发表在《施莫勒年鉴》第 67 卷，1943 年，半精装本。

[②] 详见本书第十二章"经济政策的基本形式"一节。

已成为所有经济政策试验的基本思想。危机引起了"休克",其影响还将长期持续下去。一项试验可从任何一个位置开始:例如开始于操纵物价,开始于贬值或低息放贷政策。由此经济政策进入了一系列试验之中,它们总体上都是一项试验。——不过有些时候,在试验之前曾对这些棘手问题进行过较长时间的探讨,比如在拉特瑙(Rathenau)那里,人们为1919年的国有化法做了准备;又如凯恩斯,他为一些充分就业政策试验作了思想上的准备。但就是在这样的情况下,试验也常常滞后于思想准备工作。

后代也许会对此感到惊讶:试验是多么迅速、往往未加考虑就进行了。然而我们必须强调这个事实。

四　但是无论如何,许多试验总是个别地起作用。一方面看,它们具有积极意义。即这些试验使经济政策在大范围内取得经验成为可能。现在有这么多的东西受到检验,以致我们能够根据经验成果回答工业经济中的大多数经济政策问题。就此而言,1914年以来的经济政策时代是无与伦比的。虽然更早些时候有时也进行过经济政策的试验,如在1789—1795年法国大革命时期,但是那时的试验数量极少,而且特别是其对象与现在的完全不一样,那时还没有工业经济。我们寻找的是适合于工业经济的秩序制度。

试验的年代充满了各种各样的经济政策思想。它们有不同的流派,引起了争论。但我们的研究对象不是这些思想或方案,而是在经济事件层出不穷的时代所推行的实际经济政策本身。所以,这里一些思想使我们感兴趣,仅仅因为它们对解释经济政策是必要的,或者它们为经济政策提供了富有启发性的比较。

五　我们知道,从试验的经济政策中能够获得原则上有用的经验。同样,对试验中得到应用的秩序形式也须进行分析,而且必须问:它们怎样被证明是适用的?

关于秩序形式的上述问题也可以概括为两种类型的试验。许多国家尝试把调节经济过程的任务交给中央计划机构,可把这一类试验综合为一种类型。① 另外一些试验则致力于在经济过程的集中调节和建立秩序形式及经济调节过程中的自由之间保持中间立场。这一类型试验也取得了重要的成果。②

---

① 见本书第六章到第八章。
② 见本书第九章。

第六章　集中指导经济过程的
　　　　政策——概论

一　集中管理经济过程的政策将日常经济过程和经济秩序交给国家来决定，相反，自由放任政策却将这两项任务让给了个人。就此而言，集中管理经济过程的政策是自由放任政策的对立物。它存在于20世纪两次大战中的大多数交战国，存在于1928年以后的苏联和1938—1948年之间的德国，也存在于1945年以后的英国和荷兰。所有这些试验，各根据其集中调节经济过程的程度，是否并在哪里还存在市场，生产资料私有制是否占支配地位等方面而具有自己独特的性质。例如：在德国，1945—1948年间实物交换曾得到广泛的发展，德国人通过中央管理机构得不到面包、土豆和肉的足够配给，于是，他们试图通过实物交换搞到生活资料和其他消费品，或者他们自己种植蔬菜、土豆等。人们看到，各种不同的秩序形式是相互融合的。在其他国家，补充的秩序形式则是另外的样子。但在这些形式中有一种占支配地位，它就是集中管理经济的形式。因此，所有这些试验都有相似之处，都属于一种类型。

集中管理经济过程政策的特征是：各个企业和家庭不再自主地制订计划，也不再通过价格使之相互协调，而是由中央机构的计划决定生产什么、在哪里生产、生产多少和怎样生产，并决定社会产品如何分配。为了贯彻集中调节，中央机构采取了征用、放开、调拨生产资料和消费品以及义务劳动等手段，以此表明其集中管理经济过程的政策。它采用"集中管理经济"的秩序形式作为占支配地位的要素。

进行这种试验的国家可分为两个组别：在有小工业的农业国，那里中央机构的经济政策方法被用来推进工业化。例如苏联和中国，其集中管理经济的方法在工业化初期就得到发展。而在早已实现了工业化的国家，而且是在交换经济秩序形式的背景下工业化的，这种试验性质就不一样，这组国家包括德国、英国和20世纪许多其他西欧国家。

二 对实际情况的研究遇到一个特殊困难。数百年来，人们一直着手研究在竞争、垄断和其他市场形式下运行的经济过程以及经济过程与货币秩序之间的联系，因此，尽管这里还有些事情留下要做，但我们毕竟对交换经济秩序形式下发生的具体经济过程有了相当多的认识。在任何情况下，这里有关经济政策的考虑都能够以科学的巨大成果为依据。可是，对有关集中管理经济的调节方法问题来说，就不是这样了。

过去的大多数场合，理论家们并不分析事实，而只研究问题，即只研究在"集体经济"中其调节系统可能是怎样的和应该是怎样的。维塞尔（Wieser）、巴罗内（Barone）以及其他以前的思想家们没有像我们现在一样看到实际情况。虽然历史上已经有过集中管理的经济秩序，如在埃及，尤其是在印加帝国，但现代工业时代的经济过程要复杂得多，也广泛得多，它提出了一个远为困难的调节任务。因此，以前的事例已经并不重要了。我们今天还有些事得去完成，这些事是前辈们所不熟悉的。

与此相对，也许有些关于这类个别试验的有价值的研究，像关于苏联试验的研究等。然而，对集中管理经济中经济过程联系的系统分析和表述还有待形成。

所以，这里必须另辟蹊径。由于我们不能像对待垄断、竞争、其他市场形式及各种货币体系那样，以科学分析的成果为依据，因此，我们必须首先尝试获取集中管理经济中经济过程联系的全貌。在这方面，我们将对1936—1948年间德国的试验进行分析，并且把我们的观察范围扩展到其他试验的更多方面。

研究的目的在于获得德国和其他国家经验中具有普遍意义的认识。诚然，集中管理经济的调节经常是出于战争目的进行的，因此，必然经常是临时拼凑而成的，只有在和平时期才可能有长期的计划；但一般而言，战争所特有的东西不可以都记在集中管理经济的名下。

三 集中管理经济不可与"集体所有制"相混淆。虽然对集中管理经济过程的调节可以同集体所有制相联系，像苏联1928年以后就是这种情况，但它们之间的联系并不是必然的。在德国和许多其他国家，有意思的是，生产资料私有制占统治地位，农业和工业企业主要属于个人和公司，不过私有者仅仅可能支配有限规模的生产资料。从这样的观点看，有两种类型的集中管理经济：一种是私有制的，另一种是集体所有制的。第一种类型是否有逐渐转变为第二种的趋势，这个问题还有待于探讨。总之，对经济过程的分析应该考虑到上述两种类型。我们从第一种开始。

四 在研究经济现实时，科学既不能用一个事先构造好的模式，也不能用诸如"资本主义""社会主义"之类的一般概念来达到目的。

只有一条路可望获得成功。这就是对具体的企业、家庭和计划机关做深入调查研究。我们不允许自己堕入云雾之中，而应该脚踏实地对具体的、单个经济实体的形态或面貌进行分析。在那里我们会得到曾谈论过的那个发现，即无论是在过去还是现在的经济现实中，都存在着一个纯粹形式的有限序列，当然这些形式和排列可以是多种多样的。经济秩序的多样性来自每次被不同选取的若干种纯粹形式的相互融合。比如苏联，在20世纪40年代绝不只存在以中央当局计划为基础的集中管理经济，那里占统治地位的虽然是集中管理经济的方法,但与此同时也存在像活跃的实物交换等交换经济秩序形式,此外还存在农村自给自足经济。直至50年代,所有这些秩序形式仍在运转,在对苏联日常经济过程作科学分析时必须予以重视。

对现实所做的形态学分析始终应该是理论分析的先导。我们应该在具体经济秩序中找出那些实际存在的秩序形式,它们是理论分析的基础。在现实中,我们把集中管理经济看作是同另外的形式相融合的秩序形式。现在我们来分析所发生的经济过程。

第七章 集中管理经济的经济过程
（集中管理经济理论）

前　　言

对集中管理经济的经济过程进行理论分析的尝试，有时被基本上否定了。人们认为，在集中管理经济中充满独断独行，领导人能够随心所欲地行动。因此，这里大量法则不适用，而这些法则在完全竞争的交换经济中可能成为理论依据，并因此可能准确地推测出经济的各种联系。[1]

理论分析本身将表明上述反对意见是否正确。但原则上可以说，在卖方垄断的市场形式下学术界已经遇到了类似的难题。例如一个城市的煤气厂作为垄断者，它要么可能追求"最高纯收入"，要么可能追求消费者所需煤气的"最佳供给"。这是两种难以确定的情况。在这两种情况下，价格、供给和垄断者的收入会有很大的差别。众所周知，对这两种情况进行了理论分析和探讨。[2]

我们在集中管理经济中采取相似的做法。中央机构要么追求"由投资来获得最大限度的权力"，比如出于战争的目的或兴建大

---

[1] L. 米克施《似是而非的经济政策》，发表在《国家学说》杂志，卷105，1949年。

[2] 参见 W. 欧肯《国民经济学基础》，第6版，第217页等。

型纪念建筑的需要而迅速扩建工业机构，这种做法可以显示和巩固权力；要么他们也可能希望实现"最大限度的消费品供应"。观察历史可以发现，在集中管理经济的调节方法占优势的经济秩序中，进行不同寻常的大规模投资，像1936年后的德国，1928年后的苏联和公元1500年印加帝国的所有邦国，古埃及以及其他类似国家。历史事实是：这类国家的领导层倾向于为加强其政治权力而建设工厂、铁路、街道、发电厂和城市，等等。连集中管理经济的调节方法也常常被用来加速投资，也就是被用来加强权力，比如提高战争潜力。中央管理机构总是很少重视消费品的生产。

因此，在理论分析中，第一种情况比第二种更为重要。这里我们也只讨论第一种情况。我们以通过投资追求最大限度的权力为出发点。第二种情况在当代只有很少的"现实性"。如果不研究第一种情况，就无法理解现代经济现实生活的最重要方面。

经济过程的总体特性

中央管理机构的工作方式

1. 在交换经济类型的经济秩序中，对经济过程的研究从单个企业或家庭开始，比如从一个皮革厂开始。在那里人们看到，企业按照价格制订自己的计划，特别是预期成本，即产品与生产资料之间的价格比例决定了对生产的调节。由于每个企业都以此方式调节本领域发生的局部经济过程，所以在交换经济中对总过程的调节就得通过价格来进行。

正像德国试验期间发生的那样，研究集中管理经济型的经济秩序的企业，却得到了另外的结果。皮革厂根据"皮革专业部门"的指令进行生产，这种专业部门也可以叫作"调节机构"或"计

第七章 集中管理经济的经济过程（集中管理经济理论） 71

划机构"，负责分配生皮和辅助材料，给企业下达生产指令并支配生产出来的皮革。为了了解集中管理经济中经济计划的完成情况和对经济过程的调节，我们必须了解这一类专业部门。除了皮革部门外，还有纺织、服装、玻璃、陶瓷、炼铁等专业部门。那么怎样进行调节呢？[①]

2. 调节过程分为四个阶段：第一阶段的内容是收集计划统计资料。为此设有一个统计部门，随时可供调节机构的领导使用。统计的优先地位是集中管理经济调节的特征。计划机构的统计学家力图掌握计划所有重要的给定条件，像设备的生产能力，库存，对仓库、煤和电的需求量，原料的生产和进口等。从这些统计数据中最终制订一份"物资数量平衡表"，上一年、上半年、上一个季度的供给和使用情况在这张表里被相互对照地反映出来。

编制和加工统计数据有一套严格的规则，统计结果形成真正计划的基础。计划是总过程的第二阶段，它以需求计划、供给计划以及需求和供给的平衡为内容。

十分重要的需求计划数，仅有部分来自上级中央机构的要求，中央机构出于公共投资或军备目的而需要一定数量的铁、机器、皮革等；其余部分则来自其他的需求单位，它们通常是其他专业部门。例如制鞋部门需要皮革制鞋，机器制造部门需要皮革制造传送带，皮革部门不断向各专业主管部门要求鞣剂、油、润滑油脂和煤等，不过各专业部门和计划机构面对的始终是"集体的"或"捆在一起的"需求。同时，重要的是，在这一早期阶段，计划结构便已使产品的标准化成为必不可少的了。例如所生产的鞋的种类越多，制鞋部门确定对皮革的需要量就越困难。中央计划要求标准化。

当集中管理经济已经运转了一段时间之后，计划机构便可以

[①] 关于处理这一问题，我接受了弗赖堡 K. P. 亨塞尔博士许多建议和启示。

经常利用以前计划阶段的给定条件，这些条件都是以准确的统计数字为基础得到的。来自旧计划的给定条件时常不经进一步的检验就被输送到为未来而制订的计划中去，这样做很危险，因为这些条件常常不具备对当前实际情况必不可少的适应能力。由于这个原因，上级中央当局——如帝国经济部——经常警告，以防止统计的粗制滥造。比如它有一次在书面宣称："如果说计划非常需要统计，那么就绝不允许无视统计只说明过去这一状况。因此，计划的外部形式——统计平衡表——不是它的本质，计划是主动塑造未来。"此外，从按照居民人数计算出来的需求中也得不到很多东西，因为这种做法没有考虑地区和职业带来的需求差别，并且经常造成高估的结果。

在总供给方面，除了进口和提取库存之外，主要涉及生产。这里通行一条原则：应该尽可能地根据当时的"最紧缺物资"即"瓶颈"，来判断生产。比方说，人们希望在更大的范围内提供设备和原料数量，如果没有足够的煤，计划就必须据此进行修改。或者，如果劳动力特别紧缺的话，计划安排就必须以劳动力为依据。不过由于所谓的"瓶颈"不断变化，因此，计划重点也必须不断重新寻找。及时认识预期的"瓶颈"，这是集中计划方式的真正艺术之所在。

需求和供给的均衡需要经过长期的斗争，这点我们还要多次谈到。一方面各专业部门为争取配给更多的煤、舱位或劳动力而斗争，而另一方面，它们又要削减各个试图搞到尽可能多的皮革、纺织品或发动机燃料等的需要者的要求。经过长期谈判，首先在专业部门范围内降低各个需求者的要求，使它们彼此协调。而从一开始上级中央机构就参与其事。中央机构通过两种办法插手：一是由它们确定某些物资的紧缺程度顺序，二是由它们裁定个别纠纷。下面我们以发动机燃料作为确定紧缺程度的例子。在1941年11月颁布的一项公告中首先规定，发动机燃料只许为战争重要的目的按其本义使用。它的配给应该根据下列顺序：

（1）供应居民生活资料和燃料；

（2）火车站和水陆转运中心的通畅；

（3）保证农业生产；

（4）卫生设施和警察局；

（5）供应对战争有决定性意义的企业，以及授权解决化工生产特别问题的建设计划；

（6）供应军备生产和其他对战争有决定意义的生产；

（7）供应其他对战争有决定意义的建筑计划。

上述需求紧迫程度顺序对评估和调节物资流向十分重要，各专业部门必须以它为依据。然而，比如皮革部门应该得到多少煤，如果不能达成一致意见的话，那么就必须由帝国经济部来决定。

计划工作的结果在一个数量平衡表中反映出来。这张表包括一个季度、半年或一年时间物资供应和使用情况，同时也考虑到生产过程的特征。

下面是一张物资数量平衡表。

表 7-1　　　　　　　物资数量平衡表

供　　给	使　　用
1　国内生产量	1　国内消耗量（按用途排列）
2　占领区生产量	2　占领区需求量
3　进口量	3　出口量
1—3　日常供给量	1—3　日常使用量
4　库存提取量	4　库存增加量
1—4　总供给量	1—4　总使用量

上表右边第一项（国内消耗量）详细列举了诸如德国国防军、农业、制造传送带和鞋等各自所需的皮革数量。

由此可见，集中管理经济的计划是由一系列长长的、由交互连接的各专业部门相互并列的物资数量平衡表组成。煤炭、钢铁、电力、燃料、皮革、纺织品等部门都编制自己的物资数量平衡表，各个计划之间的协调则通过上级机构制定的普遍准则（紧迫程度等级）以及由它直接插手许多个别决策来实现。虽然专业部门也是计划的承担者和编制者，然而它们依赖和从属于国家各个部门及其他中央机构，从而保证计划的统一性。

接着，作为第三阶段，是将生产指令下达给各个企业。在这里，确定了企业的生产数量、时间和品种。征收来的原料交给企业用于生产，同时，也下达了关于生产出来的例如皮革等产品用途指令。拟定各个企业的生产指令是件很困难的任务，它常常是靠建立工商业经济组织，像帝国工业团体、卡特尔和联营组织等得以实现的——人们需要专家，可是专家同时是得益者；人们需要专家组织，可是这些组织同时是私人权力集团。对此我们还将继续讨论。

最后是第四阶段：计划监督。企业有义务不断——一个季度、一个月甚至每天——呈报自己的存货和生产情况，专业部门则不断将企业完成数字和应完成的计划数字加以比较，检查二者是否相符。没有超过计划的原因可能在企业，也可能是由于没有收到已允诺的原料，或劳动力被其他部门抽走等缘故。无论如何专业部门领导人必须进行干预，这样贯彻计划也充满了各式各样的谈判和斗争。最后，与计划监督相联系的另一个事实也起作用，这就是计划常常——这是必然的——在计划编制了数月甚至一年以后才被贯彻。在这期间给定条件变动了，比如煤的供应变化了。于是，必然要重新修改计划和生产指令。

以上是四个阶段相互连接的、不断反复出现的外部过程。在其他集中管理经济中这一过程或许以相似的或许以另外的面貌出现。这在经济上它意味着什么呢？

第七章 集中管理经济的经济过程（集中管理经济理论）

调节系统

集中管理经济解决调节问题的特殊办法有两个根本的特征：第一，计划和调节以"总体"而不是"个别"评估为基础，不计算边际成本；第二，经济核算没有约束力。因此，调节方法能够被长期使用。

第一个特征：

1. 中央管理机构的工作借助数量计算进行总体评估，数量计算则以统计为基础。谁进行这种评估呢？首先是专业部门。在我们的例子中，皮革部门首先根据自己的评估提出各种用途的皮革分配方案，如分配给国防军、用来制鞋或用于工业目的等，就是说，它大致预计到皮革满足这种或那种用途需求的紧迫程度。分配比例根据与"需求者"的谈判还会出现变化，这意味着试图将作为消费者的专业部门的暂时评估引入"平衡"状态。与此同时，这里涉及的始终是集合量：被评估的不是个别部分数量，而是总量。或许用5000吨或8000吨来计算。上级中央机构在确定"紧迫程度等级"时，力图对上述总体评估以及借此实现的专业部门对生产资料和生活资料的调节给予支持。我们刚才已谈到这一点。但是，确定这样的紧迫程度肯定是不够的，它太粗糙，而且各等级都包含很多需求种类（如发动机燃料，需求紧迫等级是3——"保证农业生产"）。此外，专业部门没有充分考虑到，当某种需求越来越多地被满足时，其需求程度也将逐渐增加。最后，它们也不重视辅助商品的供给状况。德国中央计划部门1944年12月颁布的一个公告很清楚地说明了这些情况，其中写道："对需求的满足越加限制，用确立紧迫等级这一粗陋的做法调控生产就肯定越成问题。"那些不重要产品的生产不仅要下降，而且简直就停止了。可是，在重要产品的生产计划中，仅仅按照生产的产品确定那些紧迫程度的顺序，而不考虑需求者的供给状况的话，也肯定会导致严重的差错和管理的紊乱。比如制造一批农业机械，只缺少一些螺丝，提供这些螺丝远比向紧迫程度高的坦克厂提供同样的螺丝紧急得多，因坦克厂在几个月之后才需要。在一个供应短缺的经济结构中出现的多种多样的需求，不可能通过建立紧迫性顺序得以调整。恰恰在目前所有生产能力最大限度运转的情况下，期望所有生产调节机构能充分认识其工作范围，以便通过生产定额细致、正确地进行调节。因此，我们认为，普遍实行"计划取代紧迫性"这一原则的时刻已经来到。我们宣布："所有划分紧迫程度的做法自1945年1月1日起失效。"

当各个专业部门之间不能就各自的总体评估形成一致意见时，上级机构应该进行裁决。1942年的一份公告对此讲得很清楚，那里写道："我们力求计划机构与需求单位达到意见一致，从而使报告上来的需求自动地与生产可能性相吻合。只是在不可能以这种方式作出决定的例外情况下，才必须由主管部门决定。倘若计划机构与需求单位不同属于一个部门，则应该由共同的上级部门进行最终裁决。"

价值计算的个体化是不可能的。每天都必须对每吨铁、每吨铜或每个劳动力作出决定：用在哪里、用于什么目的？在各种各样可能的用途中各产生多少价值？在哪里和怎么样才能最好地满足需要？仅仅作总体评估不可能解决这些问题——例如有1000立方米木材可供使用，那么，对它只作大致的分配：用于燃料、矿山和纤维厂等，而不可能对每种用途各自的特点给予充分考虑。

2. 在这一调节方法框框里出现了某种成本计算。然而成本计算也是总体性的。某部门分配给各需求单位一定数量的汽油或皮革，那么它会不断地对由此得到的收益和所放弃的收益进行比较，后者是汽油或皮革，它们在其他用途中可能创造出收益。当发生争执而要求主管部门裁决时，比如究竟多少皮革应该用来制鞋、多少应该用来造传送带，这时的决定也是以对成本的一般比较为基础作出的。成本应考虑建立在对经济过程目标一般概念的基础上。人们考虑的是，将皮革用于制鞋还是用于造传送带更有利于这一普遍目标？这样人们就要对为完成总计划而创造出来的收益，同其他用途所创造的、但由于不能使用而被放弃的收益大小作比较。对成本的考虑是很一般和不准确的，但仍不失为一种成本考虑。

不过不可能计算边际成本。再举一个例子：1945年以后，在南巴登地区有1000吨生铁待分配。手工业、机器制造业、纺织业、铁路、修理厂等众多的经济部门急需生铁。那么每个部门进而每个企业应该得到多少生铁呢？也许纺织工业应该得到80吨，或者更多或更少？人们必须进行选择。这里也考虑到了成本，人们比较生铁在不同地方所可能产生的收益，但是不可能一吨一吨地计算出每吨生铁在这里或那里创造的价值。所以只进行总体评估，与之相应，分配就以这种评估为依据进行。

3. 如指出的那样，为了使实际过程始终符合计划，计划机构虽然对额定值与实际值和计划数值进行比较，但是并没有进行真正的经济调整。比较一下在计划中出现的数量与企业实际消耗或生产出来的数量。但一定数量的生产资料是否被经济合理地使用了？就是说，计划指标是确实正确的，还是需要修改？从额定值与实际值的比较中不能推断出这一点。一个砖瓦厂分配到了比它需要多得多的煤，可是好几个月后计划才被修正过来。这是因为实际数字符合计划数字，所以不存在要求修改的动因。额定值与实际值比较的方法没有为摸索着走向最佳生产组合提供机会。计划机构大概也了解这一点。

第二个特征：

1. 交换经济的价格体制不仅是稀缺测量器或计算器，更重要的在于它同时是监督装置，具有强制力。当成本超过收益时，比例失调将持续地迫使企业进行调整或者退出市场。换句话说，当价格比例出现了下面的情况，即生产单位货物所必需的生产资料价格高于这一单位货物所能够获得的价格，这时适应或调整就不得不进行了。

与此不同，评估在集中管理经济中起另外一种作用。举个例子：战争期间在 X 地建一个丝织厂，通过总体的评估已经知道厂址并不适宜，而且克雷费尔德的丝织厂能够生产同样的丝织品且价格便宜得多。为了 X 地的新厂房动用钢铁、水泥、机器和劳动力是不必要的，是错误的投资。这点从一开始通过总体的价值—成本比较也能确定。生产资料用于其他用途能够更好地满足计划需要。尽管如此，还是决定建设。这里个人因素起决定性的作用。在交换经济中，X 地的企业注定要失败，而在没有自由选择程序的集中管理经济中，它却能够进行建设和运转。这是因为总体评估不存在强制性质。集中管理经济的经济核算的这一特点对经济过程有重要影响，学术界应该对此给予更多的重视。

2. 如何解释这个事实呢？为什么集中管理经济中经济核算不具备强制力量？从教科书中我们已经知道在一个完全竞争的经济中成本计算的意义。[①] 成本表示生产资料作其他用途时所能够实现的那些"价值"。受益人以多种多样的、有购买力的需求为争夺多种用途的生产资料而斗争，并由价格—成本计算作出决定，在价格—成本计算中成本反映消耗的收益。生产必须与有购买力的需求相适应，这一绝对必要性在经济核算的强制力量中得到贯彻，有购买力的需求借助成本计算来监督生产过程。不过，在垄断或寡头垄断的市场形式下，消费者的监督力量遭到严重的损害，并大为减弱了。

但是，在集中管理经济中，需求和供给之间有完全不同的联系，两者间的紧张关系对市场没有影响。对铁、煤以及所有其他

---

① 见本书第十一章有关论述。

第七章　集中管理经济的经济过程（集中管理经济理论）

物资的需求和供给不是从各种有自己经济计划的、自主的经济实体发出的，确切地说，只有一只手确定需求和调节生产。计划机构所以能这样做：它首先决定对面包、住宅等的需求，然后通过总体评估和发出生产指令，使生产过程以需求为取向。不过计划机构不是必须这样做的。它也可以事后改变需求，比如突然削减纺织品配额或停建新工厂，这时就是需求向生产看齐了。中央管理机构收回了消费者的监督权，将一切经济权力集中在自己手里。所以它也不被置于监督机制之下。

或许人们在这里偏爱观察集中管理经济的弱点。当人们将最大限度地满足需要当作商品生产的目的时，事实上，这是一个弱点。但缺少评估和成本估算的约束力，同时又是一个长处，因这种缺少容易实现充分就业。关于这点，还将详尽论述。此外，集中管理经济使政治权力能够在经济领域，在不考虑成本计算的情况下，实现符合政治意图的转变。

价格的作用

1. 德国经济政策曾企图尽量使用间接的方法调控经济过程。例如，在一个权威性的公告中这样写道："以最小限度的干预达到最大限度的经济调控，必须成为每个规划的目的。当各个公司自愿按照国家规定目标合作，或从单纯的私有经济考虑，按照国民经济需要行动时，干预总是多余的。"由于这种原因，人们根本不对所谓的"中间阶段"进行直接的调控，例如，通过对织布车间生产的直接调节，使纺纱车间这个中间阶段能够实行间接调控。

但是，如果人们力图间接地而不是通过中央部门直接指令调节经济过程，则增加使用价格杠杆也是可以理解的。事实上，也是这样做的。

2. 为了能使现有的价格作为经济调节的工具，经济部门和物价委员会曾努力统一和改进工业企业中的成本和利润计算。正是当对国防军的供应增加时，颁布了有关成本计算非常详细的条例。许多德国企业的经济核算在此期间得到基本的改善和统一。

在个别方面，价格也成功地被用来优化生产联合。比如，军火生产方面，在那些旧价格通常不存在的产品的情况就是这样。在这里，人们首先计算个别公司的生产成本，并按照个别成本确定价格。其后果是，公司根本没兴趣进行有效的工作，充其量只对利润按成本的百分比进行加成计算，高成本时利润加成高一些，低成本时利润加成低一些。为了促使企业有效行动，从1940年起实行了另外一种价格计算系统：对已供应的军火以统一的价格付款，这一价格是在一个企业成本基础上以平均成本计算出来的。由此来刺激改善生产联合，以取得利润。这一方法后来还进行了根本的改进。

但这些成果在个别情况下，并没有改变这样一个事实：现有的价格对经济过程的宏观调节不合适。现有的价格反映了像1936年秋曾出现过的稀缺关系。价格的冻结防止了这一局面的延续。要是中央部门计划规定了满足一种接近早先的需求水平的需要量，那么，价格和价格关系将保持更长的可用时间。但相反的情况是，政府创造就业和军备投资引起当前中央计划需要和先前需求曲线之间的巨大差距。铁、煤、砖等的固定价格不再反映需要和满足需要之间的张力状态，而根据中央计划，本应会存在那样一种张力。依据产品和生产资料价格的成本计算没有使生产资料面向计划的需要，而为了最佳地生产中央计划中规定的产品，盈亏计算和决算没有回答生产资料是否组织得足够合理。

所有计算方法的改进并不能消除这一事实。在企业账本中使用的价格不反映稀缺情况，因而失去了它的调节功能。

3. 第二个问题变得越来越重要：当1936年物价不能使中央部门借以总体评估"个体化"和"数量化"时，当现有价格体制反映一个早已过时的数据系统时，通过重新定价使价格恢复调节功能有可能吗？新的价格不能按照为中央管理当局计划提供最佳服务原则来制定吗？

两种方法的探讨同这个问题有关：从上面来重新确定重要的物价。如果不能这样做，则可使市场机制暂时生效，让价格重新形成，即从下面来重新定价。

a. 从在德国发生作用的个别情况看：即从山毛榉木材价格和用途来看。几乎整个19世纪，这种木材只用作柴薪和烧制木炭。经过19世纪后半期一系列的发明，为山毛榉找到了无数新的用途，因此，大大提高了它的重要性。如用焦油浸渍木材技术的出现，使山毛榉成为高质量的铁路枕木；人工干燥和蒸煮技术的发明，山毛榉被大量用来加工家具和其他用品，而胶合板的发明极大地扩大了山毛榉的用途。除此之外，还有将它用作生产人造毛和人造丝的基本原料，从而又开辟了一个新的广泛使用领域。

如何将这个日益变得重要的木材合理地分配到这许多新的而且几乎都很重要的使用领域中去？也就是说，如何使它的使用效益达到最大限度？毫无疑问，与其他木材价格或大多数其他商品价格相比，山毛榉木材的最高限价降低了许多。1936年以来，这一价格就被固定了。通过提高山毛榉木材价格来保证各种用途和批量的合理使用，这难道不明智吗？

林业局多次审核过这一问题：他们是否应给山毛榉木材制定一个新的更高的价格。但现在表明，不可能找到一个合理的价格。林业管理总局仅知道，现行的山毛榉木材价格过低，但对山毛榉新的价值只有一个粗略的印象。因此只作总体的评估。但他们从这一评估中不能找到一个准确的计算数字。因为他们对新的给定条件和价格的认识非常不准确，所以难于进行这种试验。那时一个优秀的护林员曾说过："我们不了解山毛榉的价值；我们只知道，它的价值是相当高的。至于有多高，必须以后由市场决定。"

b. 但人们要问，市场能否不马上作出决定。这大概就是第二种方法。为什么不让木材价格放开一个时期？难道一个合理的山毛榉木材价格不会起作用吗？现在是：各种加工工业——家具厂、胶合板工业、人造毛工业、矿山、铁路等——产品价格是确定的；同样山毛榉的代用品的价格也如此。因此，各种各样以木材为原料的产品的价格没有准确地反映出木材市场供求的紧张情况。总之，一类商品价格的部分放开没有意义。各个市场和总的经济过程的相互依赖使所有价格放开成为必要，以便确定各种商品，包括山毛榉木材在内的稀缺情况。

c. 在这里我们已经面临一个更加原则性的问题。为什么不放开所有物价？难道不可能通过新的价格关系来确定稀缺程度，并通过价格来实现新的中央机构总体评估的个体化吗？

由于货币政策原因，德国政府已不再进一步考虑走这一条路。价格普遍放开将不仅导致新的价格关系发生作用，而且在货币过剩的压力下，将导致价格总水平的迅猛上升，也即造成明显的货币贬值，不可避免地造成提高工资要求，公开损害储户利益和装备价格上涨。将价格保持在它当前的水平上，以便通过冻结物价，抑制通货膨胀，这是当时经济政策的信条，就像它成为其他国家经济政策的信条一样。

但随着德国的实践对这一问题的消极回答，这一问题还没有得到解决。我们假定，不存在货币过剩，货币政策的论据不反对价格放开。通过价格放开使中央机构的总体评估个体化难道不可能吗？例如，某一设备公司获得1000万货款，从中付给工人500万。这样工人可以根据自己的需要自由选购消费品：面包、肉、衣服、住房，等等。工人，即消费者，在他们的需求上表现自己对面包、住房等主观的估价，而不表现中央管理部门的估价。这样，价格虽然使许多有购买力的消费者的评估客观化，但却没有使中央部门的评估客观化。因此，为了执行中央部门计划，面包、住房、服装和所有用于生产这些产品的生产资料的价格是不适用的。在这些价格中，反映了消费者的计划，但不反映中央部门的计划。纳入的商品，首先是消费品领域，而很少是投资方面的。这样便产生了中央计划、家庭计划和企业计划之间的冲突。但在这里我们已接触到这一原则问题。

4. 或许可能以下列方式将物价纳入集中管理经济的调节机制吗？中央管理当局借助定量配给制度分配消费品，并规定价格。在消费品领域内，供求通过配给实现均衡。但在生产资料方面，不实行配给。确切地说，是企业领导向国家要生产资料。对这些生产资料规定价格，并根据需求量大小加以调整。那么，可以通过这种价格调整使生产资料的供求达到均衡吗？精确的成本计算有可能吗？要是德国中央管理部门部分根据例如兰格（O. Lange）的建议行事①，那么这样的建议有可能实行吗？

事实是，各个"专业部门"、"计划机构"或者"消费者"为生产资料经常发生激烈的斗争。仍然使用我们已用过的例子：农业代表为出让挽具用革、工业代表为传送带、工人代表为工作用鞋等而斗争，或者手工业、机器制造业、机动车辆制造业等为钢铁进行斗争。提供的数量一般过少，并且不符合各个专业部门的要求。现在这里探讨的建议涉及因确定价格而进行的斗争，也即通过提高皮革的价格来调节进入各种用途如挽具、传送带等用革的数量。

但这种调节方法对中央管理部门来说是不在考虑之列的。因为，他们不可能，哪怕是某种程度，放弃对生产资料（如这里的铁或皮革）的调节。在确定生活资料价格和定量时，在确定工业品价格和定量以及投资计划时，中央管理部门不可忽视各个计划部门或消费部门对皮革和铁的数量要求，特别是追加提出的要求。

---

① O. 兰格：《关于社会主义经济理论》，1948年，第90页等。

要是中央管理部门将生产资料调节的决定权交给企业或者部门的价格战，那么就将产生与中央管理部门的计划矛盾的结果。例如：可能有较多的皮革用于农业或生产工作用鞋方面，而造成传送带用革的严重稀缺，以致中央管理当局在其他工业领域实现生产计划发生问题。因此，中央管理当局不会将那些稍具重要性的生产资料的调节权让给价格战，确切地说，它必须自己保留调节权，而不管在德国发生什么。

企业或部门一旦获得更大的自由，并自主处理需求，中央管理当局的计划和部门或企业的计划之间将出现对立。这种对立将立即通过中央指示，即废除价格机制来加以克服。即令具备货币政策条件，这一受到批评的建议也是不可能实现的。人们可以利用竞争来提高效率。但作为经济过程的基本部分的集中调节工具，人们不能使用竞争。否则，中央管理当局自己就失去了它的地位。

一些后果

从这个中心出发，即从数量计算和总体评估的中央计划和生产指令来看，集中管理经济中的经济过程将是容易理解的。在这个经济过程中，下列现象立即引起人们注意：

1. 中央计划是以标准化、规格化和规范化为前提的。考虑到大量变化不定的消费者个人的需求，生产各种各样鞋类和衣服，并将这些产品分配给那些需要的人，以适应消费要求的变化，这对计划部门来说，可能是非常不完善的。这一点在"中央管理机构的工作方式"一节已经谈过。消费和生产愈是公式化，发出中央指令就愈简单。

消费者的需要容易规范化。由于定量配给，许多个人的愿望完全被排除。一位纺织专家1946年在一个鉴定中这样写道："最近7年的经验清楚表明，不仅是经济面向战争的需要，而且变得越来越强大的计划部门的支配地位逐渐减少了计划项目（原料和产品）的数量。"——更困难的是生产中的简单化。德国的许多中小工业企业为它们的机器、备件、辅助材料等提出个人的、性质不同的要求。对这些要求，计划部门很难作出判断和决定。中小企业在其不可忽视的多样性方面是很难集中"计划"的。如果个别企业用少数型号的原材料和使用少数几种方法生产大量商品，计划部门就能很好地完成其评估和调节任务。农业生产的单调性说明，为什么农业比工业容易规划。

集中管理经济不仅要求实行规范化和标准化，而且在新建工程时尽可能兴建大型企业。人们大概会想到法勒斯勒本的大众汽车厂。总之，在这里重要的是，不是只有企业规模影响经济秩序。关于这点在文献中谈得很多，并且人们认为，企业规模日益扩大将导致产生垄断集团或集中管理经济。事实上，有时情况就是这样。的确，也存在相反的因果关系。随着经济秩序的不同，人们寻找不同的最优企业。比如在中央管理经济型的经济秩序中，特别优待或创办大型企业，否则，这种企业在一个国家里大概永远出现不了。德国的情况亦是如此。对超大型企业的选择是出自集中管理经济中实行的特殊计划形式。

由于长期实行集中管理经济，德国国民经济具有另外一种性质：大企业、标准化、规格化和规范化得到扩展。哪里进行得不够迅速，哪里就存在巨大困难和干扰，情况当然都是一样的。例如，由于汽车型号庞杂，造成集中管理经济供应军队备件极度困难。

2. 如我们所知，计划是由专业部门提出的。而每个专业部门都努力尽可能多地生产。因为，它们认为自己的生产特别重要。为了提高皮革生产，皮革部门设法弄到尽可能多的煤、舱位等。而煤、舱位等也是其他专业部门非常需要的。我们知道，因生产资料，特别是因为劳动力引起的专业部门之间的争斗必须通过中央指示解决。但直至找到上级国家的有关部门或者最高政治当局进行解决时，常常已花去了许多时间。在此期间，每个部门都千方百计地设法弄到生产资料或劳动力。这种部门之间相互冲突是集中管理经济的特征。"集团无政府状态"的争斗好像是这种经济形式本身固有的。虽然上级部门多次权威性地采取了有力的措施来清除这一弊端，但人们仍须认识这一种集团无政府状态的倾向，以便能理解机构的调节功能。

3. 集中调节方法还造成这样的后果，调节经济过程的领导阶层是一个不同于比如在完全竞争经济中的领导阶层。商人随着中央管理经济的推进而消失，因为，他们的主要任务——满足需要，寻找供应途径和获利的机会同样消失了。代之而来的是突出了技术人员的地位。这种变迁既在企业也在计划部门发生。众所周知，在企业里经常存在商人和技术人员之间的紧张关系。在德国实行集中管理经济期间，这种紧张关系得到了有利于技术人员的解决。但在计划部门的领导中，除受到优待的技术人员之外，统计人员也是重要的，因为统计伴随并支持整个规划过程——从提出有关数量均衡的初步草案到额定值与实际值的比较。

领导层的变化也不是偶然的，它同样也是集中管理经济独特的调节方法的结果。技术上的考虑优先于经济上的考虑，这一倾向同领导层的变化越来越多地联系在一起。

4. 最后必须提出这个问题：在集中管理经济中是否能够建立均衡？那些对这一问题进行过深思熟虑的计划部门领导倾向于肯定回答。他们在平衡情况下理解本部门物资决算的平衡。中央部门领导考虑的是，将各部门在物资平衡中提出的数量最后全部相互协调。他们认为，部门相互之间的综合谈判和上级中央部门最终的决定可能导致这样的结果，例如，皮革部门获得的煤炭数量正好来自煤炭部门物资平衡表中皮革部门的数量，在工业部门和农业部门皮革制品，例如传送带、挽具等的数量正好等于皮革部门物资平衡表中出现的数量。对全部计划进行相互平衡，并在其中达到数量上的"平衡"。

当然，这种平衡，如果实际上存在的话，不单是一个经济均衡。因此，是否能够通过集中管理经济建立经济均衡，或者至少是否存在这一均衡的倾向，问题依然没有解决。

这一问题是很难回答的，因为，交换经济范畴的均衡概念不能立即用于集中管理经济。在交换经济中，我们可以区分均衡的三个不同阶段。

首先，这里关系到个体经济的均衡，即关系到家庭或者企业的均衡。在集中管理经济中，建立家庭的均衡既不可能也无此要求。确切地说，集中管理经济的特征是，家庭同其需求平衡不可能自动出现，而是依据中央总配额取得一定数量的配给。同时可能出现这种情况，例如家庭获得较少量的面包，但却可能得到烟草制品，尽管家庭成员没有吸烟者。因此，"满足需要的均衡"或者边际效用都不发生。戈森第二定律不适用。这一事实促使家庭通过交换，即通过非集中管理经济的手段，力求最大限度地满足需要（巴罗内和他的许多门徒得出一个另外的结论，因为他们致力于非集中管理经济的模式研究。他们假定，单个受益人从中央管理当局获得一定数量可以自由支配的金钱，实际上，这里已实现"满足需要的均衡"原则或者"家庭均衡"原则，也即戈森第二定律发生作用。因此，国家将经济过程调节权交给了消费者，而停止了集中调节）。

但在各个企业内部，集中管理经济中的个体经济均衡是不成问题的。人们不可能谈论，那里各种生产资料的资本边际收益是相同的，即"边际收益平衡定律"得到实现，或者说存在这样的倾向。因为单个企业只作辅助性的经济计划，并且必须服从计划部门的调拨。

同样，集中管理经济的个体经济均衡概念是不合适的，各个市场的局部均衡是不适合于集中管理经济概念的。例如，某一城市的住宅，如果它不通过住房市场供求关系，而是通过集中管理经济的办法分配，也即实行调拨，则将不会产生一个交换经济意义上的"均衡"。两个独立的数量——供给和需求——没有得到均衡，而是根据中央部门的计划对现有住房进行分配。

如果这两种均衡概念都不能用，取代它们的是第三种概念——集中管理经济的宏观经济均衡。问题在于，是否在集中管理经济中，一切商品生产过程，即一切劳动力和生产资料可以相互按比例使用，它们相互补充，最佳地服务于计划需要。集中管理经济并未拥有实现这种按比例的手段，它缺少一个调节机制，使一切生产过程向均衡的比例运动。总体评估和数量计算没有因为采用价格机制而得到根本的改善，因而起不到这种协调作用。这一事实，如今后仍将表明的那样，首先对投资过程具有意义。

补充

1. 我们一开始就表明，那些研究以集中管理经济性质为主的经济秩序的人，将从企业和家庭开始责备计划部门。在那里他们认识调节机制。如果现在他们回到企业或家庭，他们会发觉，企业的各种过程与计划部门对他们说过的不一样。这种矛盾差异对经济过程来说是基本的。企业的所有过程虽然是在集中管理经济计划的阴影下完成，但企业也作辅助性计划。谁要了解那些年德国的经济过程，谁就必须了解这些单个的辅助经济计划和决策。

例如，德国某鞋厂获得皮革、煤、电的配额，并在此基础上根据生产指令生产鞋，但还缺少某些物资如机器备件、扣眼或化学材料的配额，或者这些配给品到达太晚。总之，因这样或那样的原因，鞋厂"失去平衡"。企业只好求助于自己"非法"的库存或通过购买、交换以保证生产的需要。否则，生产不可能维持。

更确切地说，中央计划只涉及所谓的"重点原料"，而其他原材料要由企业私下筹办。计划部门大凡只指望企业自助。企业拥有不上报的库存，或者进行交易。这样，企业的计划补充和支持了集中管理经济。

所谓的"黑市"总是阻碍中央管理部门的生产目标的实现，这是不正确的。相反，在现代工业生产中，企业需要多种多样的辅助原材料，即令生产规范化，但中央计划部门也难以避免有疏漏之处。例如，某一机械厂及时完成了机器订货任务，但却不能及时发货，原因是缺少装箱用的钉子。该厂厂长坐等几个月，直到钉子调拨到了之后才发运。但其他厂长不这样办，他们担心逾期交货的后果，并且通过交换弄到钉子。这样就经常出现"非法"的交易。但这种非法交易却大大促进了合法计划的完成。在其他情况下，这种交易当然也会造成破坏。

2. 在这里，我们触及一个重要而普遍的问题：一个在现代工业化经济中运行的如此复杂的生产过程，单靠集中管理经济的方法能够调节吗？在完全禁止一切交易、禁止一切黑市并没收一切库存之后，单由中央管理部门来保持经济运行，可以想象吗？在现代企业里，每天使用着成百上千种辅助材料，并且数量交换不定。所有这些原材料、机器部件、化学原料等能够按质按量及时由中央计划部门配给吗？以这种方式普遍实行集中管理经济调节的尝试不是自己给自己判处死刑吗？比例失调还可以忍受吗？[1]

这些问题根据德国、苏联或其他国家的经验没有得到详尽的回答。因为在那里，像已说过的，在集中管理经济管理系统旁边，企业自己置办许多原料和辅助材料，甚至劳动力，或者家庭之间相互交换消费品起了明显的作用。当然，从进行的观察中可以得出这样

---

[1] 对这一重要问题的论述，首先参看 M. 波兰尼（Polanyi）的《充分就业和自由贸易》，1948 年。

的结论：没有这些从"黑市"弄到的生产资料和劳动力，生产过程至少在许多方面和较长的时间要遭到明显的破坏。一个单纯的秩序形式——集中管理经济——需要补充的秩序形式，这并不是上述现象的特点。在其他秩序形式中情况也如此。在历史上，例如"自给自足经济"，大多都不以单纯的形式存在。在那里小家庭组织为其经济过程的主体，家长在调节经济过程。某些商品，比如盐或金属大多都与自己的产品交换，以致在那里，即使出于完全不同的原因，也将实现这一经济秩序中各种秩序形式的融合。然而与其他"融合"相反，中央管理部门和国家在这里严禁许多补充秩序，否则就不是这种情况。这里存在一个具有深远意义的特点。集中管理经济调节方法发生作用，比如在德国，以私下交换行为为前提，这些行为经常违背中央管理部门的特殊规定。

3. 无论如何，都应指出下列情况：如我们所见，集中管理经济的计划允许对部门计划的物资平衡表进行平衡。因此，产生一定的、统计上的平衡。但由于总体的经济核算只许可粗略的成本估计，因此，中央管理部门不拥有建立宏观经济均衡的手段。但如果企业（和家庭）在执行中央计划时企图借助交换来尽可能地贯彻"边际收益平衡"的原则或者"家庭均衡"的原则的话，则企业和家庭的这些补充计划和自发行动将使经济过程接近均衡，其接近程度比起集中管理经济运用它的调节手段可能达到的程度要更大。

经济过程的各个方面

投资和储蓄

如果我们现在运用经济学手段不能说明为什么集中管理经济要大力推动投资，那么，我们就回答不了这一同样重要的问题：

第七章 集中管理经济的经济过程(集中管理经济理论)

为什么集中管理经济能贯彻它的这一愿望。因为这一能力取决于经济条件。正是从投资这一方面看,集中管理经济的机构是令人感兴趣的。

1. 交换经济和集中管理经济的投资过程区别在何处?

a. 某一机床厂要扩建。如果这件事在交换经济中发生,则厂长的计划便可决定,是否并应如何实现这一项目。计划是以现有的价格和预期的价格为依据的,也就是说,是建立在新厂房和设备的费用以及原料和产品预期的价格的基础上。同时起决定性作用的是,预计用多少时间安装好这些新购置的机器。如果以超过3年甚或5年偿还期计算,给定条件的现存稳定性少,使投资经常中断。[①] 无论如何,经济核算对每笔投资都产生刹车的作用,执行对项目的严格选择,并且在各个单项投资中,如购置每部机器时都发挥着作用。

而在使用总体的而非强制性评估的集中管理经济中,情况就完全不一样了,是否要建设一个新的机器厂,比如在德国由经济部,后来由装备部来决定。该部评估和审核这个问题:作为整体这个机器厂对计划是否有好处。但对投入新建项目的总值同新建项目产出的总值的比较不可能由该部进行。偿还期限的因素不是决定性的,而且利息不被重视。两者都不会造成任何障碍。因此,便着手大笔投资,这些投资拖延到将来很长时间。只要总体比较一下,在这里为竞争用途花去的劳动力和生产资料将带来哪些效益。在交换经济机制中那种有效的、自动投资的制动器,在集中管理经济中是没有的。

某个项目批准了,所需的劳动力、水泥、钢铁等由部里核准,并通过专业部门调拨。投资启动了。此时银行被挤到配角的地位,因为不是它提供的贷款,而是中央管理部门决定的投资。银行在

---

① 参见 F. 卢茨(Lutz)《动态经济中的利率和投资》,1945 年,第 811 页等。

集中管理经济型的经济秩序中必然是无足轻重的。它后来可能提供中期信贷，必要时居间发行机器厂债券等，但这并不说明它的重要，只是为了将来的结算而已。不是接受信贷，而是中央指令对劳动力和生产资料的调拨发生作用。购买证券或者收益者的储蓄只起次要的作用而投入了未使用的资金。因此这不影响投资过程的调节。总之，投资非常简单，并且不会由于银行缺乏流动资金或者证券市场的行情和价格威胁性的变动而搁浅。

b. 为了正确理解这一问题，我们还须对经济的过程进行更详尽的考察。

投资究竟是什么？举个最简单的例子：某农民收获了20公担小麦。部分小麦用来磨面、烤制面包供消费使用。部分用作饲料和种子。后一种情况是一种"迂回"，即投资，就是说，这部分小麦从其所处的生产过程的位置不是通过最短的途径引向消费，而是继续远离消费在其他生产过程中作为生产资料使用。每次"迂回"都意味着投资。

现在让我们纵观一下整个国民经济，以1939年德国国民经济为例。我们看到所有矿山、工厂、铁路、原料储备和劳动力，就像当时存在的那样。应如何在时间上对经济过程进行调节？劳动力和有形的生产资料尽量用于建设新的工厂、扩建铁路和加强农业，并且从当前的消费品供应中引开。然后进行最大规模的"迂回"，即投资。或者相反：现有的劳动力和物化的生产资料尽量全部调节到当前和不久将来的消费之中，并消耗现有的设备、机器或者无法替代的牲畜。人们看到经济过程的时间调节对商品供应和生产设施的规模极为重要。现实是在这两种边际情况之间游动。[1]

---

[1] 对于这一问题详尽的论述参见笔者论文《作为时间过程的经济过程》和《经济过程的时间调节》，收集在《国民经济和统计年鉴》，卷152，1940年，以及卷159，1944年。

第七章　集中管理经济的经济过程（集中管理经济理论）

如何作出决定？各根据不同方式的经济秩序结构。要是作为消费者的受益者控制经济过程，则时间调节取决于他们的时间安排，也取决于储蓄。在完全竞争时和在一定的货币体系下就是这样发生的。在这里投资或"迂回"先于放弃消费。

但如果在贷款行动中产生货币或者实现了垄断市场形式，则储蓄可以先于投资，放弃消费将事后在某些受益者集团中强制实行。在这方面，是企业家和银行而不是消费者决定投资。但在这些经济秩序中，消费者的呼声也不完全是沉默的。他们在储蓄、物价和对价格的期望方面发挥作用。

但在集中管理经济中，消费者失势。他们不再起调节经济过程的作用，也不再借助物价吸收生产力，不再决定"迂回"。集中管理部门给人们分配消费品，为生产资料工业调拨生产力，确切地说，它们安排"迂回"，即投资。消费者阻止不了它们这样做。因为它们有能力办到那些交换经济办不到的事：消费者对经济过程失去影响，并因此对投资的影响被消除。

现在有可能更详尽地认识和说明集中管理经济投资的特征。它首先是成功地将生产力和生产资料最大限度地引入投资领域；但也表明，在按比例投资方面存在着特别的困难。为了获得一个正确的全面认识，应在两个方面同时观察。

2. 为什么中央管理部门能以这样高的程度将劳动力和生产资料供给投资活动——就像 1938 年后在德国军事工业和 1945 年后在东部战争赔款投资发生过的那样？两个因素过去是，现在也是决定性的。

a. 它能够以描述的方式，不受消费者的干扰，将生产资料引向投资：不生产消费用的纺织品、食品，不修建住宅，而安排公路、高炉、飞机制造厂等建设。

但哪里是这种离开消费生产的"迂回"（投资）的界限？何处投资受到限制？

对各类人的"最低限度供应"。要是所有劳动力和有形的生产资料都用于建设工厂、制造机器和生产其他生产资料，要是根本不生产消费品，而将一切劳动力和生产资料"迂回"投入，显然，其结果将是全体人民走向灭亡，投资计划也不能执行。有目共睹，集中管理经济至今尚未走得这么远。为了得到实现投资所需的劳动力，人们必须为食品、衣服等生产保持一定数量的劳动力和物化的生产资料。

"最低限度供应"的概念表明一个重要的事实，没有对这个事实的认识，就不可能理解集中管理经济。它是一个对集中管理经济不可缺少的概念。最低限度供应由必须配给各类劳动力的产品数量组成，以维持其劳动能力。这种供应因工种不同而不一样，例如，木匠要比五金工人需要更多的鞋。同样，各地因气候、居民和习俗不同而有很大的差别。但计划部门必须重视各个现实的最低限度供应。例如，如果矿工得不到最低限度的供应，立即要出现煤炭产量下降，像德国详细调查所表明的那样。

最低限度供应只是暂时有效吗？为了将来最终实现改善消费品供应，能不进行投资吗？可能有人要提出异议，这不是没有道理的。只要最大限度地提高投资处于中央经济计划的中心，则过去在钢铁厂、电厂和其他生产资料工业部门的投资将主要用来生产再投资的商品。我们知道，强大的历史力量正向这一方向涌动。

b. 集中管理经济中投资快速增长的趋势还存在第二个原因：可以使用无须等价物抵偿的库存物资，比如将没收的纺织厂库存或金属库存批发给加工，而不需抵偿。这种情况在德国经常发生，企业虽然得到钱，但却买不到商品。因此，为投资"节省"下生产资料。这些企业将它们拥有的大量资金一再投入购买帝国债券。这里非常清楚地表明，集中管理经济不是建立在交换而是建立在调拨基础上的。

除了某些领域的投资外，同时也完成了其他领域的"资本耗费"或"收回投资",正是这种资本耗费大大地促进其他领域的投资。德国工业呈现出一幅独特的分裂图景:一方面是库存日益减少,机器、设备不断恶化的企业,而另一方面则是新建的厂房和扩充的企业设备。甚至在同一公司之内,也能看到部分资本耗费和部分额外投资的这种过程。无论如何,中央管理部门以这种方式成功地为其要进行的投资腾出生产资料以供使用,就其数量而言,比其建立在交换基础上的交换经济调节方法所能获得的更多。基本上这不仅是彻底地将生产资料从消费领域调转到生产资料工业,而且同时是一种无等价物抵偿的调拨。

3. 有能力迅速地将劳动力和生产资料集中到某些投资项目,这是集中管理经济中投资过程的一个方面。而另一方面也并非是不重要的。我们知道,每项投资都需要互补性的投资,这取决于不可忽视的、多种多样的、可能的正确的投资选择和比例。集中管理经济有总体评估和统计计算,而不拥有协调经济物资的调节系统。例如,在30年代中期对公路建设的投资规模过大,并且没有与扩大汽油生产保持正确的比例。与之相反,却忽视了对铁路建设的投资,以致不能适应由于其他方面的投资而大大提高了的运输需求。

像其他地方一样,这里表明,中央管理部门不能建立投资平衡。

4. 在这方面,集中管理经济表现出一种对抗。

支配着这一经济的投资倾向能容易通过限制当前的消费需求得到贯彻,尤其是能够不考虑风险提出广泛的投资计划,并着手进行。同时,这一经济还以片面的、不按比例的投资为特征。某些工业部门过于膨胀,而其他的则还很落后。

投资数量的增加同质量不高的选择相关。如果缺少互补性的投资,则单项投资的经济价值相应就很少,就像自给自足经济中建造厩栏一样,我们在德国已经历过。规模巨大的公路建设的经济价值同其耗费不成比例。经济质量，即投资价值的大小，取决于投资的平衡，也即取决于投资的比例。

正是出于这个原因，很难将储蓄总额同投资总额进行比较。什么是投资总额？在经济上只能是价值或价格差额，其数量取决于单项投资在实际和时间上协调到何种程度。投资额和投资价值是不一样的，储蓄和投资比较只能是价值的比较。

生产和分配

1. 集中管理经济的国民生产总值分配，原则上不同于充分竞争占统治地位的经济。在竞争经济中，收入的形成好像是机械的。资本、劳动力和物化生产资料的结合，产生生产力价格。生产和分配是一个过程，它们不可分地相互结合在一起，似乎是从不同方面来观察同一事件。

在集中管理经济中，由一个庞大的中央机构控制着分配，并规定收入。生产贡献不是由价格计算机自动计算出的，而是由中央部门的计划决定的。

它是怎样决定的呢？如我们所知，中央经济计划通常以最大限度投资为目标。由此以某种必然性产生分配。受益者得到的收入不得少于维持其生存所必需的需要，否则由于劳动能力的衰退而达不到最大限度投资的效果，但也不得超过这个限度，否则有利于消费的投资将失去劳动力和生产资料。总之，各类工人获得食品、服装、住宅等的"最低限度供应量"。为了不与李嘉图（Ricardo）第五章的思想发生混淆，我重复一遍：最低限度供应量是由各类工人为维持一定劳动量所必须得到的最起码的消费品量。

2. 最低限度供应量当然不能只为个别人，而是为所有工人制定的。正是在对总量指标实行总体经济调节的集中管理经济中，这点办不到，计划部门无法规定，每个人需要多少消费品才能坚

第七章　集中管理经济的经济过程（集中管理经济理论）

持在岗位上进行有效率的工作。当然也颁布总指令以代替个人决定。比如，食品卡就是按组分等级（一般消费者、重体力工人、最重体力劳动者）。

此外，在德国也企图通过绩效奖金提高工人的劳动效率；但并不因此改变分配原则和消费品供应。这种绩效奖金仅是一种工具，以便在配给的最低限度供应量的范围内尽可能达到提高劳动绩效的目的。不进行劳动产品和配给的消费品量之间的价值比较，而且也根本无法进行这种比较。在这里竞赛也只是用来提高效率的工具，而不是用来调控经济过程的工具，中央管理当局保留这一功能。

广大工薪阶层和执行机构的情况正是这样。但处在社会金字塔顶尖的领导层的收入是怎样形成的呢？人们可以根据迄今为止的经验来回答这一问题：对这一阶层的物品配给像投资一样，强制由社会供应。

3. 在巴罗内学派方面，关于分配和生产关系发表了如下见解：集中管理经济能使分配和生产相互脱离。在这里，收入的形成不按经济规律，例如，像在竞争经济中的情况一样，不是由一个无名的经济过程配置给每人份额，而是将份额按照非经济的，比如道德的原则进行分配。就这方面而言，人是不受经济机制约束的。例如，领导可以根据平等的原则分配份额。首先是票证的分配，然后是似乎可以面向公正分配度量的收入，以有意义的方式来组织生产。

从上述讨论可以看到这一见解有多大的贴切程度。

a. 事实上，在集中管理经济中的分配完全不同于在竞争状态下的分配，因为它是通过中央部门的决定，不是在价格机制中进行的。

b. 收入水平，比如8小时劳动的报酬，不取决于工人劳动贡献，这也是正确的。这样，生产和分配不再相互联系（这种分离在社会上是否符合人们的愿望,是一个严肃的社会政策问题)。

c. 但存在另外一种生产和分配之间的关系,并且否定了巴罗内学派的意见。他们假定,对全体人民实行尽可能多的、公正的消费品供应是集中管理经济计划的中心目标。因此,他们认为,首先进行公正的份额分配,生产以此为宗旨。

是否这一目标能处于中心位置,仍悬而未决。学界必须研究一下现实,实际上,处于集中管理经济过程调节中心的目标是强制实行最大限度的投资。例如,德国和苏联就是这样,并且英国的中央计划部门在1945年试验中也曾出现强大的投资倾向。事实上,整个消费品供应的规模和对个人消费品的分配首先取决于投资计划。不是按照道德原则分配的份额决定生产的方向。首先以合理的比例分配的收入不是生产的支配者。相反,中央规定的生产计划支配着分配,而这种生产计划则是受争取最大限度投资的努力支配的。

国民生产总值的分配完全与生产分离是不正确的。分配是列入生产计划的,并尽可能地服务于生产。

因此,也须对集中管理经济的分配过程进行理论分析。在生产计划首先旨在提高投资的情况下,像通常发生的那样,根据某些观点实行分配。

垄断和集中管理经济

1. 例如在德国,通过工业集中,即通过康采恩和辛迪加,非常方便地向集中管理经济过渡。哪里存在牢固联结的辛迪加,像在煤矿、钢铁、水泥和钾盐工业,哪里就需要将辛迪加的管理部门转变为中央管理部门,这是很简单的。因此,辛迪加获得国家法定功能,并具有强制性质。例如,过去出售生铁的垄断集团的生铁辛迪加,现在交给了中央。辛迪加的官僚和内部组织基本不变。同样，钢铁和化学工业的康采恩也证实，自己是能够容易地被砌入中央管理经济大厦的石料。比如法本公司现有的管理机构需要立即用作部分化学工业的调节工具。好像过去它并不是为此目的才创建的，但现在却优先服务于这一目的。哪里缺少辛迪加或康采恩，像在机器制造业或纸张加工工业的许多部门，哪里建设集中管理经济就有困难，这里必须首先建立中央组织，并且缺少需要的官僚。

康采恩同集中管理经济的亲缘关系还要紧密。烟草工业中大的或部分垄断的康采恩将其香烟作为有价格约束的名牌产品直接卖给最后的买主，并且生意完全依赖自身进行，以致它已经成为康采恩管理部门的"分配者"。除此以外，康采恩还以其动人心弦的广告影响消费。从这种对市场部分垄断的控制到通过中央管理部门配给香烟，直至规定分配者营业折扣仅是小小的一步。在集中管理经济中，不仅消费者对经济过程的影响消失，而且营业自主和调节功能也消失。在这里康采恩和辛迪加也作了准备工作。除此之外，还表明，康采恩的经济核算具有集中管理经济核算类似的特点。已经在康采恩出现充分计算成本的困难，并且加强经济核算范围内的统计。[①]

1942年，一个重要的规定宣称："简易而适当的执行计划几乎总是取决于行业经济组织卡特尔、分配部门、社团和委员会以及地方当局的参与，各个企业从它们那里取得指示。"它们是中央计划部门的机构。此外，对中央部门来说，同少数大的集团打交道要比同许多小集团简单得多。私人实力集团的影响也由于这个原因变得强大，并导致对小的竞争者的损害。私人和公共形式的经济权力被拉扯在一起。

2. 但将集中管理经济看成为一种垄断情况难道不正确吗？难

[①] 参见 G. 科伯施泰因（Koberstein）《康采恩的经济核算》，1949 年。

道它不像是垄断集团的一种集合吗？

这个问题被一些理论家所肯定。在1942年德国和苏联的经济秩序中，垄断占统治地位，并且在所有的生产部门都存在所有的垄断集团集合成一个垄断总体——中央管理部门。对垄断集团的分析同集中管理经济的分析就这样"交织"在一起。

事实上，理论分析表明，经济过程的有些地方都存在类似之处。例如工资的形成。众所周知，在买方垄断的市场上，工资被买方垄断资本家压到大大低于劳动边际收益之下。如果某一纺织厂在某一峡谷地区是唯一的劳动力需求者，工人在竞争中提供劳动力，上述情况就必然出现。在集中管理经济中，工人是处在依附地位上——虽然不依附纺织厂私人领导，但依附中央管理部门。他们不是到处遇到垄断吗？

3. 在这里，此例已充分说明垄断和中央管理经济之间的根本区别。虽然纺织厂领导的实力地位在买方垄断的情况下非常强大，并且工人依附于他。但不像中央管理经济中那样存在对工人的强制劳动或劳役义务。而且不配给工人消费品，因为他们可以在市场上买到它们。

总之，在集中管理经济中，不存在需求和供给，也不存在市场。它缺少交换，为配给所取代。在集中管理经济中，不存在多个自主的计划主体一起进入经济往来之中。

与此相反，在交换经济中，至少有两个计划主体，即双边垄断市场中就至少有两个。譬如，国营铁路作为买方垄断者向车辆制造协会，即卖方垄断者，购买铁路车辆。车辆制造协会一旦为中央管理部门所操纵，协会就不再是自主的计划主体，而是中央管理的工具，而国营铁路同样也隶属于中央管理。车辆用的钢铁、工人等由中央管理部门调拨，销售额不再是从市场和价格中产生。虽然还有车辆制造计划，但只是一个不能自主的计划。垄断市场和集中管理经济虽然有许多相通之处，但它们是两个王国，在那里生活，经济过程是十分不一样的。集中管理经济的特点是特别的，是需要由相同的中央经济管理部门规定的，这些部门也操纵着生产过程。

国际贸易

1. 哪些商品在国际上交易，以何种关系、多少数量进行交易，如何调节资本流动，众所周知，这些问题在交换经济中是由有关国家的价格体制和汇率决定的。在细节上，根据市场形式和实行的货币体制，其过程是极不相同的。例如，就部分垄断或寡头垄断操纵国家市场而言，外贸取决于这个供给者和/或需求者的市场战略，而在完全竞争的市场上，缺少这种市场战略。

经济过程由中央经济管理部门调节的国家是如何进行国际贸易的呢？

2. 一大堆问题包含在这个大问题之中。许多情况必须进行调查研究。A国中央管理部门可能同B国中央管理部门或者B国个别的私人垄断管理部门、部分垄断集团或寡头垄断集团进行商谈。或者它们存在于B国竞争市场中。外贸的进行根据情况不同而不一样，根据其在总计划中所占的地位而定：中央管理部门是否预先将其外贸计划纳入国内总体经济计划之中，或者是否努力争取使国内计划包含外贸内容，并让外贸只起一种平衡可能出现的比例失调的作用，或者中央管理部门同时做这两件事。所有这些问题都是很重要的，德国的经验或许有助于回答这些问题。

在这里只挑选一种罕见的情况，但对分析集中管理经济特别需要，因为它是一种边际情况：1945年，德国大经济区被分割成4个区，在这些区内建立若干邦及其政府，它们各为自己建立了集中管理经济。由过去一个综合的集中管理经济变成现在一打半这样的经济体。过去在德国内部实行的配给停止了。代替它的是区间贸易，这是一种若干集中管理经济体间的贸易。例如，南巴登的机器厂现在不是从国家某个部的调拨获得钢铁，而是南巴登的中央管理部门必须用烟草、丝线或碳化物同英、美占领区的中央部门交换钢铁。

这种交换与一般的国际贸易的区别是，交换双方不仅使用相同的货币，即马克，而且所有商品和服务使用的也是过去定的相同价格。如果A区用土豆同B区交换钢铁产品，则在国家规定的同样水平的价格基础上进行谈判。当然，在这里这种价格起了一种特殊的作用。

3. 试验取得了什么成果？

a. 对外贸实行集中调节，必须同内部的集中管理经济结合。如果B区商人和工业家用烟草制品和纺织品根据合同自由地同A区商人交换钢铁、皮革或种子，则A区和B区都必须放弃内部的中央计划。因为钢铁、皮革、种子、纺织品等是通过这种外贸脱离中央计划的。集中管理经济和自由对外贸易是互不相容的。包括占领国在内，所有在德国内部建立自由交换的企图都遭到失败。各区都没有放弃集中管理经济。

b. 具有总体评估职能的中央部门倾向于进行大宗商品贸易，如煤炭、木材或电力。但在那些首先考虑其深加工工业同其他国家进行交换的国家，这种交换在萎缩，而大宗商品的供应居高不下，甚或上升。中央管理部门表明无能力在交换中给消费者带来多种多样的深加工工业产品；在这里必须适应、利用变化不定的市场机会，并快速作出抉择。

c. 进出口什么和进出口多少，不取决于精确的计算。成本原则也不可能精确发挥作用。例如，A区给B区供应总值4万马克的打字机。为此，A区要求B区生产丝线。现在，B区的权威部门必须解决评估问题，尽管打字机和丝线有国家规定的价格，这对两个区都相同。因为这些价格不再反映商品稀缺的情况。为总价值4万马克的150部打字机提供一定量的丝线，价值也是4万马克。B区的中央部门从一开始就加以拒绝。根据丝线的价值远高于打字机，因此他们只考虑提供总值1万马克的丝线，而3万马克则付给对方难以兑换的马克纸币。为了准确妥善地处理这一问题，他们必须对相应数量丝线和打字机的收益进行比较。至此，他们却完全无能为力了。他们缺少数据进行评估。他们不能准确确定，150部或140部打字机能带来多少收益，通过供应每公斤丝线造成多少损失。根据极为粗略的估计，他们作出了上述交换的建议。如果这种交换确实需要计算的话，他们也必须估计其余商品的收益。提供这一数量丝线正确吗？为最后50公斤丝线以土豆、马掌钉或小麦代替打字机进口，这样或许要更合算些？以多少数量提供其他商品，而不是丝线，可能更为正确？例如该区生产的烟草制品、医疗器械、锁或酒，需要多少数量与之交换？为了正确地行动，B区外贸部门必须知道所有商品的全部价值和商品的批量。

参加过这些谈判的人，有时就希望有理论家出席。他们认为，如果能提出同未知数一样多的方程式，问题将会解决（这种方程式只抽象地表现所有经济规模的一般相互依赖关系，具体却没有什么意义）。这里，在调查的情况下，除了总体评估，并根据粗略估计进出口某些商品之外，没有其他办法。

d. 为了给这些估计和由此产生的交换提供依据，中央管理部门也采取统计手段。比如，他们寻求在统计上确定土豆、小麦、黄油或煤炭的人均消费量，并由此计算出进口需要量和相应的合适的出口量。但统计数字仅表明，哪些数量是过去消耗的。如果数据系统不作修改，这些数字实际上很少能使用。但在很大程度上，情况就是这样，以致统计数字很少有用。

e. 由于中央管理部门同其他国家进行交换有很大的困难，因此，他们征求工业、农业和商业等专业界的意见。这些专业界人士总是些得益者，他们拥有经济和政治权力，因而极具影响力。在这方面，经济权力集团的利益通过中央管理部门发生作用。

4. 集中管理经济国家间的交换也不同于双边垄断市场形式中的交换。众所周知，在双边垄断情况下，交换时虽然缺乏均衡，但对立的垄断者的斗争在一定的限度内发生。卡尔·门格尔早在1871年指出这点，而埃奇沃思于1881年进一步证实了这一点。① 在双边垄断市场形式下的交换关系，虽然不可能明确规定，但在某种范围内却是稳定的、相互配合的，将这一理论原则转用到两个集中管理经济国家的交换上是容易理解的。如果我们所举的例子中，A区为打字机供应垄断者，B区为丝线供应垄断者，这是明摆着的事实，若将双边垄断的理论转用到两个集中管理经济国家的国际贸易上，则为实现这种贸易的先决条件好像马上就有了。

但这种转用是不容许的。双边垄断的理论是以此为依据的，即两个垄断者都知道他们产品批量的价值，也能查明生产这些产品的成本。但中央管理部门不了解这些价值。因此，中央管理部门之间的交换则不存在这种界限。

举一个最简单的例子：当一个封闭的自给自足经济A从另一个同类型经济B购买一定数量的黑麦，并用羊毛支付。大家知道，黑麦的"价格"转变为羊毛价格的回旋余地是受A和B领导对两种商品的评估左右的。A和B的领导可以精确地进行这种评估。由于上述的原因，集中管理经济的外贸部门就不是这样。两个集中管理经济交往中的交换比例或"物价"变化的幅度是不受严格限制的。

---

① 参见C. 门格尔（Menger）《国民经济学原则》，1871年，第175页等；埃奇沃思（Edgeworth）《数学心理学》，1881年。施塔格尔贝格关于双边垄断理论发展的说明，收集在《市场形式和均衡》中，1934年，第89页等。

调查的情况表明，两个集中管理经济之间的交换是不均衡的。

结　　语

同交换经济比较

在集中管理经济中，相同的经济"规律"像在交换经济中一样有效吗？

学界对这一问题提出了两种原则上不同的假设。J. 穆勒（Mill）谈到这些在竞争经济和集体经济中有效的"非常不一样的规律"。持相似观点的还有 H. 迪策尔。[①] 与"二元论者"相反，"一元论者"声称，在交换经济和集体经济（通常很少有确切的称呼）里，经济过程基本是以相同方式进行的。持这种意见的有维塞尔、帕累托，特别是巴罗内。[②] 他们都有许多后继人，而一元论者在学术领域占支配地位。

究竟谁对呢？像熊彼特（Schumpeter）新近宣称的那样，"经济行为的基本逻辑在商品社会和在社会主义社会果真一样吗？"[③] 或者这两个世界完全不同吗？这不只是提出一个纯学术问题，它远远超出这个范围。在 20 世纪的经济现实中，既运用交换经济的调节方法，也运用集中管理经济的调节方法。如果我们使用一个统一的、在分析交换经济中获得的理论机制来研究 20 世纪经济现

[①] 见 J. 穆勒《逻辑学》，第 6 篇，第 10 章，第 3 节，H. 迪策尔《理论社会经济学》，1895 年，第 85 页等。

[②] E. 巴罗内：《集体化国家的生产部门》，卷 1，1936 年，第 229 页等。英译本收集在《集体经济计划》合订本内，由 F. A. 哈耶克编辑出版，1935 年，附录 A，第 245 页；F. v. 维塞尔：《自然价值》，1889 年；V. 帕累托：《劳动经济政策》，第 2 版，1927 年，第 326 页等。

[③] 见 J. A. 熊彼特《资本主义、社会主义和民主》，1946 年，第 275 页等，注 2。

实，那么，我们能理解这一现实吗？或者在集中管理经济中存在其他关系吗？澄清这些问题对经济政策的处理也是基本的。

现在有可能回答这些问题。

1. 有些地方通过生产资料和劳动力的组合，以期满足一定的需要。这是到处都发生的，无论哪种经济形式。

至少在经济过程每天必须解决的任务方面存在基本相同之处吧？

实际上并不存在，相同之处只是表面上的。让我们回忆一下这个基本事实。在交换经济中，个人每天都面临着食品、衣服、住宅等的稀缺。人们深受物资匮乏之苦，并要克服这种匮乏。他们从事这样或那样的工作，以达到自己的目的。由于他们单独为自己生产的产品品种太少，就产生了分工和各个家庭与企业的交换。没有人通观整体的总过程。对面包、肉类等的需求，从个人出发，各根据他们的购买力表现出来。在这里克服个人物资匮乏是借助竞争价格的调节的经济过程的任务。

集中管理经济的情况就不一样。经济的出发点和终结不是个人匮乏。对解决物资匮乏问题，它根本不起作用。当中央管理当局及其计划部门规定一个时期的面包、肉类、住宅、钢铁、煤炭总需要量时，在交换经济中作为个人行为基础的个人需要、评估和计划都被排除了。比如，个人需要可以非常明确地要求得到小麦面包；而中央管理当局可以用黑麦面包来代替。而且由于缺少个人储蓄意愿，集中管理可以把投资的计划需求定得很高。唯有中央管理的计划需要作决定。如果在集中管理经济中，中央计划得到完全执行，则经济过程就达到它的目的，尽管个人的需要的满足程度要比可以满足的还要低许多。

在集中管理经济和交换经济中，稀缺的含义是完全不一样的。经济基本事实是不同的。

2. 经济调节方法同样必定不一样。由于交换经济中企业和家庭计划面向交换，因此，交换比例，即价格必须是经济过程的调节者。集中管理经济缺少企业和家庭计划的自主性。因此，没有交换，没有市场，没有通过价格进行的调节——即便进行价格核算，也是这样。价格只能像上文分析所展示的那样起到辅助的作用。① 取代交换的是给企业调拨原料、机器等，给工人分派工作。给消费者配给消费品。是否存在个人等值交换，比如，是否在指定的机械厂做指定工作的工人 P 获得配给的消费品与他付出的劳动量具有相同的价值，这一问题根本没出现。

"调拨"取代了"交换"。因此，所有机构除此之外还获得其他功能，即令名称不变，例如卡特尔、合作社或者工会，它们变成调节工具，并且不再是市场集团。劳动局现在不再是需求和供给之间的中间人，而是中央调节劳动力的行政机关。

这里谁若是相信，在集中管理经济中可以装入物价调节机制，那么他是在试图解决一个无解的问题。或者中央管理部门通过调拨将劳动力和生产资料调入使用单位，或者在交换中由其众多的家庭和企业决定经济过程，之后，价格形成。谁要是将调节让予价格机制，谁就瓦解了集中管理经济；而谁将调节让予集中管理经济，谁就取消了价格的调节功能。

分析表明，由这种基本对立产生的差别有多大：在集中管理经济中，储蓄、投资、分配、国际贸易等不同于交换经济。

3. 集中管理经济有可能是经济权力的最大集中。其对立面是完全竞争的市场经济制度，在这种制度下，各个参与者没有权力，而只是对经济过程具有某些非常小的影响。垄断、部分垄断或寡头垄断的交换经济处在这两个极端之间，在发挥经济权力方面也如此。

4. 巴罗内认为（例如在他的著作第 59 节中），在一个集体主

---

① 参见本书第七章"经济过程的各个方面"一节。

义经济中，这些相同的经济范畴如价格、工资、利息、利润和储蓄以其他名称一再出现。① 相反的情况证实是正确的。在集中管理经济调节形式占统治地位的经济秩序中，虽然经常出现同交换经济相同的名称，如：价格、利息、储蓄等，但这些概念的含义完全不一样。企业和家庭的总经济核算也具有不同的含义。各个企业的决算、盈亏计算、成本计算，甚至全部簿记，都有些不同的含义；经济核算对编制调节日常经济过程的权威性计划不再具有决定性的作用。

5. 采用集中管理经济方法的经济秩序反映了一个重点的转移。操纵者不再是消费者或者企业家，而是中央管理部门本身。由于集中管理经济不能够规定和考虑个人需要，由于它更多的是从总体上规定消费需要量，由于它缺少精确的成本计算，因此不能将生产过程面向消费，最后，由于它往往倾向进行尽可能多的投资，也即力求放弃消费直至实行最低限度的供应，因此它根本不是一种"满足需要的经济"，如果在这里允许选择这个有些笨拙的称呼的话。

经济调节的基本原则在一些地方完全不一样。

6. 因此，集中管理经济的特殊理论是必要的，也是可能的。

引言中的疑问现在有答案了。集中管理经济中的经济过程是在一定数据系统框架内展开的，这种过程每天都根据总体评估，并以生产指令、定量供应、义务工等同样的形式大量地出现：一方面是中央机构安排的计划需要，最大限度地满足这一需要是目标。根据这一目标，对现有的劳动力、土地和其他自然资源、库存和机器、原料和成品进行安排。另一方面，存在一定的给定条件。某计划需要一旦安排好了（事实上，通常争取"最大限度投

---

① 见 E. 巴罗内《集体化国家的生产部》，第 294 页。英译本同上注，第 289 页等。

资"，当然，当前的"最佳的产品供应"作为目标也是可能的），就必须按理论上阐述的那些来实行，才可能准确理解经济现实的这一方面。

7. 中央计划经济的形式要素一旦在一种经济制度中开始占支配地位，一切经济机构也就改变了自己的性质。

有些地方有合作社、工会、辛迪加、银行、劳动局，等等。观察者首先相信面前这些相同的机构。但实际上，这些概念在交换经济型的经济秩序中，如1914年前的德国，比起像1939年集中管理经济形式要素占支配地位的经济秩序有一个完全不同的内容。这就再次表明，在分析事实之前就下定义是多么错误。同时，由此出发，经济政策必须始终在总秩序和总决策的范围内观察和处理所有这些机构。

8. 交换经济和集中管理经济的经济秩序的这种差别，使自己超出了经济秩序界限，即在秩序的互相依赖中，也在法制中，在社会制度和国家秩序中起作用。

对法制的影响具有双重性：考虑第一种影响要多于第二种，虽然后一种可能更为重要。首先看到的总是，由于某些法规向集中管理经济调节方法过渡而被修改，经营自由和迁徙自由受到限制，不再许可自由出租住宅，而由房管局进行分配；禁止无证出售某些消费品，如面包和肉类等；不经中央部门同意禁止进出口。因此，出现了许多新的法律和规章，中止、废除和修改旧的规定。

更重要的大概是，这些表面上没有什么变化的司法部门改变了自己的职能。产权在基本的问题上不再授予财产所有者自主安排和行动的权力。制革厂主现在不能自由支配被没收的皮革和生皮库存；使用他的机器得听命于计划部门的指示。房产主虽然还是物主，但对房子的支配权全部或大部转交给房管局。这就再次表明，经济秩序一改变，即便是合同法，包括劳工合同法，也获得了新的功能。同样，责任也起了变化。

在阐明垄断时，我们已经遇到过这一事实，那些变化不定的经济秩序形式曾经导致，并且必将继续导致新的法律形式出现和旧的法律形式功能的改变。现在我们看到，在经济秩序继续向集中管理经济转变时，再次发生这种双重性的法律转变：法规的改变和固有法规功能的改变。

集体所有制

迄今为止，我们的分析都针对生产资料私有制的集中管理经济。如果整个生产设备都掌握在中央部门手中，而生产资料私有制被取消，那么日常经济过程如何运行呢？——这就是实现第二种形式的集中管理经济。① 这一形式经济运行过程与另一形式有根本差别吗？差别在何处？

1. 厂长在一些地方有不同的地位。企业属于私有，厂长的计划不会被取消。这种私人计划旨在维护企业，当然也希望有朝一日能重新自主经营。许多私人计划像表现出来的那样，既能方便也能阻碍中央计划的生产。如果企业所有者能搞到没有配给的辅助材料，则便利计划的执行；如果他们隐瞒自己的库存，则阻碍计划的执行。但在集体所有制里，企业领导在很大程度上是中央计划部门的执行机构。在促进或干扰中央计划方面，他们所起的作用是很小的。在这方面，中央领导是更为严格的。

2. 各个企业虽然从中央部门得到约束性指令和一定的配给，但是它们必须自己承担风险，这是私有制集中管理经济的一个特点。例如，可以强迫农场主种植亚麻，虽然亚麻种植将给农场带来亏损，农场主以自己的财产为中央计划部门的指令承担责任，即使农场领导从一开始就知道，执行指令将造成损失，尽管如此，

---

① 参见本书第六章。

第七章 集中管理经济的经济过程（集中管理经济理论）

还是照办。

集体所有制不存在这个问题。因为通货膨胀，如我们将要看到的，通常是同实现集中管理经济联系在一起的，它常能避免以货币计算表现出来的企业亏损。此外，不适于基本调节功能的价格，常以不产生亏损来确定。

尽管如此，这里还有一个内部的矛盾。如果实行集体经济，则这一矛盾将消失。这样就更加坚定地推行生产设施由那些调节经济过程的人，而不是由私有财产所有者及其职员来管理。

3. 集体所有制中缺少私人权力集团的影响，这种影响对中央计划部门的决定能起极大的作用，以致个别计划部门如铁或煤的计划部门深受大集团意志的左右。但各个计划部门领导和劳动部门领导之间、原料和机器之间的矛盾依然存在。

4. 总的说来，生产资料集体所有制有可能更完全地执行集中管理经济秩序，并且各个企业的或集体垄断集团的计划失去影响。但经济过程在有些地方没有根本的区别，在生产资料集体所有制占统治地位的情况下，一切对私有制的集中管理经济有效的东西，在这里，包括仅描绘出轮廓的变种都有效。

是否第一种形式的具体经济秩序具有转变成第二种形式的倾向，即具有从私有制过渡到集体所有制的倾向。这个问题是很难回答的。苏联和东方国家的试验，其经验还不足以回答这一问题。但通过分析，我们可以认识到，虽然经济过程的基本部分的集中调节可能长期同私有制结合，但如果始终执行集中调节，在废除私有制的情况下，由中央部门接收生产设施是可以理解的。

第八章　集中指导下的经济政策：批判

在各种各样的试验中，德国、苏联、荷兰和许多其他国家制定并运用集中指导下的经济政策：所有试验的共同点是，集中管理经济成为占支配地位的、但不是唯一的秩序形式。

这一政策，如表明的那样，虽然产生于一定的历史条件下，特别是20世纪国内外政治斗争。但同这一政策联系在一起的有一个基本思想，其中两点尤具深远意义：这一政策应该消除"资本主义无政府状态"和解决社会问题，同时保证社会的公正和福利。

对于达到这个目的的成功程度有多大，这一问题现在有可能作出原则性的回答。

调节体系

对集中管理经济分析表明，它试图根据总体评估调节日常经济过程，并试图调节这一过程。这种方法的结果似乎是探讨那些部分成为经济政策中心的问题。

经济状况和就业

1. 充分就业在集中管理经济中较易做到。为什么会这样，根据下述情况就容易理解。

首先，因为集中管理经济进行持续不断的投资，这种投资超过可提供的储蓄资本。差额将通过增加货币发行来弥补。增加货币将提高商品的需求量；通货膨胀的倾向将进一步加剧。这种倾向即使在自由的交换经济中也将造成充分就业。同后者的差别是，在集中管理经济中，中央部门企图通过严厉的价格控制阻止物价上涨。但就充分就业而言，结果都是一样的。增加货币发行量，在这里尽管不会导致公开的物价上升，但却因此在作为消费者的生产者中形成呆滞的现金存款。只要市场一出现商品，他们就期望花去这些存款。这种货币过剩，方便了生产者销售出一切他们可以或允许生产的产品。因为集中管理经济在资金呆滞的情况下，利用存积的通货膨胀，要达到充分就业是不困难的。

其次，不需要出现失业，因为雇用工人时可以不考虑成本。在交换经济形式经济秩序中之所以解雇工人，是因为在这里不仅对需要的各批工人数量，也对各个工人的劳动绩效进行测度，而且还因为测度者拥有强制权。当工人劳动创造的收益还不够抵偿雇用他们的成本时，工人就要被解雇。我们知道，比如，某个工人在修建道路时是否通过他的劳动创造出一定价值的产品，这一价值能否抵偿雇用他的成本。运用集中管理经济总体评估手段是不能确定的。而且即使推测到几千人修路的成本无法抵偿时，中央管理部门也用不着停止施工。在这种条件下，充分就业总是可以达到的。

2. 但在这里，问题只从一个方面标明特征。没有萧条，没有失业，在投资规模上没有挫折，这些都丝毫改变不了集中管理经济过程的失衡。

因为煤炭严重稀缺，例如，在德国就着手提高煤的产量。但当生产出更多煤炭时，又发现缺少车辆。怎么会造成车辆稀缺呢？车辆厂投资太少了，并且修理部门劳动效率低。因此，虽然煤炭挖掘多了，但其价值却相对少了，因为缺少辅助物资。中央领导当局片面促进某些投资,一再造成比例失调。

这种失调表现在企业或生产部门突然缺少机器备件或原料,缺少某些化学制品或运输工具上。生产设施部分超出常规,部分低于常规。归根到底,生产设施的经济效益在生产资料生产时,尤其是消费品的生产时受到损失。

3. 学术界曾努力描述和说明,在交换经济形式的经济制度下,经济发展都经历过繁荣和萧条的大起大落;在商品市场上、在生产资料和消费品工业中、在资本市场上、在劳动力市场上等都有这样的过程。现在学术界转向研究集中管理经济调节方法占支配地位的经济制度。他们看到,在这里缺少至今所描写的繁荣现象,但或者有另外一番意义:价格波动很少或根本没有什么意义,不存在资本市场,若有,也只起微小的作用;储蓄具有另一种功能,利息几乎没有什么意义。没有萧条和繁荣的交替。而在交换经济秩序中,这是经常被描述的现象。

但学术界并不因此退缩,相反,学者扩大了学术活动范围。他们至今调查研究了交换经济形式秩序下具体经济过程中出现的比例失调问题。所以,现在要描述和说明集中管理经济形式的经济秩序中出现的比例失调问题。例如,他们不仅调查研究了1947年美国经济失调情况,而且也研究了苏联经济中不同性质的失衡问题;1947年英国的经济困境,是在一个集中管理经济形式的经济秩序下发生的,像1929年至1932年萧条一样,也成为他们研究的对象。

当然,这些比例失调的性质是极不一样的。因为使具体经济过程得以运行的秩序不同而不同。这样,繁荣学说将成为比例失调学说,成为有关各种经济形式的具体秩序——不只是交换经济形式的经济秩序——经济过程偏离均衡的学说。

4. 集中管理的经济政策使经济状况和就业问题为其他问题所取代。在交换经济形式的经济秩序中,以及在失衡的货币体制和市场形式的框架内，通过战争、萧条和大量失业表现出来的不均衡被另一种形式的不均衡所取代。那种把集中管理经济的政策扔出门外的经济困境，同时又将这一政策以另一种形式拉了回来。

日常经济过程调节中失效从工业化以来以两种形式表现出来。首先，人们想到萧条和危机，想到工农业企业销售的不景气，想到失业、停止转动的机器和过大的原料库存。尽管存在迫切的、没有满足的需要，但劳动力却被闲置，生产设施没有被充分利用。这种情况在某些交换经济型的经济秩序中发生。经济调节失效的第二种形式正是在最近几十年变得越来越严重：一切劳动力得到了工作，但对工作人员的供应却很差，并且人的活动相互配合不当。这些情况都发生在集中管理经济形式的经济秩序中。第一种没有充分调节是以"就业不足"为特征，第二种是以"供应不足"为特征。第一种经常带有突发性质，而第二种经常具有长期性质。1929—1932年世界经济危机可以作为第一种的例子。对于第二种，则可以若干西欧和中欧国家1945—1947年经济困难为例。在这种或其他形式的调节体制失灵时，分工经常回复原状，地方限制加强，经济活动减弱。人们企图通过实物交换或自给自足生产以自救。在赢利急骤下降时，经济过程开始瓦解；人们可以说，这就是经济秩序的原始化。

这种原始化现象需要特别的观察。从这一现象中，总是可以看到现行的调节体制在多大程度上失灵的情况。例如在1929—1932年危机中，许多被解雇的工人转到扩大他们园圃的生产上，在这里一种自给自足形式的经济秩序取代了失灵的交换经济形式的经济秩序。而在集中管理经济形式的经济秩序下，对自给自足经济和实物交换的依赖常常普遍得多、强烈得多。

5. 集中管理经济形式的经济政策不会通过建立经济过程普遍均衡的秩序形式来取代失去均衡的秩序形式。情况正好相反。但是，只有这种取代获得成功，失业或者供应不足和比例失调问题才能得到根本的解决。

国际贸易

另一个重大的经济政策问题，即建立一个功能正常的国际经济秩序。这个问题被意识形态面纱重重掩盖，以致必须考虑十分简单的事实。

1. 我们要了解人们为每辆用来运煤或机器过境的车辆提出的问题。为了实现国家计划目标，如何才能确定进口几吨皮张的意义大于出口几吨货物可能具有的意义？（这里不包括资本往来。）像已强调过的，如果要解决这一日常的实际问题，就需要一部精确的计算机。

我们知道，中央计划部门没有这种计算机。个人的评估无能为力到这样的地步，以致根本无法准确地知道，为了最佳地满足规定的需要，机器最好是留在国内，而出口其他商品，还是出口两三部机器，而进口更少或更多皮张。但计划部门没能力对机器、皮张和所有其他商品的边际效益进行计算。

这一事实具有重大的经济政策意义。例如，1945年后英国努力采取集中管理经济形式的经济政策手段增加出口，这是中央计划目标。但所有这些措施，如给所谓的出口工业优先配给原料和机器、为其招收工人、提供国家出口贷款、宣传鼓动出口等都落空了，因为，决定性的、此前已经提出的经济问题没有解决。应该生产和出口鞋、收音机或木材等吗？出口多少？为此，必须进口哪些产品？成千上万的单项商品，不只是品种，在一年中提出来的问题，各自根据变换着的给定条件，例如，随着其他国家市场上的变化而变换着，像我们所看到的，只能笼统地回答。无论哪种工业，如制鞋、皮革或者钟表工业被宣布为出口工业。这种对外贸易对谋求克服商品匮乏能起多大程度的作用？没人知道。

而且统计数字也很少有意义，因为使用的价格不反映商品稀缺的情况。单项商品进出口和总的进出口在多大程度上有利于规定的计划目标的完成，是无法测定的，并且也无法把握。

从个别国家来看，国际贸易因此失去意义：一个由集中管理经济形式调节外贸的国家，不可能按质按量地对进出口商品作必要的选择。这点对一切由集中管理经济形式调节外贸的方法都有效，即不只在中央计划部门自己管理外贸时，而且也在商人或企业家进行外贸时也有效，但由中央计划部门进行调节时（即通过取消自由外汇市场，实行外汇配额，通过补充出口程序，颁布进口禁令和实行配额分配），不管外贸集中调节在细节上怎样组织安排，为了使外贸有助于克服稀缺状况，这种调节还是缺少必要的选择和计算。这种方法的错误比其辩护者认为的还要严重。

2. 让我们现在观察一下获得机床或煤炭的 B 区。它不实行中央机构的经济政策。在那里交换经济形式秩序占统治地位；由价格调节经济过程，并因此也调节对外贸易。

由于出口 A 区既不能实行精确的个人成本计算，也不注意现有的总体成本计算①，所以，能够以合理经济核算所不允许的价格供应机器或煤炭，由 B 区商人进口。如果这样一个不以个人和强制性的计算为基础的供应持续下去，便会造成慢性的市场不均衡（倾销在这里的作用远比不稳定的货币体系和垄断市场形式要激烈）。人们想到 30 年代初苏联的木材供应。这种供应使德国市场上的价格不能用作调节工具。因为这种价格不是根据精确的计算得出来的，并且还要继续下去，甚至总体比较表明，成本远远得不到抵偿。在当时大危机中，价格调节体系的作用不仅由于实行的货币体系和市场形式的失灵而在其功能之上，而且还由于从一个实行集中管理经济政策的大国进口而遭到严重的破坏。

---

① 参见本书第七章"经济过程的各个方面"一节。

一个集中管理经济国家的生产失衡将通过对外贸易影响交换经济形式的调节体系的国家，并阻碍那里建立均衡的调节体系。这句话是普遍适用的。（既适于那些存在失衡的货币制度和市场形式、并由于同这类国家进行贸易而加剧经济秩序的不均衡，也适于存在均衡的货币体系和市场形式的经济秩序，这种货币体系和市场形式由于同实行集中管理经济的国家进行对外贸易而遭到破坏。）

从这一事实中提出了贸易政策的任务和原则，任务是保护内部调节体系。对于交换经济国家的经济政策提出的任务是保护自己免受集中管理经济国家的影响而导致的经济过程失衡，这种保护不可同"贸易保护主义"相混淆，对某个工业集团或其他得益者是无效的。更确切地说，它应维护价格调节体系的正常功能。

要达到这个目的，只有一种手段：禁止进口。集中管理经济国家的商品必须通过偷运才能进入买方国家。拍卖时可以将煤炭或小麦纳入价格体制之中。这种可以多种多样的方式扩建的程序，正如德国提供的经验教训那样，有重大的困难，特别是既得利益集团对偷运的影响日益增大。这些措施都是权宜之计。但使自己的调节系统摆脱中央计划部门的市场战略影响应成为所有国家经济政策的原则，例如，如果这一政策要从一开始就不受到损害的话，中央计划部门就要采用竞争价格手段调节经济过程。但国际分工在这个基础上不能展开，首先因为投资不能取得协调。

3. 如果两个国家都实行集中管理经济形式的经济政策，那将产生什么结果？分工还可能吗？例如德国和荷兰1946年后的情况怎么样？

长期以来，这主要取决于投资的相互协调。这个问题就所有国际分工情况而言，确实是基本的。只有当投资同成百万德国、荷兰、英国、法国和所有其他国家的企业实现均衡时，所有这些国内外企业的当前生产才能相互补充。许多人认为，一个这样长期的规划在于这些国家钢铁或纺织工业部门总体上实现相互协调。因此忽视了这个问题，并且在这里总体思维再次排挤现实主义的思想。各种企业，比如钢厂、纺织厂或制鞋厂，需要非常不同的市场。使所有分布在各国的数百万企业相互协调，使其设备和机器制造在总体上达到生产设施相互配合，这就是任务。

独立实行集中管理经济政策的国家不可能，并且也没有解决这个问题。在这里，有双重原因：荷兰、德国和每个主要实行集中管理经济过程的国家根据本国国民经济平衡原则提出它们自己的投资计划，例如计划扩建自己的钢铁工业、石油工业、农业或皮革工业，之后着手进行扩建。每个国家闭门造车地制订自己的经济和投资计划，而国际贸易应填补可能出现的空缺。这样就不可能产生分工上相互影响的国际生产设施。按此观点，许多国家的经济政策经常受到批评。但这种批评还是不够深刻的。如果发生奇迹，国家不闭关自守，即不以民族主义观点，而以国际主义观点来制订它们的计划，则可能出现些新奇的东西。人们要是指出，使各国投资达到均衡是根本不可能的，也就是说，只要每个国家都实行中央总体评估，而又缺少一个统一的国际计算尺度，就不可能实现。荷兰的钢铁工业应扩大到多大规模，而德国、意大利、法国又应怎样呢？更正确地说，哪些工厂应扩大？哪些特殊的设备应建造？只要德国、荷兰、法国和其他国家缺少精确的稀缺测度器，只要没有国际上有效的计算标准协调各国的价值体系，回答这个问题是绝对不可能的。没有人知道，在各个国家各个工业部门的最佳位置和最佳规模。这些国家的经济价值体系不只是宏观地运作，因此，也是不准确的，同时还具有明显的内陆国的性质，并且与国际上不同有效的计算标准联系在一起，它是双重失灵。因此，个别地方的生产成本，如在鲁尔和法国北部工业区，不能准确地相互加以比较。

这表明：集中管理经济这一秩序形式不提供任何方法来使各

国投资相互协调。由此产生了深远的经济政策后果，所有使欧洲成为一个经济单位的企图这么久仍然徒劳无功，就是因为各个国家实行这种制度。

4. 可根据不同方向说明双边贸易的短处：正如勒普克、布坎南（Buchanan）和卢茨指出的那样。[①] 缺少一个世界经济计算标准使这样一种情况的发生成为必然：在该卖东西的地方买东西，而不在价格最高的国家卖东西，不在价格最低的地方买东西。这个制度类似家庭和企业之间的直接交换，这种交换通常在货币失效的国家发展。例如，用铝制器皿交换土豆，这两种商品都未能在购买力需求最高的地方出售。但在这两种情况之间存在一个根本的差别。如果两家进行交换，每家可以准确估量，交出去的和换进来的商品对他们有什么意义。但在两国之间，就不可能准确地测定出口和进口商品的价值，并且可以说，双边交换像是在迷雾中进行的。这种形式的国际贸易的所有其他经常描述的短处都出自这一基本缺点。

5. 迄今只谈到各种企图通过中央计划的协调给国际分工创造一个合适的框架。此外还有从属方法：一个由中央计划部门调节经济过程的国家控制其他同样根据中央计划调节日常经济过程的国家。控制国，如人们想到的苏联，让它的附属国计划从属于自己的计划。煤矿、纺织工业、铀矿的扩建由控制国中央计划部门安排，企图使附属国的投资同控制国的投资计划协调起来。

这种从属方法的前提是，一个国家统治其他国家。这种方法带有某种军事、政治性质的前提条件。除此之外，它在经济上运作也不准确。不能进行准确的成本计算的总体评估，将造成各国投资达不到可靠的相互协调。资金效率仍然低微。中央计划部门

[①] W. 勒普克：《国际秩序》，1945 年；N. S. 布坎南、F. A. 卢茨：《重建世界经济》，1947 年。

控制的地区愈大，所有短处起的作用就愈大。要是全世界生产设施的建设和使用都由一个中央计划部门进行调节，则误导的方向将非常大。中央计划部门调节的范围和人数越大，计划要适应各个地区和国家的给定条件的困难就越多。人们又将采取协调措施，但像已表明的那样，也是无济于事的。

6. 集中管理的经济政策不适于世界经济秩序，这一事实至关重要。在这里，这一政策与强大的历史趋势发生冲突。技术的发展使各国相互融合。如果一种经济秩序形式——集中管理经济秩序形式——不提供符合国际分工要求的调节体系，则证明它不适于实现现代工业化世界的要求。

均衡问题

1. 同鲁宾逊比较，在对集中管理经济过程的调节中的临界点显得一清二楚。鲁宾逊按照经济原则行动。就是说，他寻求以最少的耗费达到既定目的，并且有能力做到这点。对他来说，贯彻经济原则是简单的，因为在他的小岛上，个体经济正好是总体经济。他看到，整个经济的总体关系中，每种生产资料或每种消费品的批量供应，并且知道，各个地方每小时工作在总体关系中意味着什么。

若干人一旦共同工作，像已表现出来的那样，会产生一个具有非常实际意义的新问题：每个人虽然继续按照经济原则行动，但怎样设法使这一经济原则在总的经济过程中得到贯彻？即使只有两个人共同经营管理，这个问题的解决也是困难的。更何况几百万人，像在工业经济中那样，相互结合，则困难还要大得多。如果按照经济原则的个人行动没有导致经济过程按照经济原则进行调节，这意味着什么？意味着经济危机，就像1945年后德国的经济。

这一问题鲁宾逊是不知道的。这里有一个实际的技术困难。像巴罗内和其他人所做的那样，如果一般均衡要通过一个方程组来"描述"并加以说明，达到这一状态是一个实际的技术问题，则这个本来具有决定性意义的经济问题就被掩盖了起来。因此，要求中央当局像鲁宾逊那样行动也就没有意义[①]，它们也根本不可能达到，因为要解决的，对鲁宾逊而言，是一个崭新的问题。它们还缺少解决问题的适当工具，以致不能成功地充分克服稀缺的困难。没能使分工的总过程根据经济原则面向确定的计划目标。

2. 在这类经济秩序中经济过程失衡使这种秩序中的货币具有一种特殊的功能。

通货膨胀性的货币政策和集中管理的经济政策的紧密结合是引人注目的。这在所有有关试验中都可以看到。同时，不仅通货膨胀，特别是结存的通货膨胀，更是常常招致集中指导经济过程的政策。关于这点，以后将谈到。更确切地说，反之也适用：为了以规定的价格销售商品，集中指导经济过程的国家要持续保持一个大于必需的货币流通量。

这种货币"过剩"，从家庭和企业过剩的现金存款中可以看到。它意味着流动性过剩，有时称之为货币过多，它是在这种秩序中经济赖以运行的前提。否则，许多由中央计划部门调拨的消费品，如质量低劣的衣服或鞋，就销售不出去。企业也不能接收某些调拨的生产资料。只有在家庭和企业有过剩的现金存款，所有街道生产出来的商品才能完成其走向目的地的路程，否则就要出现积压。集中管理经济过程失衡造成货币承担一种特殊任务的后果，即保持失衡的经济过程继续运行。给这类型经济秩序安排的是那些能克服货币稀缺，并容易形成货币过量供应的货币秩序。

---

① 新近 J. A. 熊彼特也持此观点。见《资本主义、社会主义和民主》，1946年，第295页。

在经济政策方面，这种向两个方向发展的关系是重要的。要是推行集中指导的经济政策，则必须实行一种允许推行这样的通货膨胀货币政策的货币秩序。因此我们首先明白，哪里开始使用这种杠杆，以取消集中调节，德国1948年的货币改革和其他试验表明：货币稀缺将强迫企业也出售一些没收的物资，如果它们不想解雇工人或停止生产的话。这种压力是极其强大的。中央计划和价格不能同时调节经济过程。而财政收入中现金稀缺同样迫使政府取消对经济过程的集中调节，迫使企业适应有购买力的需求——这样集中计划也就寿终正寝了。

3. 失衡是这类经济秩序下经济过程的决定性现象。

对此，有这样的异议：平衡在某种情况下是不重要的，就是当经济必须向前发展但遇到急性稀缺时，也是这样的。两种情况都需要探讨。

人们认为，在高速发展时，像在20世纪苏联工业化时，决定性的不是平衡，而是活力。但这里误解了"平衡"的本来意义。如果卡车和石油供应落后，我们只谈建设汽车公路就很少有意义。① 谁要推动经济快速向前发展，就必须关心投资和保持当前的生产平衡。这是任何旨在加速发展的经济政策的基本经济任务。

另一种情况：在急性稀缺的情况下，集中指导的政策必要吗？建立平衡是次要的吗？常言道，贫困要求集中调节，富足带来自由。一个处于特殊经济困境的国家经常被比作一个被包围的要塞：围困之初，司令员让报告准确的储备情况，并禁止自由出售，否则要加以没收，并以某一定量均分。有限储备要求中央计划。

这一论断在各点上都站不住脚：认为在急性稀缺情况下，建

---

① 参见本书第七章"经济过程的各个方面"一节。

立平衡是次要的,那是不正确的观点;认为这种困境要求集中调节也是不正确的。这些同样主张在经济政策中放弃建立平衡的人,他们的个人行动却完全是另外一个样子。他们要是处在困境中,则将特别小心处理,他们将自己的收入一分一毫地分配到各项用途上,以致没有余地,比如为采购衣服,投入过多的钱,并在总体上实现预算平衡原则。又比如,一个急需取暖燃料的人,他得到的不是燃料,而是一双鞋,虽然他已有足够的鞋了,要是平衡是次要的,那么这也就无所谓了。正是这种困境迫使人们对收入、劳动力和生产资料以正确的比例,即在平衡中实行分配,只有这样,才能达到最广泛地满足需要。

因此,在稀缺期间应推行集中指导的经济政策,这也是不正确的,诚然,被围困的要塞司令将像描写的那样处理问题。但在一个国家调节经济过程时,不只简单地关系到给居民平均分配现有的消费品库存,而且关系到启动生产过程,并做到满足需求。但正是在这里,集中管理经济的调节系统搁浅了。1945年至1948年期间,在德国的试验中,曾清楚地出现集中指导政策试验的奢侈风气,这是战后贫穷的德国所不能做的;它的贫穷要求人们获得自由。

4. 在20世纪,集中管理经济过程的国家物资供应恶化(除战争之外),这一事实不是偶然的。不是个别失误能对此负责的;这是制度上的错误。——如我们所见,有三个原因是基本的:第一,计划结构成问题,因为在计划中,通常存在一个强大的投资倾向,忽视消费品供应;第二,完成规定计划的方法失灵,因为缺少调节体系;第三,人的积极性在经济过程中没有得到充分发挥。

在30年代和40年代的试验中,这种秩序形式的缺点没有充分暴露出来,因为它的实行同那些经济秩序联系在一起,而那些秩序本身具备有着效率更高的、但仍然绝对不足的调节体系。"集中管理经济,典型的是1933年后的德国,成功地实现了一种其他经济秩序不可能再生产的成果，即充分利用总体上准确的经济核算和有经验的人的积极性，并因此在一段时间内克服了自己最大的弱点。这种调节体系甚至可能长期继续下去，十年或更长的时间。"①

经济计算问题

在20世纪的试验中，调节体系突发性暴露出来的基本缺点促使人们考虑，是否不可能在这一类型经济秩序中建立一种精确的经济核算。这里不涉及试验，而关系到以下的建议。

1. 有些国民经济学家建议，在那些将生产设施纳入集体所有制的经济中引进市场机制。在这些市场上，应该产生建立在个人"评估"基础上的价格，并使经济过程有可能实行准确的调节。

我们还将从事的这些研究项目，无助于中央计划部门调节经济问题的解决，这些项目着力于探讨一个根本不同的甚或对立的问题：即在一个存在土地、工厂等整个生产设施集体所有制的国家中，有可能避免集中调节生产过程和建立市场机制吗？并因此能达到在整个过程中贯彻这个经济原则吗？"社会主义"这个不易理解的概念让人看不清，正是在这里没有研讨集中调节生产问题。

2. 也有人认为，以其他方式寻找一种替代方法，即数量计算。指导向数量计算过渡，并据此确定，应生产多少煤、铁、皮革、布匹等，这一方法能克服总体价值计算的困难吗？计划部门的"平衡表"是"物资数量平衡表。"② 煤炭、铁等单位数量的供给和使用将在这个物资平衡表中相互比较。这些平衡表不能代替价值计算吗？

集中管理经济在其计划和决定中，像其他任何经济一样，很

---

① K. F. 梅尔（Maier）：《社会保障要求》卷2，1950年，第19页等。
② 参见本书第七章"经济过程的总体特征"一节。

少围绕着价值计算。

一年开采 1.5 亿吨煤，根据中央管理部门对煤在不同用途中的重要程度的评估，将它分配给各个钢铁、纺织、毛刷等工业企业、农业和交通企业，分配给各个家庭。每吨煤、每吨生铁和每台机器、每米布和每把毛刷通过评估相互比较。对批量的煤在各个用途上，如用在家庭，轧钢厂、织布厂等带来的效益进行比较，并据此作出安排。我们知道，在集中管理经济中，这种评估只能在总体上进行。而各个计划部门的物资平衡表，如谈到过的那样，是这些评估的结果。因为评估决定，从调节领域必须进出口多少铁，为各个用途，如桥梁建设、机床、铁轨等必须投入多少？没有这样的价值计算——尽管非常不准确——中央计划将完全落空。经济核算应反映各种产品供求之间的紧张程度，应怎样安排，以便克服稀缺现象。如果要建设一个织布厂，应预先计算出建筑用砖、机器、钢铁、木材等的价值是否与以后布厂生产出来的产品价值相匹配。不管经济秩序怎样——可能属于交换经济型或集中管理经济型——总应对投入的生产资料的价值同以后产出的产品价值进行比较，不管准确与否。仅仅将耗费掉的水泥、钢铁、木材、安装的机器，生产出来的布匹等数量并列在一起是毫无意义的。

在集中管理经济中，对煤炭、钢铁、鞋类、小麦等生产的统计必须使人关心并了解，实际生产达到计划定额的程度。但计划本身和规定的计划定额使评估对产品满足需要程度的估计成为必不可少的。

3. 这一切都是基本的。但是，今天经济政策探讨的一个特征是，这些基本的东西被遗忘了。[①] 有些理论家，他们主张慎重地用

---

① 参见 E. 海曼（Heimann）《社会经济和劳动制度》，1948 年，另见 O. 莱纳尔"关于经济和社会制度问题文献"，载《秩序年鉴》卷 2，1949 年，第 356 页。

纯粹的数量统计来调节集中管理经济。对于这种理论的代表们，他们自己的日常经济活动每时每刻都能向他们证明，这是不可能的。当他们每天安排工作时间时，他们也没有比较数量。例如，如果他们到一个餐馆就餐，他们就不能够将就餐需要的时间同每种食品的克数或在那里花去的钱款进行比较，而是评估失去的钟点、花去的钱、消耗掉的食品，并据此制订他们的就餐计划。如果他们养鸡，他们同样将饲料和其他生产资料的价值或价格同蛋的价值或价格进行比较。没有评估，而要将一定量的鸡蛋同公斤饲料或小时劳动相互比较是不可能的。

用数量统计进行管理的这种企图，在任何经济秩序形式中立即便可证实为不合理的。单靠数量永远也认识不到稀缺情况克服到怎样的程度，但在管理上这是关键所在。每个劳动小时、每种生产资料和每吨消费品的使用为满足成千种可能的用途需求所具有的意义应加以确定，这就是数量统计不能取代经济核算的原因。

由于数量统计这个建议不可能使用，必须保留不能建立平衡的总体评估。从苏联到英国或荷兰，没有一种试验超越这种经济过程调节的粗陋方法，之所以没超越，是因为只要人们不放弃集中调节，就不存在这种可能性。

社会问题

恶劣的生活条件、不自由、缺少保障以及不公正的分配——这些就是19世纪职工归罪于"资本"的弊端（因此，不称之为社会问题；但在这里，却取决于对这一问题如何认识）。

与此相反，过去和现在集中指导经济过程的政策所希望的是：打破资本统治，改善工人的生活条件，给予他们经济和社会自由，不只是像在"资本主义"那样，法律上的形式自由。因为失业危险消失，并且首先是公正的分配终于有了可能，所以充分保障得到保证。最后，从工资概念中所感受的屈辱可能消失。工人将按劳取酬。劳动不再是商品，它的价格在市场上形成，而工人取得了做人的权利；有可能实现这个原则：按需分配。[1]

在集中指导的政策试验之后，现在有可能通观一下试验的社会效果，这种政策在社会方面做了什么？实际上，它消除了长期大量失业的危险。这一事实具有极深远的政治影响。为了使所有的人就业，集中管理经济的调节方法甚至是一个完全确实有效的手段。这一结论来自分析。大力促进投资、排除个人成本计算使得每个人有了工作。

然而，法老时期埃及的农夫，公元1世纪罗马大庄园的奴隶或者1945—1948年社会困境中的德国人也都曾是充分就业的。人们要问，集中指导的经济政策使所有人就业的办法，是否是社会所能承受得了的？更准确地说，是否在集中管理经济形式中占支配地位的经济秩序框架内，不仅能充分就业，而且能完全解决社会问题。

1. 19世纪经济秩序的批判者除了看到工人简陋的住房外，还看到工厂主的别墅或者地主的庄园。他们论证，如果取消利息、地租、企业主利润以及一切失业救济，则劳动力和生产资料将被用来增加工人的供应，提高他们需求的供应量——费用由失业救济负担。他们认为，通过集中调节经济过程可以达到这个目标。

20世纪集中指导的试验出现了另一结果。增加投资，迅速扩大工业、交通和农业生产设施，各地都成为中央管理部门计划目标的中心。完全不同于巴罗内和他的学生们所认为的：即生产部门将致力于实现最大限度的消费品供应。事实上，推行"强制性"

---

[1] P. 泽林（Sering）：《资本主义的彼岸》，1947年，如第200页等。对整个问题可参考本人论文《社会问题》，收集在阿尔弗雷德·韦伯（Alfred Weber）纪念文集内，1949年，以及K. F. 梅尔《社会保障要求》，奥尔多，卷3，1950年。

储蓄，并因此在大多数国家把工人的供应降到"最低限度"。

2. 但这些被扩大了的生产设施以后不服务于消费品供应吗？关于这个相近的想法已经谈到过。人们认为，工人今天过穷日子，但希望几年或几十年后，他们的境况会大大地好转，就是说，如果新建的钢铁厂、制鞋厂、电厂等开工生产，就有可能扩大消费品来源。但这种希望很少有根据。实现这个希望是不大可能的，原因有二：首先，因为新建的钢铁厂、铁路、机器制造厂等总是一再用于新的投资，建造新的高炉、马丁炉，等等。总之，是用于提高和巩固领导阶层的权力。很少存在利用它们来增加消费品供应的前景，也即建造住房或生产纺织品，等等。其次，如我们所看到的，由于不能做到投资均衡，因此，新设备的生产能力不像根据设备技术范围所想象的那样显著。劳动力和生产资料集中用于投资，调控制度的失效应对此负责：即在那些实行集中指导经济政策的地方，工人生存条件没有达到所希望的改善程度。

3. 在交换经济型的各个经济秩序中，价格机制决定收入构成。对这一状态存在一种批评，认为在其中人类的社会状况是受一个"盲目的、机械的过程"摆布的。相反，如果分配是由中央部门进行的话，社会公正就可能决定分配。

但由于经济权力集结，并同公权结合，过去的分配总是特别不平等、不合理的。在历史上总是这样，这里让我们想起了晚期罗马帝国、13世纪佛兰德的严重社会危机或者18世纪的庄园经济（还可以容易地举出一长串的例子）。认为中央计划部门进行公正的分配，这种认识包含一个值得注意的对历史经验的疏忽——收入的高低取决于市场，就我们所知，这种对市场的依赖可能导致不公平，这是一个重大的问题。但对要进行大规模投资工程的中央权力机构的依赖，是更加危险的。

一种总体的观察会再度引起误解：那就是有关"资本主义"和"社会主义"的对立观。这里缺乏秩序形式思维。在买方垄断的劳动力市场上，工人不需要获得他们劳动的边际效益，这一事实引出这个问题：如何才能消除市场买方垄断一方的优势？代之而来的是，在集中指导经济过程的政策中，通过普遍的公共买方垄断来代替个别劳动力市场上的买方垄断，即提高对工人的依赖程度。以中央配给和职责取代"工资"和劳动力市场，就是说，减少实现社会公正的机会。——试验表明，根据需要分配劳动报酬和劳动范围；完成计划目标是首要任务；对于分配，不是以公正原则，而是以使得劳动力最佳地用于达到投资目标这样一种原则为中心。

4. 通常把"保障"同"自由"对立起来。保障要求放弃自由。自由，对于现代人来说，相当无所谓。他们首先要求保障。但据说集中指导的经济政策隐藏着保障，所以，未来将属于这一政策。

但这种保障和自由的对立是不存在的，相反，没有自由，保障是不可能的。如果企业，如某个细木工场，随时因计划部门的规定而关闭，其师傅和伙计可能被分配到另外一个城市的工厂里，他们继续生活在无保障之中。某个五金工人晚上接到通知，他必须立即到城市 B 去参加制造一部机床。他若没按时报到，将受到处罚的威胁，有时甚至被吊销食品供应卡。这里反映了缺少迁徙自由、选择工作自由、契约自由和消费自由。而缺少这些自由，权利将得不到保障。人们总必须考虑这些强迫他们干他们不愿干的事的规定。当局规定新岗位的伙食、住宿和货币工资。由于工人不能解约和躲避规定，因此，他们完全被掌握在当局的手中。

大约在 1931 年，工人曾依赖某一无名的经济过程。那时他们失业，长期未能找到新的工作。这是无保障的一种形式。1940 年，他们依赖于支配他们命运的当局。他们再度无保障。一种风险消失了，另一种随之袭来。同时，当局本身也受到必须达成计划目标的压力。即令当政者愿意，当局考虑个人的愿望是非常有限的。

保障是每个人占有某种自由领域和拥有选择这样或那样行动可能的前提。

5. 因此，人们遇到了社会问题的核心：自由。不自由会对生存条件施加压力。私人或公共权力实体的统治危害公正的实现，缺少保障出于缺少自由。没有人身自由，要解决社会问题是不可能的。但集中指导的经济政策不仅限制了企业领导的自由，而且过去已受到危害的工人的自由领域也继续受到削减。不是将雇主和工人的自由领域捏在一起，而是将两者缩小或取消来限定自由领域，同时，让两者服从某个第三因素——中央计划部门——的指示。中央计划部门支配着人的日常经济生活，并命令式地让人服从中央计划目标，因此，人成为达到目的的工具。不能按照这样一种基本的道德原则行事，即"任何时候人同时当作目的"，不"只当作工具"来使用（康德语）。

经济调节从家庭和企业转移到中央最高领导造成了深远的社会后果。社会建设现在由上面控制，而不是由下而上的成长。中央操纵工人群众，零售商变成分配官员，农户变成必须服从中央计划部门生产计划和指示的企业。这些变化改变社会整个结构。同样，社团如合作社的成长和独立，在这样的经济秩序框架内不再有可能。工人委员会或者企业工会在企业内再也找不到实质性的活动范围。——同样，因为重要的问题不是由企业领导，而是由中央计划部门决定。自由和自我负责的范围被限制得更小，并且19世纪的社会问题被新的问题所代替。

像有时说的那样，集中指导的经济政策可能存在经济上的短处；社会上，它似乎是好的，并且是必要的。结果表明：它不仅在经济上少有作为，即它在克服稀缺方面是不够成功的，确切地说，正是这些社会方面的结果即社会建设上的变化，完全同其主张者以前所希望的不一样。

抗衡力量

但如果经济过程调节失败，并且社会问题在这样一类经济秩序框架之内具有突发性质，那么大概在一个方面还留有一条出路。将集中管理限制在经济社会方面，也就是几乎将它分离出来，但由此难道不可能遇到人的自由受到威胁的问题吗？这是一个广为流传的、富有影响的观点，熊彼特新近谈论"社会主义文化的未决性"，以此表达这一观点。他指的是国家秩序和文化教育领域。[1] 如果经济计划部门调节经济过程，对个人来说，在这里果真能够找到栖身之所吗？人虽然在社会经济领域不能自由，但在国家政治领域能自由吗？甚至由此能对集中调节的优势建立抗衡力量吗？

在这方面，有时有人建议，将中央计划置于议会监督之下，并以此来保护个人权利。在一个经营范围微不足道的私人小公司里，适当的经济计划已不能通过比如职工的表决来决定，议会就更难成功地决定或者只监督成千百万不同性质企业有关投资和当前生产的综合计划。哪里进行这样的尝试，例如1945年后的法国，哪里议会中的农业、工业、工人等私人权力集团就发挥作用。这样，中央计划的提出就更加困难甚或被阻止。如果要坚持进行中央计划，议会制国家也必须将制订和执行中央计划的职权通过授权法案移交给各个部或其他中央管理部门。这种国家管理权力集中表现在各种集中指导经济过程的试验中。这不是偶然的，是从经济调节问题的性质中产生出来的。[2]

---

[1] J. A. 熊彼特，引文出处参见本书第十六章"私有制"一节等；此外，W. A. 约尔（Jöhr）《自由社会主义可能吗？》，1948年，第62页等。

[2] 参见 F. A. 哈耶克《通往奴役之路》，1947年，以及 F. 伯姆（Böhm）《经济秩序和国家宪法》，1950年。

人们一旦在原则上理解,并在实践中经历了经济调节问题,将制定国家和国际中央经济计划置于议会监督之下的思想就立即被淘汰。

但问题还没有解决。在集中调节经济过程时,通过法治国家的保障或思想和教育自由的保证建立抗衡力量或许会成功吗?由此能抵制经济、社会和政治权力集中到控制中央计划部门的领导阶层手中吗?

法治国家

1. 如结果表明的那样,自由放任政策没有产生适于法治国家的经济秩序。所以如此,因为在实行这种经济政策时,能够形成无法控制的垄断或部分垄断。即便在19世纪也广泛成功地保护了个人免受国家的独裁专制之苦,但却未能成功地防止其他私人对个人自由领域的干预。

但集中领导的政策一旦被推行,似乎就要造成相反的情况,我们曾谈到过的从事水泥生意的公司,由于遭到辛迪加的封锁而被阻止经营,即宪法保障的经营工商自由权被某一私人权力集团所限制,集中指导经济过程的政策一旦得以贯彻,该公司就要处于不太有利的地位。现在它听从水泥计划部门的指示。是否允许它成为水泥的分配者,得到多少水泥,要求多少价格,水泥必须转卖给谁等,都由国家计划部门决定。尽管宪法曾庄严保证过的经营自由,现在通过集中管理经济政策被取消了,因为国家本身将这种自由排除在管理行为之外。另一个例子:某工人被指派到某厂工作,实际上,他失去了迁徙自由和缔约自由的权利。在这里,基本权利通过集中调节经济的方法实际上也被剥夺了。

那些产生于集中指导经济过程政策的经济秩序在这一方向上似乎从另一方面威胁着法治国家。私人的威胁可能消失,但国家的威胁却在增长。

2. 法治国家和对经济过程集中调节的不协调产生于领导者的专横还是有客观原因？

煤炭、钢铁、皮革等各个计划部门被迫向工厂发出生产指令，例如停工或调拨工人，其出发点是，尽可能完全执行它们调节范围提出的计划。只有这样，它们才能为落实国民经济总计划服务。要是个别企业根据经营自由权拒绝执行某些指令，或者工人根据迁徙自由权拒绝履行某些职责，那么计划部门的调节任务就会受到影响，甚或完成不了。实践中，计划部门的领导简直是被迫忽视法治国家的权利保障，尽管他们完全认识这种权利保障的意义。

如果计划部门要适应这种权利保障的经济任务要求，则它们的决定也不能服从行政法院的审核。例如：皮革计划部门将 A 厂没收来的皮张转交给 B 公司，因它按计划更适于加工。A 厂向行政法院提出申诉，并要求交还皮张。行政法院从法律观点来了解 A 厂的申诉，在这里，中央计划的执行在根本上将受到不利的影响，但却符合法治国家的原则。这种冲突不断发生。如果行政法院普遍地接受对中央计划决定的申诉，则中央计划就无法进行。这表明，行政合法性审核和经济过程的集中调节由于客观的原因而互不相容。法院的行政监督在 20 世纪已被当作法治国家不可缺少的工具。哪里缺少它，法治国家就在哪里消失。

某工人控告工作安排不当，并为此援引宪法中保障的人身自由和迁徙自由作根据，工作单位反驳称，这一工作安排是必要的，因为必须按照总计划执行造桥任务。计划部门的领导有理由强调，为了执行总计划，他不可能有其他的安排。而在工人方面，关系到宪法保障的自由权利，因此也是有理由的。这样一个完全原则性的冲突就表现出来了。

广泛实现集中管理经济的总体决策同法治国家的总体决策是不可调和的。在这里，存在一个十分严格的秩序间相互依存关系。

两种秩序形式——法治国家和集中管理经济,"国家宪法"和"经济宪法"——相互冲突。要是集中管理经济的政策始终如一地加以贯彻,则国家将失去法治国家性质。相反,如果认真实行法治国家的原则,则集中管理经济就不能始终地推行下去。实现不了法治国家,就不存在人身自由。

思想和教育自由

大概作为人类自由特权的宗教和文化领域总是保留下来了。17世纪到18世纪初,在一个政治不自由的时代,同时是巴赫和争吵的时代。许多人在音乐方面找到了自由发挥其才能的机会。类似的情况今天可能吗?宗教和精神生活能摆脱在经济过程中开始的集中指导原则的膨胀吗?

这个问题今天也让经验来回答。有两个起决定性作用的因素。

1. 首先是老生常谈的事实,为了执行科学、文学和艺术计划,中央部门拥有经济手段是必要的。为了印刷一本书,主管计划部门必须批准纸张。有时还需要外汇为某些研究进口设备和书籍。中央部门总要审查需要的轻重缓急。即使开始时不愿意,它也必须这样做。它评估精神产品成果。为了举办一个音乐会,必须配给大厅取暖的煤。这样,中央或地方计划部门以非常简单的方式成为裁判员,决定印刷出版哪些书籍,进口哪些设备,是否举办某些钢琴家的音乐会。在自然科学中,应该促进所谓的基础研究还是所谓的实用研究?不是自发的科学发展,也不是科学探讨过程对此能作出决定的。因为那些研究任务必须通过配给建筑材料、机器、设备和辅助力量才可能进行,因此,取决于中央计划部门的决定,取决于它对各个工程安排的紧急程度。这样,就从具有客观必要性特色的经济政策中产生中央对精神产品的审查。

2. 当然,国家中央经济部门进入这个领域还有其他更深刻的原因：为了达到计划目标，必须根据计划目标调配人力。否则，这些经济秩序会产生个别人闹独立，企图贯彻自己的意图。人们必须坚持相信，全力以赴，服务于计划目标，不惜放弃个人计划，才是正确的。因此，在这些国家里，经常开展"生产战役"宣传，更有甚者：企图以深刻的"教育"动员人们为实现中央计划而奋斗。

在这类型的经济秩序中，中央部门不仅管物，而且管人。而这些人需要一个普通的"教育"，其目的是，"万众一心，同心同德，全力以赴，为实现一个目标——社会目标而努力"。早在1830年前后，圣西门主义者就认识到了这一点。[1] 他们要求，在人的一生中应继续这种艺术和宗教为其服务的教育。"德育的意义日益重要，可以将它看作为自由发展的最根本方面，这种自由首先是：人们愿意并且喜欢干他必须干的事。""德育应起这样的作用，对每个人来说，实际领导人和合法的社会领导人委托给他的职责被当作责无旁贷的义务来对待。""为了使每个人同意接受分配给他的岗位，只了解社会的目标和达到目标的手段是不够的。对个人来说，目标和手段必须是爱好和理想的对象。现在，学者可以毫不犹豫地论证这一现象，并因此声称，为了不破坏像通过历史事件串联起来的发展过程，人们必须热爱什么。但他们却无法产生对其必然性认识的感情。另一类人依赖这种使命，他们天生具有强烈的感情力量。""艺术必须通过它本身所具有的想象力给群众以足够强大的影响，以便使他们完全明确地面向确定的目标，并在这一伟大的合作中支持他们天然的领袖。"

---

[1] 圣西门（St. Simon）：《引言》，1829年，Bouglé 和 Halévy 版，1924年，卷1，第332和355页等；除外，特别是卷2，第167页等 [昂方坦（Enfantin）编圣西门文集，卷41—42]、昂方坦和巴扎尔（Bazard）在《生产者》上的文章，1825—1826年，卷1，第168页等和卷2，第537页等，以及在《地球》上的文章，1831年4月4日，引自 Bouglé 和 Halévy 版引言，1924年，注48E。内勒：《圣西门主义中的制度问题》，论文，弗赖堡，1949年。

节庆将成为"社会劳动者的休息日",在其过程中,就社会目标的意义而言,对感情和精神发生影响,精神自由和批评自由在这里没有位置。

圣西门主义者正确地看到了经济过程集中调节、教育和宣传的关系。这种关系是偶然的。但在这里存在着秩序关系。在那些一贯实行集中指导经济过程政策的国家里,例如音乐也变成一种工具,为了使群众面向中央部门总目标,例如为了发动"生产战役"。但思想自由和教育自由同坚决实行集中指导政策是互不相容的。要是一个实行集中指导政策的国家放弃对人的思想控制,则让人更少完全面对计划目标,正是在这里,自由不适于集中指导政策。不少国家曾尝试将教育自由和言论自由同集中指导的经济政策结合起来,但是,由此却损害了调节体系的经济功能。

3. 充分发挥通过扩大自由的政治、文化和法律制度对中央计划部门及其实力地位的"抗衡"作用,在这种努力中,一种旧的思想以新的形式表现出来,即应产生一种新式的"权力平衡"。不是立法、行政、司法机构和货币发行银行的平衡,像19世纪国家尝试的那样,但似乎是一种权力集中的、集中计划的经济秩序与自由的政治、法律和文化秩序的平衡。这样应当形成一个自成一体的、可正常运作的总体秩序。

但在这个问题上,政策试验取得了两项重要成果。

a. 法治国家保护的人身自由或思想和教育自由保留得越多,贯彻集中指导经济过程政策的可能性就越少。拆东墙补西墙。通过议会对维护个人基本的自由权利进行监察,给中央管理部门规定其职权的有效界限,在这样的经济秩序中产生出成堆不平衡因素:那些同集中指导确实联系在一起的因素和那些因限制职权产生的因素。1945年后的英国试验或荷兰和挪威的试验可当作实例。

经济过程中中央计划对自由的威胁作用可以通过扩大政治、法律和文化领域的自由秩序加以限制，这种想法是缺乏根据的。集中管理经济秩序和国家、法律和教育的自由秩序必定陷入相互冲突之中。存在秩序的"冲突"，一个深刻的、内在的矛盾。当然，在历史上一直有实现相互冲突的秩序并存的企图，如1945年后在西欧的许多试验，结果总是一种秩序阻碍着另一种秩序。因为各个秩序没有相互协调，所以没有产生运作正常的总体秩序。政策总体上不连续，没取得显著的成果。出现一条经济政策决策行为的基本原则：经济的秩序原则应同其他的秩序原则，如国家的秩序原则相互协调。或者说：企图同时实现相互"冲突"秩序的试验应停止。

b. 但若要始终如一地实行集中指导经济过程的政策，像1928年以来苏联那样，则要取消抗衡力量。总体秩序虽然前后一致地建立起来了，但问题没有得到解决，确切地说，一切问题以新的、更加复杂的形式提出来了：社会问题、秩序政策问题、法治国家和自由问题。这一政策没带来"进步"，却意味着倒退到极其不利的出发位置上。

集体所有制和社会问题

一个重大的问题仍然悬而未决。这一切可能是中肯的，尽管人们可能提出异议；但这同集中调节经济过程根本无关，只关系到集体所有制问题。生产资料转变为集体所有是中心问题。因为通过集体所有制，以牺牲劳动者利益为代价产生的私人利润，像私人财产分配不公一样被取消。确切地说，一切利润属于人民。因此，生产资料集体所有制意味着实现社会公正。这一思想常常渗透到人的思想意识之中，它属于经济政策思想的基本形式，决定性地左右着经济政策行动。

在这一思想中隐藏着两个基本要素：所有制问题被视为经济和社会政策的基本问题；建立生产资料集体所有制似乎同解决社会问题同等重要。

1. 18世纪末以来，反命题的私有制或集体所有制推动了政治思想的发展，并且愈来愈成为思想的中心议题。在这里经常提到的是卢梭（Rousseau），他对后代起了决定性影响，卢梭把私有制看成是一种违背自然规律的制度，它造成人之间的差别，威胁到自由，马克思和他的弟子从中得出了结论。

正是卢梭的财产所有制观点对马克思起了决定性影响。[①] 对马克思来说，所有制机制通过必然的历史过程从正题经过反题而达到最终解决的合题。就是说，工人原先作为小农和手工业者是他们生产资料自由的私有者。从这一状态到反题，即从多数人的微小财产转变为少数人的集中财产，并将工人转变为一无所有的无产者，遭受资本主义私有财产所有者的剥削。但这种集中的生产资料所有制，根据马克思的说法，必然超越本身，进入第三个阶段。随着对剥夺者的剥夺而完成合题：资本主义所有制将变成社会主义所有制。工人采取这种生产资料所有制，但现在不再单独，而是在合作之中。

随着"从必然王国跃进到自由王国"，"一个社团产生了，在那里个人的自由发展是所有人自由发展的条件"。甚至"个人奴役性地服从分工"消失了，人们可以自由地"今天干这件事，明天干那件事"。社会可以在它的旗帜上写上："各尽所能，按需分配。"这样，国家就消亡了。"整个国家机器被装进历史博物馆，放到纺车和青铜斧旁边"。

马克思谈到这里，这个问题仍然没有解决，即这个奇妙的世

[①] K. 马克思（Marx）：《资本论》卷1，第23章。

界应如何通过集体所有制机制获得生命。假如某处现代经济的巨大生产设施转变为公有财产，那么经济过程应该如何调节？在新的调节体系下，工人的地位怎样？显然，马克思认为，在集体所有制条件下，经济将自行调节。由于马克思根本没有看到这个决定性的问题，因此在受他思想影响的地方，到处都可以看到严重的实际后果。

2. 与此相反，这是一个进步：20世纪提出的这个问题在整个生产设施转变为集体财产时，怎样进行经济过程调节，如何才能使集体所有制服务于解决社会问题。

回答在细节上是各式各样的，但基本点都是要建立市场，应在市场上进行经济过程的调节。拥有一切生产资料的国家应组织市场，在市场上出现煤矿、钢厂或鞋厂等企业领导。由于完全竞争对经济过程进行远为精确的调节，许多著作家想到了竞争市场。例如，国家可以按照平等的原则给居民分配份额和票证。居民将在消费品市场上根据自己的购买力和需要购买消费品，企业领导根据命令尽可能采取符合经济规律的态度管理生产。就是说，按照边际成本等于价格的原则进行生产，这正符合完全竞争的要求。如果企业以符合经济规律的态度管理生产，并付给中央当局与竞争性价格相应的工资，则它们将从当局获得任意数量的生产物资和各种劳务。按此方法，在生产资料集体所有制经济内安置上完全竞争的计算机。因为是建议，而不是对现实的分析，这些建议的目的在于，根据集体所有制实行公正的分配，同时为精确调节生产提供便利。这种思想就是，结束通过价格机制对国民生产总值的分配；按照公正的原则可以进行票证的分配。除此之外，生产中产生的利润属于全体人民。失业救济消失了。消费者调节经济过程。但他们不是随心所欲地、公平地获得购买力。不用作国民生产总值分配的价格机制将被有效地用来调节生产。通过实现生产设施集体所有制将达到两个目的：解决社会问题和提高整个体制的经济效益。①

所有这些方案都是从这一前提出发的：集体所有制和交换经济的秩序形式的结合是可能的。在探讨其细节之前，必须回答这个问题：这种结合的可能性事实上是否存在。

a. 随着对工厂、矿山、交通设施、农业土地等的接收，国家极大地扩大了职权。它接收了一个拥有一切生产资料、包括康采恩所有的权力地位。这个显赫的权力地位对日常权力的行使提出挑战。历史经验明确地反对这种假设：国家准备放弃行使权力。它的钢铁厂、纺织厂、农业企业等现在生产什么，都要由它决定。不要期望它会将自己限制在分配（票证）上，而将生产过程的调节交给市场，也就是说，让消费者最终支配日常生产。那些拥有生产设施的人决定设施的使用。而正是在这种情况下，他们是些官僚。一般的历史经验已让人认识到，一个国家的生产资料集体所有制引起对经济过程的集中指导。

b. 但首先是投资迫使拥有生产设施的国家接收对生产过程的调节，理论分析令人清楚地认识到这一点。必须不断对投资项目作出决定。哪些投资计划必须执行？哪些工业部门必须优先发展？摆在首位的应是电厂还是机械厂？对生产设施拥有所有权的国家极少可能放弃对这些问题作出决定，因为新的电厂、新的工业企业、交通设施等都将属于它。建设哪些新厂房，并如何使用机器设备，企业领导将在实施项目时，在竞争中作出决定。企业领导 A 要扩大他的纺织厂，而 B 要扩大他的铁厂，C 要扩大他的商场。对许多相互竞争的企业领导的资金分配，必须根据竞争规则，即利率规则进行。尽管以后这些新建的厂房和机器设备将归属国家，但国家却不能决定资金分配。而且项目的发起人或资助者也不能

---

① 参见 O. 兰格《关于社会主义经济理论》，发表在《经济研究评论》，第 1 和第 2 期，1936/1937 年，J. A. 熊彼特《资本主义、社会主义和民主》，1946 年，第 15 章。

老待在这个地方,因此,对生产过程进行权威性调节的,同样不是受益人,而是中央管理部门,它们将作为生产过程的监督人将受益人及其竞争需求排挤到一边。

从事物的逻辑性出发,应是集体所有制同经济过程的集中管理结合,而交换经济的秩序形式是不适用的。对这些项目的参考资料工作估计过高。由于这项工作对任何现实的说明这么少,因此,无论如何,它在经济政策上这么少使用,甚至可能变得危险,因为它掩盖了这一事实,哪些后果同实行生产资料集体所有制相关联,像苏联1928年以来或民主德国1949年以来的情况那样,绝大多数生产设施化为集体财产,以致集中调节生产过程不再可避免了。各个企业的国有化,例如煤矿或银行,不具有这种作用,但却系统地接收了大部分的生产。

经济政策指望:国家将大部分生产设施纳入集体所有制,这就迫使自己实行集中指导经济过程的政策。这样,国家不再自由了。同样,当各个集团实现集体所有制转变时,如煤矿变成煤炭集体经济实体,像表明的那样,在结果方面没有发生任何实质的变化。

3. 这里提出最后一个问题:大部分生产设施(这些设施总是同集中调节经济过程联系在一起)实现集体所有制将会怎样影响当代的社会问题?

回答似乎充满矛盾:如我们所看到,集中经济调节的任务及其执行是极其相似的,不管现在集中指导的政策是否保留私有制,或者是否同集体所有制相结合,集体所有制对国家的社会结构的影响是深远的。在两种集中管理经济类型之间有一个实际存在的巨大差别。

例如,农民和零售商在向集中管理经济型经济秩序过渡时改变了他们的经济功能,尽管让他们的企业保留私有制。他们在经济上依附中央计划部门。无论如何,他们生存了下来。比如,商人变成分配者,但他们保留自己的店铺,并且指望恢复自由的秩序。但生产资料的集体所有制扩大到一定程度,农民和商人就会消逝。不管是集体农庄或国营农场接收土地和农业生产设施,或者所谓的消费合作社取代商业的分配功能,或者国营肉类和香肠厂取代肉商——个体企业总是要崩溃的。过去的农民、手工业者和小商人变成工人和职员,他们完全听命于这个庞大的、管理全部生产设施的机构,没有躲避的途径。国家的社会结构在变化,阶层 B 对领导层 A 的依赖达到一个完全不同的程度。虽然存在朦胧不清的概念,似乎人民作为整体占有生产资料,并因此成为财产共有人,工人被告知,他们是所有工厂、煤矿、农业企业等的共有人。"人们只要检查一下自己,比如,相对于任何私人铁路,是否富有感情地使用国营铁路,坐在一个自己的车厢里,并因此感到自己不是'乘客'而是'主人'。"[1] 对支配生产设施的干部的依赖,个人完全失去影响,同时也没有自主和无保障。"消极方面,集体所有制无论如何首先意味着对所有个人的剥夺;积极方面,首先,它只不过是一个布告式的问题而已,其真正实际内容完全取决于对这种所有权有组织的行使方式。如果是大家的,也就是没人的,确切地说,属于以'大家'的名义行使所有权的少数人。这种成分越多,支配权的统一集中的必要性就越大,就是说,集体所有制基本上能使社会不平等达到比私有制更高的程度,并具有更加尖锐的形式。"(A. 吕斯托)

4. 当然,生产设施集体所有制也可以从一个完全不同的方面来观察,这个方面对实际发生的事情甚至是特别重要的。

一个挤进 A 的革命领导层 B 把 A 看成为夺权的工具。取消农业、工业和商业中的私有企业,将最有效地使迄今为止的领导层 A 消失,——而由 B1 取而代之。这样,集体所有制就成了一件十分

---

[1] W. A. 约尔:《自由的社会主义可能吗?》,1948 年,第 81 页。

合适的武器，以防止一个反对派，即一个新的领导层 B1 的出现。在农民、工业家和商人等阶层中，如果他们拥有自己的企业，能很容易地给新的领导层 A 造成政治反对派。消灭私有企业，对 A 来说，意味着消除这种危险。例如，人们想到苏联反对"富农"斗争。但不仅只在这里，而且也在其他地方，甚至 20 世纪各个工业部门国有化都是这样的：集体所有制在权力斗争中有着双重的功能：夺取斗争的领导层权力地位，之后，巩固这一权力地位。由此出发，集体所有制倾向变得容易理解。生产设施集体所有制是统治的工具。集体所有制带来社会问题的解决，这个公式是一个在权力斗争中有效的意识形态；它属于掌握群众、夺取权力和巩固权力的权术。作为这样的权术，它本身也成了一个历史性权力。

但这个事实并不因此引起什么改变，即集中调节经济过程同集体所有制的结合是那种对社会最具威胁性的经济秩序类型。①

---

① 一篇有关集中管理经济的经济政策的笔记提出了这样的观点，见 L. v. 米塞斯 (Mises)：《有计划的混乱》，1947 年；同上，《人类文明》，一篇有关经济的论文，1949 年。

第九章　中间道路的经济政策[1]

自由放任政策的弊病，像集中管理经济政策的弊病和危险一样，是工业化时代的人同样经历过的。因此，思想和行动应面对这个问题：如何才能调和这两个极端，使自由和集中调节结合。拉特瑙、凯恩斯和许多其他人的思想都对准这一点。他们的特点是，摸索着走各种道路。在这一领域小心搜寻中间路线。

充分就业政策

1. 目前，大多数国家实行充分就业政策。这种信念的根据是，在现代经济中存在过少的投资倾向，而企图通过保持连续的投资活动达到充分就业。为了这一目的，实行国家赤字预算政策、低息政策、信贷扩张政策等。防止国民收入被抑制到就业不足时投资和储蓄相等的高度。确切地说，投资活动应达到充分就业的规模。

2. 那些产生并持续大规模失业的政府甚或政体不能持久。一位"经济学家"表达了群众的意见，1942年他解释说："如果自由民主同充分就业不相容，那么，就必须消失。"强大的历史力量

---

[1] 本章是从作者在《秩序年鉴》卷2发表的文章和各种草稿编辑而成的。根据作者一份草稿进行编排，从若干笔记看，本章尚应扩大，特别是保障政策，应进一步论述。——保罗·亨塞尔（Hensel）

使充分就业问题被看成为经济政策的中心问题。

事实上，这是荒谬的，在绝大多数人曾经并且正在遭受普遍存在的经济匮乏时，仍然有许多劳动力连同机器、原料储备和半成品没有被利用。如果存在成千上万的失业者，任何政府都必须实行充分就业政策。在今天的历史条件下，这种政策是被迫实行的。在这里我们必须作为一个事实来考虑。我们的社会良知令我们难以容忍大规模失业，而且国家利益至上的原则要求我们持同样的态度。数百万无辜的人失业，这是一个明确的信号，表明经济过程调节得不充分。但这句话不得歪曲：存在充分就业并不预示秩序问题完全解决。

3. 在历史上，实现后一种情况是十分常见的。像其他地方强调的那样，实例之一是1946年的德国。尽管所有的人从早忙到晚，但却由于分工安排不适当或者没有充分实施，人们因此得不到充分供应。当家庭和企业领导为了生存而拼搏时，必须让自己适应这一总体过程。为了获得食品，取代那用处不多的货币，一些人到园圃劳动，而不去工厂；另一些人拿配给的烟草制品去交换食品，而不去上班；其他人则长途贩运土豆。他们都很忙碌，他们从事的个体经济活动也恰当。但他们的生产效率在缺乏调节总过程的框架内仍然微乎其微。企业的情况也如此。它们既不通过价格，也不通过中央部门有目的地相互结合在一起。这一例子表明，充分就业可能同经济困境结合，因此决不可单独作为经济政策的目标。但主张充分就业的政客们孤立地思考，片面地突出部分问题。这样，经济政策将偏离它客观必要的目标——充分供应消费品。

4. 要是第一种考虑推动对片面充分就业政策的批判，则分析让我们认识到，这个经济政策任务的措辞看来首先比实际的更危险。

首先，我们谈到这个有着大分工的经济过程需要一个经济秩序，这个秩序拥有一架实用的计算机或者稀缺测量器；否则，调节就不充分。但现代充分就业政策倾向于放弃稀缺测量器。如果这一情况发生的话，充分就业可以较有把握地迅速实现。放弃稀缺测量器之后，就不再阻碍工人在生产出的价值少于消费掉物资的价值的工作岗位上工作。工人可以在公路或铁路建设上忙碌，而不需要也不可能准确计算，这些工作是否适应整个经济过程，并同其他所有劳动力和物化生产资料相互结合。这点可以通过诸如国家定价、外汇控制以及低息借贷和信贷扩张等政策达到。因此，事实上在许多国家已全部或部分取消这种现存的、当然也是不完善的稀缺测量器，而没有用其他的来代替。虽然达到充分就业，但整个经济过程的调节却是不充分的。因此，出现原可避免的紧张状态和生产资料供应稀缺、外汇市场和无数商品市场失调、生活水平下降等现象。失业的弊病被供应不足所代替。自从工业化以来，许多国家的经济秩序和国际秩序的调节机制经常失灵，其原因是极不一样的，失灵的种类也是各不相同的。但新近首先是充分就业政策，例如像在英国推行的那样，阻碍或者中止了调节机制。

其次，主张充分就业的政客们进行"总体"思维，用某种集体尺度进行计算。他们将消费品的总生产同总需求对立起来；总需求的滞后会阻碍充分就业政策的实行。为此目的，应提高国家总投资，并同储蓄总额进行比较。在总体思维中，就是说在集体观念的思考中，表现出强烈的时代倾向。但这种总体思维，这种今天指导大多数国家经济政策的思维，已不适应经济现实。我们知道，决定性的是，寻找经济量的正确比例。关键在于建立各种商品量的均衡。例如，必须这样调节投资，以正确的比例互相比较选择投资计划：在钢铁、毛纺品、人造丝生产中，在汽车和船舶建造中以及在其他成千个生产部门里，即在某些地方和某些企业。这些主张充分就业的政客们片面地，而且经常只就其总规模来看投资，这种规模的维持或扩大关系到他们的政策。以正确的比例将投资分配到各种各样的用途上，人们忽视了这样做的巨大困难，甚至不正视或者勉强地看待这一问题（而且在中断稀缺测量器的情况下也不可能解决这一问题）；人们相当随意地在公路建设、煤矿或其他任何领域根据粗略评估就进行投资，如果突然觉察到比例失调，重要的生产资料稀缺，国际贸易停滞和消费品供应下降时，则又感到意外。"保障"没达到，而其反面却已先出现。总过程的充分调节和由此达到的"充分就业"——这必须是目标，但不是在忽视调节或秩序问题情况下的充分就业。

我们将在其他地方探讨投资活动不够及其真正原则。① 这里只指出，在工业化经济中不缺少投资可能性，而正是这一经济政策基本上阻碍了经济本身存在的投资可能性转变成企业主的投资机会。充分就业政策正对它自己的目标起反作用。如果急骤提高所得税，以减少储蓄活动，则这种提高所得税的办法将中止某些可能进行的私人投资。

但最糟糕的是，充分就业政策及其信贷扩张破坏了价格调节机制，这种政策既不规定价格，也不让价格上涨，但价格无论如何都失去了执行生产资料正确比例的能力。消费品供应稀缺。一切充分就业政策的试验都缺少将建立充分调节机制作为目标，而是阻止这一机制的形成。因此，这些试验也未能成功地将各种投资活动相互合理地协调起来。

例如在实行充分就业政策时代的德国，正是由于这个原因，以集中管理经济的调节方法代替功能失灵的价格体制就日益变得必要了。

---

① 参见本书第十六章"责任"一节对充分就业政策的批判：F. W. 梅耶（Meyer）《货币政策、充分就业和经济秩序》，卷1，第91页等；A. 哈恩（Hahn）《凯恩斯总论中的基本错误》，卷2，第170页等，以及《幻想经济：对当代经济理论和政策的批判性分析》，1949年。

5. 因此，这一经验的结果是不一样的。经济政策再次被置于进退维谷之中。这种严重的困境大概是当代经济和社会政策的最大问题。大规模失业一旦出现，一方面是被迫实行充分就业政策，另一方面，这一政策使失衡在其他市场出现，这是极其危险的，除此之外，还促使经济政策向中央计划方向发展。那么，我们应该怎样办呢？

部分集中调节经济过程的政策

自由放任和集中管理经济之间妥协的第二种可能性，近来正引起人们极大的关注。人们认为，基础原料工业，如煤、铁、电应由集中调节，而深加工在所谓的自由经济中则通过机器制造、纺织工业等独立计划的企业进行。以此方法，如在英、法等国煤矿实行大规模的国有化。

但这种形式的妥协无视已存在的经济过程调节任务。假如某人购买服装，他间接地不仅询问棉纱、毛料和颜色，而且还询问煤炭。如果在一个国家服装需求上升，因此，应有更多的煤调入服装、纺织工业企业，而消费者也要求加工和生产更多的纺织原料。但如果中央部门同时按照自己计划配给煤或按照自己决定分配进口纺织原料用外汇给企业，这样，中央管理部门的计划就同需求者的愿望相悖，产生了一个调节力量的对立面。中央计划和消费者计划不是合作而是相互对抗。实际上，就好像两位指挥和两个乐队在同一厅内演奏，直至其中一个服从另一个为止。对中央管理的大型基础原材料工业的领导来说，只有两种选择：一种是对煤、铁或电实行分配，就好像是在竞争中进行的那样，规定价格，需要煤的深加工工业根据需求者竞争获得原材料，这种竞争围绕着原材料展开。深加工工业调节原材料进入各个使用领域，而原材料工业的中央计划没有独立的意义。另一种选择是原材料工业中央部门，如煤，根据自己的计划将煤调拨给企业和家庭。之后，由原材料工业的中央部门操纵整个经济过程。各个纺织厂或机器厂在它们生产计划中完全依赖于它们得到的煤和其他原材料的份额，而中央对经济过程的集中调节占支配地位。一种自由和计划的真正结合失败了，而集中管理经济再度成为经济秩序中占统治地位的因素。①

职业阶层秩序政策

在另一个方向寻找解决办法。如果自我管理实体或者各职业阶层接受这一经济秩序，难道这一经济政策就避免不了自由放任主义的错误，如同避免不了中央计划的危险一样吗？在职业阶层秩序中存在避免极端的思想吗？

在对可考虑的解决办法进行研讨时，遇到4种版本的思想：

1. 自我管理实体或者职业阶层能够通过自己的计划调节本行业的生产吗？例如，由机器制造行业团体决定，各个企业制造多少机器，供应哪种机器和以什么价格供应。

自发社团或自我管理实体的建立，例如，1919年以来，德国煤矿和钾盐工业就属于这种情况。在这里，认为权威参与者对各个工业部门的调节通过这些强制性自我管理实体能够成功实现，这种思想起决定性作用。在集中管理经济中失败了的调节任务，应通过分解来完成，同时工人代表参与。

但德国、意大利以及其他国家的经验表明：这些自我管理实

---

① 对这些建议的批判参见 W. A. 约尔《自由的社会主义可能吗？》，1948年，根据现有的笔记，在这方面曾打算根据克罗姆哈特的市场分解思想进行分析。——保罗·亨塞尔

体可能发展成牢固联结在一起的、具有垄断特色的社团,同时,工人代表的参与并不削弱垄断政策。必须反对垄断的考虑在这里也适用。这一政策造成权力集团的产生,这些集团能非常坚决地贯彻参与者的利益,因为它们具有强制性质,即为官方法律所保护。自我管理实体越多,就越容易从它们对立面和并行者中形成集团性无政府状态。但这些自我管理实体也可能变成中央计划部门的执行机构,即集中管理经济的工具。这样就达不到放松集中管理,找不到新的解决办法。

2. 区别于第一种职业阶层秩序的是第二种构思,它认识到这种危险,就竞争秩序的意义而言,它想有效地使职业阶层只成为维护秩序的潜在力量。由于人们认识到国家在经济秩序方面明显地丧失作用,并寻求其他秩序政策承担者,这一思想得到广泛传播。

但结果表明,职业阶层作为维护秩序的潜在力量是不合适的,因为个别行业团体,如农业,缺乏执行经济秩序的兴趣,这种秩序与联合起来的企业间接利益相抵触;所以必须实行竞争秩序。与此同时,联合起来的农业得益者却希望取消个别或者许多农产品竞争。因此,存在它们不实行竞争,而发挥"垄断"倾向的危险。但作为维护秩序的潜在力量,职业阶层只在国家的监督下才起作用。

3. 再一个职业阶层秩序的构思是解决当代的社会问题。人们首先想到的是将工人阶级的干部下放到应调节经济过程的职业阶层,即第一类型职业阶层。人们希望以这样的方式调解社会对立,即在职业阶层范围内共同调节生产和加工过程。但我们看到,各种经济集团由此相互动员起来,并未促进集体利益。

社会的巩固和保障不是将个别工人拉入职业阶层的集体中就可达成的。确切地说,工人在家里和企业中得到应有的保障是必要的。

职业阶层是通过雇主和雇员各自联合建立起来的，同时这些联合会拥有公共特权。这样，社会问题不仅没有得到解决，相反被激化了。正因为强调这种对立，并且工资的形成越来越掌握在国家手中，就我们所知，在双边垄断条件下，工资的形成尤其困难。因此，产生了一种建立敌对的权力集团的秩序，同时引起国家卷入这种权力斗争的倾向。

4. 最后，职业阶层秩序的思想还以第四种版本表现出来。这一版本虽然同其他版本相关，但又不完全一样。其思想核心并不总是表现在：职业阶层调节经济、为经济秩序创造建立秩序的力量或者使社会问题进一步接近解决。确切地说，现代社会的发展促进了对职业阶层的要求。

众所周知，从法国革命以来，卢梭的纲领得到广泛的实现，那些自动建立起来的、介于国家和个人之间的团体、自我管理实体、地方权力等被消灭了。现代社会越来越多地成为个人的集合体，由国家及其机构凝聚在一起。与此相反，有理由要求建立一个真正的社会组织，一个由下而上的结构，在社会制度中给人们分配工作，并使人们从今天作为流浪者的状态中解放出来。但结果表明，在这里，职业阶层很难适合实现这一目标。让我们看一下一个5万人口的城市，在那里有一些机器制造、化工和造纸工业的工厂，附近还有一座煤矿，居民部分为农民和商人。在职业阶层组成结构中这些人被划分到各种各样的职业阶层中：机器制造、造纸、农业、煤矿、商业、脑力劳动部门，等等。他们虽然分别同其他城市相同职业阶层成员保持联系，但这个城市本身似乎被职业阶层所分割，而没完成真正的划分。很显然，达到一个真正的社会划分，应将大得多的职权委托给乡、县等，并由此构建一个由下而上的结构。我们知道这种社会划分同竞争秩序是非常协调的。

5. 从有关职业阶层秩序探讨出发，对中世纪某种浪漫主义的美化在评价现代秩序问题时起着危险的作用。阶层之间的相互斗争将完全被遗忘,而一个对得到预先稳定的和谐的新信念即得到预先稳定的等级和谐得到部分的传播。

但人们必须明白:集体不存在良心问题。更正确地说:集体总是有一个好良心。

这里有一个被职业阶层秩序的代表忽视或低估的特殊问题。

令人担心的是,最大的失望将降临到那些先前抱着最大希望的地方。有人要来帮助个人,但是,正是社团可能对人类个人生存构成威胁。人们想将被剥夺了生产基础的人纳入某种秩序之中,但代之而来的却是将他们从自然的"怀抱"中解脱出来。属于自我管理的生活领域如家庭、企业、乡镇的人将依赖来自上面的组织。像中世纪行会那样还存在留在外边的或排除掉的社会问题〔邦哈森(Bönhasen)语〕。

职业阶层调节经济,这同计划由企业转移到职业阶层领导那里的意思是一样的,其结果是导致集中和滥用权力。我们认识这种倾向的结果,因此,相信职业阶层秩序具有长期性质是没有根据的。国家集中调节正是由于一种这样的秩序对计划的消极作用引起的,这种危险不应再视而不见了。

遇到的最后一个异议是,我们在雇员和雇主联合会中已有职业阶层组织,以致人们只需在已经走上的道路上继续前进。但从存在雇员和雇主联合会这一事实中,不可能推导出对整个经济应由职业阶层组织的要求。这里存在重大的差别。

第一,是否部分经济由职业阶层来组织和调节,而其余则实行竞争秩序,或者是否全部普遍实行职业阶层秩序,这是完全不一样的。

第二,劳动力市场联合会不可能立即在与各个经济部门有关的实物产品市场上推行垄断政策,而这一点在经济职业阶层组织情况下则有可能。

第三，这些联合会是否自我封闭，这是一个重大的差别。无论如何，经济职业阶层组织封锁市场是十分显而易见的。

最后提出这个问题：是否对职业阶层秩序提出的异议，不对各种合作社和其他经济自治形式有效？这一问题就必须得到否定的回答。它们同竞争秩序是完全协调的。总之，只要它们不促进垄断的倾向。

让我们回到主要问题上，其结论是，职业阶层秩序实际上具有完全不同于其主张者想象的性质。同时，这种努力是以一种真正的激励为依据的：秩序中的安全（Geborgenheit）愿望。尽管这些异议，它仍然是一个重大的愿望。①

---

① 在笔记中了解到下列文献目录：J. 梅斯纳（Meßner）《职业阶层秩序》，H. H. 格茨（Götz）《作为经济和秩序政策问题的职业阶层自我管理经济》，1949 年。

第十章　试验的经济政策——结果

在当代，这种试验怎么会出现日益增多的趋势？以前有一种意见认为，是技术的发展引起这一趋势。这种意见站不住脚。问题依然悬而未决。

1. 推动集中指导政策的是始终生气勃勃的对权力的冲动。

因为工业经济提供了一个夺权的好机会。工业化极大地加剧了分工的发展。例如，过去农民的大部分产品供自己消费，很少从市场购买东西，也很少向那里供应产品，现在到市场购买大部分生产资料和消费品，并将自己的大部分产品在那里出售。随着工业化的进展，每个企业和家庭都越来越依赖于一个广大的分工关系网。如果现在成千上万的家庭和企业相互紧密地联系在一起，每个人的生存都由这个庞大的关系网的调节来决定，则一个诱人的目标就是，通过对经济过程的调节将把企业和家庭的支配权，并由此把人的统治权掌握到手中。

这是通过集中调节经济过程发生的。成千上万的人是否在找工作岗位，每个人获得哪些消费品，各个企业是否生产，生产什么，谁来决定这些，谁就行使一种巨大的权力。在交换经济型的秩序中，建立这种权力地位的努力表现在"对垄断形成的嗜好"上，这种嗜好我们是很熟悉的。① 但中央机构的政策给一个广泛的阶层——专员、官员和一、二、三等级干部——提供远为重要得

---

① 参见本书第四章。

多的权力地位。由于集中管理经济的操纵者在许多情况下（绝非一切情况下），利用自己的权力，比如通过扩充军备来加强自己的政治权力，因此，集中指导经济也间接地服务于权力的强化。

2. 在20世纪期间，两种不同思潮中出现既得利益者，他们力图取得计划部门的领导岗位，这是一个历史上极为重要的事实。他们来自对立阵营，但联合成一个强有力的纵队。

这就是康采恩、辛迪加和工会的领导、各种垄断集团的头头和在这些集团工作的整个官僚机构。在交换经济型经济秩序中，产生的垄断或部分垄断越多，这个经济和社会官僚阶层就越庞大。当这一阶层接受对经济过程实行集中管理时，它就大大地扩大了自己的权力。我们知道，辛迪加或者工会在过渡到集中管理经济政策时便成为中央计划部门的工具。同时，这些联合会的干部经常成为计划部门的领导。自由放任和干预主义政策早已为这一官僚机构的产生创造了条件。他们同国家官僚机构经常有相通之处，而且在领导层 A 本身形成一个富有影响的、独特的集团，它对集中管理的经济政策感兴趣。

在战争中建立了无数计划部门和价格管理局，并且其领导、官员和职员对维持这一经济政策有着浓厚的兴趣，因此，这一阶层就得到极大的加强。

属于这一阶层的还有性质完全不同的叛逆者集团，即 B1，随着向集中指导的经济政策过渡，它夺取政治和经济权力，以便进入领导层 A，或者首先夺取政治权力，如1917年及后来1928年和1932年的苏联便实行集中管理经济政策，以便巩固其权力地位和达到某种政治目的。

我们观看这出有趣的戏剧，在"精英循环"中——借用帕累托的话——在这种情况下 A 中颇有势力的部分同时和 B1 一道追求同样或类似的经济政策目标：集中指导经济过程的政策。

3. 国家越具备中央集权性质，就越容易过渡到对经济过程实

第十章 试验的经济政策——结果

行集中调节。在这方面，法国革命用遏制或取消地方自我管理团体办法来为集中管理经济的试验作准备（反之，集中管理经济也促进向中央集权发展）。中央集权的现代国家管理机构较为容易用于实行集中指导经济过程的目的。

4. 垄断不仅因此引起实行集中指导政策的倾向，因为它为这一政策提供必要的计划部门干部。确切地说，垄断或寡头垄断通常也促使经济政策采用集中管理经济的方法。每个大的私人权力集团，如煤炭辛迪加、电力垄断集团或者粮食垄断组织都建议，国家不仅监督而且接管它们。在垄断集团相互斗争中，不平衡首先引起国家对经济过程实行集中指导的干预。人们想到，在劳动力市场上资本家不准工人进厂和工人举行罢工的情况，即两个部分垄断者之间的斗争，或者也想到大的寡头垄断者如铁路公司之间的斗争。

如果价格体制失效，过去和现在都要引起实行集中指导经济过程的倾向。这种在经验中可以明显看到的关系应予继续重视。

5. 像结果表明的那样，价格体制的失灵，当然不只是由于某些市场形式的存在，而且更经常的是由于货币供应中的干扰造成的。[①] 例如，要是由货币供应量扩张引起的最初价格上涨，通过价格冻结受到抑制，这样向集中调节经济过程迈出步子就显而易见了。在价格冻结同时出现的货币供应量扩张造成"货币过剩"这个结存性通货膨胀的现象。基于这种货币过剩的商品需求不可能通过固定价格得到满足，中央部门被迫将价格冻结同定量供应结合起来，就是说，继续向集中调节分配和生产前进。现在煤炭、钢铁、水泥、粮食和其他重要物资都由中央配给，以避免其加工

[①] 对此，可首先参看思想丰富的 J. 吕夫（Rueff）的著作《社会制度》，新版，1948 年；另外有 F. A. 卢茨《货币秩序和经济秩序》，卷 2，1949 年。关于通货膨胀和集中管理经济关系，参见本书第八章"调节体系"一节等；关于倾向概念，参见本书第十三章"回答"一节等。

听任偶然的支配。就商品重要性而言，从市场本身造成的失衡中产生出某种对集中调节的必要性。

当经济政策试验，无论是通过货币政策试验，还是通过垄断集团形成，干扰了平衡时，它自己就在推动经济向集中管理经济方向发展。价格体制一旦失去正常功能，并因此产生失业，就为集中调节经济过程提供了生长的土壤。

6. 如果 20 世纪没有发生两次大战，那么，世界经济秩序将是另一番景象。战争和集中调节经济过程的政策是紧密相连的。

19 世纪战争还没起过这样的作用。但战争要求将现有的生产资料和劳动力编入现役愈多，通过征调、没收、中央生产指令干预经济过程就愈明显。以此达到将生产集中于战争的目的。由于多数通货膨胀同战争联结在一起，因此，它也在这一方向上对实现集中管理经济施加压力。

同时，为了掠夺一个军事上被占领的国家更多的物资，其方法被认为是合适的。

7. 所有这些实际的因素在一个充满某些思想的历史空间中发生作用。首先是充满对通过集中指导经济过程能解决社会问题的信念。人们希望从中获得对人更加公正和人道的待遇，并在价格形成过程中摆脱收入的机械分配。

8. 与之并行，也许更为重要的是：必然性的历史过程导致这一政策的信念。谁在这里认为，由于经济、技术和社会的原因，向中央计划发展将"不可避免地继续进行"［萨兰（Salin）语］，谁参加集中调节经济过程的试验，谁就是这一主张始终如一的实践者。

9. 最后是现代技术人员的思想。第一个集中调节经济的构思在当时的技术研究中心产生不是偶然的，即 19 世纪初巴黎生态综合工艺界通过圣西门、孔德（A. Comte）和圣西门主义者提出来的。为什么社会不能像机器那样来设计？为什么一个国家的整个经济不可以像在一个大钢厂供电那样进行集中调节？这种想法，对技术人员来说是可以理解的。他们决定性地参与集中指导经济过程的试验，直至近年。①

10. 这些历史时刻中哪些最有积极意义？在个别情况下，比如1936年后的德国、1917年的俄国和1928年的苏联，时刻的重要性和组合是各种各样的。谁亲自经历过这些试验，谁就会变得举棋不定，一会儿认为是这个时刻，一会儿又认为是另一个时刻起决定性作用。但是，为了今天能推行经济政策，人们必须认识所有这些时刻。

11. 还有一个时刻：要是在一个地方对经济过程实行集中调节，则这一调节就具有扩大的倾向。如果中央部门以规定的汇率分配给企业一些外汇，就会推动国内生产资料或者劳动力由中央计划部门进行调节。关于这一倾向，以后还要进一步探讨。

12. 纵观全局，人们将不得不意外地指出，集中管理经济的经验引起许多人对它的批评，并促使人们为经济政策寻找中间路线的努力。但一切批评丝毫没有改变这个事实，即要避免集中管理经济的同样试验包含着向这一经济发展的倾向。这是个重大的矛盾：集中管理经济意味着什么，对此，今天明白了的人在迅速增加。总之，没有人愿意在一个不自由的秩序中生活。但是，的确也有许多人不自觉地参与间接推进这个正是他们害怕的秩序的倾向。矛盾还没有解决。从现在起，我们必须继续对这一矛盾加以探讨。

---

① 关于知识分子的态度见J. A. 熊彼特《资本主义、社会主义和民主》，1946年，第13章；F. A. 哈耶克《知识分子和社会主义》，《瑞士》月刊，第29集，1949年，第273页等；以及《科学的反革命》，《经济》杂志，1941年；W. 勒普克《人类文明》，1944年。

第三编
自由和秩序

第十一章　再论这一问题

现在是实行转变的时候了。犹如一个向上旋转的线圈，转来转去，又回到这一问题上来。至今谈到过的一切，请读者只当作是对问题的一个开场白。在分析过去的经济政策之后，要从自由放任政策、中间路线政策和集中管理经济政策的经验中得出结论，重新全面地提出这一问题。不管会发生怎么样的争论，现在可以深入地探讨这一问题。我不想走得太远，如果说，充分理解这一问题，其实质部分也就迎刃而解了。

一些后果

调节问题

调节体系——错误和可能性

一　问题说明

我们从调节体系开始。调节体系是整个问题的关键。

1949年关于德国资本形成的意见，"不是要求提高疲软的利率，而是要求制定在公认用途方面的适度利息"。什么叫"公认用途"？——它必须是可以立即确定的，为专家意见理所当然接受的项目。重要的桥梁建筑，车辆、机器制造等有优先权，这不是理所当然的吗？——实际上，这里正是经济问题之所在。为了实现一条铁路电气化、制造机车等，德国国营铁路需要3亿马克资金。果真为此目的需要耗费这笔资金吗？究竟应投入多少？——哪些补充投资是必需的？——每一部分资金都有许多难以预测的可能用途，哪些应筛选掉呢？

投资导向仅是整个日常经济调节的一部分或一个方面，而劳动力、生产资料和消费品，这些都必须"平衡"，必须面向需求。导向问题如何，在世界工业经济的大分工过程中，这一问题变得如何困难，它的解决如何对其他秩序发生作用，它又怎样成为人类生活的决定性问题——分析研究的首要任务是要弄清这些问题。充分调节这个庞大而复杂的日常经济过程已被证实为基本任务。低估这一任务是我们时代的一个悲剧性错误。再次说明调节问题的范围、性质和解决办法，就是说，当这一问题和解决形式同其他秩序的相互依赖关系得到充分理解时，才重新撰写本编，并且已充分地这样做了。问题仍然在这里，只是没有被重视而已。

谁会这样造船，把一切精力用在拆卸船舱、机器等类似工作上，而忽视操纵设备？但近几十年的经济政策就是这样做的。人们实行农业政策、社会保障政策、商业和就业政策，却不首先考虑对经济过程实行充分调节。一旦遇到这一问题，人们总认为，呈报中央计划当局，问题便解决了。对调节的总体评估，的确已远远不够。有人说，经济调节好比十字路口的红绿灯，这是一个完全错误的认识。交通上的停止和前进是不困难的，但在经济领域，这关系到大量日常计划和行动的相互配合。或者说，这好比所有在路上的行人和车辆的行动是相互影响的，以这样的方式最有可能完全克服商品匮乏现象。

二 过去的错误

工业化以来，没有研制出一种充分的调节体系。更确切地说，如表明的那样，在调节方面出现了持续恶化的趋势，实际使用的调节方法的可使用性恰恰在20世纪变得更少了。通过对经济的具体分析，可以系统地确定调节方法的错误。

1. 当中央计划当局打算调节经济过程时，精确的经济核算为总体评估所取代，在那里，只能粗略地、成批地评估费用和实际价值。

2. 同时采用的不同方法没有交叉使用。这一重点在迄今为止的说明中还很少出现。如果一个国家有一个有效的价格体制，那么自给自足经济的生产也是以价格为依据的。农民在决定为自己的作坊和家庭是否使用土豆和使用多少时，是否应买进或卖出土豆多少时，他是受土豆价格所左右的。若他用一部机器与邻居交换一块土地，这种交换关系一定是土地和机器的价格相当。这种对经济过程的自给自足经济和实物交换经济的调节也在以物价协调的国家中发生。各种调节方法交叉使用，使经济过程的调节获得必要的整体性。

在这里，我们同德国 1939 年至 1948 年期间的发展状况作比较。虽然那时物价在支付货币的市场上还具有某种调节职能的作用。但在菜园和农庄进行土豆、蔬菜等自给自足生产时，主要不是依据价格，而是根据个人的评估来决定。这种评估是根据各个家庭和作坊的特殊情况进行的。如果用土豆换鞋、成衣或银制品，起决定性作用的仍然不是价格，而是交换双方各自的情况。在这里，从各种性质的数据中产生对立。总之，一个统一的经济过程几乎被肢解，分工崩溃，因为缺少调节体系的整体性，并且在生产萎缩的情况下，使经济倒退到原始状态。调节方法的"一体性"不存在，没有这种一体性，统一的经济过程就不能充分实现。①

这种调节方法缺乏一体性，还以其他完全不同的形式表现出来，即在国际贸易中，如果两个调节体系不同的国家相互进行交换；大概还有拥有集中指导国民经济的交换经济型国家：在按交

---

① 作者眉批：这里有些话是对克罗姆哈特（Kromphardt）和约尔而言的。

换经济组织的国家里，没有"闸门"，贸易、国际分工要持续下去是不可能的。

3. 第三个缺点：经济调节按计划进行：即在事前，按工种分配工人，按作物分配土地等。事后是审核决定是否正确，农场甲是否按计划生产农产品，机器厂乙是否制造出合格的机器。就是说，那些物资在分工过程中要尽可能充分供应。经济核算在事后是制订新计划不可缺少的基础。只有通过事前事后不断交叉核算，才做到物资的最佳供应。如果企业确认，在这个计划期间作了错误的安排，则可以在下一年度另外提出更为准确的经济计划。在此之后缺乏充分经济核算的地方，例如在集中管理经济中，那里就缺少一个经济调节工具，这表现在重复的错误管理和生产资料或消费品供应稀缺上。

4. 当家庭和企业的经济核算以价格为依据时，当它在个体经济活动中进行，并通过价格使成千上万的经济计划协调起来时，虽然选择了允许对经济过程进行充分调节的可能性，但是，这在经济政策中也没有得到足够认真地对待：价格体制并不是在任何情况下都能充分发挥这种作用的，首先在下列情况中，它的作用是有欠缺的：

第一种情况：当价格由国家确定，包括外汇汇率、租金、煤价，并且只偶然反映物资实际稀缺状况之时。

第二种情况：在价格自由浮动时。

a. 如果货币体系不稳定，成本价格计算失灵。例如上述的煤矿可能由于信用紧缩和由此引起煤价跌落，再不能抵偿成本。其亏损现在不表示需要调整，而只表示货币秩序不完善。

b. 当存在垄断和寡头垄断时，我一再指出，正是在调节投资时尽管绝不只在这方面，垄断或局部垄断造成明显的投资失误。

c. 最后，当国家进行补贴时。补贴也损害价格体制充分调节的能力。在这里，这句话是适用的：特殊补贴对合理调节的损害远远少于一般补贴，例如给予 1945 年以来涌入西德的难民补助。①

三　成本核算

若要顺利完成对经济过程的调节，关键在于发挥成本原则的作用。② 这一原则充满模棱两可，这正是经济政策争论和 20 世纪经济政策的特征。有些人认为，价格应根据现有的成本来确定，好像成本就是现有的数值。同时，他们经常宣称，成本是次要的事，不必重视。18 世纪和 20 世纪的职业政治家就是这样认为的（本国）能生产的商品不得进口，霍尔尼克这样写道："并且不管何时，尽管国内产品质量差、价格高，也要给它保留位置。一件商品付给 2 塔勒，要比付给 1 塔勒更好，因为前者 2 塔勒留在国内，而后者 1 塔勒都外流他国，恼怒的被告知者觉得这种情况是不可思议的。"③

另外一些人反对说，成本核算是资本主义的。为什么还要成本核算呢？首先，成本核算不是资本主义的，而是经济调节的一般原则，其意义是基本的。持不同意见的国民经济学家在态度上近似于那些从事高等数学研究，却没掌握初等数学的人。

成本核算的重要意义似乎被完全遗忘了。用一些简单的例子就可以说明。

补遗：国民经济调节体系中的成本是什么意思呢？

a. 假如我们短时期置身于鲁宾逊式的经济之中，那里某些基本的经济关系是一目了然的。鲁宾逊怎样操纵经济过程？为什么他今天用 6 小时进林中伐木，1 小时去厩栏喂牲口？等等。为什么他种 2 公顷大麦，1 公顷玉米？所有这些行动和决定都出自于他的

---

① 作者眉批：在继续发生。有关补贴引自约尔、金（Küng）和布雷夏尼—图罗尼（Bresciani-Turroni）。

② 作者眉批：梅尔、卡塞尔（Cassel）、庞巴维克（Böhm-Bawerk）、卡塞尔特（Karselt）、冯·施塔格尔贝格、勒普尔。

③ P. W. 冯·霍尔尼克（Hornigk）《奥地利只要愿意，将凌驾一切》，编入《社会经济学课本》，A. 斯卡尔魏特（Skalweit）编辑出版，1948 年，12/13 册，第 29 页。

经济计划。他将自然和劳动成果同工具、牲畜等生产资料最佳地结合在一起,以达到其奋斗目标——最佳地满足其需要。而经济计划正是受这一目标支配的。他是怎样实现目标的呢?他将一笔开支的收益与同一庄园用于其他方面带来的收益作比较。土地、劳动和生产资料可以作多种用途。而他要充分地利用这些来最大地满足自己的各种需要。如果他今天在林中工作6小时,而不是5小时,那是因为他认为,第6小时的林中劳动比花在其他方面能带来更大的效益。他第7小时在林中已没有太多的工作可做了,这1小时只能用于从事劳动强度小些的满足基本需要的活动。收益消耗,即"成本",将高于实现的收益。消耗的收益就是他的"成本",鲁宾逊每年、每月、每日的经济计划是这样制定的。将可供使用的生产力相互结合起来,以尽可能充分满足自己的需要。他视次优组合为其成本。

确切地说,鲁宾逊总是按照边际成本原则办事。他耕种2公顷,而不是2.25公顷的大麦,因为他认为,剩下的1/4公顷用来种玉米或其他作物能获得更大的收益。按照边际成本调节生产是满足需要的最佳手段。我们认识许多性质不同的调节体系。对于每个体系,人们都要问,它能否实现边际成本原则。边际成本是这样实现的,即对实现的和消耗的收益进行精确的比较,使生产视实现边际成本情况而定。根据边际成本,鲁宾逊在事前,即在制订日常经济计划时,作出安排;事后他要检查,比如是否在本年度种植了适当数量的大麦、玉米等,是否饲养了足够的牲畜,不须再为穿衣问题担心,等等。

这一切都很简单,但这正取决于这一简单的基本原则。谁不理解这些简单的基本原则,就理解不了现代经济调节问题。如果人们认识到什么是成本的话,奢谈成本核算"资本主义"性质或者故意怠慢成本也许不会再发生。劳动力和生产资料在鲁宾逊式经济中几乎为各种需要所吸收,而这些需要处在相互竞争之中。

鲁宾逊根据边际成本原则决定，今天多少劳动小时或生产资料用于捕鱼、收割黑麦等。基本上，他根据这一原则能毫无困难地调节经济，这也在于他总是通观整个较小的经济总体。他随时都知道，他的劳动、农具或家畜除用在萝卜地之外的其他地方能带来多少收益。当他能够而且按照边际成本原则行动时，所有的活动和生产资料都将进行相互协调，并且整个经济处在"平衡"状态之中。如果遭到风暴或疾病干扰的话，它将再度趋向均衡。一般实行边际成本原则和一般均衡同属一个整体，它们紧密相连。

b. 在拥有大量企业和家庭的大工业化分工经济中，像在鲁宾逊那里一样，有必要将所有的劳动力、生产资料和消费品尽量用于消费品供应。在这方面，到处都存在同样的问题。此外，还存在重大的差别：我们已了解到其中一个，即在当今的经济分工中，缺少由一个人制订的统一规划。除此之外，在交换经济型的经济秩序中，物资供应视消费者而定，其购买力分布是不相同的，由此产生一个基本问题：工业、农业、交通等领域的生产资料生产如何才能最有效地满足有购买力的消费者的需要呢？毫无疑问，只有再度实行边际成本原则。

但如果个别企业或家庭作坊的领导不能通观经济总体，那么又怎样实现边际成本原则呢？显然，这是价格体制的任务。价格体制给各个家庭和企业提供重要的指数，它们可以根据这些指数建立边际成本核算。

以某棉纺厂为例，它拥有一定的厂房和机器。为了使自己能最好地适应整个经济的发展，并按质、按量生产纺织品，它必须具备以下两个条件：

第一，棉纺厂自身必须按照边际成本原则办事，尽量多生产，使最终生产出来的部分产品成本同纺织品价格相等。

第二，纺织品价格、所有成本物资价格和劳动力价格必须正确反映稀缺情况。按照鲁宾逊式经济的模式，这两个条件是不难理解的：如果该厂要多生产，则只有在消耗成本物资情况下才能生产出最后部分产品，成本物资比生产出来的纺织品具有更高的价值。如果该厂少生产，那么物资供应上将出现空缺。倘若还有一定成本物资可投入该厂生产纺织品，空缺是可以弥补的。

c. 但仅有纺织厂的边际成本核算还是不够的。为了使该厂的经济核算合理，使用的生产资料，比如煤炭和棉纱，必须有能正确反映出煤炭和棉纱稀缺情况的价格。因此，价格也是可靠的重要指数。同时，必须使棉纺织品价格准确反映出其稀缺情况。价格同工厂有关，并且是成本核算的依据。因此，价格必须正确反映商品对满足需求的重要性，如同鲁宾逊的评估一样。正是第二个条件经常没有实现，比如产品价格经常定得过高或过低。虽然个别企业此后按照边际成本原则办事，而经济过程调节却遇到了干扰。若无第二个条件，边际成本原则就难以充分发挥作用。这一原则虽然为个别企业所遵守，但对整个经济过程没能充分发挥作用。①

四　竞争、垄断和集中管理经济中的经济核算

根据经济秩序，经济核算具有不同的性质。在竞争、垄断和集中管理经济中，原则上有两个方面的差别。

1. 第一个差别关系到成本核算的作用。根据竞争价格规划和调节经济过程的特点，价格一再更新并尽可能精确地反映宏观经济的稀缺情况。其次，成本核算具有约束力。原则上，任何浪费都要由造成浪费的经济单位负责。

与此相反，在垄断情况下，对降低成本的外部干预和内部刺

---

① 关于成本核算的意义和边际成本原则，参见 W. 勒普克《经济学说》，第 5 版，1949 年，第 46 页等。另外，F. 冯·维塞尔《社会经济学理论》，第 2 版，1924 年，第 61 页等；K. F. 梅尔《黄金漫游》，1935 年，第 64 页等；H. 梅耶（Meyer）《当代经济理论》，卷 2，1931 年，第 147 页等；F. H. 奈特（Knight）《竞争伦理学》，1935 年。关于联合生产的成本，见 H. 冯·施塔格尔贝格《理论国民经济学基础》，1948 年，第 77 页等；H. 马夸特（Marquardt）《根据价格调整农业生产》，1934 年。

激大大地被削弱。可能出现投资不足或投资过分和物资破坏的现象。垄断价格反映宏观经济的稀缺程度比竞争价格更加不准确。与竞争经济比较,所有这些现象将引发供应的恶化。

在集中管理经济中,还只有结算价格,根本不再反映稀缺情况。因此,这里缺少一个重要的成本核算手段,当然集中管理经济也被迫作成本核算。如果这种经济,比如在各种投资项目中必须作出选择时,只能大体上注意到,在牺牲哪些其他需要的情况下,才能进行一定的投资。对消耗的收益只能作粗略的估计。首先,在这里缺少成本核算的约束力量,因为对错误决策的影响认识过晚或根本没认识,还因为不要由计划部门承担责任。

2. 第二个差别同这个问题有关:谁来调节经济。①

在竞争情况下,消费者决定生产方式和规模,而企业家毕竟是根据订单组织生产的,尽管他们有一定的活动余地。这种影响不仅涉及消费品生产,而且也涉及投资,即涉及生产规模和方式。因为消费者自由决定储蓄资本的形成,而这种资本将是他们的财产,因此,继续受他们的影响。

当然,消费者的统治作用在竞争经济中也不是万能的。在集体需要的情况下,在那些消费者被迫将其影响移交给他人的地方,他们的影响能力便受到了限制。②

在垄断情况下,消费者的支配作用极大地受到了限制。在集中管理之下,消费者的这种作用完全被废除了。经济核算的这些差别表明:经济核算只在竞争中才有意义。

3. 这里有人可能要问,调节机制的失灵是否实际上意味着出了问题。在历史上实行过的大多数经济秩序都是不好的。为什么工业化世界不能将一个这样的秩序作为准则来贯彻呢?尽管调节

---

① 参见 G. 魏塞尔(Weißer)《个体经济形式和性质》,1949 年,第 86 页等。
② 作者眉批:罗宾斯(Robbins)、卡塞尔。

体系没起好作用，对人民供应不足，但一个这样的经济秩序是有可能实行的，并且也可能存在。

这一论证基本上不受重视。1945年至1948年期间也有过各种经济秩序，但同时分工几乎倒退到查理大帝时代！调节经济的意向，并不是要导致生产设施和经济秩序作用的崩溃。也用不着假定，一个这样不合格的调节体系仅只是暂时性的。例如，在投资时缺少辅助物资，特别是在国际贸易中缺乏适应能力，尽管不总是立即可以认识到，将导致经济效益水平递减，并因此影响物资供应，最终必然对一切生活领域发生作用，并破坏这些秩序。

五　调节问题的标准

必须用下列标准来判断和建设调节体系：

1. 不是总体的，而是以单个数量的评估。
2. 遵守成本原则。
3. 不是分割，而是统一调节体系。
4. 如果用价格来调节，则只用紧缺价格。

经济秩序的任务是发挥这些标准的作用。

平衡问题

1. 平衡是每个经济秩序及其同其他秩序相互依赖的又一决定性标准。应采取哪种经济秩序，回答这一问题，首先取决于它本身是否有助于建立平衡。因此，平衡或不平衡的问题必须贯穿整个研究之始终。

平衡问题具有普遍性质。经常有人认为，平衡的概念来自自然科学，因此，不应引入人文科学。这种观点是不正确的。这一概念出自希腊的国家社会思想，同宇宙观、标准观、力量均衡观、和谐观一起出现，并且还被用于外交领域，例如，在斯巴达对雅典的关系中。近代马基雅维利（Machiavelli）在他的国家学说中接

第十一章 再论这一问题

受了这一平衡思想,并且用于意大利诸国力量的对比上。① 梅特涅、塔列里、俾斯麦(Bismarck)等政治家在他们的政治生涯中都非常重视这一观念。过去,局势的平衡已是中世纪政治和重商主义的一个经常性令人担忧的问题。通过重商主义,这一观念终于也转用到经济领域。

国际收支问题现在已成为重商主义对外贸易政策的核心。有人认为,进出口不是由自身来平衡的。因此,国家必须设法实现有利于国家的平衡(尤斯蒂、宗南费尔斯语)。这一思想在20世纪重新出现,今天,它支配着许多国家的经济政策。

经典著作家在对平衡的分析中总是十分重视完全竞争和第一货币体系。② 库尔诺是个例外,他被认为是外行。但这个问题必须对各种形式所有制、调节体系、市场形式、货币体系和国际贸易提出来。③

2. 人们有时错误地认为,平衡的要求不仅适用于静态的,而且适用于动态的经济,这个问题我们在上面已经作过分析。④ 试验政策开始以来,均衡障碍首先以两种形式出现:失业和国际贸易中的障碍。这两种情况,经济政策必须设法采取特殊手段来消除,其过程是典型的。

a. 通过充分就业政策为待业者创造尽量多的就业机会。由于劳动力市场只是总体秩序的一部分,片面的调整措施可能导致其他部分的不平衡。例如,在英国,充分就业政策引起英国外汇市场的不平衡。另一方面,导致供应恶化的充分就业政策,同样也是一个不适当的解决失业问题的办法。失业是不能容忍的,这无

---

① F. 迈内克(Meinecke):《国家理性观》,第2版,1925年。
② W. 欧肯:《国民经济学基础》,第6版,第117页等。
③ 关于不稳定或不均衡的市场形式和自由放任政策引起的、向集中调节经济过程的倾向,参见本书第四章和第三章等。
④ 参见本书第八章。

须讨论。但只谋求部分领域的平衡是不够的。正确的做法是，力求普遍平衡，同时达到充分就业目的。

b. 目前非常流行这样的观点：在国际收支方面存在不平衡倾向，因为进口不能用出口来支付。平衡必须通过国家的干预来达到。但对进口必要的"平衡"的观点是站不住脚的。在国际贸易往来中，没人会在不支付货款或没支付承诺的情况下交付货物的。超过出口的进口，不是通过贷款，就是通过捐赠才有可能达成。但从长远看，捐赠除外，无论如何，进口应与出口相抵。国际收支总是要平衡的。因此，不需要监督机构来监督进出口。

经济政策的任务不在于做到国际收支平衡，而在于，在尽可能高的供给水平上建立平衡。为此，需要对进出口货物进行有目的的选择，其前提是充分的经济核算。中央部门不可能令人满意地解决这一问题。

3. 必须放弃两种方法，因为这里通常忽视一般的均衡障碍。从长时间持续不断的均衡障碍中可以推断出一般均衡体系的失灵。在这里，这个原则是有效的：一般的均衡障碍只能通过消除其起因来排除，只能通过建立调节体系来克服，这种体系能调节经济过程达到一般均衡。

工业化打破了存在相当大程度欠缺的、旧的秩序形式，而新的形式尚未找到。我们正面临秩序形式形成这一中心问题。任务仍然是相同的：建立一个有运作能力的、公正的秩序。鉴于这一双重任务，人们能弄明白均衡意味着什么：运作能力是一个均衡问题。这里需要说明的是，公正的程度不亚于前者。均衡不只具有经济技术的意义。

国际秩序问题

1. 对于国际经济关系，问题首先是建立秩序，这种秩序将在对外贸易中自动建立均衡。当参与国际贸易的国民经济之间的交换通过价格体制调节时,一个这样的均衡将由自身来实现。每笔进出口商品入超额,如果不通过外国贷款或利息支付,在金本位制下,将通过黄金出口自动"清偿"。

黄金出口再次使货物贸易差额自身再度进入均衡状态。在独立的货币体系下,变动汇率可以达到同样的效果。这样,从上面干预国际收支就没必要了。均衡自动存在。[①]

如果让一个行之有效的价格体制来决定进出口品种和数量,那么,不只要注意国际均衡,而且还要保证对外贸易合理、顺利的发展,也就是说,只进出口那些能给国民经济带来好处的商品。理论上说,对外贸易将由比较成本法则来决定,并且只有当这种比较成本决定对外贸易时,才能保证对外贸易有利于国民经济的发展。

在国际上,必须让价格体制发挥作用,这不仅要求国民经济首先根据竞争原则来组织,而且要求建立一种国际货币秩序,允许国民经济之间进行竞争,这种货币秩序是建立在严格的规则制度之上,并尽可能自动发挥作用。

2. 自从1931年金本位制崩溃以来,就缺少这样的国际货币秩序。国际经济关系中充满混乱。

早在第二次世界大战前,曾出现过各种各样的货币体系同时并存的局面。有些国家,如英国实行自由汇率政策;另外一些国家,如德国实行外汇管理;还有些国家,如美国实行金本位制。布雷顿森林会议企图通过国家间的协议使战后的国际经济关系再度置于一定的规章制度下,但这项尝试不能认为是成功的。总的来说,布雷顿森林协定不过是所有在金本位制崩溃之后产生的货币体系之间一种妥协的解决办法。在协定中可以看到金本位制、

---

① F. W. 梅耶:《国际收支平衡》,1938年。

浮动汇率制度、甚至外汇管理的成分。

3. 布雷顿森林协定的妥协性质是无可置疑的。只要性质完全不同的经济体制并存，一个严格的、建立在原则基础上的国际货币秩序就不可能建立。在一个存在集中管理经济、竞争经济和含有此两种类型经济不同成份的混合体的世界上，这些类型经济之间的关系不可能只通过妥协来解决。如果人们意识到这些，就会马上明白，每种经济秩序都有一定的货币秩序与之适应。

集中管理经济从不实行一种自动发生作用的货币秩序。这种经济总是使内部的货币政策自觉地服务于执行总的经济计划，并且在对外经济关系上，总是控制进出口，即实行外汇管理。相反，一种符合竞争秩序的货币秩序，像竞争秩序本身，是以严格的规则为基础，自动发生作用的，并有可能实行自由外汇管理。这些不同经济类型间的关系，只能通过在这些参与国际贸易的经济体所依据的原则之间达成妥协的途径进行调节。

在金本位制中存在过自动发生作用的国际货币秩序。它的特点是，只有在以下情况下才起到几分令人满意的作用：当这种货币秩序的规则被遵守时，就是说，货币发行银行依据黄金流出和流入形式的金本位机制对它们发出的指示；当竞争体制在国民经济中占统治地位时。但国家一旦转向实行自动的、不受黄金外流和流入影响的货币政策之时，而且当通过进口配额和其他保护主义措施使国际黄金流通为相应的国际货物流通所平衡成为不可能之时，金本位制也就解体了。

4. 谈论这些并不意味着应当宣传恢复金本位制，即令所有重要国家的经济回到竞争秩序上。金本位制有其缺点，首先，在它支配下，筹措资金受黄金生产的偶然性影响过大。

金本位制的经验的确让人懂得，要通过哪条途径为竞争性经济体制寻求改善国际货币秩序。金本位制的最大优点要保留下来：它的自动性质，它建立的基础——严格的规则和稳定的汇率。而它的缺点——可能引发通货紧缩和通货膨胀——必须克服。一个与竞争经济相适应的国际货币秩序必须具备下列最起码的条件：

a. 它必须自动发生作用，中央银行领导人不能随观点变化任意决定货币政策。

b. 其机制必须促使汇率保持最大限度的稳定。

c. 要把有力的稳定因素引入其机制；在防止通货紧缩和通货膨胀方面，它所起的作用将大大强于金本位制。

经济权力问题

调节机制和均衡对国民经济和国际经济意味着什么——理解这点，还不能说理解了整个问题。任务的另一方面是领会，那些作为必须认识的原则在实际中贯彻是多么困难。因为，在这里从实用到激烈争论的理论探讨关系到人的利益问题，关系到权力问题，就是说，经济政策同其他政策一样，面临权力问题。像整个人类历史一样，经济史也充满滥用权力的现象。当然，滥用权力的危害程度视实行的秩序而异。但人们都必须对付滥用权力问题。而这一切又取决于负责当局对所涉及方面的观察和采取的相应行动。他们在历史发展过程中如何对待权力问题？

1. 在著名的1897年2月4日决定中，帝国法院（德国最高法院）原则上对组织卡特尔表了态，宣布卡特尔协议合法，并允许对外界实行封锁。帝国法院认为，物价过低的工商部门可以联合起来，并认为这种联合符合整体利益。更为重要的是，帝国法院甚至同意采用激进的、直接损害他人的斗争方式，例如实行联合抵制，其原则不是通过更高的效率来超过对手，而是借助干预和破坏对手的业务关系来达到损害对手的目的。这样就授予卡特尔和其他垄断组织以斗争特权。在这一法律的基础上，卡特尔及其类似的组织在德国得到了发展。根据1905年统计，其数量已达到

385个。首先是在煤炭、钢铁、钾盐、制砖和水泥等工业部门出现了相当稳固结构的垄断。

这种对卡特尔问题的态度具有决定性的意义。契约自由也可以用于消除竞争,并且通过封锁、联合抵制等手段,限制对手的自由。契约自由原则同竞争原则陷入公开冲突之中。在自由放任时代,立法没有进行过有效的尝试,以根本解决这一屡次发生并长期困扰法院的冲突。赫克歇尔(Heckscher)认为:"自由主义从来就没有作出决断,是不遗余力地赞成自由竞争而不遗余力地反对契约自由,还是赞同后者反对前者。"在德国也是如此。现在,契约自由权利本身被用来建立一种实际上取消其本身的状况。根据契约自由成立煤炭辛迪加,与此相反,煤炭商和消费者失去了契约自由,因为他们要依赖卖主,并不得不接受他的各种条件。

这里,经济权力问题就这样被忽视。

2. 在试验时期,即第一次世界大战以来的期间,经济权力问题推动了新型的多样化经济政策措施的制定。

国有化法的尝试始于1919年。这一法律的基本思想是,使煤炭和钾盐开采中现有的辛迪加具有强制性质。当所有企业被迫并入辛迪加时,煤炭和钾盐方面的经营自由随之被取消。这种自我管理实体应是经济活动的组织者,由企业和工人以及消费者代表管理。旧的私人权力实体变成法定社团,并随之加强了权力,但应具有社会性质。人们希望,除所有其余利益集团代表之外,首先通过工人干部参与自我管理实体工作,以解决经济权力问题。应在谈判桌上消除对立,权力实体应通过接纳所有参与者而成为"公有经济"的社团。

这一尝试失败了,而且是由于原则性原因造成的——可能参与垄断利润分配,使工人对加入垄断组织感兴趣。工人干部的参与为垄断集团的运作打下更加深厚的基础。因此,法律产生的影响完全不是如拉特瑙等所希望的。国家同意提高煤价,那只是辅助措施，但实际上非常有效。此外，垄断权加强了，并且丝毫不受工人干部监督。

凯恩斯等认为，在国家范围内承认半自治机构是一种进步。他们还相信，这种机构或集团能够促进共同富裕。但这一希望在德国的经验中没有得到证实，不管是当时煤炭工业的经验，还是以后纳粹时代法定社团的经验。集团利己主义倾向因集团拥有权力而日益加强。干部在同其他集团和国家的斗争中代表本集团利益或者代表他们认为应代表的利益，但不代表全体利益。经济上产生双边垄断集团的对立，在集团内只能实现不稳定的均衡状态，它具有不均衡倾向。之后，必然发生集团间相互斗争。这种解决办法的缺点是，没有认识到集团无政府状态的危险。德国的发展给人们提供了许多学习的机会，来认识什么叫作集团无政府状态。

3. 在处理经济权力问题上，德国以 1923 年 11 月卡特尔条例进行了第二次新式的试验。煤炭和钾盐开采业除外，在德国首次试用该条例来对付滥用经济权力地位。这一重要条例的原则立场是使卡特尔协议合法化。协议具有法律效力，但必须置于帝国监督之下。除此之外，经济部还设立了一个特别部门，成立卡特尔法院。如果某个卡特尔要通过封锁和其他措施威胁和强迫非卡特尔成员加入卡特尔时，法院院长必须予以同意。

这一全力以赴的尝试取得了一个意外的结果。开始时，国家监督被卡特尔及其追随者当作是贬低他们的社会身份，是对企业家自由进行可恶的干预，因而遭到他们激烈的反对。但这种情况很快就改变了。当经济部开始为防治卡特尔弊病，促进竞争、放宽市场时，卡特尔的激愤转向反对竞争机构，有人称竞争为"反动"或"自由贸易主义"，与之相反，卡特尔构成原则被当作国民经济发展的更高形式，备受赞扬。而对国家监督，人们认为不必那样担心，特别是成功地获得了工会对卡特尔机构的同情。这样，得益者不再反对普遍设立的国家监督机构。因此，这一促进竞争的方法维持得较久。工业经济逃避竞争而开始进入国家监督和卡特尔领域。这一时期德国卡特尔的数量激增：1925年达到2500个。

从实行1923年法规所取得的经验中，我们原则上可以肯定，旨在反对所谓的"滥用"经济权力地位的垄断监督失败了。"滥用"的概念不必作精确的解释。众所周知，权力实体在它们开始滋长的国家中取得了很大的政治影响。因此，国家本身将无力有效地实行垄断监督。经济政策不应首先反对滥用现有权力实体，更要反对权力实体的产生。否则就没有机会解决这一问题。这一点非常重要，但却无人重视。

4. 德国经济政策走的是另一条路，过去，在德国，今天，在许多国家广为流传的意见是，当国家将经济权力掌握在自己手中时，私人经济权力的问题才能解决。

德国在这方面进行过两次试验。两次试验就是两种可能的途径：一次是在保持私有制的条件下，将权力转交中央国家计划部门；另一次是国有化。

1936年以来，德国把经济过程越来越多地交给中央计划部门管理。通过这一发展，辛迪加获得了另一种职能，变成为中央管理部门，继续存在，例如，现在生铁辛迪加负责对生铁实行集中分配，而过去它是作为垄断资本家出售生铁。辛迪加的官僚机构和内部组织基本上不变。制铁和化工康采恩同样被证实可以用来建造集中管理经济大厦的砖瓦。现在，辛迪加和康采恩的过去私人权力实体承担起这一任务，为各个企业制订并下达中央计划部门的总生产指标，并监督其执行。但相反的是，这些权力实体继续对国民经济施加强大的影响，因为它们对中央计划部门的影响，它们的领导同中央部门的领导在个人关系上都十分密切。德国在战争期间发展了一种独特的经济秩序。中央计划部门正式调节经济过程，但这些计划部门的决定经常受私人权力实体如康采恩、工商业经济组织、农业组织等的强烈影响，在原料调拨上就是如此。一种私人权力和集中管理经济的特殊融合就这样完成了。

经济权力问题并不因此得到解决，而是变得更加严重。中、小企业受到遏制。我们将看到，社会问题因集中调节经济过程而得不到解决，并且变得更加尖锐起来。这里反映出经济政策原则的作用，其意义决不可忽视：经济权力问题从来不能通过权力进一步集中而得到解决。

德国的垄断组织和其他权力实体的国有化经验又怎样呢？过去是在电厂、煤气厂、铁路等部门进行这种试验。今天，在大得多的范围内对东部地区整个工业部门实行国有化。

我们开始总结那些在个别垄断集团，比如铁路或发电厂，国有化中取得的经验。国家垄断集团经常实行和私人垄断集团一样的政策，同后者一样，企图取得最大的纯收入，在垄断情况下，这通常会大大偏离最佳的商品供给量。更甚的是，充分利用垄断地位的倾向，在国家垄断管理部门大于私人管理部门。国家垄断管理部门觉得自己有权采取这一立场，因为其收入上交国家或地方，也就是说，是一种间接税，不用于私人目的。

由于经济和国家这两个领域的结合，权力进一步集中，权力问题被重新突显出来。

东部的经验证实了上述论点。只是这里反映出的危险性更大。管理国有化企业的那些干部控制经济过程。一方面是权力的集中，另一方面依赖性和约束力也在日益加强。整个工商部门，比如肉类加工业屡遭覆灭命运，对居民的肉类供应代之由国营企业负责。工人依赖于国营企业的国家集中管理，消费者亦然。

5. 像我们看到的，德国经验清楚表明，为了解决经济权力问题，既不能采取自由放任的政策，滥用契约自由去破坏自由，也不能实行垄断监督，允许权力实体形成。除此之外，还表明，通过社团秩序政策，如在德国煤炭开采业，或者通过集中调节经济政策和国有化政策引起的任何进一步权力集中都解决不了经济权力问题。"权力就是权力，不管谁执掌。它并不是在私人手中，而恰恰是在国家手中达到最大危险程度。"〔莱昂哈特·米克施（Leonhard Miksch）语〕

在这里，我们回到问题本身。经济权力问题究竟为什么这样重要？必须回答这一问题。分析权力问题需要时间。权力的占有将诱发专制行为，危及他人自由，破坏成长中的良好秩序。与此同时，没有权力地位就没有社会生活，因为对于任何社会生活而言权威都是必要的，不管是国家还是企业都不例外。

权力的拥护者缩小权力的危险性，权力的反对者则缩小它的必要性。这样就掩盖了这个重大的实际问题。甚至德国著名的历史学家布尔克哈尔特（Jacob Burckhardt）在这一基本点上也前后不一致。他认为，权力"本身就是坏的"，但他同时又从国家当中看到一种"善举"。没有权力就没有国家。克服这一困境大概是一切政策，包括经济政策的根本任务。

经济权力问题一直存在，但是产业革命以来，则以新的形式出现。随后一个经济权力滋长的时代开始了。过分的经济权力是德国和其他工业国家迄今经济发展的特征：各个公司的权力，康采恩、卡特尔、中央计划部门或者雇主联合会和工会的权力。

保障每个公民的自由和法律权利是法治国家重中之重的基本原则。从两个方面来保障：反对一个公民威胁另一公民和反对国家本身，首先反对国家行政机关的暴力。但私人权力拥有者能够剥夺他人受到保障的自由权利，与之相联系的是人类其他秩序的强大影响。我们看到，私人权力实体和中央权力机构是怎样改变德国的政治生活和国家建设的。结束这些矛盾倾向的对立，是一切真正的经济政策的紧迫要求。

经济权力问题是现代工业化经济自由问题的另一个方面。

自由和权力

1. 自由精神有助于工业化的实现，而工业化却成为自由的严重威胁。工业化之初产生自由的观念，今天自由处在空前危险之中。历史在这里也走向一条独特的道路：走向自由，又回到不自由。

自由，对于18至19世纪初的杰出人物来说，远比经济和政治重要。自由过去不仅仅是教条，而且是人类生存的唯一可能形式。什么是自由，其本来的意义，这些杰出人物是明白的：没有自由，没有自发的主动性，人就不是"人"。自由对于这个时代的伟大道德家来说，是一切道德的前提。因为，只有热爱自由、并自由行动的人才能自己真正作出选择。"一切道德的形而上学障碍就是拒绝自由。"（康德语）只有自由的选择才能认识和实现有约束力的道德价值观。——只有自由的人能通过观察和独立思考接近真理。他们受逻辑法则，而不受任何外部权力施加的舆论约束。只有自由的人才有意志能力，而这种自由领域必须保障权利。但经济政策应该实现自由的、自然的和天意的秩序。处在这种秩序中的人，可以尽可能少地放弃自己的自由，尽可能少地藐视他人的自由领域。因为他重视这一自由领域，所以他践行人道。正确理解的自由同人道和权利同属一个整体，不可分离、紧密相连。

2. 今天我们看到，用康德的话说，有意识地将人类从"他的自咎的未成年之中"解放出来，这一伟大的运动，正处在危险之中或者已失败了。虽然经济领域是自由与之极为投缘的地方，但正是这一领域首先威胁到自由。通过农民的解放、实行迁徙自由、经营自由、契约自由、自由贸易和废止无数旧的约束，经营者的强大力量得到充分发挥，并因此开辟了机械化和工业化道路。但那些暴发的经济权力再度威胁到自由。例如，工厂工人依赖工厂主，因工厂主在当地劳动力市场上拥有对劳动力需求的垄断权。无数国家特权虽然消失了，但却早在19世纪为私人权力地位所代替：劳动力市场的社会权力实体和许多企业广泛的统治权力；市场和各个企业的权力；由此而产生的经济和社会压力。个人更多地面临一个庞大的、无形的、非常强大的机构，并受其支配。自由经常被看成为个别人压迫其他人自由的权利。

今天，经济、社会和国家为权力集团——20世纪以来迅速成长起来的集体机构（Kollektiv gebilden）——所充斥。而且国家和社会就部分地建立在这些权力集团之上。个人作为集体成员很少有自由。只有集体的领导是相对独立的。例如，确定价格和成交条件的是辛迪加，而非个别成员；康采恩领导给下属经理或厂长下达指示；确定劳务合同条件的是工会，而非个别工人。我们想起美国工人的一个案例：这个工人无法行使迁徙自由的法律权利，因为变更住址时，新住址所在的工会拒绝接纳他。

人的自由新近还受到另一方面的威胁，即经济集中同国家的改造结合。因此，自由遭到危害的程度急剧上升。今天，经济权力在许多国家同政府机构的权力结合，由专门部门登记、审核、监督每个人的日常工作。一个人必须在哪里工作，干些什么，允许住在哪里，是否给他分配消费品，分配多少——这一切均由国家决定，国家全部或部分地控制整个经济设施和工作岗位。这里怎么会有自由领域呢？

人成为无名的国家经济机构的一小部分，他可能属于官僚阶层或者其他为干部所控制的群体。个人成为物，并失去作为人的性质。机构是目的，人是手段。

3. 自由受到三重威胁，即市场对立面的私人权力、集体和同私人权力实体结合的国家。这种威胁，尽管形式不同，在各国都令人注目。有人将今天的发展同罗马帝国晚期及其灭亡作了比较。有充分理由认为，那时国家强迫农民和手工业者都从事行业劳动，

第十一章　再论这一问题

作一定劳役；规定物价；控制城乡的一切经济活动。最后，帝国挤满了公民和奴隶，并因此走向灭亡。难道这个没落的古罗马帝国走向灭亡的道路，也是欧洲和世界今天在走的道路？过去和今天之间存在差别。只是这些差别更大地促使这种危险的出现。今日人口数量大大多于往昔，并密集地生活在一起，而且今天首先存在一套工业技术系统，这是在古代没有过的统治和权力工具。

似乎不只有国家经济发展应对自由受到威胁负责。强大的思想运动，首先是现代虚无主义，也在同一方向上发生作用。人们有充分理由提出这个问题：如果人自己否定自己的本质，自由又是为了什么？

政治、经济和思想的发展一起发生作用，造成一个没能得到足够认真对待的结果：人们失去了对自由本来意义的感情。他们不懂得评估自己的价值，就像人根本不知道评估必需品的价值一样，只要理所当然地拥有便可以了。因此，可能出现这样的情况：人们继续相信，应该牺牲自由来换取臆想的安全，像我们看到的那样，虽然没有自由就得不到安全。

谁要是用列宁的观点——自由是"资产阶级的偏见"——来取消自由问题，他就没有理解，这里或多或少地关系到作为人的人。没有人为了自己的人格放弃自己的道德自主权，让自己成为单纯的工具。但也决不允许强迫别人放弃自己的道德自主权。抽象的自由权利是重要的，但不是目的本身。更确切地说，自由权利服务于自由的、自我负责的人。在技术进步的强烈影响下，许多人完全肯定自由是因为现代经济和技术的发展而受到威胁的，并从这一肯定中形成不自由的意识形态。就是说：自由和人道是"自由主义的"。要是消除了政治上的自由主义，自由就不复存在。但是，"上世纪自由主义的实践并不符合自由的理想。前者可以摒弃、修正和改变；后者则不可否定——除非人们要否定生命本身"［坎弗拉（Canfora）语］。

4. 在历史发展过程中，曾出现过一些原则性问题。也正是在这里我们面临一个进退维谷的处境。有目共睹，经济权力进一步集中到国家手中，国家中央部门对经济活动的直接调节，致使人的自由领域越来越多地消失。但是，如果恢复"自由"经济，那又会怎样呢？私人权力再度利用其自由来限制诸如工人、职员、商人或竞争者的自主和自由，难道不存在这种危险吗？在工业化经济中拯救个人自由可能吗？存在摆脱这种困境的出路吗？

这些问题的提出再度引起经济秩序问题。因为根据经济秩序，即经济调节方式，人的自由领域和自决权是不同的。中央计划部门是否调节经济过程，私人的或者半官方的权力实体与许多家庭和企业是否根据自己的计划行动，这对人日常生活在其中的自由领域范围来说，都是重要的。现代自由问题同现代经济过程调节和经济秩序密切相关。

但自由同秩序能协调一致吗？——自由和秩序不是对立的，它们互为条件。"在自由中的秩序化才叫作秩序。如果人们要使某一过程有秩序，就是说，要如何型塑决定进程的因素使得该过程自行按照所希望的方向进行。秩序，与'调节'不同，只有当人们严于律己，才能有秩序。"（L. 米克施语）但只有在正确理解自由精神的情况下肯定一种符合意愿的秩序的必要性，这样一种行为才是可能的。只有这样，才能实现对所有经营者的协调，这就是竞争秩序的本质。

当然，自由是有限度的，而且就在秩序本身受到自由威胁的地方。这既是自由思想，也是秩序观念的组成部分。

自由和秩序之间还有着广泛的联系：从自由中自发地产生出各种秩序形式。只要它们符合竞争原则，就是合理的。

一切都集中到这个问题上：哪些秩序制度给予人们自由，并同时限制滥用自由权利？能在限制他人自由的情况下决定个人自由吗？这些秩序形式能与工业化世界相适应吗？为了维护人类的生存，需要一个经济、技术、劳动分工的大联合机构。一种经济秩序，在其中人不仅是实现目的的工具，而且是这个联合设施的一小部分，这种秩序行得通吗？自由问题只有用18世纪的思辨强度来处理才可能得到解决。

秩序的相互依赖性

1. 不仅秩序所面向的领域，而且当今世界人类共同生活所处的一切秩序，甚至直至其根基都发生动摇，这是任何追求秩序行为都面临的问题。从欧洲开始，自法国革命以来，大变革运动席卷了欧洲各国，并向亚洲蔓延。领导阶层频繁更迭不已。一种无定形的状态取代了社会分层，这种状态使人越来越多地遭受失去个性的危险。像自由观念一样，秩序观念也愈来愈萎缩。在这种情况下，人们比任何时候都更加依赖秩序观念。

这种发展趋势也与经济调节方法的变化有关。只要有许多必需品由家庭自己生产，家庭就是一个"自给自足"的生产共同体，而有些不同的成员在家庭之外挣钱，家庭经济越来越成为单纯的消费共同体。还在产业革命之前，家庭和工场相互分离虽然并不罕见，例如18世纪或中世纪初期的一些大农庄。但在手工业、零售商业和农庄中，家庭和工场都是相互结合的。工业化改变了这一状况。现在家庭和工场分离已司空见惯。许多职工家庭群集于工业企业周围，他们用不再属于他们自己的生产工具劳动。同往常一样，经济变革改变了社会结构。19世纪，许多手工业部门就已被根除了。垄断集团和后来的集中管理经济部门调节经济过程越多，商人的作用就越小。商人越来越成为商品的分配者，并加倍地依赖这些权力地位。在社会结构中，商业和手工业不再像过去那样仍是重要的环节。

在欧洲和所有工业化国家可能产生新的社会机体吗？它又是一种得到真正划分的社会结构吗？又是怎么样的一种结构呢？——也就是这些重大问题同将产生的经济秩序结合最为密切。就我们所知，这种经济秩序是那些具体调节日常经济过程的形式的总体。那些经济调节形式同社会秩序密切联系。根据经济秩序，例如，社会的领导阶层有不同类型和层次。一个集中管理经济型的领导阶层不同于竞争经济秩序中的领导阶层。在前一种情况下，集中管理实体的领导人在领导阶层中起权威性作用；在后一种情况下，没有集中管理实体。选择领导人的做法各地不一，由此产生不同性质的社会秩序。社会秩序是否由下而上或由上而下建立，取决于经济秩序。社会秩序的各个构成单元，根据经济秩序不同而具有不同性质，比如农业合作社，在主要由中央计划部门对经济实行调节的经济秩序中是贯彻中央农业生产计划的手段，是集中管理的工具，是而且必须是上级部门的工具。而有些完全不同的是那些农业合作社，它们是自发地由农民自愿组织起来的，似乎是由下而上产生出来，而且是在没有中央计划部门的那种经济秩序范围内产生出来的。正好相反，在这里合作社应促进企业主动管理经济。谁要创办某种合作社，就应了解与这种合作社协调的经济调节形式。相应的情况适用于工会。

2. 随着法国革命和工业化的进展，国家能力建设（Staatsbildung）也进入了一个新时代。革命试图实现人民主权思想。此外，革命带来民族主义、废除等级限制和实现人民权利平等、反对中央集权国家的思想。与此同时，随着人口密集化、新的权力集团和国家对存在分工极为复杂的经济过程顺利运行的依赖性日益加强，工业化为国家的形成提出新任务。由此国家形成的规模和性质才逐步得到理解。但经验表明，国家能力建设问题在这个变革的工业化世界里还直接引出经济宪法问题。例如，一个国家，根据宪法，强调的是联邦性质的国家。但当发生战争时，这个国家就改变其经济秩序。现在,那里的经济调节任务委托给中央计划部门进行。所以要有联邦政府计划部门,因为各个州太小,不能自己进行调节,还因为整个联邦国家的经济过程紧密地联系在一起。联邦国家中央部门将原料和劳动力调拨给企业,监督工农业企业生产计划的执行和配给消费者规定的生活资料、纺织品、鞋等的定量。

成文宪法虽然还是联邦制的,但实际上,中央集权制占统治地位。任何人的生活现在主要靠联邦首都中央经济部门安排。在国家不受颠覆的情况下,主要具有集中管理经济特色的经济秩序使联邦宪法分散权力的意图遭到破灭。从这一例子中得出的结论是:从一个完全不同的方面,即政治—国家法的型塑方面,人们遇到如何或应该怎样调节日常经济过程的问题。

这种"法治国家"同各种经济秩序能协调到何种程度?哪些基本权利能得到保证?迁徙自由和经营自由在集中管理经济中显然被废止了。那么,哪些基本权利得到保留?在其他主要交换经济型经济秩序中私人经济权力集团对法治国家有何影响?私人权力集团的自主权,比如在工业、银行、保险公司的通用商务条件中,排挤国家的法定权利达到何种程度?"经济的自创法律"是怎样改造法制的?这些问题在现代工业化社会里同样具有重大意义。回避这些问题,而明确地谈论实现法治国家,如今是不可能的了。

3. 没人会误解这种说法,经济秩序似乎是基础,并在此基础上产生社会秩序、国家秩序、法律秩序和其他秩序的观点似乎是不正确的。近代史和过去时代的历史都明确地告诉人们,国家秩序或者法律秩序也对经济秩序的形成产生影响。1945年德国被占领时,东西方各种政治制度导致各地实行完全不同性质的经济调节。当时,那些经济秩序都带有国家政治秩序多样性的烙印。

我们谈到,由于垄断权力集团的产生,改革经济秩序会大大影响国家意志的形成①，现在，垄断的形成可能受到国家本身的激发，例如受到国家专利政策、商业政策和税收政策的激发。在近代经济和国家历史上曾经常发生过这类情况。国家首先促使私有经济权力的产生，之后，将部分地依赖于这种权力。不存在其余秩序对经济秩序的单方面依赖，而是相互依赖，即"秩序的相互依赖性"。情况怎么会变得如此呢？它以哪种方式来表现？这同样是一个重大的问题。

这种反作用也存在于经济秩序和社会秩序之中。不只是经济调节方法改变着社会结构，社会结构也对经济调节起反作用，例如，根据经验，一个根基牢固的、自主的农民阶层对中央计划部门调节农业生产进行明显的反抗。农民要实行自己的经济计划，因此，集中经济调节在这里发生影响是有限的。"国家宪法"、"经济宪法"和社会秩序各自在相互依赖中并存。

4. 这种"秩序的相互依赖性"是一个生活的、并且是现代生活的基本事实。对它的认识是对各种问题，包括现代经济政策、法律政策和国家政策问题的理解的前提。以不明确的方式谈论政治决定经济，这是很少有价值的，对此，另外一些人的回答是，经济决定政治。对秩序形式及其相互关系的准确认识是必要的。然而，思想和行动总是一再遇到经济秩序问题的挑战。

这个问题有两个明显的特点：其一，是必然性。如果我们想探讨人民中间的社会公正、自由或和平问题，或者几乎是老生常谈的经济政策、零售商业和货币的问题，就必然要回到这个问题上来。这个问题像一个地区的交叉点，成为四面八方来往行人必经之地。我们曾从各种生活实际出发，结果总是回到当代这个已被证明了的中心问题。当然，这并不是说，一切人类秩序和人的问题能单独通过经济秩序政策解决。但这个原则大概是适用的：

---

① 参见本书第四章"结论"。

如果不能在适当的经济秩序中成功地调节日常经济过程，则任何思想、宗教或政治运动都将解决不了这些问题。我们要善于把人类精神灵魂存在的严肃问题同经济调节机制这个非常枯燥乏味的问题密切地结合起来。梦想家可以不评判这些问题；变化无常的投机买卖可以从困难而曲折的事实中滑过去。

其二，问题的难度极大。产业革命提出了似乎不值得完成的秩序任务。我们看到，各种各样的办法是如何不适于问题的解决。有人不相信，从感情和情绪出发，我们确实能解决经济政策的秩序问题。这个问题，如表现出来的那样，首先是一个实际的经济问题，要求精确的思考和艰苦的努力。当然，其结果是，这一问题的解决不仅对经济领域，而且对整个人类生活发生作用。因此，它是一个特殊的经济政策问题，同时又是一个普遍的历史任务。谁来处理这一问题，谁就应懂得许多诸如在现代的经济秩序中设置一个完善的"稀缺测量器"是如何困难，并且谁就应深谙经济的实用逻辑。

工业化和机械化提出了如此广泛的任务，以致一些人想从中逃避，而倒退到旧的农民社团中去，回归到简陋的农村自然生活之中。赫西俄德在他的著作《农作与日子》中写道：浪漫主义者渴望回到中世纪或更远的古希腊时代。但工业化和广泛深入的分工事实是抹不掉的；所以没有变成这样，是因为没有工业化和分工，当今世界23亿人口中只有一小部分人能生活下去，而大部分人要遭灭顶的厄运。我们不能再放过经济秩序问题。

社会问题

1. 社会问题，这个庞大的问题就像一座巍峨的大山，对于攀登者来说，充满着危险。如果我们现在要接近它，首先必须逐步地从难处着手工作。20世纪社会问题的形式完全不同于以前时代，不仅不同，而且变得更加严重。

古斯塔夫·施莫勒（Gustav Schmoller）在上一世纪末曾写道："当代主要的社会对立是企业主和产业工人之间的对立。"他是完全正确的。这一社会问题产生在工业化和机械化时代，也就是在18世纪和19世纪之交。自由雇佣合同、迁徙自由和私有制流行。但当人类的自由和平等在政治和法律上似乎得到保障时，产业工人在经济和社会上却失去了自由。像人们通俗说的那样，他们感到依赖的苦楚，遭受"资本"强势权力的摆布。这种强势权力在劳动力市场上和各个企业里随处都能令人觉察到。恶劣的生活条件，低微的报酬，过长的劳动时间，健康遭到损害，童工和许多工厂工人生命毫无保障，像19世纪初和中叶普遍存在的那样，这就是当代的社会问题。这一问题经常被描述，并以耸人听闻的事实表现出来。社会分化成两个敌对集团。过去社会问题更多是生活领域的危机，屡经沧桑，现在已成为社会、内政和文化的中心问题。

当时马克思以他的激情和精力从事他那个时代的社会问题研究。他把社会问题视为合乎规律运行的历史发展的动因；同时，他将问题集中到一点：同所有制问题联系起来。根据他的观点，社会问题将随着资本主义私有制必然消亡和社会公有制的产生而解决。由此可见，马克思将社会问题和所有制问题当作一个问题来理解。

事实上，19世纪至20世纪初，社会问题以不同于马克思所想象的方式成功地接近于解决。工人生存条件得到基本改善。在许多工业国家，实际工资增长了3至4倍。

首先，经济和技术的发展本身带来了这一成果。工人使用的机器装备得越好，生产的产品就越多，工资就能提得越高。在同一方向起作用的还有交通技术的改进。除此之外，国家对工人的保护、禁用童工、法定工时、工厂监督，疾病、事故和伤残保险

第十一章 再论这一问题

也产生了效果，加上工人自助，通过工会改变市场形式，使劳动力卖方能以部分垄断地位来对付买方的垄断或部分垄断地位。

2. 当然，19世纪的社会问题绝没有完全解决。矛盾依然存在，特别是在危机年代，工人更是朝不保夕；尤其是康采恩和辛迪加权力集中日增，预示新的社会问题已经出现。同时，当时的社会政策本身也促使20世纪社会问题的产生。

在试验时代，也即第一次世界大战后，社会问题具有新的性质，过去主要表现在分配不公平上。因此引起立法者对社会保障政策的干预。现在一个新的问题被提到突出的地位，这就是以持久的大规模失业形式表现出来的不安定。我们不可忘记，1914年前的几十年中还没有过失业现象，但现在已成为一个事实，开始左右社会保障和经济政策，甚至影响总体政策。只要提一下世界经济危机时期的大规模失业情况就一目了然了。

对这种社会问题的新形式——我们称之为第二类型，制定出新的社会保障政策。现在只"逐条逐项"地执行一些旧式的社会保障政策是不够的。更确切地说，社会保障政策的观点体现在德国和其他国家的总体经济政策中。经济秩序的建立和有关经济状况的政策完全是为了解决社会问题服务的。这里首先存在两条具有原则性的发展路线：一条是，组建大型社会权力实体，它具有秩序政策概念的时代特征；另一条是，充分就业政策，企图用来解决疑难的新问题。两者都有引起经济秩序转变的强大倾向，即沿着集中调节经济发展过程的方向转变。

这里还有一个决定性的转折。现在社会问题以第三类型出现，这就是我们今天每时每刻都看得到的，工人，而且不只工人，依附于国家机器和其他政府机构权力。雇佣合同在许多国家已发展成为公法上的雇佣关系，其条件由国家规定，单个工人不再有选择工作岗位的自由。他们屈从劳动义务。劳动部门给他们分配一定的工作。他们的生活资料，包括住宅，进行集中配给；生病、事故、伤残或者失业时，他们依靠国家保险金生活。一种新型的人正在形成，他们由大批失去个性的、依赖于国家的人组成。整个生活逐渐国有化。

与这一转折联系在一起的，是调节经济过程显露出严重的弊病。虽然调节在前一阶段是不够的，像危机和萧条清楚表明的那样。但现在缺少调节，在国内和国际上表现为对广大社会阶层长期供应不足，取代了失业浪潮。劳动阶层尽管充分就业，但却得不到足够的消费品供应。除此之外，扩大贷款规模造成货币贬值。一个无保障——失业——被克服了，而另一个无保障——对丧失劳动能力的老人等的救济问题——却由于相同的政策而触发了。现代经济的调节机制一旦失去作用，社会问题就会尖锐起来。

这一新的社会问题不仅是产业工人的问题，而且涉及全体职业阶层，包括农民、手工业者、商人和自由职业者。大家都受到这一事态发展的威胁。

在19世纪，社会问题似乎具有私人性质。当时，雇主和雇员之间签订雇佣合同。经济上，工人的不利地位首先出自两种情况：其一，工人作为劳动力提供者，一再在买方垄断和部分买方垄断的市场上谈判，这就给作为需求者的雇主以巨大的优势。其二，劳动力市场的供给经常"不正常"。在工资下降时，更多劳动力，首先是家庭成员，涌向市场，工资被继续压低。

今天，社会问题没有私人性质；生活的私人性质逐渐消失了，这是符合事实的。劳资关系经常是"公法"的关系。许多国家，在实现了经济秩序由交换经济转变为集中管理经济之后，在经济上，起决定性作用的通常不再是市场，就是说，不再是劳务与金钱的交换，而是工作岗位和消费品的分配。

3. 经济秩序这种变化提出了许多重大的经济政策问题，但这不是孤立的。这里反映了人生活在其中的各种秩序的关系。对集中管理经济的经济过程的调节愈加强，就愈多地由上而下地塑造社会。每一种社会秩序都呈现一个金字塔形状。总是有一个领导阶层。从来不存在,也不可能存在一个"无阶级"的社会。金字塔好像可以由下而上建造,但顶端决定下层如何安排。家庭、自发产生的地方自治体、合作社等社会机构不是由上而下建立,就是受上面操纵。

经济秩序越是向集中管理经济发展,集中管理的干部越是属于决策领导层,社会秩序失去可胜任度就越多。大众不是由某一个社会阶层组成的,而是一种各阶层的人都能在那里相处的集合体。当社会经历我们所谈论的改造时,失去个性便以特殊的方式发生。每种职业因此有了新的特点——这可能关系到农民、手工业者或商人、工人或职员。社会不是靠自发力量来建造,而是受上面的调节,并在它的划分上听命于中央部门的指示。因此,个人在生存这一中心问题上受到威胁。

国家在历史发展过程中起着特殊的作用。20世纪国家改革的独特矛盾标志是,通过对日常经济过程的各种干预引起国家权力的扩张,同时,国家日益落入经济权力集团手中,这些集团不仅权威地决定着国家意志的形成,而且也取消了国家过去活动的重要领域。

大多数人的生存权掌握在这个不稳定的构造物手中,而这个构造物又受各种既得利益者影响的摆布。这种状况更趋严重,因为现代人广泛地接受这种说教:国家不受道德准则约束。"国家的手段和领域越多,必须摒弃道德这一说教就越危险。一方面,国家公开规定一切事物的限度,同时宣布自己的道德性质;另一方面,它以道德调节人民的能力比任何时候都小。这个本身要求取消对其道德约束力实行检查的国家,等于宣布其活动领域为丑行的避难所,并像引力中心那样吸引人类永存的恶行。"[1]

---

[1] 赫伊辛加(Huizinga):《当武器沉默时》,1945年,第186页。

4. 从这一情况出发，这些建议就不难理解了，"计划去集中化"和"集体财产分开"，以避免集中管理经济和集体财产的集中带来的社会和经济危险，而原则上不放弃这种经济和财产集中。对此，我们已在其他地方作过分析。这些建议没有解决问题。形象地说，19世纪建造了一座思想大厦，它是根据集体所有制思想、集中调节经济过程思想和其他一些思想建成的。许多人认为，人民将在这座大厦里从朝不保夕和灾难中解脱出来，在没有社会问题的压力下自由自在地生活。这座思想大厦是建立在对必然发展过程信念的基础上。但现在我们在这幢建筑物中所经历的生活已完全不是人们原先设想的，在那里面临着不自由和权利被剥夺的危险。因此，有人建议，增添一些内部设备，以防危险发生。但这些设备对这幢陈旧的建筑已无济于事：即在集中调节的技术和集体所有财产的管理上改变不够。就其动机而言，这些建议值得重视——它们掩盖了当代的社会问题。

不给予必要的自由权利，就不能解决社会问题。但不是中央计划部门，而是各个家庭必须根据自己的计划调节日常经济过程。国家应当继续对经济监督和经济运行中可能出现的经济形式实行限制，同时，在市场范围内，包括劳动力市场，必须有自由。这就是目的。

5. 社会问题的性质完全改变了。今天在世界上流行的问题、概念、思想和纲要，多来自过去的时代，即来自19世纪的社会问题。19世纪社会保障政策等手段使大多数人相信，性质完全不同的当代社会问题有可能被解决。这种意见还在一个已不存在的世界里流传。——当一艘轮船驶过激流时，船早已消逝了，但波浪依然冲击着河岸。这也适用于那些支配着今天经济和社会保障政策的思想。19世纪过去了，但那时产生的思想，今天还是强有力的。

忽视世界历史的问题，现在都明显地出现了：建立一个尽可能通畅的经济过程，以实现充分的总供应，并在此基础上实现合理的分配；发挥个人追求自我实现的力量，并将这种力量有目的地纳入总过程；除此之外，在人类共同生活中，尽可能地实现公平、安全和自由。

但对这些问题的回答总是游移在两个过时的对立之中：第一个对立是私有制与集体所有制的对立。马克思首先强调说明这一对立。他以敏锐的眼光看待当时的经济权力地位。他看到，经济权力在人人政治上平等的环境中意味着什么。马克思还看到，私人经济权力经常同私有制联系在一起。就此而论，他是现实主义者。但他忽视了全部历史经验，当他陶醉于发现的喜悦之时，他相信，通过集体所有制可以消灭经济权力。在这一问题上，他是个空想家。

从此，这种乌托邦的思想便在许多人的脑袋里生根。这种思想虽然是从19世纪思想斗争中流传下来的，但却支配着当代的论战。今天，人们反对这一由经验强加上去的认识，即通过大、小私人机构联合成庞大的国营机构来加强权力地位。伴随着经济和政治权力相结合而来的权力加倍集中，只能使社会问题尖锐化。

但就看到的危险而言，人们过高地估计了国家议会监督反作用的可能性。我们正是从这一最新的经验中懂得，通过全面国有化或者社会主义化，国家本身改变性质，国家管理失去平衡，并且根本不可能有效地监督那些支配国有化企业或工业部门的官僚机构。依然存在个人对这个无名的强势力量的依赖。垄断问题也不能通过国有化或社会主义化来解决，正如已经分析过的那样。

第二个是集中调节与臆想的个体生产无政府状态的对立。这个问题通常也是以19世纪精神来处理的。人们总摆脱不了圣西门主义者的错误。他们认为，自由放任和竞争是同一概念，并且今天一再重复他们的论点。让我们看看其中一些论点：竞争导致"流血斗争，一些侥幸者以无数受害者的经济毁灭为代价而凯旋"。

一种无节制的、不加调节的生产必然后果，是不断破坏生产和消费之间的关系。没有总体概念支配着孤立个人进行的生产，"他们既不认识人和经济的需要，也不知道达到满足这一需要的必要手段"。但生产和分配的无政府状态可以通过历史过程自身加以克服，并在绝对必要的发展中从一个有机的社会制度中分离出来。

据说集中调节将有可能实现对经济过程进行有意义的调控。

在近百年对国民经济学思想进行艰巨的研讨之后，对有关经济过程的无政府状态和通过集中管理来克服这一状态的观点进行批判，是不难做到的。今天，我们知道，自由放任和完全竞争不可相互混淆。更确切地说，自由放任经常产生不同于完全竞争的其他市场形式。我们还知道，对经济过程的调节，视市场形式和实行的货币体系种类而定，是完全不同的，虽然19世纪和20世纪初的危机和萧条经常是由于现行价格体制的失灵引起或加剧的，但并不只是因为作为调控工具的价格体制根本失灵，而是因为在特殊的市场形式或某些不完善的货币体系中形成的价格失去作用。

的确，对所谓的无政府状态经济过程的批判过于草率，而且因此是不正确的。最新科学也表明，这一论证的另一方面是站不住脚的：对经济过程实行集中调节，以克服所谓的无政府状态和解决社会问题。科学分析和实践经验表明，中央管理部门一旦要接受调节一个国家的经济过程，就将产生大量问题。

但是，在公众舆论中，有人总认为，根据家庭和企业个别计划调节经济过程必然是无政府状态的；大多数人都不熟悉市场形式的差别。在"完全竞争"中，如何严格调节经济过程，知道的人更是寥寥无几。人们不了解货币体系、价格形成和调节经济过程的微妙关系。广大民众今天还相信，为了对经济过程进行目的明确的调节，中央规划是必要的。在许多国家。人们继续徘徊在那些上个世纪20年代引起轰动和争论的思想之中。观察到这一纷乱的人大概会想到歌德的话："我们大家靠过去生活，并毁于过去。"但是，这些过时的思想意识也是某些领导集团手中用来进行权力斗争和维护自己权力地位的工具。

此外，对于各阶层，包括许多知识分子，普遍存在的、落伍的思想面貌引起的后果是，他们觉察不到眼前发生的事情：工人、职员和其他大多数职业怎样由于废除自由劳务合同和迁徙自由、由于服役义务、社会化以及实行中央规划而削弱他们的社会地位，并且使人陷入一套机构和统治他们的干部手中。说什么集中调节是"社会的"，这种幻想还广为流传。使用"社会的"这个词掩盖的正是社会方面受到社会化威胁的危险。

兰克偶尔谈到，他力求使"我们所处的世界比通常可能出现的世界更为清晰、更为确实地展现出来"。当我们试图尽力使其形象化时，这个世界如何展现在我们面前？——自由放任政策引起广泛的滥用经济权力。这一企图用来了结其所引起问题的试验性经济政策，消灭了必要程度的给定数据稳定性，并导致整个经济过程的破坏。这种破坏将招致大规模失业的危险。为了对付这一危险，人们必须时刻准备为了一种臆想的安全而牺牲自由。结果是加强了国家奴役的总倾向。但剥夺自由权利会导致一切最坏的后果——"瓦解人的本质"。[阿图尔·克斯特勒（Arthur Köstler）语]

今天，社会问题，就其核心而言，是探讨人类自由的问题。

失败原因

思想衰落

在工业化时代，经济秩序政策问题的重要性日益增大，而观察和处理问题的能力却愈来愈小。相对于事业的需要，适应事业的能力朝着相反的方向发展，尽管近来有不少人谈论调节经济。人们理解国家的某些干预，但不明白任务的性质和范围，不明白解决方法的效果。

怎么会发生忽视这种生命攸关问题的事情？

1. 我们的任务是，观察经济秩序要解决哪些经济调节问题，个别经济措施如何影响和依赖总体秩序。除此之外，我们还要认识各种秩序的相互依赖关系，而这一任务超过了大多数人的理解水平。此外，群众的思想受政党和经济集团宣传的影响。权力集团及其意识形态在社会上相互碰撞，宣传口号充斥人们的脑袋，许多人陷入失去个性的状态；大众以集体概念进行思考，而无主动性；他们喜爱神话，而不喜欢理智；他们完全离开了秩序思维。技术方面的情况同经济秩序一样。工业化之前，许多人在技术上熟识自己使用的工具。今天，情况通常不再是这样。人们过去使用的车辆在技术上较易了解；而今天的机车、地铁、卡车等情况就不同了。大多数人使用这些工具，但却不知道它们的结构和问题，哪怕只是粗略的了解。类似的情况是，过去个人理解经济秩序：例如农民自己生产大多数消费品，或者手工业者只向少数顾客提供产品。自从工业化以来，今天的经济秩序内部各部分处于相互纠结之中，其调节机制十分复杂，与日常思考脱节。很少有人了解诸如现代银行机构的职能之类的问题，而这一机构是现代经济秩序的一个主要组成部分，并与大多数人的经济命运紧密关联。经济秩序的基本特征仍然不为人们所熟识，而经济秩序对于他们的生存起着决定性作用。

2. 但这里只回答了部分问题。人们发现，不仅是大众，而且领导阶层也很少注意这些问题。经济过程的调节究竟是指什么意思，大多数人也是不清楚的。在这方面，情况完全不同于技术问题。在技术方面，有足够的专家，他们了解那些对门外汉来说一窍不通的关系。领导阶层，少数人除外，没有或只部分地将经济政策问题当作真正的任务，这从何而来？这个问题重要，因为领导阶层最终并且在任何情况下都要决定经济政策。

必须回答的经济政策观念正向掩盖秩序问题的方向发展，并且，正如经验教训表明，经济政策的行动长期以来主要是由这些思想决定的。

目前，经典国民经济学思想在工业化世界已具备组织力量。虽然这些思想是在工业化前形成的，但直到20世纪才发生作用，尽管其强度日益下降，但经典著作家仍清楚地认识到，分工的经济过程提出了一个困难的、多样化的调节任务。仅这点已是一个卓越的成就。这一任务可以通过一个适当的经济秩序来解决。这也是一个重大的认识，不久却同样丢失了。尽管如此，经济政策，就其在经典著作家的影响之下而言，面向秩序问题不够。这一政策认为，经济过程通过竞争性价格可以自动进行调节，"自然法则"将自发地实现。为了繁荣，社会机体不需要"一个精确规定的食谱"（亚当·斯密语），而需要一个确定的经济秩序政策。由此产生各种秩序形式，在其范围内，调节经济过程反映的重大损失。对自然法则的自我实现的信心是过大了。

另一方面，马克思在分析所谓资本主义社会中的经济调节时，首先提出的问题是：剥削工人的现象怎样产生？如何克服？他相信社会的必然发展规律支配社会、支配公有制并保证其顺利解决问题。至于在这个社会里应如何进行调节过程，对马克思来说，是不成问题的。他将这一任务让给历史去解决，自己是不去操心的。例如，如何在将来的经济秩序中安置一个稀缺测量器，这样的问题在他的体系中是没有意义的。因此，他的追随者大抵看不到这一问题，直到现实迫使他们承认为止。

今天，许多国家的经济政策实践终于为点式处理经济政策问题所支配。在这里，在点式思维中，或许存在着最强大的力量，这股力量模糊了经济政策的秩序问题。秩序问题自19世纪70年代开始复活，是重商主义的复兴。货币政策、卡特尔政策、商业政策、手工业政策等，被当作各自的专业领域来看待，也必须由各专业领域自身来处理。

这种精神状态的根源很深。如果要理顺思想，总是点式思维和行动。除此之外，这种点式思维正接近那些今天在许多国家对经济政策具有很大影响的领导阶层集团：即他们都是官员和经济权力集团的领导人。

权威性机关的官员掌管着业务部门，个人熟识其特殊的领域，比如外汇或纺织品业务部门。很少综观例如纺织品卡特尔的形成或者有关外汇经营规定对总体过程起的那些作用。至于权力集团，它们总是零星地行动，工业权力集团例如要求提高关税或组织强制性卡特尔；工人权力集团要求提高工资；农业权力集团要求国家保障物价。由此，对经济总体过程产生哪些后果这一问题超越了这些集团的视野。

没有机器是用单个铸件、轮子或管子随意拼凑出来的，作为整体，它是一种实用物品，其用途要求将所有的部件以一定的方式组装在一起。经济秩序也是一种实用物品，当然是完全不同种类的物品。当经济政策逐条逐项、一桩一件、独断专行和零打碎敲地推行时，国家就会像人一样行动，随意地将铁的部件组合在一起。例如在一些国家里，公司法促进工业集中，这种集中是卡特尔政策和手工业者政策所反对的。

1945年以后，许多国家把平衡国际收支当作主要任务，但它们通常是点式行动。因此毫无成果。抑制进口，通过特殊的措施促进出口，并且为了平衡所谓的逆差，寻求外国贷款。同时，国家财政政策、信贷政策、工资政策和物价政策这样推行，好像它们与国际收支无关，好像由于国家预算赤字造成货币购买力的提高，或者低息政策并没有提高国内购买力，而且增加出口的困难并扩大进口，总之，似乎破坏了国际收支均衡。但国际收支问题并没有出现与世隔绝的特别问题，可以通过参与的国家对整个经济过程实行充分的调节来加以解决。

总而言之，首先是对自然法则自我实现的信念，其次是对必然的发展过程的信念，还有点式思维的挺进，这些因素相互结合创造出一种思想状态，从这状态出发，建设一个充分的经济秩序似乎不是中心任务，而实际上却是中心任务。

3. 如果看不到基本问题，其他问题必然取而代之。哪些问题来取代经济秩序政策问题呢？

首先是这三个问题：人们习以为常的所有制问题，这是经济和社会政策的基本问题；企业劳动宪章问题和充分就业问题，后者，大多数国家今天视之为经济政策的目标。这三大问题都十分重要，将在其他地方论述。无论其中哪一个问题居于突出地位，都表明，调节问题没有着手处理，而它关系到经济的全过程。

这样就出现了国家经济政策与秩序政策不相适应的问题。根据错误的思想，今天经济政策部分是点式的、零打碎敲地决定的，部分是由意识形态决定的。部分是个别的、相关联的经济和法律政策措施，部分是充满敏感字眼的争论，如资本主义和社会主义。像硬币一样，这些字眼被扔来扔去，但都无视现实。不适用的秩序和无聊的空谈、权力集团的意识形态和空想家的教条充斥这个战场。因此，阵线混乱，例如，那些本来非常认真对待个人自由的人，竟有时谋求实行危害自由的经济秩序。如果这样的试验失败了，也就没什么可值得大惊小怪的。

不稳定的秩序

1. 孔子（Konfuzius）曾指出：思想崩溃了，秩序随之瓦解。我们的调查一再表明，秩序的不稳定性正是现代经济发展的标志。不管实行的是一般垄断，还是寡头垄断；是第三种货币体系，还是局部秩序，如外汇市场秩序；是社团秩序，还是关系到结存的通货膨胀。不稳定的事实始终存在。当人们谈论资本主义的不稳定性时，这个问题被忽视了。不是神话般的资本主义，而是秩序思想的衰落造成不稳定。错误在于：从一开始就没有考虑稳定秩序的条件，以预先防止不稳定，而是放任自流，任其发生。因此，不稳定被当作给定条件，并采用对总秩序补充的干预手段来弥补损失和建立某种程度的平衡。这是充分就业政策的特征。

稳定的和不稳定的秩序原则上要加以区分。在它们中还要区分外部的和内部的稳定性。

在集中管理经济中存在外部的稳定性，即持续较长时间的可能性。在这里，经济过程的平衡不占支配地位。成千上万的人可能因经济秩序失灵而挨饿。尽管如此，秩序不需改变。因为，这是一个力量对比的问题。强制取代平衡。在这里，官僚机构的存在起了非常大的作用，并在其中促进自身持久存在的趋势。

内部的稳定性仅在两种经济秩序中存在。

a. 在自给自足经济中。在这里人们可能因歉收或其他灾害挨饿，但原因似乎在其他方面，而不像集中管理经济那样，在于调节机制的严重失灵。在过去几千年的经济史中，"自给自足经济"的秩序形式从来不是单纯的，但作为占统治地位的秩序形式曾多次实行过，并赋予经济秩序以稳定性质。大约在16世纪，由于对主要生活在农村的人口的供应在很大程度上是在农庄自动地进行的，而同其他企业和家庭的交换经济关系仅具有补充的功能，这就保证了经济秩序的某种稳定。但自给自足经济作为一个稳定的秩序形式不能再起过去的作用，因为今天分工过程过于错综复杂。

b. 内部的稳定性原则上也存在于完全竞争之中。由于价格调节秩序的特殊作用，完全竞争拥有一个达到经济过程均衡的机制，并因此也保证经济秩序的稳定性，在那里这一秩序形式占支配地位。当然，如充分强调的那样，决定性的是，将货币体系设置在

第十一章 再论这一问题

这一均衡体制之中。除此之外，在小规模土地所有制等体制中发挥作用的自给自足经济对秩序的稳定性也起作用。

一切暂时的解决办法（集中管理经济和竞争秩序之间）都是不稳定的。因为正是秩序本身具有"转型的倾向"。

2. 我们赋予秩序稳定性的重要意义，从某些方面来说，还有争议。有人会问，机构果真如此重要吗？问题的解决难道不是一项在育人方面的伦理上的任务吗？难道这不更多取决于人吗？

就这样，这个问题简直是以危险的方式被延宕。所以危险，因为人们倾向于低估秩序的任务。他们看到，集中管理经济型秩序在兴起，并且相信，只要人变好了，这种秩序的危害性不会太大，否则一切都看不清，那些在个别秩序中进行的日常经济活动有其内在逻辑。例如，如果集中管理经济的特点在经济秩序中占支配地位，则存在总体评估和经济过程调节不准确的问题。个人的自由必须受中央指令的限制，对外贸易和投资活动具有所描述的特色——即使马克·奥尔（Marc Auel）或安东尼厄斯·皮乌斯（Antoninus Pius）居于领导地位，这种可能性也是甚微的——他们良好的意愿对一个这样的秩序缺陷也是无能为力的。

人类伦理的改善不可能消除秩序的弊端，也不可能阻止同集中管理经济秩序相联系的权利瓦解。相应的情况适用于其他类型的秩序。"不存在经济关系不受交换秩序支配的文化，人们可以置身于这种秩序的保护之下"（奥尔特加·加塞特语）。一切都取决于总决定。整个秩序应使人能按照伦理原则生活。

不出现重大问题，在此处可能向积极探讨的方向发生转变：我们确实有建立秩序的自由吗？这种秩序能发挥作用吗？抑或根本不存在这种自由？存在发展的必然性吗？

第十二章 发展必然性的神话

引言：有关思想

1. 发展规律调节历史进程吗？经济政策的发展也如此吗？当今的经济秩序必然转变为最近将来的经济秩序等，是按照难以预测的必然顺序吗？这些问题具有极其重要的意义。

20世纪的人越来越多地倾向于存在必然性的看法。他们觉得自己受无形的历史进程摆布；被一种调节他们向一定方向运动的思潮所裹胁，而自己却不能把握方向。几乎所有经济政策的探讨都涉及这点。违抗必然的发展过程，对大多数人来说，似乎是不可能的。"资本主义"将继续残存。根据自然过程的必然性，资本主义将被其他某一种经济形式所代替，比如"计划经济"，同时，考虑到某一种集中调节方法占支配地位的经济秩序。这似乎正是工业化世界不可避免的命运。

2. 那些后来支配人类的思想，最早产生于个别人的脑袋里，在这里也一样。

从完全不同方面汇集到一起的思想，最终产生了对历史发展必然性的信念。人们首先想到黑格尔。他是有理由的，他在标榜自己的基本立场时，说道："变化是第一个具体的思想，与之相反，存在和虚无是空洞的抽象概念。"他觉得一切真实的东西都是精神的发展，这一发展同辩证的必然性一起发生，可以通过逻辑来领会。对黑格尔来说,理性不再是一个稳定的常数;它在人类史上以严格的逻辑合理性发展着。这就是黑格尔"理解"的世界理性,"并尊之为这种丰富多彩游戏的、统一而卓越的领导者和操纵者,历史的傀儡经理"(F. 迈内克语)。黑格尔曾在一青年刊物中写道:"所有这些(即政治、宗教、权力、诡计等)都表现为一个绝对自由和自主的权力。无意识的是,它们都是原始命运的高级权力和超越一切的时间手中的工具,这种权力和时间有希望获得任何自由和自主。"后来他在1816年又说道:"我坚持认为,世界精神发出了推进号令;要服从这一号令;这种实体就像一个装甲的严密方阵,不可阻挡地,并以像太阳运行一样不为人们注意地运动前进,患难与共。"

黑格尔不是浪漫主义者。浪漫主义者觉得自己被纳入家庭、环境和民族的历史之中。一切人类思想、感情和行动的历史化,"热烈献身"于历史是他们的生活基调。那些在历史上成长的东西,他们都觉得是有理的——这可能关系到权利、国家能力建设和思想运动。从非理性主义的精神中产生对浪漫主义的信念,人完全受其生活在其中的历史时刻和这时刻引起的变化摆布。关于尼采(Nietzsche)和存在主义哲学,这都是浪漫主义的分支,直至当代还在发生作用。黑格尔和浪漫主义与产业革命无关。但这一令许多人惊恐万分的革命从19世纪初以来以雷霆万钧之力推进和蔓延,实际上,它好像是一个必然的过程。另一个运动,即自然实证主义运动,从产业革命共同经历中孕育出它的必然性思想。——现代经济以绝对迫切的必然性向着集中计划经济发展,这正是那时已说过的。大多数人在这里想到马克思。这不是完全没有道理的。马克思只给这一思想一个特别的提法。更普遍的是,这一思想早已出现。如今的最早提法之一,同样极为强烈地触及我们的是:1829年至1830年的圣西门派学说。如在论述过程中已多次表明的那样,圣西门和圣西门主义者实际上是属于最典型、最重要的现象,曾影响我们的时代。不管他们的影响过去和现在有多大,单这一事实就足以表明,诸如社会主义、个人主义、实业主义等概念都打上了他们的印记;也就是后代理所当然地用来思考的概念。在当时硕果累累的自然科学倡导下,圣西门及其弟子们寻找一条支配历史过程的规律,就像万有引力定律支配自然界那样。他们认为,这条历史规律已被发现,就是"进步规律"。人类被他们视为群体,是不断按照规律发展的。个人完全消失在这个群体之中,并且必须自觉或不自觉地服从人类发展规律。人类以必然性通观他们生存的某些时代:有机的和关键的时代交替着。关键时代是从宗教改革开始,现在接近结束。关键时代是必要的,也是有益的,它带来进步。例如,在上一关键时代人的社会化程度提高了,对工人剥削的程度降低了。但我们的关键时代正在必然地接近一个新的有机状态,该状态将是所有劳动者的社团。这一时代意味着人类发展的最终状态。——这正是圣西门主义和一切近似思潮的基本标志。这些思潮最终对19世纪社会科学中相当大的部分产生影响,他们不仅用已发现的发展规律来解释过去,而且也想确定当代所处的位置,并用发展规律加以论证后作出具有科学基础的预测。

  按照圣西门主义者的观点,未来的经济是怎么样的呢?在那里竞争不占统治地位;因为竞争是关键时代的标志,我们生活在这个时代的末期。未来的有组织时代将呈现另外一种面貌:由中央部门管理经济过程,从上而下实现合理化和机械化、高速工业化、为共同目的组织整个工作、当局给每个人下达工作指示。科学家和技术人员是经济的领导者,他们设计社会机构,并精确计算如何实现经济过程。所有这一切在现代,即1830年前后,已经开始,例如现代银行,从中必然发展出未来经济的集中管理体制。"这种体制将首先拥有中央银行,就物资方面而言,中央银行就是政府,将管理一切财产,一切生产资料,简言之,将管理今天所有的私有财产。"

第十二章 发展必然性的神话

根据圣西门主义者的观点，批判或企图反对这一发展过程都是徒劳的、愚蠢的。因为经济发展过程是必然的，来自事实本身，是好的。"这个黄金时代摆在我们面前，它使一个至今令人目眩的传统成为过去。"

这是圣西门主义者的信念。马克思有另外的、类似的信念。的确，他以个人的精力和预见比他的前辈更持久地抓住人心。他的构思是众所周知的。他预言资本将集中到少数人手里，但竞争将自行消亡；"是资本家剥夺资本家"。随着资本巨头数量日减，贫困、压迫、奴役、堕落、剥削工人的现象将增加。这就是"资本主义积累的一般规律"，由此必然产生危机和最终对剥夺者的剥夺。马克思描绘的现代图景是这样暗淡——他也是受进步思想影响的。然而，当社会掌握了资本主义发展起来的巨大生产力时，一个十分光明的局面终将到来。《共产党宣言》（1847）写道："代替那存在着阶级和阶级对立的资产阶级旧社会的，将是这样一个联合体，在那里，每个人的自由发展是一切人自由发展的条件。"

3. 发源于相距遥远的河流，最终汇合成必然性信念的洪流；实证主义、自然主义、浪漫主义、黑格尔的形而上学，除此之外，还有其他为人们更少想到的源头：如自由放任思想，根据这种思想自然法则终将在不受人类自觉干预的情况下，在历史的逻辑中得到贯彻。但自然实证主义是最强大的思潮，对它进行探讨是非常重要的。

诚然，在自然实证主义占统治地位的世纪里，它改变了自己的性质。虽然许多人相信必然性，但他们中只有部分人相信进步。我们更经常地发现，有一些人虽然认为，向集中管理经济、不自由和失去个性的发展趋势是必然的，但却对这一趋势表示怀疑或至少是冷淡。另外一些人甚至以黯淡的心境看着未来的临近，即西方国家的衰落。但他们都不抗争，因为他们认为这个过程是不可避免的、必然的。这样，对必然性的信念就成为20世纪历史发展过程中的根本潜力。

同其他思想一样，这一思想在其传播过程中也成为达到其他目的的工具。它首先被用来支持政治权力集团对领导权的要求。领导者过去和现在总是对群众这样说：胜利必将到来。挫折、痛苦、罪恶和失败，本来必须由领导负责，但他们却辩解说，这些现象在历史发展必然过程中是不可避免的。眼下，这一思想是一切不道德行为的有力支柱。在经济政治斗争中，不仅集中管理经济的官员，而且私人权力集团如卡特尔、工会和康采恩的官员都利用这一论点。如果发展必然导致垄断化或集中管理经济调节，则这一发展是有理的。当然，这就很少有理由进行激烈的经济或政治斗争。合乎逻辑的应是，让历史和经济政策过程听天由命地运行。但科学的探讨不允许讨论普通的论题和滥用思想，而只讨论它们的措辞。那么，让我们将问题的这一方面搁置一边，将精力集中到事物的核心上来。

4. 经济政策的基础存在问题。实际上，如果经济过程以必然的方式运行，如果现代工业化经济向集中管理经济方向发展，则各国经济政策只是历史命运的执行者，无自由可言。科学思想应只针对这一问题——这一必然的发展是怎么样的，如何才能使它的进程顺利进行。马克思在《资本论》序言中十分明确地指出："一个社会即使探索到了本身运动的自然规律，一本书的最终目的就是揭示现代社会的经济运动规律，——它还是既不能跳过也不能用法令取消自然的发展阶段。但是它能缩短和减轻分娩的痛苦。"吠月的狗可能认为，当月亮下山时，是它的狂吠逐走了月亮。我们认识自然规律，嘲笑这条狗。既然如此，人们也应嘲笑那样的经济政策思想家，因为他们相信，可以影响历史过程，如果这个过程果真是必然的。

但是，如果不存在经济政策发展的必然性，那么，我们就有自由，根据人和物的需要来制定经济政策。

同时，成问题的不仅是经济政策的基础，而且重要的是人的自由。因为发展必然性论题一般完全含有对自由的否认。目前，这个问题未能得到足够认真地对待。例如，经仔细研究，在圣西门派学说中，个人在双重意义上受约束。其一，个人仅是人类这个群体不自主的一小部分；其二，这一群体受必然发展过程支配。这是另一种约束。个人好比是树上的一片叶子，是群体不自主的一部分，而这一群体是依照自然必然性生长和衰亡的。马克思企图冲淡这一结论，他谈到从"必然王国"跃进到"自由王国"。这个自由王国将在无产阶级专政实现之后产生。对某些相信历史必然性的人来说，如马克思实行的那样，跃进是个奇迹。历史规律好像突然被突破，自由时代便开始了。但不管怎样，在当代历史上，马克思也认定存在必然性规律和缺少自由。

17世纪至18世纪期间，在自然科学取得重大发展之后，这个时代的思想家却被这个问题所困扰：由于存在着一个人也包含在其中的自然规律机制，人类的自由怎样才能实现？这个二律背反也曾是康德哲学的根本关注点之一。在19世纪和20世纪，除自然过程的必然性思想之外，历史过程的必然性思想在人的思想中占了统治地位。当然，这个问题并非19世纪才提出，而是远在此之前就已经提出来了，首先是由希腊人提出的。在历史命运的必然性中，能有人的自发性、自由、责任和过失吗？1802年3月9日，歌德就苏拉维读物有关路德维希十六执政期间的印象写信给席勒。歌德写道："总的说来，这是一个庞大的溪涧和河流景观，按照自然必然性，它们来自众多的高山和峡谷，相互冲击，并最后越过大河，造成泛滥，并在其中消失……人们将这一庞大的经验无非视为自然，无非视为我们哲学家这样喜欢称之的自由。"[①]

问题的提出也早了些：这种回答问题的特殊方式就成为19世

[①]《1794—1805年席勒与歌德通信集》，1914年，H. A. 博尔歇特（Borcherdt）编辑出版，卷2，第424页。

纪和20世纪的特征。发展必然性的某种观念变成现代人的教条。

作为普遍的问题,这个重大的问题是哲学家、道德家和诗人的事。对我们来说,这只关系到经济政策,当然,经济政策是人类历史的一个基本部分。

矛　盾

1. 为了提出自然实证主义形式的经济政策发展必然性的假设,需要有一个独特的逻辑手段。某些一般概念转化为具体的物或者人:"人类"或"社会"被圣西门和孔德转化为行动着的实体。对马克思来说,"资本主义生产方式"是近代历史过程的体现者,但却以"自然过程的必然性产生对其自身的否定"。后人视"资本主义"为万能的东西。例如,熊彼特就这样报道资本主义在政治、法律、艺术中有什么成就,在经济上采取了什么措施,等等。"经济"也被当作提出要求和采取行动的积极参与者。——从逻辑上看,这里总存在拟人化;一种特性或一个抽象概念变成一个自主的实体或一个能行动、成长、衰老、死亡的个人。

这种逻辑上不允许的行动,正是以实证主义为特征的。从孔德和圣西门开始,直到桑巴特(Sombart)和熊彼特,实证主义者根据他们自己的旨在表述事实的纲领相信并认为,在事实中遇到发展规律。他们没觉察到,他们在拟人化——虽然在批判中已经常指出过。他们不描述事实,而是描述自己设计的实物——童话般的形象。这是一个后果严重的过程。因为,在这里实证主义思想,这个伟大的科学思潮,同明显壮大起来的大众思想相通。对于工业化世界的大众和政治理论家来说,具体的现实从眼中消逝,而神话般的巨人如资本主义、帝国主义、反动派、马克思主义等,以它们的作为充斥了当时时代的事件。到处都是拟人化、讽喻思想和历史力量的人格化。

众所周知，神话是天真无邪的人类哲学。当形而上学用诸如本质或世界理性等概念进行工作时，它是更加谨慎的。实证主义以其对事实的描述没有克服形而上学，而且它回到说明神话般的范围及其发展上。"人类"、"资本主义"或者"资本主义生产方式"被视为并且被描写成造物主、工头、历史缔造者，当然也是经济政策的制定者或其创造者。就思想史方面而言，这是一个世俗化的灵知，它不"积极"面向事实，而面向这些神话般的形象，将经常十分敏锐描述的个别事实的原因归咎于这些形象。如果人们要这样认为的话，这就是原始的形而上学。这早已于1883年为狄尔泰等人证实过的，但这并不妨碍当今的必然性预言家冒称他们的基本论点是积极的，也即现实主义的。

2. 与之相关的另一个逻辑性失策。阐述这个"过程"，在那里有一个这样的东西，即一个拟人化的概念在发展。由于历史过程移到中心位置，并成为历史现实的创造者，实证主义从一开始就让个人消失。

这种实证主义的观点后来造成的结果是，人对过程的决定是不自由的。但这里证实的，从一开始就是假定的。一种预期理由的做法摆在面前。① 历史图景是随意设计的。后来个人再也找不到了——因为他已在此之前被除掉了。这样，人们就习惯于在历史中只理解变化的一般过程。

方法是简单的：行动着的个人首先在集合体如"资本主义"、"社会"等中消失，然后，寻找这个集合体的发展规律，如果这个规律也没找到，则宣布这样的结果：人类的自由因为历史过程的必然性而不存在。这个从骨灰坛中取出来的，正是先前装进去的

---

① 预期理由是一种逻辑错误，它是指把未经证明的判断作为证明论题的论据。——译者

东西。这是一个有些原始的游戏。

3. 黑格尔没打算预言发展。实证主义者相信,在描述事实中寻找发展规律,在这方面,他们过去和现在都是较为勇敢的。从孔德、圣西门主义者和马克思开始,直到现今的马克思弟子们都企图从现今的发展中看到未来。当然,他们用以处理问题的审慎程度不一样。圣西门主义者谈论工业银行作为以后对经济过程实行集中调节的开始。他们比马克思审慎得多。马克思的"跃进"到自由王国,进入无阶级的社会,仍然缺乏真正的论据。

但到处都有这样的连锁推理:在迄今的历史中,发现了一个发展规律。同自然规律一样,这一规律也将在未来发生作用,因此,某种科学的预言是可能的。建立在科学基础上的预测,大大推动了发展规律学说的发展。这样,并且只有这样,这些学说才成为世俗化的救世学说。在这一论证过程中,那些被人们在迄今运行中发现的发展规律和在将来发生作用的论点被当作前提。结论就是预测。

事实上,我们并没有认识那些支配历史发展的规律。我们应避免"将我们的历史前景的看法毫不犹豫地当作世界史的裁决"。因为"我们的图景通常……只是我们自身的影像"〔C. J. 布尔克哈尔特(C. J. Burckhardt)语〕。但即使有一个这样的发展规律被证实了,并且如果我们探索到了那些支配历史的规律,我们仍然不知道,我们是否可以指望这些规律对将来发生作用。在历史上,这样预料不到的转变并不罕见,正如没有人的才智能预见到的一样。历史思想家能够认识时代的基本趋势,并且警示将来的危险。但这不是说,能从所谓的发展规律中作出预测。

经验证实,预测的逻辑性基础是薄弱的。圣西门主义者在1830年前后认为,根据不可改变的发展规律,现在集中规划的新的有机时代将开始。的确,为此似乎已迈出第一步。事实上,自由经济政策、经营自由、迁徙自由和自由贸易已持续许多年代了。但1870年前后，当以普林斯—史密斯（Prince-Smith）为其领袖的德国自由贸易论者认为，根据自然必然性，历史证明未来属于自由贸易和经营自由时，他们也错了。不久之后，干预主义时代开始了。至于马克思的预测，正是在基本特征上被证明是不正确的。群众的贫困化，这是他预见到的，但却没有出现。而在工业化时代，广大社会阶层的实际收入空前提高。集中过程也不同于马克思所预想的那样进行。而那些生产资料集体所有制排挤私有制的地方，如在苏联，事态发展也不是按照马克思的发展规律，即没有充分发挥"资本主义生产方式"并作为产业无产阶级的回击，而所发生的是在一个刚刚开始发展工业的农业国家，由于其他政治原因，这种排挤具有推进工业化的作用。

经济政策思维的基本形式

总的说来，现代的必然性发展学说的基础，在逻辑上没有像实证主义者和马克思信徒们认为的那样牢固。论证过程同逻辑思维和推理规律陷入三重冲突之中。整个基本概念无效，现在让我们看看这一学说的内容，并让它面对事实。

1. 根据这一观点，经济和社会的现实只存在于从外部能观察到的事物和行动之中。同我们从外部观察石头、植物和水一样，观察历史事实、社会和经济。像在自然界，一切事实都通过规律联系在一起一样，社会的事实也是通过发展规律联系在一起的。也只有事实同规律性的关系可能是科学研究的对象——不管是自然科学还是社会学或者经济学。特点是，如帕累托为了在他的交换理论中坚决贯彻实证主义，要从外部"描述"交换行为，而不是从计划或者交换者评估出发。彻底的实证主义，如自孔德以来无数的实证主义变种,视社会为一巨大的、多样化的外部事实,发展规律使这些事实形成一个整体。圣西门曾说过,发展规律符合万有引力定律。在这一历史观点中,个人、个人自由、论证、思想从一开始就没有位置。企图"从自然关系的规律中为社会推导出责任"[狄尔泰(Dilthey)语]。谁相信落下的石头拥有自由,并且按照自己的决定运动,谁就将误入歧途。同样,实证主义的观察方式也是错误的,在人的行动和组织背后寻找自由:例如,我们观察银行和工业企业实际集中过程;我们将这一过程当作普遍的发展规律的一部分来描述——就像通过机械运动规律落下的石头。我们看到,人类自己组织起来,组织起来的社会按照发展规律继续前进。我们要描述这些,像预测石头下落一样,预测社会继续发展,这种发展必然来自事实:"事实蕴藏未来"。

2. 马克思曾在"资本论"第二版跋中赞许过一位评论员,并详尽地转述他的话。他是这样简短地描述马克思的观点:"所以马克思尽力去做的只是一件事:通过准确的科学研究来证明一定的社会关系秩序的必然性,同时,尽可能完善地指出那些作为他的出发点和根据的事实。为了这个目的,只要证明现有秩序的必然性,同时证明这种秩序不可避免地要过渡到另一种秩序的必然性就完全够了,而不管人们相信或不相信,意识到或没有意识到这种过渡。马克思把社会运动看作由一定规律支配的自然历史过程,这些规律不仅不以人的意志、意识和意图为转移,反而决定人的意志、意识和意图。"因此,后来在指出马克思的批判特征时,他写道:"这就是说,作为这种批判的出发点的,不是观念,而只能是外部现象。"马克思的弟子们和许多孔德和圣西门的信徒在这方面并没有增添什么重要的东西,而令人惊异的现象再次表明,实际发展的特殊速度使有关这种发展的思想发生僵化。

3. 所有这些社会理论家都陷入与历史经验的公开对立之中。这正表明经济政策本身的发展情况。人们的意见和精神状态对于经济政策的方向远比经济事实本身重要。赫克歇尔在谈到中世纪重商主义经济政策时说道:"这基于人们必须一再重新强调的情况,即决定经济政策的,不总是经济现实多于人们头脑中对现实的概念。"① 在重商主义时代,当经济政策主要用来保护生产设施,而很少考虑对居民的供应时,当它完全受商品恐惧所支配,并努力从国内抛售尽可能多的商品,尽可能少进货时,尽可能压低工资时,这并非它迫于17世纪和18世纪的经济现实所为。为了理解这一对实际的发展本身起这么大影响的、特殊的经济政策,人们必须认识那时人们对有关国家、政治和经济现实的观点。

这同样适用于工业化时代。在19世纪和20世纪,民族主义思想决定性地参与决定这一时代的经济政策;平等思想或保障思想同样如此。这些思想或基本概念变成"经济政策思想的基本形式",并决定性地确定经济政策的行动。例如,工业或银行向公有制转变是"社会性的",这就是一个变成了经济政策思想基本形式的概念。认为资本主义必然发展,并且像一个天体行经某一轨道一样,这个观点同样如此。

4. 当列宁1917年撰写《国家与革命》时,他并没有关于经济核算问题和对现代国民经济过程实行集中调节困难的概念。他的目的是"把整个国民经济组织得像邮政一样"。但革命一成功,他实际上碰到了经济这一中心问题。在1919年《苏维埃政权的当前任务》一文中,他要求实行"全民计划和监督",并称"计划和监督"是"社会主义革命的根本问题"。但那时,他在思想上是没有

---

① E. F. 赫克歇尔:《重商主义》,G. 马肯罗特(G. Mackenroth)译本,1932年,卷2,第47页。

什么准备的。

没有什么可奇怪的,对于同马克思一样相信历史发展必然性的人来说,集中管理经济的经济核算是不成问题的,这可能是预先想到要解决的问题。必然的历史过程将解决问题本身——马克思必定是这样想的。人们不应忙于解决未来的细枝末节,否则将成为空想家。如果人的理性果真无能为力,如果这理性能证实,但却不能影响这个必然过程,那么这种深思熟虑就真正没价值了。从信念出发,人们在没有蓝图的情况下就开始建造房子。因此,必然发展的思想曾是人们毫无准备地进行集中管理经济试验的原因。否定这些思想的巨大影响,令人想到了 J. H. 默克(J. H. Merck)的话:"在我们这里,人们相信知识分子的影响是这样的少,就像农民在不起风时想到空气的存在一样。"

5. 这一必然性的历史哲学,像马克思及其弟子们所理解的那样,并且——尽管遭到各种科学的批判——今天支配着大众,并卷入若干矛盾之中。在哲学上,经验应得到充分发挥;但是一个神话般的形象被当作造物主。从没有得到证实的规律中推导出结论。观察应廓清自然科学研究;并且正是由于人们模仿某些自然科学,特别是物理学,看不到历史的决定性事实,即人的思想对历史变化的影响。如果人们从一开始只把个人看作傀儡,总之,社会的或资本主义的傀儡,而非本质主体,如果人们先验地将自然法则思想以发展规律形式应用到历史上,如果人们先验地取消个人自由,同时人们在历史上只看到外部事实的关系,而忽视人的计划、奋斗精神、意向和准则,总之,不重视人的思想和愿望,人们就要走向必然性思维,并否定历史上的自由。无须更多引证,在这里这一点也是适用的:预装的思想在描述过程中展开。

对集中管理和必然发展过程的信念联手出现不是偶然的。当圣西门、孔德以及圣西门主义者把人类解释为集体存在物或者集体实体时，结论的决定性前提是，这个实体也是按照自然规律发展的，像动物或植物一样。相反，对集中管理经济的信念给予这一信念决定性的支持，即人类的历史是一个集合体的必然发展。必然性的信念和集体思想同属一体，息息相关。

第十三章　历史事实——对经济政策带来的后果

这同批判历史机制的神话无关。问题依旧是，必然性在历史上所占的统治地位究竟达到多大的程度，实行一个自动性的经济政策有多大的可能性，经济政策对历史进程拥有哪些自由？

回答这一问题并不是让另一个神话来对抗经济政策发展的必然性神话，这个神话或论点是，经济政策简直是不受约束的，可以任意行事，随心所欲。

在这里，一个决定性的现实转向是必要的。只能通过对历史事实的分析来回答这一问题。人们应该研究个别的历史时刻和经济政策行为。这样的历史过程观点对必然性和自由的原则性问题作出了回答。

问　　题

几则例子：1929 年至 1932 年的世界经济危机，几乎使所有国家采取鼓励投资的政策，在德国采取创造就业机会、通过国家担保的汇票提高银行清偿能力、固定外汇汇率政策和后来的外汇管理。这些政策是必然的吗？如果是必然的话，其程度有多大？抑或它是自由的政策？

在德国，1936 年物价冻结后，结存的通货膨胀继续发展。在

第十三章 历史事实——对经济政策带来的后果

许多市场上供求失调；人们是否得到按规定的价格供应的生铁、皮革、纺织品等，是偶然决定的。在这种情况下，经济政策必须对重要物资如铁或水泥实行集中分配，对需求紧迫程度作审查。因此，经济政策越来越陷入集中管理经济之中。当然，也有许多市场仍然自由。这种发展是必然的吗？

再如，在德国外汇市场上，物价虽然被固定，但马克外汇行市过高，供求量分别下降，导致从1934年起实行外汇集中分配。这是一个直接决定德国其他经济政策命运的过程。现在提出了这个重大的问题，而且总是在这样的情况下提出来的：出口因马克汇率过高而相对下降；进口虽然便宜，但数量却很小。因为只有从出口获得的少量外汇可供进口之用。对外贸易额呈下降趋势。经济政策怎么办？当时德国选择的途径是通过所谓的补充出口程序，即通过出口补贴来扩大出口，并因此增加进口；企图尽可能彻底地取代受影响的汇率机制和物价机制。这一经济政策必要吗？或者那时德国经济政策制定者也能像1947年至1948年英、美占领国那样行动吗？这些国家在马克汇率过高的情况下，使进口同微不足道的出口相适应，而不准备为汇率机制建立一个完整的替补机制。

还有劳动力市场的例子。如果那里出现两方面的部分或完全垄断局面，工会和雇主联合会对立，则形成不了稳定的均衡。罢工或解雇危险迫近。在这种市场形式中，国家经常被用作调解场所，具有特殊的职能，它的裁决被宣布具有约束力，例如1919年后的德国就是这样。这种发展是必然的吗？失去均衡的劳动力市场连同垄断斗争必须转变为国家监督之下的市场吗？

回　　答

1. 在所有这些例子中和无数的其他情况下，现存的情况实际上是对经济政策行为的直接挑战。参与过 1929 年至 1933 年间德国经济政策工作的人，对此一定有深刻的体会。严重的危机迫使国家采取增加投资这种经济政策。在其他情况下也有类似的举措。在 1936 年物价冻结后，如果对铁不实行集中分配，那么，在完全随意分配铁的情况下，将给加工工业和整个经济过程造成严重的干扰。人们必须赞成集中分配铁。在汇率固定，并远离名义上的购买力水平之后，人们不得不同意 1934 年的外汇管理和清算合同。国家有关部门试图使失去均衡的劳动力市场通过调解部门至少达到某种稳定，这是很容易理解的。谁置身于实际的经济政策之中，谁就会每天感受到，当时形势的压力是如何强烈地向着某个方向挤压。每个认真负责推行经济政策的人的这种日常体验，好像要从经验中来证实对必然性的信念。——这里哪有自由的地盘？就是说，哪里有组织经济活动，而不受历史过程的强制命令支配的可能性？

2. 为了回答问题，有两个具有意义的事实，这也是思考者在经济政策的实践中遇到的。

a. 1929 年至 1932 年期间，在失业率日益上升，银行支付困难日益加剧，投资停滞情况下，国家急需做些什么。如何做，当然没有完全规定。国家也可以使马克贬值；例如，1931 年 9 月英镑贬值。由此可能对今后几十年的整个发展产生深远的影响，这一点以后还将谈到。

在 1935 年物价冻结后，发生结存的通货膨胀，情况是类似的，当然又不完全一样。物价固定连同信贷扩张使国家急需对基本的原材料实施调节措施。这种信贷扩张在许多市场上拉开了供求缺口。同时，出现各种可供选择的定量供应形式。但在其他商品市场上，如纺织品市场，是否应该并在何时实行定量供应，这是完全成问题的。定量供应和集中管理经济调节的"趋势"是由物价冻结和信贷扩张的经济政策引起的。在特别重要的生产资料市场

第十三章 历史事实——对经济政策带来的后果

上,这一趋势被大力推进,在其他市场上,则只作微小努力。但应以何种方式发挥这一"趋势"的作用,仍然是普遍存在的悬而未决的问题。

一般讲来,虽然不存在从一个现存的秩序形式发展成另一个形式的必然性,但存在一个"开端"。例如,双边垄断劳动力市场失去均衡,促使国家进行调解,并由此可能产生国家对工资形成的监督和劳动力的集中调节。这种发展是难以预测的。存在各种程度的可能性,而不是必然性。

可以双重方式区分"趋势"和"必然性",仍然有可能走上另一个不同于很有可能的方向:例如,通过补贴或强制手段加强出口的尝试不需跟在外汇汇率固定在过高点之后。这些尝试可以不出现。第二,在选取方向时,没有确定选择哪条途径:1948年德国的币制改革方法大概就是如此。

"趋势"这个概念有一定的内容。——区别"趋势"和"必然性"是很重要的,按照必然性日常经济过程在某些给定数据(Daten)为条件的前提下运行。① 例如,一旦存在某些给定数据条件,在完全竞争的纺织品市场上必然会有以某种价格进行适当的供给。或者在某个给定数据系统框架内货币供应量的扩大必然对经济过程产生一定影响。在这样的环境条件下,必然性才占支配地位,而必然性是通过经济学理论原则揭示出来的。一种秩序转变为另一种秩序的发生不是必然的,仅是或然的或可能的,只能在这个方向上加以预测。存在着各种经济秩序及其局部秩序,它们不稳定,有转变成其他的、经常是违背本意的秩序的趋势。发生结存的通货膨胀的市场经济型的秩序可能逐渐转变成集中管理经济型的经济秩序。20世纪的经验证明了这一或然性。其他的秩序是稳定的,没有转变的趋势。

---

① 参见 W. 欧肯《国民经济学基础》第6版,第128、156、173页。

"趋势"不排斥作出决定的自由,但限制这种自由。某些秩序形式具有一定的、科学上可以辨认的其他秩序形式过渡的趋势,这一事实是非常重要的。

b. 另一个十分重要的事实是曾预示过的,值得我们放到中心位置上来探讨:谁参与过 1929 年至 1933 年期间的德国经济政策工作,便能直接体验到,虽然紧急状态促使国家采取某些增加投资的措施,但这种经济政策是出自某些不可改变的条件格局。有效货币供应量迅速,而且简直是灾难性的缩减,是其依赖提供贷款的结果,即由第三种货币体系支配的结果。在此期间,可以改变这种银行和货币供应机构。同样,许多生产资料的垄断性价格,其他约定价格和工资,总之,某些市场形式不需要立即作为不可转变的情况来接受。这种国家提供就业机会和信贷膨胀的"趋势"是由可变的环境条件引起的。到达某种程度,这种"趋势"便要咎由自取了。

另一个例子:在 1946 年至 1947 年期间,德国西部地区曾经商量过,如何才能增加区间贸易。在结存的通货膨胀已知条件下,特别是在各州实行集中调节经济的条件下,增加区间贸易的可能性是非常有限的。通过各州经济部改进易货贸易技术,大体上初步改善了区间货物交换———一般来说,没发生过黑市交易。区间贸易政策朝着一定方向发展,因为它必然是受限制的,并且只能是这样,因为存在一定的环境条件或经济秩序。随着货币改革和广泛取消物价冻结和管制,产生了一个新的环境条件;由此出现了区间贸易的完全不同的途径。

如果各社会势力集团向劳动力市场作一次进军,则这一事实将迫使人们通过国家的干预来克服不平衡。但难道不可能限制垄断集团形成或只允许它在一定的范围内形成吗?

3. 从分析具体经济政策的事实状态及其发生或有关现代经济政策的共同经历中,人们发掘出一个具有普遍意义的真理。历史、经济政策也如此,是由人的行为组成的,不可片面地理解为"过程"——如通常一样。通往自由的可能途径存在于对秩序形式的型塑之中。

经济政策的任务

1. 如果对自由放任政策作不同于流行的解释的话,说它引发集中管理经济方法的趋势则不无道理。因为这一经济政策滋长并积极促进垄断的和寡头垄断的市场形式,因为调节机制部分被固定,部分由于极不稳定而不能使用,又因为失调的货币体系引起通货膨胀或通货紧缩,所以集中管理经济的趋势增强,至少是这一趋势的一个基本原因。没有秩序政策的思想指导,经济政策就会从一种趋势转向另一种趋势,例如,从1929年至1932年的危机转到信贷扩张,从物价上涨转到物价冻结,从集中管理经济的方法转到最后——起码在1948年的德国——通过向交换经济秩序形式过渡结束了与这些趋势相关的一系列变化过程。

不只是自由放任政策,而且实验政策,首先是充分就业政策,推动了转向集中管理经济非本意的趋势。

工业革命以来,不稳定的经济秩序转变成新的不稳定的秩序,人们从中得到这样的印象,即听凭命运注定的发展过程的摆布。所以干预主义和实验跟随在自由放任之后。实际上,过去的经济政策更多是不自由的政策。所以不自由,因为人们以经济政策本身作前提,将其他经济政策引向某一方向。

创造那种不导致非本意的、灾难性经济政策趋势的环境条件或者经济秩序,是经济政策的中心任务,其重要性并不小于具有决定性意义的历史任务。

2. 因此,重新提出这一首要问题:改变环境条件,也即改变经济秩序或者其局部秩序。果真可能吗？在劳动力市场上，双边的部分垄断或者导致集中管理经济趋势危险的货币体系可能取消吗？难道"趋势"的力量不大于要通过秩序的改造来摆脱向一个非本意的秩序转变倾向的意志吗？

实际上，避开一种趋势和将现有的不完善的经济秩序转变为一个有运作能力的经济秩序，经常是困难的。在克服结存的通货膨胀之前，一个现存的集中管理经济型经济秩序——例如在英国、法国或德国可能存在——不能转变成一个交换经济秩序。在这方面不存在自由。但难道不存在消灭结存的通货膨胀，并因此有力地推动废除定量供应和集中计划的政策的可能性吗？尽管存在一切历史过程的压力，同样通过改变从中出现向某一非本意方向发展的条件，在这里难道不存在某种自由吗？

可从两个方面回答这一问题：第一，趋势只说明方向，在细节上存在自由。对此已谈到过。在世界经济危机中，德国的例子就表明这一点，即只要有推行创造就业机会政策的必要，固定汇率的政策的确不是必然的，在马克贬值的情况下，保持自由汇率在随后的年月里也许会创造出一个另外的环境条件。这种趋势不支配某种经济政策的行为，而是展示朝着某个方向的发展。因此，经济政策在有限的范围内的确能够贯彻某些秩序政策的目标，并持续创造环境条件，例如，通过币制改革使集中管理经济调节趋势破灭。

第二，根据经验，在历史上存在具有几年以上起决定性作用的"危机时刻"，经济政策也如此，但不只在其中。这样的情况发生在1807年至1811年间的普鲁士，1879年和1933年的德国，1917年的俄国和1928年的苏联，1931年至1932年间的英国。政治势力的力量格局使人可能作出原则性决定，并由此产生一连串其他的经济政策决定和趋势。使这样的原则性转变成为可能的紧急状态并不罕见，在紧急状态中，此前少数人的经济政策构思可起到决定性作用，并且创造经济政策的环境条件。

现在的观察也表明，经济政策的观点、态势、总构想对实际的经济政策起着多么大的影响，也即部分是它们在"趋势"范围内指出一定的转向途径，部分是它们在"危机时刻"发挥作用，并从根本上促进建立新的环境条件。

经济政策行动的直接后果

1. 经济政策工作产生以下结果：应当用三种观点考虑经济政策。

a. 比如保护关税。我们已经看到，以竞争为主的经济秩序，保护关税通常直接造成货物供应的延期。此外，它会引起受保护工业形成垄断趋势，并因此开始改革经济秩序。保护关税直接或间接地影响经济秩序改革。

b. 另外一个例子是低息政策，比如美国在 20 世纪 50 年代推行低息政策，不仅使物价上涨，而且引发监督物价和集中管理经济倾向。两种因素——直接影响和所引发的趋势——都重要。直接影响是必然的，不可避免的。若实行钢铁关税，则它对钢铁和其他所有商品价格都有一定影响。这种影响视现实的市场形式和货币体系而定，但都是避免不了的。第二个影响是"趋势"，即在钢铁工业中形成垄断。

c. 因此，产生第三个影响：影响其他秩序。垄断形成，就是说，改变了经济秩序，还会引起国家秩序和法律秩序的变化。因为，垄断可以影响立法，垄断集团自己创立的公共商务条件法排除这方面的国家成文法。或者低息政策：它对经济过程产生直接的、必然的影响，不仅引起监督价格和集中调节经济过程倾向，而且用集中调节经济办法直接改变国家秩序和法律秩序。这两种秩序的相互依赖性，我们看得非常清楚。现在，人们根本不想看到在其他秩序中实行低息政策所起的变化，行政机构的权力超越其他国家权力，限制公民基本权利、实行国家集权制等。今天的人或许会这样解释：资本主义必然发展成社会主义，并在历史过程中改变国家性质和法律。这是没有实际价值的解释。经济决策者应懂得，他们在这种情况下用低息政策启动了整个过程。

2. 改变局部秩序会引发像雪崩一样的作用，雪球将越滚越大。这种改变往往是用渐进的方法进行，即分三个阶段：直接效果，引起形成另一种经济秩序的倾向，最后影响其他秩序。

1926年以来，许多国家的农业政策和组建强制性辛迪加、联营集团和固定物价，不单激发集中计划农业经济过程的趋势，而且也大大有助于改革世界国际商约体制和国际政治秩序。经济过程和各种秩序的总体关系，有可能从某一点起产生非常强大的作用。但是，谁要是不重视经济政策中的这些总体关系，谁就是在玩火，可能以似乎无害的措施造成一场爆炸，而参与者却觉察不出谁是肇事者。

这是一切经济政策行为的基础，意义应是深远的。任何行为——不管是关系到合作社法，品牌商品法还是货币发行银行国有化法——应及时看到它对经济秩序和经济过程的直接作用，看到它对可能引起改变经济秩序的倾向的直接影响，再者，还要看到它对其他秩序的进一步影响。这个准则是经济政策的基本原则。

当然，对经济政策产生影响，必要的不是点式的经济政策。我们要不断研究经济政策的相互依赖性。例如，如果试图通过反垄断法反对垄断，那么其他经济政策和由此政策创造的环境条件引起集中的历史倾向，要强于反垄断法。只要某个参加国还存在结存的通货膨胀，各个自由贸易协议应如何克服自给自足经济和双边主义倾向呢？只要这种通货膨胀不消灭，各种举措就不足以克服这种倾向。

只有一种使得各种活动以一项总体决定为取向的经济政策，才能面对历史倾向赢得较大的自由。

结　　论

1. 历史上的思想家们一再碰到既自由又不自由的事实。"第一，我们自由自在，第二，我们成了奴仆"（歌德语）。在历史上，自由与必然性独特地相互纠结在一起。

对现代工业化时代的现实经济政策的分析，证实了古代智慧的成果。经济政策为秩序政策提供条件；这些条件又引发各种趋势，这些秩序常常不受重视，但是可以预见，并且可能受到重视。

对必然发展的信念是以相信发展要符合客观需要为基础的。换句话说，工业经济必然带来经济政策的现状，后者适应前者。但这是个错误观点。这儿还有个例子：客观需要越来越要求国际贸易有一个可靠的秩序，因为工业化发展迫使国际交往加强分工。然而，历史趋势已经发生变化：由于出现私人权力集团和各种民族主义——特别是新近在英国、法国和很多其他国家出现鼓吹充分就业政策的民族主义，因此，没有满足客观需要，就是说，没有满足国际交往需要，相反，却出现造成国际分工困难的情况。为解决这一问题，还需要一种摆脱某些历史趋势的经济政策，以便为客观需要服务。

2. 只有符合实际，符合历史时刻的观点，结合思想分析，才能对原则性问题的必然性或自由作出回答。我们要在这方面进行探讨。读者可以进行抽样调查，并研究自己亲身自始至终经历的任何一个经济政策行为。比如，手工业同业公会法、储蓄银行法和对外贸易法。他一定会遇到历史的"趋势"及其产生的某些环境条件，回到一系列趋势及环境条件开始时的"危机时刻"。

实证主义如自己认为的那样，低估了充分利用经验。但是真正运用经验的人，却得到有关必然性学说未证实的结果。

3. 当然，现实主义的分析同时证实，当经济政策的趋势成型的时候，它具有怎样的威力。当否定这些趋势的时候，人们可能会得到一个有关实际过程和自由决策的假象。因此，可能会阻碍完成给工业经济建立有运作能力的、具有人类尊严的秩序的任务。对历史趋势的危险性认识不清，或不按趋势办事的人，使自己受约束，在现代工业经济中听凭难以驾驭的历史威力的摆布。还有一个例子：如果在致力于建立经济职业阶层秩序时，建立半官方的自治实体、强制性辛迪加或者公共经济实体，因此，产生工业、农业和工人阶级的权力机构，它们会坚决地规定进一步的经济政策。这些垄断权力实体使调节机制瘫痪，迫使国家采取新的措施，这些措施又被置于享有国家特权的权力实体压力之下。所有这一切都是可以预见的。因此，谁要想使经济政策从这些势力手中摆脱出来，就必须及时认清自己可能引起的某种趋势的危险。晚了就难办了。接着要说明的是：您要怎么办？我们可能没有其他办法。正是存在必然性。对此要回答：是还是不是。如果是，随着这些权力实体的形成，就要引发提出另外的经济政策的趋势。如果不是，成立这类权力实体就不必要，在这一点上应归咎趋势本身。

4. 法律政策以经济宪法的总则为依据，重视一切法律政策的相互依赖关系，从而摆脱本身造成的、对所谓的必然性的依赖。要克服模糊的总体思维，消除资本主义之类的拟人化概念，运用形态学思维，要搞清楚以经济秩序改变法律机构的职能，因此，任何法律政策行为，根据其所支配的秩序形式的不同而有不同的意义。

5. 严格地说，经济政策要不受约束，必须以高度的现实主义来对待"必然性"的危险。我们说过的，古代圣贤在论述有关人们因自己的过失与命运的必然性时强调，要同时教育人们成为自由的人。只有认识自己与必然性有关的人，才能不受约束。尽管涉及企业工会法或关税法，必然性不仅对经济政策，而且对任何经济行为都适用。由此可能对整个经济秩序及其他难以对付的秩序产生影响。有人偶尔谈到工业化和技术化经济的恶魔般的力量时说，人们几乎对付不了这些力量。如果能为这些力量创造相应的发展条件的话，这些力量是可以掌握的。否则，人们将会自作自受。

特别是目前，问题不在于使所谓的必然发展过程适应于集中管理经济。更确切地说，我们看到，工业、农业和工人的自我管理权力集团的形成以及特别危险的货币秩序不稳定导致经济过程的合理性越来越小，因此出现萧条、失业和供应不足。这样又引起集中管理经济强大的发展势头。如果能成功地消除产生这些趋势的前提，则这些趋势就有可能克服。

6. 为此，要达到一个基本点。人只要思想上能明确，哪些结果是在他自己创造的环境条件下产生的，他就可能获得自由。

我们的调查证实了赫尔姆霍茨（Helmholtz）的话："除外，按照科学规律揭示出来的科学现实，远比神话幻想和形而上学空想极力臆想出来的现实高尚和丰富。"多样性总比必然性抽象教条臆想出来的东西要丰富得多。因此，科学任务也在发生根本性的变化。无论过去还是现在，只要以必然发展过程论题为基础，科学的任务——就其经济政治意义而论——就在于为必然发展过程找一个通用公式。

从孔德、圣西门、圣西门主义者到马克思，无数社会理论家都曾为此进行过尝试。但是，如果人们从探讨一开始就放弃历史发展过程教条，并让现实的经济政策发生作用的话，便会得到我们试图描绘的概貌。但是，当科学从意识形态变成现实，并同时让历史时刻充分发挥作用的时候，科学便以其特殊的方式为自由事业服务。科学不再受历史过程的必然性公式束缚，并证实经济政策可免于必然性的束缚，认清经济政策怎样才能避免非本意的发展趋势等问题。因此，经济政策能促进发展和抗拒随历史潮流而动的危险。只有秩序的思想取代历史必然性的思想，经济政策才能有自由。

第十四章　技术、集中与经济秩序

占据优势的观点

1. 在经济政策中，如要贯彻秩序的思想，首先必须清除当前在评价经济和社会权力以及其他一切经济政策问题方面广为流行的基本观点：现代技术必然导致大机器和大企业的出现，并引起集中和垄断，最终导致集中调节经济过程。因此现代技术将消灭竞争。

这些观点产生于 19 世纪初。但是，当前仍有很多关于未来经济政策的思想受其影响。西斯蒙第说，在"产业主义时代"，新机器引起越来越多企业的劳动集中，因此，出现竞争反对竞争。马克思搜集了大量英国早期工业史资料，为此作证。马克思深信，在历史发展进程中会发现集中的规律性，并有力地阐述这一规律，提高说服力。该规律表现在工人和劳动机器集中在大工厂里。特大的纺织厂排挤中、小纺织厂，最后也排挤大纺织厂。今天的技术水平，或者正如马克思所说的，物质生产力的发展阶段需要把生产集中在一两个大工厂里；这就必然导致垄断。[①]

[①] 西斯蒙第（Sismondi）：《政治经济学新原理》，卷 1，第 2 版，1827 年，第 327 页。K. 马克思：《资本论》，卷 1，第 4 节和第 7 节。

到了近代，反复出现类似的描述。[①] 当然，观点都不一致。有人认为，工业经济根本不可能实现完全竞争，总之——如果可能的话——完全竞争不可能实现任何经济范围内的均衡，因此，不可能对经济发展进行有意义的调节。这是西斯蒙第、马克思和圣西门主义者的观点。熊彼特和一部分公众今天仍持这种观点。马斯齐（Masci）、施马伦巴赫等人认为，完全竞争虽然可以产生一般均衡，但是不可能实现。就是说，一部分人相信，完全竞争既不可能均衡，也不可能实现；另一部分人则认为，它虽然可能产生一般均衡，但今天不可能实现。还有些人认为，完全竞争糟得很，该死，而另一些人则说，它虽好，但该死。双方一致认为，生产集中和经济权力产生于现代技术，竞争必将从现代经济中消失。

2. 后来，秩序政策问题以某种形式出现。作为调节工具的完全竞争市场形式被淘汰。"因为简单地退回到历史上已经消失的完全竞争秩序是不可能的，大企业的兴起，庞大的工业和金融集中占统治地位实际上是由技术性质的、必不可少的需要决定的，有利于特定资本优势的增长，所以，需要用其他体制代替竞争的自动调节机制，在这些机制中国家的干预和活动，其中就各种力量和因素自发而非自动的协作意义而言，必然发挥越来越重要的决定性作用，它们在经济生活中以超越简单的个人活动的影响和范围发挥作用。"（马斯齐语）为解决秩序问题，应保留或多或少受国家监督的强制性公司，或考虑中央计划部门调节经济过程。只要人们认为，这些秩序形式可行时，就似乎有可能给工业经济带来有效的秩序。但这种看法证明站不住脚。我们的论述也说明，这种看法经不住20世纪的经验检验。

---

① 例如：熊彼特《资本主义、社会主义和民主》，德译本，1946年，第8章；G. 马斯齐《社团经济论》，1938年，第98页等；E. 施马伦巴赫（Schmalenbach）在1928年第22集《商业经济研究》杂志上发表的文章：《自由经济的回顾》，第241页等，1949年。

如果竞争必然衰落的看法正确的话,那么形势发展是没有希望的,现代世界中心的经济政策秩序问题也不可能解决。本书可能也就结束了,因为它似乎提出了不可能解决问题的证据。因此,我们要问,竞争必然衰落的看法是否正确。

技术强化竞争

1. 在圣西门主义者和马克思时代产生现代技术消灭竞争的观点,是完全可以理解的。在这期间,工业化大大地前进了,新的基本事实对工业化产生影响。[①] 他们的观点与此完全相反。现代技术引发激烈的竞争趋势。竞争每10年增强一倍,20世纪的竞争比19世纪更为激烈。当然也不断采取断然措施来对付竞争。

现代技术虽然用三种方式强化竞争要素——名副其实的竞争。

第一,由于交通得到特别的改善和交通费用的降低,许多地方市场相互交错,失去其独立性。卖主相互竞争,他们早先都拥有过地方上分开的寡头或垄断地位。几乎每个农业或工业企业史都有这方面的例子。如,某个木材加工机械厂,19世纪末,它几乎独家向本地市场的木工厂供货,垄断那里的市场。但是,随着铁路、航运的发展和机动车辆的普及,工厂扩大销售范围,同时,在自己过去控制的销售地区也出现外来机械厂。经常有人说,19世纪70年代以来,铁路和航运运费不断下降,造成欧洲粮食市场竞争的尖锐化。这一过程只是普通事件中的一个小小插曲。通信技术——电报、电话和广播——迅速发展,和运输技术一样,有效地推动市场发展。地方原料和粮食市场消失了,为建立原料和

[①] C. 布雷夏尼—图罗尼:《经济政策引言》,德文版,1948年,第9章,与埃瑙迪(Einaudi)和罗宾斯的著作。

粮食市场的垄断地位并给卖主市场提供许多机会。通信技术的进步根本改善了许多原料、半成品和制成品市场的竞争机制。

这一发展在劳动力市场上尤其重要。它在这里发生了革命性作用。19世纪中叶前后,产业工人只指靠一个或几个企业或自己住所附近的工厂。雇主在劳动力市场上经常拥有需求垄断或寡头垄断地位。随着铁路的发展、汽车和自行车的使用,情况改变了。现在,许多工人每天乘车行走大段路程上下班。每天交通工具运送大批工人。企业的附属区大大地扩大了,并因此互相交错。在德国,这种附属区的半径上升到70多公里。因此,市场形式在劳动力市场上发生了根本变化。因为现在工人在需求者之间可以有更多的选择。过去不常出现的竞争,现在活跃起来了。这正是现代技术促进竞争的发展。

第二,技术引起的替代竞争出乎意料地尖锐。19世纪初,男子对此还一无所知。但是,现代人应注意这样的基本事实。人造丝、人造毛、尼龙丝和其他纤维的发展以及煤炭的竞争对手石油的发现,砖瓦的竞争对手新建筑材料的出现,瓷器的竞争对手新材料的出现、合成橡胶与天然橡胶的竞争,只是日益加剧的替代竞争的少数几个例子,这是一种普遍现象。因此,对各种商品需求的弹性在变高;尽管各种商品的卖主都是垄断者,但市场形式近似完全竞争。因此迫使垄断集团采取类似的竞争态势:例如,砖瓦厂卡特尔要与新建筑材料竞争,就是说,要重视更大的需求弹性;铁路的情况也是如此,要与新出现的汽车行业竞争。替代竞争成为普遍现象,它参与每个家庭和企业在买卖中的决定。

第三,最后一点:由于技术知识的最新发展,现代工业机构具有高度的调整能力。深加工工业工厂迅速从一种产品生产转变到另一种产品生产,即适应市场能力大大提高。20世纪的两次大战中,这一事实变得非常明显,它使行家们吃惊,同时还参与决定战争进程。钟表厂迅速转产制造引爆装置,机械制造厂转产制造手榴弹和潜艇部件。在短期内改变了大部分工业生产过程。反之,在战争结束后,例如:当炮弹厂转产制造机器,坦克厂转产制造汽车时,这些工厂又迅速实现转产。1945年后,美国生产设施令人惊异地迅速调整,使其在无危机或无萧条的情况下为和平进行生产。

这种调整能力不仅在战争中,而且在和平时期都有积极作用。"生产的调整能力"概念有确切的内容。将一个企业的生产从一个市场转到另一个市场,这正是企业的能力。在近半个世纪中,这种"生产的调整能力"有了很大提高。

与1900年前后相比,深加工工业企业中的生产计划不断改变:例如,生产火炉的工厂同时生产冰箱,后来生产收音机。所以,它以竞争者出现在新的市场上。在卖主市场上,供应特种泵的另一家公司放弃竞争,改产农机。第三家公司从生产自行车转产摩托车,第四家光学工业公司开始生产锁。根据利润情况,制造产品的生产计划年年改变,选择"产品"对深加工工业企业来说,是经常性的任务,选择绝不是固定的。如果不是专利或许可证费阻碍转产,公司从市场到市场的流动会更加剧烈。技术,尤其是现代机械技术的发展允许这种流动。所以,在大多数深加工工业市场上,卖主要不断考虑对付新出现的有效率的竞争对手。

原料工业,比如煤、生铁或电力生产方面的情况有所不同。实际上,这些工业部门每年基本生产相同的产品,变更已经确定的生产计划在技术上是困难的,只有在有限范围内才有可能。因此,在这些企业中,生产的直接调整能力很小,或者缺少调整能力。但是,在大范围内存在间接的调整。煤、电力和生铁几乎有难以估量的用途。因此,使用这些原料生产的产品有可能长期进行交换,并同其他产品展开竞争。制药厂,现在转产其他化学产品,几乎同样需要电力,因此,在新的市场上,人们可用电力展开竞争。现代技术的发展也在这方面强化了竞争。它还大大扩大了原料的用途。比如,煤不仅当燃料,而且还作染料、药物、氮肥的原料，其产品出现在各种市场上。"间接"表现在深加工工业中的"直接"作用上：生产的调整能力和竞争因素的提高。

2. 但是观念上的落伍也掩盖了这一基本事实，并产生经济政策上的表面问题。企业使用现代生产技术会丢掉适应市场需求变化能力，这个一百多年前出现的看法，现在仍占统治地位。首先是固定投资，资本不能撤回，资本被限制在一定的技术形式上，以此形式服务于生产，因此不能避免损失，而生产不能转向其他有盈利希望的市场。有人把现代生产设施看作是僵化的，只重视某些产品的生产，而不能适应技术发展。将迅速变化的需求与之比较，从这个冲突中产生一个重大的经济政策问题。这个思想也属于受凯恩斯影响的充分就业论和充分就业政策的基本观点，即不顾需求变化，企图使所谓僵化的生产设施继续运行。但这个基本观点与现实完全矛盾。1850年前后或1900年左右，在技术不太发达的情况下，工业生产设施存在一定的僵化。当前，虽然不可能将已投入的资金立即从一家工厂，比如化工厂收回，用以建设一座自来水厂，但化工厂能迅速改变其供应化工产品的市场。化工、机械制造、制鞋等工业根据盈利机遇继续调整生产计划，尽管工厂已有大量固定资产投资。

3. 例如，施马伦巴赫经常报道现代工业中的"固定"费用相对增长，那儿有大煤粉锅炉或齿轮铣床，几乎见不到干活的人；生产设施好像被固定在铁石上。由此得出结论说，工业生产设施缺乏调整能力，好像生产设施始终生产同样产品。实际上，锅炉厂也经常用机器生产其他产品，其齿轮铣床也为不断更新的产品服务。例如，自行车厂允许用流水线生产和运送各种产品。如果某发电厂的锅炉运行，并不改变生产电力，那么这些电就容易被转作其他用途。

"固定费用"不是"固定生产"。随着技术的发展，生产的调整能力直接或间接地提高了，使整个现代化生产设施有了很高的调整能力。尽管固定费用高，生产设施会有调整能力，但旧的学说过时了，这比较容易确定。有人还多次提及铁路的例子。铁路有很高的固定费用；但运输效率在其构成方面不断发生变化。我们到一家轧钢厂，请一位师傅给我们看他每天接到并要完成的轧钢计划。虽然固定费用高，我们发现轧制的材型符合订货要求。

三个要素都起作用：扩大市场、替代品增加和生产的调整能力提高。几乎在所有企业里和所有工业、交通、商业和农业市场上都可以确定，现代技术以这种或那种形式大大促进了竞争。

企业集中，非经营集中

1. 在这个领域内，也出现工业集中。一致的看法是：正是大垄断或寡头垄断权力集团的形成，阻碍了许多国家和很多市场的竞争。但是，对这种集中的特征，经常存在错误看法。有人认为，技术促进生产集中只发生在极少数大工厂里，这些消灭小竞争者的大工厂是垄断资本家。这个概念是完全错误的，急需更正。

高炉、轧钢厂、机械制造厂和其他工业工厂在规模上明显扩大了。实际上，这正是技术发展推动了工厂的发展。但工业的集中不在此列。各个高炉厂和纺织厂，即使是大工厂，其经济权力本身很小。与庞大的市场相比，它们多数只提供适量的产品，制鞋厂或汽车制造厂情况相似。

更确切地说，工业集中运动的特点是，许多工厂被置于统一的领导之下。例如：数家人造丝厂受一个康采恩集团领导；煤矿、高炉厂、轧钢厂、机械制造厂等纵向集中，统一管理。美国通用汽车公司、福特汽车公司、共同体或联合钢铁厂拥有上百家工厂。中小厂商也往往拥有很多小型工厂，比如一家中型机械制造厂同时有铸造厂和桶塞厂。这里所说的小型，大体上是对康采恩而言的。通过建立卡特尔，联合多家公司，各个公司同时又拥有多家工厂。每一个煤矿只是煤炭公司所属工厂中的一个，煤炭公司又是煤炭辛迪加成员。一家中型医药工业工厂有200名工人，归一家拥有十几家化工厂的康采恩所有，是各种卡特尔的成员。这是事实上的集中。但是，马克思设想，一家大制药厂将为整个市场生产产品。

起决定性作用的，不是随着技术发展实现各个工业工厂的扩大，而是个别工厂控制着大批工厂。"因为集中的根子不是'经营'，而是'企业'及其联合体，所以，把集中问题等同为日益增长的企业经营规模问题，是不恰当的。至于'最佳企业经营规模'的调查研究，只涉及集中问题的皮毛。"①

2. 当然也有不容低估的例外。在某些生产部门，一家机器设备良好的大厂的产品就足够供应某一市场。在这种情况下，好些工厂不能以清偿价格销售产品，如某市有轨电车或制瓶厂。

如果出现这种情况，因为缺少替代竞争，技术知识的发展可能产生垄断或寡头垄断。正如铁路发展史，过去被视为垄断技术发展的令人信服的例子，使人认识到，汽车和航空技术对汽车和航空业的垄断起了多大的决定性作用。

3. 工业集中经常表现为大批工厂的联合，实行统一领导。这种集中难道不也是通过技术发展促成的吗？

有人会提出下列事实作为理由，即一些仍使用旧技术的小公司，经常被采用新操作法的大厂消灭或受其威胁。大部分手工业，如纺织手工业和碾磨业被挤出生产，许多小型石灰厂受现代化的

---

① 参见 F. 豪斯曼（Haußmann）《经济集中》，1940 年，第 73 页；C. 克拉克（Clark）《经济发展的条件》，1940 年；国民经济委员会报告，华盛顿，1941 年，W. 勒普克《人类文明》1944 年，第 297 页等。关于康采恩经营不合理的事实：S. R. 丹尼森（Dennison）《大生意经问题》，1947 年 11 月。还报道有关德鲁克（Drucker）的书《大企业》，1947 年，对美国通用汽车公司的详细调查。

大型石灰厂威胁，大批陈旧的醋酸厂受产品价格低廉、生产规模大的新厂威胁。集中不是这样产生的吗？

这些事实过去有过，现在还大量存在。这是严重的社会政治问题。因为人们要问，怎样才能够将那些工厂的工人迅速地重新纳入生产过程。还真会发生某些局部的集中：现在一个厂代替数十家或上百家有其自己工厂的公司进行生产。实际上，在这一点上，现代技术促进集中，但是这种新型大厂，如一家纺织厂，它排挤掉附近地区上百家小手工纺织厂，现在大多都要与其他新纺织厂进行竞争。19世纪和20世纪，一些工业史说明，使用大设备的中小型公司的衰落不等于竞争消失，因为竞争通过扩大市场和替代重新得到发展。此外，众所周知，新技术的发展，比如用微型发电机发电，价格适中，有利于许多行业中的中小型工厂。

现代技术好像还用另一种方法推动集中。建立现代化高炉、轧钢厂或氮素厂需要大量投资，致使生产集中在少数企业手中。新的竞争者因筹集资金困难可能难以产生。所以，在这些工业中存在寡头垄断倾向；因寡头垄断市场趋于不均衡，寡头垄断者倾向于建立卡特尔。就此而言，技术事实上起到促进集中的作用。但技术也引起反作用，不一定必然产生垄断。当经济政策不妨碍国际竞争时，国际竞争在这些市场上通过技术得到加强。同时，替代竞争利用现代技术也发生作用，例如高炉：有西门子—马丁平炉炼钢法，除从空气中提取氮，还从煤炭衍生物中提炼氮，此外，还改进设备提炼钾硝。但这种利用现代技术具有深远影响的竞争倾向，经常受到卡特尔的阻挠。

还有一个远洋航行的例子。采用现代造船技术，建造大型远洋轮船和设备，需要大量资金，因此，要寻求大企业和联合以前独立经营的海运公司的支持。同时，技术还产生反作用：加快陆路和内河运输，降低运输费用，加剧了例如西北欧码头的竞争，结束了内陆和各港口以前的地方孤立状态。但这种日益发展的竞争通过组建远洋航行协会得到遏制或消除。由技术引起的竞争，受到有组织的反对。

现代技术的后果，是大工厂、铁路、公路建设和大城市侵占了大片土地。过去的工厂与我们眼前看到的工厂相比，显得很小。因此产生了技术促成集中的想法。但是发展表明，过去和现在集中的过程都不是如此简单。近百年来的工业集中有很多原因。争夺权力，形成垄断倾向，经济政策和法律政策引起集中或有利于集中。集中源于整个历史发展。现代技术在整个历史上也起过作用。但是，技术设施必然产生康采恩和辛迪加的看法，是不正确的。

秩序形式对企业规模的影响

1. 迄今，人们仍这样认为，似乎工厂的规模及其应用的生产技术是以技术知识水平为基础的。虽然这是普遍的观点，但却是错误的观点。

工厂规模和机械化程度也是由现行的秩序形式决定的。我们在分析集中管理经济时已经遇到这一事实。中央计划部门通常倾向于建立特大型的工厂项目，如1928年以来的苏联和1933年至1944年的德国，建立大汽车厂和大机器厂以及大电厂。20世纪，实行集中管理经济的交战国战时经济大多留下特大型工厂，例如，生产合成汽油、合成橡胶或氮素的工厂。对大工厂，计划部门容易制定计划和实行监督。集中管理经济对生产技术集中产生重大影响。中央计划部门不能准确地确定，这些大厂依据成本核算是否合适。如果能确定，计划部门就不需要以此为准。经济秩序对工厂规模和生产机械化的作用就表现在这里。

类似情况也适于供给垄断。在供给垄断时，工厂的规模也可能大于在竞争情况下的规模。之所以会如此，是因为垄断资本家

第十四章 技术、集中与经济秩序

能容易转嫁巨大的投资风险，因此较快地进行大的投资活动。

2. 因此，在实际经济活动中，存在一种引人注目的特殊的相互依赖关系，即技术知识的发展——如前所述——影响市场形式，无论是走向竞争，还是形成垄断或寡头垄断。技术知识的发展有助于建立经济秩序。相反的关系也很重要，但很少受重视，即应用技术及其有关的工厂规模取决于现行秩序形式。集中管理经济秩序结束以后，即战时经济结束以后，超大型工厂给建立合理运转的经济秩序造成明显的困难。要是德国在20世纪没有经历集中经济调节时期，没有大垄断集团的话，它的生产设施可能会是另外一个样子，并缺少许多大型设备。

理论上应该是，工厂的规模和整个应用技术不能仅仅取决于当时的技术知识水平，同时也取决于其他所有决定经济过程和投资的数据，即取决于工人的数量和质量，取决于资本规模，还有法律和社会组织等。

但对经济政策适用——这样的结论：把工厂规模和机械化程度当作经济政策的参照数据，是个错误。[①]

当经济政策影响或建立经济秩序时，它对工厂规模和整个应用技术发生作用。例如，如果推行结存通货膨胀政策并因此引发集中管理经济倾向，那么，就会因此推动建立更大的工厂。应用技术、机器设备不是巩固经济和经济秩序的基础。这里，普遍的传统看法也是错的。在完全竞争的情况下，工业设施是另外的样子，它由比其他市场形式更小的工厂组成，与集中计划相比，差异特别大。

经济政策由于参与决定经济秩序形式，对人类生活的整个建立负有重大责任。

[①] 凯恩斯（Keynes）在其《通论》中也做了说明。W. 欧肯在《国民经济学基础》一书中对理论问题作了进一步阐述，第6版，第133、157、213页。

反对竞争

如果现代经济发展的普通概念要反映现实,则它似乎必须加以改变。

1. 根据陈旧的、广泛流传而影响深远的观点,现代技术要求建立庞大的工厂,消灭中、小企业,让工厂规模、供应固化和不断变化的需求之间产生内在的矛盾,而生产不能继续适应需求。因此,为维护经济秩序,必须有康采恩、托拉斯、卡特尔和其他垄断集团,必须有国家干预、各种团体、充分就业政策和集中计划。大多数人都有这种概念。

我们下面将要看到的完全竞争的市场形式,往往是不受欢迎的。它要个人服从市场监督,进一步剥夺个人权利,强迫提高效率,迫使人们不断适应市场变化;在亏损威胁和破产的情况下,它拥有令人感到不快的强制手段。因此,人们在这种市场形式继续扩大的时代,对竞争的反应是可以理解的。

2. 但是,恰恰是在20世纪,现代技术极大地强化了竞争因素。经济政策的形成并没有起因于因技术消灭竞争的所谓衰落。情况是相反的。在反对日益增强的竞争过程中,实现了现代经济政策的基本部分。始终到处存在的垄断形成倾向的作用愈强烈,各个公司失去旧的垄断或寡头垄断地位就愈多,就愈被拖进竞争。与此同时,在得益者的压力下,国家通常用经济政策对付竞争。例如19世纪70年代末以来,国家利用关税,进口禁令、外汇经营以及其他贸易政策措施,交替使用,反对因降低交通费用产生的国际竞争。消除日益增长的"替代竞争"变得越来越困难。举个例子来说:随着汽车(即产生于现代技术)、国有铁路及其垄断地位的发展,产生了大量的、有效率的竞争者。1931年10月颁布紧急命令,新的竞争受到广泛的遏制，建立国家强制性卡特尔，阻止竞争者充分发挥竞争。① 最后，从工业设施日益增长的调整能力产生出来的反对竞争手段也是多种多样的。此外，还利用专利、专利权共有体、国家投资禁令、限制许可证发放以及其他经营行业自由权的限制。第二个例子是：20 世纪初，美国波特兰水泥康采恩购买了用高炉炉渣生产水泥的专利权。用这种方法阻止美国高炉工厂用炉渣生产水泥。因为专利权被用作阻遏性专利。技术发展还使替代竞争得以进行。但是，反对替代竞争的方法，与国有铁路方面使用的方法不同：阻遏性专利是取代强制性卡特尔而经常采用的方法，也是阻止或至少推迟替代竞争产生的方法。值得对在争取替代竞争中发展起来的整套机构进行研究。这套机构的建立是国家经济政策的一个重要部分。就整体来说，这是一个私人和国家措施的权力系统，旨在现代经济中削弱或根除完全竞争的倾向。没有因此获得强烈印象，就不可能研究现代工业企业。日益增长的竞争与防止竞争之间的紧张关系，是近代经济史的基本事实。

对科学与经济政策的后果

1. 当前，认为现代技术将消除竞争的观点，不仅是某些科学家的看法，同时也是特殊得益者的突出意识形态。之所以特殊，是因为两种不同风格的领导阶层都利用它。为证实建立私人权力的必要性，这个论点对卡特尔和康采恩的负责人和干部都十分有用。如果现代技术真能使私人权力的形成成为必然，就似乎会免受批判。另一方面是集中计划体制中的干部，这一论点是为其权

---

① 参见 A. 施米特（Schmitt）《交通政策》；A. 韦伯（Weber）《国民经济学说》，卷 4，1933 年，第 249 页等。

力要求及生存权利效劳的。技术导致不堪忍受的、迫使实行集中计划的"垄断资本主义"。这样，一个明显与实际矛盾的看法，从两种领导阶层中获得对经济政策发生强大影响的推动力。

2. 与此相反，有人一再指出直接强加于工业企业或农业企业的实际情况。科学应强调和准确说明实际情况，决不能在没有充分事实根据的情况下，囿于继续推行旧的发展模式。科学也不应当建立从抽象推论中获取的竞争概念，比如，在竞争概念使用上，人们根本不可能领会什么是替代竞争。此外，它掩盖的正是某种经济中真正的事实。

竞争没有过时，而是相信竞争过时论的信念过时。事实打破了认为完全竞争引起衰落的旧的历史观。熊彼特断言："完全竞争在现代工业条件下行不通。"这是时代错误思想的典型表述。这类看法丝毫没有触及事实。

3. 如果技术、竞争和垄断等事实像所概述的那样，则秩序政策问题完全不同于旧的看法。不存在旧看法所依据的和我们开始时谈到的前提条件，即竞争的衰落，以及竞争不能选作为可能的秩序形式。现代技术没有把经济政策推到必须采用某些秩序形式的绝望境地，如采用集中计划或强制性社团，它们威胁社会、经济以及一切其他的人类秩序。

现代技术知识的发展，在两个方面产生了影响。它毁掉许多小企业；与此相反，通过发展替代竞争、扩大销售和提高生产调整能力，也强化了竞争因素。它对集中过程的影响还产生矛盾心理。第一个观点在工业化的第一阶段可能引起普遍重视，而在第二阶段（特别是20世纪初），技术发展使竞争发挥更大作用。这一事实是基本的；它现在引起普遍重视。——经济政策难道不应放弃反对竞争？难道它不应发挥那些事物本身自行要求实现的东西？可能通过经济政策，将那些要求竞争的力量，也正是现代技术力量用于实现经济秩序。

第四编

竞争秩序及其实现

第十五章 竞争秩序政策——导言

形势——新的开端

1. 试验时期应该结束。

集中指导的经济政策的一系列试验虽然保持投资活动和消除低就业，但它无法真正解决工业化带来的重大问题：既不能解决充分按比例发展问题，也不能解决分配问题。确切地说，它使各种问题，包括随着工业化进展可能产生人的自由问题，更加尖锐地凸现出来。技术发展、工业化和集体化所面临的问题，在试验中表现得尤为尖锐。

但在经济政策上试图走中间道路的国家里，进行的是另外一种试验，其结果是出现一种集团无政府主义，短缺导致经济过程均衡化的趋势。

2. 有些非常强大的历史势力反对建立充分的秩序。分工的工业经济对进行统治和运用权力提供了历史上前所未有的机会：要么是由一个单一的政治权力集团把国家机器和一切权力集中到自己手中，要么是许多私人权力集团或受到国家支持的权力集团狼狈为奸或相互攻讦。20世纪中叶比其初叶离这个秩序政策问题的解决更加遥远。

3. 这样我们就站在一个关键点上。

如果自由放任政策的失败，是因为它将经济秩序形式基本上让私人去决定，那么，以后时代的试验的失败，则是因为这些试验企图对日常的经济过程实行集中调节，无论这种调节是由中央部门单独进行还是同私人联手进行。如今经济政策的探讨常常很快陷入死胡同：这些探讨总是停留在"集中管理经济"与"自由经济"对立上。经验表明，这种非此即彼的做法不可能解决经济秩序问题。关键必须从更深层开始。

在解决工业经济调节的整个问题之前，必须首先解决庞大的、天天存在而又无法预见的、相互联系的经济过程和经济秩序同国家秩序、法律秩序以及社会秩序之间的千丝万缕的关系。这里是秩序政策唯一可通行之路的开始：这种秩序政策试图创造经济活动或者影响经济活动形成的条件。但是，它让企业和家庭在这些形式中自由决定计划和行动。怎样才能做到这一点？不是根据个别想法就开始试验。确切地说，是基于对各种秩序形式、经济过程的相互联系和经济秩序的相互依赖的认识，而采取经济秩序政策行动。不是有关资本主义、社会主义等之类的意识形态，而是有条不紊的思想调节秩序政策行动。

决　策

各种途径

在工业界，建立经济过程的秩序究竟有哪些途径？

马克思说过，历史从必然王国向自由王国飞跃。这种说法并没有回答这个问题，而且也谈不上取得这样的自由。不去准确阐明应怎样建立秩序，如何使其运转，而是简单地谈论新的途径，不免把事情想得太轻松了。我们必须问一下，在哪些方面历史上已有借鉴，哪些方面是前所未有的。这当然不能理解为我们在创

第十五章 竞争秩序政策——导言

立新秩序时只向后看，似乎背靠未来。恰恰相反，鉴于经济政策，这不仅取决于以往有过什么样的秩序形式，现在实行什么样的形式，而且取决于哪些形式有实现的可能性。必须寻找出一条新的客观需要出现的途径，一种秩序形式，也是一种独立的解决方案，这种方案不是不稳定，而只是向另一种形式过渡。阐述和分析工业化世界历史上出现过的各种经济秩序，正是为了寻求这种秩序形式。调查研究所得到的最根本的结果是经济秩序形式的数量很少。

历史的回顾已经表明了这一点。对现实的分析越深入，情况就越清楚：存在着多种由集中调节经济过程占主导地位的经济秩序，也存在着由许多企业和家庭的计划和决定对调节经济过程起决定性作用的经济秩序。不是以集中管理经济形式的集中管理经济秩序占主导地位，就是交换经济的市场调节方法决定着工业经济过程的秩序。[①] 诚然，交换经济的市场调节方法可以完全不同，还要视个别经济活动是否形成垄断、部分垄断或类似的集团而定。大体而言，对工业经济过程可以区分三种调节方法：通过国家中央部门调节、通过集团调节和通过竞争调节。

1. 关于集中管理经济的调节方法最大弊端，生活在 20 世纪的人已经领略过。经济权力集中、经济权力与政治权力的结合、消费品匮乏和供应无保障、人的社会依附地位的加深以及法治国家和自由受到的威胁——这一切我们无须从书本中去了解，我们都经历过，而且现在每天还在经历着这种情况。还有一点，即集中管理经济的调节方法在国际经济秩序中的失败。工业经济追求国际大市场，追求国际分工，但集中管理型的经济秩序过去和现在都没有能力为这种国际经济关系的建立提供一个牢固的基础。现实之中孕育着冲突。它表明存在着一股反对实行集中管理经济的

[①] 详见 W. 欧肯《国民经济学基础》，1990 年，第 6 版，尤其是第 2 部分。

强大历史趋势。

2. 凯恩斯说："我认为，任何地方、组织和监督机构的理想规模在个人和现代国家之间。因此我相信，在国家范围内，承认和发展半自治的团体是前进的方向。在其活动范围内，只按其理解的公共福利标准行动的团体，完全不考虑私利，但是只要人类的博爱主义还没有居主导地位之前，在某些方面，人们必须为他们的集团、阶级或阶层保留一定的利益。在通常的情况下，团体在一定范围内实行广泛自治，但最终它将服从于议会所体现的民主统治。"①

我们不想探讨这些建议是否会复活中世纪的形式。使人感到惊讶的是，凯恩斯竟然提出这样的秩序形式，因为科学早已证明，经济过程在这种秩序形式下，只达到不稳定的均衡，并趋向失衡状态。经验已经反复地证实了这一点。如果采煤、冶铁、水泥、钾盐工业、商业或工人都结成自治团体，则都将一再出现同样的结果：无论这些团体自称为行会，即无论是劳动力市场协会，还是国际原料联营或者国家辛迪加，它们之间都会发生集团争斗、封锁、解雇和罢工，即使有工人代表参加管理也是如此。双边垄断、部分垄断或寡头垄断市场形式的失衡状态将会引起国家干预的倾向。可以回想一下两次大战之间德国劳动力市场的演变情况，那时工人团体和雇主团体之间的相互斗争，迫使国家作为调停者越来越多地自行规定劳动条件。权力集团的并存或对抗，不可能持久地解决秩序问题。把对职业阶层的同情作为指导经济的理由，这只有在对现代经济过程调节的困难和经济权力的特点视而不见的地方才会发生。

3. 这样就只剩下第三种秩序类型了，即完全竞争占主导地位的市场形式。这种市场形式在工业化经济中常常是部分得以实行

---

① 见 J. M. 凯恩斯《自由放任政策的终结》，1926 年，第 31 页等。

的，而非全面地实现，它缺乏一种相应的货币秩序。古典经济学理论，特别是更为准确的现代经济学理论表明①，在完全竞争的情况下，是如何对经济过程实行严格调节的，以及消费者是如何主宰这个过程的。

竞争秩序的思想就这样产生了。它是从日常生活中和科学实践中自然而然地成长起来的。

4. 经济现象的多样性和五花八门的经济政策倾向及流派，容易使人忽视这样的事实：只有极少数经济秩序类型能够调节现代经济过程。实际上，这一事实是带根本性的，任何一项经济政策决定都应从这一事实出发。存在非此即彼的情况，因为在秩序问题上，集团无政府状态，协会组织或行会的解决办法都只能是权宜之计，最终只能在对经济过程基本部分实行集中管理经济调节和竞争秩序之间作选择。现在将是看到二者必居其一的时候了。

什么是竞争秩序

1. 一个国家的棉纺厂是否联合成卡特尔，少数独立的棉纱康采恩是否控制市场，或者许多纱厂是否竞相向商人和织布厂销售棉纱，这对棉纱供应领域（甚至不仅局限于此）的价格形成和经济过程调节是至关重要的。钞票和私人银行账户上的汇划头寸是怎样产生的，是否给予贷款，额度多大以及是否实行垄断或竞争，所有这一切对经济整个过程显然也是带有根本性的问题。同样重要的是，是否有工会，是否有雇主联合会，它们的权力有多大。根据市场上供求关系变化，价格和工资形成的形式，生产和分配

---

① 继门格尔、瓦尔拉斯（Wairas）、杰文斯（Jevons）、庞巴维克和马歇尔（Marshall）之后，当今对完全竞争市场形式的调节过程的分析比以前详尽得多了。研究的最新情况：G. J. 施蒂格勒（Stigler）1947 年出版的《价格理论》第 63 至 196 页；H. 冯·施塔格尔贝格 1948 年出版的《理论国民经济学基础》。

的过程也各不一样。

这种人所共知的日常现象就是我们的依据。竞争秩序的经济政策目的就是要给市场制订一种条例，使经济过程的各个部分都能充分纳入其中。每个农民、工业家、手工业者或工人，也就是每个企业和每个家庭都应当自主地规划，自主地经营。经营者不是执行指令，而是为他们自己的劳动力、生产资料和资金寻找他们认为的最佳用途，也就是说，家庭和企业不是从属关系，而是协作关系。企业生产什么、采用什么样的技术、购买哪些原料、在哪些市场上销售产品，都由企业自主决定。工人也没有义务从事某种特定的劳动，他们有自由迁徙和自由签订劳动合同的权利。存在消费自由。但没有随心所欲地决定竞争规则或经济过程运行形式、市场形式和货币体系的自由，这恰恰是秩序政策的特定领域。①

2. 在竞争秩序中占主导地位的市场形式就是"完全竞争"。这就是应该使各个企业和家庭的计划和决策相互协调的市场形式。哪里做不到这一点，哪里就要求采取特殊的经济政策措施。在不同的国家中，因其自然条件和历史状况的不同，竞争秩序也各有其特点。例如在德国，在比利时或者在美国，竞争秩序就各不相同。关于这一点，后面还将谈到，但是各类"竞争秩序"都有一个共同点，那就是完全竞争占主导地位。

除完全竞争之外，"自给自足经济"（简单的集中管理经济）也是一种广为流行的经济秩序形式；例如农民不仅在竞争市场上购买自己所需的种子、肥料和机器等，并出售自己生产的土豆、

---

① E. F. 赫克歇尔：《重商主义》，1932 年，卷 1，第 448 页。他在书中就 19 世纪初英国的自由化经济政策与重商主义的对立写道："老的办法是试图用堵截的手段来阻止变革。新的、卓有成效的办法是让其自由发展。因此，变革以人类经济史上前所未有的巨大力量得以实现。如果说还有第三种选择的话，那就是既不阻止事物的发展过程，也不放任自流，而是把它纳入有规则的轨道，然而这种出路从未尝试过。"

第十五章 竞争秩序政策——导言

肉类和蔬菜,而且同时作为土豆和肉类的消费者实行自给自足经济,因此,在农庄里,两种秩序形式融合为一体。一个五金工人如果在他的小园子里为自家的需要种点土豆、蔬菜和水果,情况就有所不同了。鉴于对现代分工经济管理难度极大,所以从经济政策上扶植这种自给自足经济的成分是十分重要的。这样人们可以更加不依赖市场,在困难时期也有某种保障。但是因为自给自足经济不适于调节工业分工经济过程,因此,就整体而言,它只能算是一种补充的秩序形式。给现代经济秩序打上烙印的是完全竞争。

3. 什么是完全竞争?它是一种特定的、可准确定义的市场形式,不可与自由放任政策混为一谈。它也完全不同于"垄断斗争":比如部分垄断的辛迪加同它的竞争对手的斗争,或者两条垄断航线或铁路或两个汽油康采恩之间的相互斗争。在部分垄断或垄断的斗争中,对竞争对手的供货者或买主常常采取封锁的手段。但在完全竞争的条件下,不可能采取封锁的办法。供给或需求的寡头垄断者或垄断者,他们推行的是没有完全竞争的市场战略。完全竞争不存在于人与人的斗争之中,而是在同一方向上进行。它不是妨碍他人、损害他人的竞争,而是"效率竞争"。[1]

由于混淆各种市场形式,并把各种市场形式笼而统之地称为竞争,这样,原来对竞争的各种批评在很大程度上就失去了意义。有人说:竞争者如何相互攻讦、相互毁灭;"对抗"资本的竞争"如何疯狂"(马克思语);资金雄厚的资本家如何吃掉了小资本家;资本家在这种竞争中怎样毫无意义地挥霍财产;工人怎样沦为雇主的附庸;整个竞争斗争如何造成无政府状态。所描述的这

---

[1] F. 伯姆在他 1933 年出版的《竞争与垄断斗争》、凯斯特纳—莱尼希(Kestner-Lehnich)在他 1927 年再版的《组织制约》和 H. 默勒(Möller)在他 1941 年发表的《成本计算、销售政策和价格形式》等著作中都谈到寡头垄断或部分垄断的斗争或者垄断集团之间的相互斗争问题。

些事实往往都是实际上存在的，问题是对这些事实作了完全错误的解释，把它们看成为竞争的后果。其实这是垄断斗争的写照，是依附垄断集团和部分垄断集团的写照。直到今天，人们还把销毁库存归咎于竞争。实际上，这种现象只能发生在垄断的市场形式中。

同时，科学已经对经济形态学作了阐述。只要这一形态学是为了解释现实的经济和详细描述存在其中的各种秩序形式，那么，它也就能为竞争下个确切的定义。①

一个农民在制订经济计划时不会重视他在小麦市场上出售小麦所产生的反应，因为他的供应量是微不足道的，也就是说，小麦、生猪或者蔬菜的价格是他制订计划的依据，尽管价格也是在市场上形成的，但他把价格视为已知数据，即给定条件。在这方面，他可以指望获得某种市场价格或者估计出接近要实现的价格，并估计到价格徘徊在某种范围内。这就是竞争。

在需要购买食品、纺织品和鞋类的城市家庭主妇之间存在着竞争；在房屋出租人之间存在着竞争；在农业、商业和工业中也经常发生竞争，尤其在深加工工业中，例如纸加工业、机器制造和纺织工业的各个部门中都存在竞争，这里只是略举几个例子。

倘若供给者和需求者处于相互竞争之中，倘若他们据此制订各自的经济计划，那么，完全竞争的市场形式就实现了。如果不仅在小麦的供应中存在竞争，而且在小麦的需求方面也存在竞争，如果城市粮食商人像家庭主妇一样处在竞争之中，那么，完全竞争的市场形式也就实现了。每个从自身经验中了解工业的人都知道，这种市场形式不仅存在于商业和农业中，尤其是存在于19世纪和20世纪初的工业中。

---

① 但是，不能要求某种科学公式化地设计出某些模式，而只能从实践中去寻找和发现模式。关于新市场形式的学说见 H. 冯·施塔格尔贝格，引文出处同上；L. 米克施《竞争和使命》，1947年，再版；以及 W. 欧肯《国民经济学基础》，1950年，第6版。

4. 但完全竞争的市场形式的称呼，对经济政策来说还是不完全够的。有无方法，其应用能使管理实践认识完全竞争和其他市场形式？为了实行竞争秩序的政策，经济政策需要有识别标记，需要有特征，需要有简便的规则。存在这种规则吗？回答是肯定的。有两个办法可供采用。

首先，在公司内部就可以确定，它的计划是不是在竞争中形成的。例如一家公司在设计和制造某种机器时，估计每台机器在市场上的售价大约为500马克，因为它将在那里以这一价格出售这种机器，那么，人们就可以推测到存在着竞争。价格是从市场取得，而不是以市场策略强加给市场。确认市场上不存在卡特尔协议，有关竞争者和市场规模的数据，都有助于推测是否存在竞争。

第二种是间接的方法：即从外部，从市场对立面确定的某些措施可推断不存在完全竞争，因为在竞争的条件下不可能采取这些措施：如封锁与外部有业务往来的买主或供货者，或者给回扣，或者实行低价倾销，甚至销毁存货。再举一个例子：生丝价格暴跌，但丝织品公司却不降低丝织品的价格。如果发生这种情况，那么这家公司就不可能处在完全竞争之中。如果原料跌价，那么完全竞争的价格机制必然会迫使采用这类原材料制成的成品降价。否则，这家公司大概拥有部分垄断权。这种从市场外部变化来确定的间接方法使用起来较为简单，而且有效。

5. 在竞争秩序中，完全竞争不仅有利于提高效率，而且是一种价格调节经济过程的市场形式。对集中管理型经济的调查表明，为了提高效率，甚至在那里也采用竞争。他们往往组织企业间的竞赛，给优胜企业颁发奖金，在工人中进行生产竞赛，对创造高效率者给予特别奖励。在中央计划部门对经济过程进行调节的同时，把竞争作为一种提高效率的手段。

但在竞争秩序中，对经济过程的调节恰恰是通过完全竞争的价格及企业和家庭按照竞争价格制订的计划来实现的。在竞争秩序中，通过完全竞争达到对经济过程的调节和效率的提高。

6. 人们还可以从另外一个角度来确定竞争秩序，即通过与法治国家的比较。和法治国家一样，竞争秩序也应有一个框架，使个人的自由活动限制在不损害他人自由领域的范围内，以便人类自由领域的均衡。事实上，人们对竞争秩序的愿望和对自由的愿望是紧密相连的。

但只有实现竞争秩序的愿望是不够的，这同肯定法治国家，并盼望其到来和产生一样渺茫。要想建一幢房子就必须先设计蓝图。

"原则"和"时机"

1. 人们发现任何一项经济政策行为的作用——无论是关系到颁布一项卡特尔法，还是修改一项现行的货币发行法，或者是就业法规或其他有关的问题，都取决于它所在的经济秩序。任何一项经济政策措施，都只有放在经济秩序的全面设计范围之内才有意义。同时，措施本身也能或多或少地促使经济秩序的改变。

任何一种经济政策行为，都应在考虑到所对应的经济秩序的情况下加以采取。假如你要选择集中管理型的经济秩序，那么，农业政策将用来集中调节农业生产，例如，通过建立国家领导的强制性农业组织，建立外贸垄断，把工业企业合并成大康采恩。这些相同的经济政策行为在竞争秩序范围内就完全失去了意义，甚至产生破坏作用。

倘若真要推行一项有意义的经济政策，那么，秩序政策的总体决定必须先于单项的经济政策行为，事实表明，这是来自经济政策经验的要求，而不是来自某种教条。事实证明，要想完全理顺现代工业化经济关系的可能性是有限的。在运用各种主要标准和考虑到历史的总环境时,竞争秩序是解决秩序政策问题的唯一可能。但如果决定实行竞争秩序,那么,接着的问题就是:为贯彻竞争秩序必须采取哪些措施?

2. 人们一旦准备回答这一重大问题,就会陷于进退两难的境地。

经济政策必须考虑到每个国家的具体条件。例如,今天的美国和英国的政治状况就很不相同,它们的经济环境和现行的经济政策立法也千差万别。假如要在这两个国家实行竞争秩序,那么,就必须采取完全不同的具体措施。它们所出现的经济政策问题的侧重面也不一样。同样,德国或法国又是另一种情况。每个国家的起点、权力形态、经济政策和要解决的任务都不相同。经济政策不能脱离每个国家的历史环境。人们不可能制定出一部适用于所有国家的、包罗万象的经济政策法典。如果人们试图抹掉历史,像卢梭试图做的那样,那将会在事实面前碰壁。竞争秩序的实现和维持要求根据历史"时刻"采取不同类型的经济政策措施。1960年与1980年世界不同地区将实现的历史环境也将是不同类型的。那么,怎样才能对这种秩序的实现提出一些共性的意见呢?

尽管忽视历史时刻及其特有的权力形态和难以预料的事件是错误的,但是放弃原则的考虑,重犯过去那种点式的经济政策的灾难性错误也是危险的。我们知道,要是谁以为,他能够根据一时一事,凭借日常印象来实行贸易政策、价格政策、专利政策、农业政策,乃至整个经济政策,他就将陷入歧途。这种态度就是当前经济政策陷入困境的主要原因之一。

经济政策很容易发生偏差:不是不考虑历史情况而陷入某种不现实的教条主义之中,就是重犯无原则的点式主义,使经济政策陷入缺乏连续性或者自相矛盾的混乱之中。无论如何,它们都偏离了目标。

3. 怎样才能摆脱这种困境呢?简单地说,就是将原则和它在不同历史时刻中的运用区分开来。

从最近150年经济和经济政策的现实中，人们可以总结出某些原则。如果想实现竞争秩序，就必须贯彻这些原则。因为完全竞争是反复地进行的，所以人们能够确定那些条件：即完全竞争过去是在什么样的条件下实现的，今天它需要什么样的条件才能实现。这样就总结出了这些原则。这些原则不是从公理中推论出来的，也不违背历史，而是从历史的深入思考，尤其是从经济政策和执行经济政策的经验中发展出来的。这些原则具有实用的特性，包含着普遍的要求。为了达到这一目标，必须贯彻这些原则。这样，它就能使经济政策——如垄断政策或贸易政策——在现有的可能性中作出选择。

经济政策行为的这些原则——如开放市场原则或经济政策稳定原则——是必要的，只有这样，各项经济政策行为才能有效地相互结合在一起。像建筑师造房子必须懂得静力学原理一样，经济政策制定者为了建设竞争秩序大厦也必须懂得经济原则。在其他生活领域也是如此。没有制定这类原则，就不可能有合理的、具体的秩序，例如法律和国家秩序。因此，关于秩序的衰落始于对原则的违背，这一古代格言是千真万确的。

4. 为了实现所希望的秩序，必须在具体的历史时刻中运用这些原则。运用本身就是一种特殊的工作，它需要根据各种情况作深入的思考。为了启动价格机制，在1948年的德国，根据什么样的顺序，如何制定货币政策、外贸政策、银行政策和垄断政策等方面的措施，这是要求根据具体情况运用这些原则的一种特殊问题。根据历史时刻运用这些原则，才能适应事物的多样性和灵活性。

同样，国家学说提出了分权的原则，这一原则在许多国家的贯彻也是千差万别的。如果一个国家想成为法治国家，那么，实行分权就是必要的——这是论证过的。然而在各个国家和各个不同的时期，这种原则的运用又有很大的差异。同时，我们论证：

如果要实行竞争秩序，那么，就必须运用总结出的这些原则。正如分权原则是从滥用执行权的历史经验教训中产生出来的一样，制定竞争秩序的原则，也是从经济政策和经济管理经验中总结出来的。事实表明，经济领域的自由放任原则没有建立起竞争秩序。必须运用其他原则。

这样就能够克服当前秩序政策的主要问题：首先是取得行动的某些原则；其次是运用这些原则。二者是相互交错的、完全不同类型的工作。从前的经济秩序要简单得多。当今的世界有发达的技术、工业和众多的人口，世界变得复杂了，必须采用有别于过去的原则。我们首先必须学会区分"原则"和"时刻"，并据此来决定我们的行动。

5. 这样，实行竞争秩序的问题就集中到了根据不同情况必须运用不同原则的问题。

为了建立竞争秩序应该运用哪些原则呢？但这远非实行竞争秩序的全部。即使建立竞争秩序所需的各项原则全部得以运用，仍然存在着某些有待解决的问题。这是一些双重性的问题。首先必须估计到，尽管有竞争秩序的一贯政策，但在个别市场上没有产生完全竞争，而是出现另外的市场形式。在这种情况下，经济政策应该如何对待这些生产部门和市场？这是其一。其二是，经验和科学的分析表明，虽然完全竞争对经济过程的调节尽了极大的努力，但在某些方面仍然招致损失和不尽如人意。当竞争秩序实现时，这里也有必要采取某些经济政策措施。

这样，就出现了两类相互关联的原则：构成性的原则和调节性的原则。第一类是为了建立竞争秩序[1]；第二类是为了保持竞争秩序的正常功能发挥[2]。

---

[1] 见本书第十六章。
[2] 见本书第十七章。

第十六章　竞争秩序的政策——构成性的原则

基本原则

1. 我们知道，不论在自由放任主义时代，还是在后来的政策试验时代，人们都低估或者忽视了经济过程调节问题的意义和困难。随着工业化的进展，这个问题发展到了一个全新的阶段。首先是过去和现在都忽视了所有经济事实的相互关联，也就是说，如果调节机制要发挥作用，它就是不可分的。由于存在普遍的相互依赖关系，任何一项经济政策的干预都会影响整个经济过程。如果人为地降低利率，则整个价格体制和经济过程的整个调节都会随之变化，像通常证实的那样。

有关经济过程调节的经济政策讨论，掩盖了这样一个事实：随着时间的推移，人们越来越少注意调节本身的问题。早在自由放任时代已经允许市场形式和货币秩序在其各自的框架内形成价格，这种价格所履行的调节职能是微不足道的。但在后来的经济政策试验时期，不注意调节问题就更加严重了。对价格关系的考虑迅速消失。无论是充分就业政策通过限价、低利率政策和外汇配给等措施来部分地中止价格体制的运作，还是中央计划部门试图调节经济过程，这些都只能在总体评估的基础上才能实现；但过去总是大大地低估了对大工业化经济过

第十六章 竞争秩序的政策——构成性的原则

程调节的巨大困难及其整体联系。

2. 现在该是改变这种局面的时候了。应该把现代经济政策的核心问题作为核心问题来处理。把建立完全竞争的、有运作能力的价格体制作为各种经济政策措施的主要标准。这是经济宪法的基本原则问题。

问题不在于为了解决暂时的困难而推行一项妨碍或者中止价格体制正常运行的经济政策，诸如外汇管理、信贷扩张，等等。同样不可取的是，靠税收政策，如通过营业税或企业所得税去促进集中的过程，鼓励垄断的发展。在这里和在各个部门采取经济政策的任何一项措施时，都必须毫无例外地考虑到经济宪法的这种基本原则。

3. 基本原则不仅要求避免某些经济政策方面的举措，如国家补贴、建立国家强制性垄断、普遍冻结物价、进口禁令等。取缔卡特尔之类的措施也是不够的。原则首先不是消极的。更确切地说，必须有积极的经济宪法政策，来达到发展完全竞争的市场形式，以实现基本原则。竞争秩序的政策完全不同于自由放任的经济政策，因为自由放任政策就其基本思想来说不是一项积极的经济秩序政策。

再强调一遍：主要问题是使价格机制起作用。任何一项经济政策，如果不能做到这一点，就必然失败。这是人们掌握全局的战略要点，必须尽一切力量做到这一点：这就是坚持关键地位的意义——这对经济政策和战略来说都是同样重要的。这里就是我们的"土伦"①。

现在应该逐一研究积极的原则，它们将构成竞争秩序，而其

---

① "这里就是土伦！"拿破仑（Napoleon）一再重复这句话，他指的不是土伦城，而是指对夺取土伦具有战略地位的里德河河口。他就是用这种办法取得了第一次大胜利。参见埃迪特·欧肯—埃德德西克1950年在图宾根出版的《伟人与疯狂》，第69—70页。

中心原则就是上面提到的基本原则。①

货币政策的优先地位——货币政策的稳定器

1. "为了摧毁资产阶级社会，人们必须摧毁它的货币制度。"列宁这句话带有一个具有煽动力的外壳，其内则包含着一个正确的核。

在集中管理经济型的经济秩序中，货币只起微不足道的作用。家庭可能买的，并不取决于这个家庭的货币收入，而是取决于分配给它的份额。企业也是根据中央部门的调拨得到原材料，而不是根据企业所拥有货币的购买力。应不应该投资，决定权不在企业和提供贷款的银行手中，而是在中央的管理部门手中。在这种经济秩序中，价格不调节经济过程，所以，货币在调节经济过程中的作用也不重要。在这种经济秩序下，货币政策不居于首要地位，只占有一个无足轻重的位置。

2. 即使在这方面，竞争秩序也是集中管理经济型经济秩序的对立面。这里有效的原则是：只要币值的某种稳定性得不到保障，一切为实现竞争秩序的努力都是徒劳的。因此，货币政策对竞争秩序来说是占有优先地位的。

为了说明这个问题，不妨回顾一下 1914 年至 1918 年战争以来德国的经济史。

当时通货膨胀以公开的和结存的形式出现。像 1914 年至 1923 年间出现的"公开的通货膨胀"，使价格体制的调节机制失去了充分指导经济过程的能力。价格上涨不均衡，例如房租或者某些原

---

① 至少有三部著作谈到这个问题：F. 伯姆《竞争与垄断斗争》，1933 年，L. 米克施《竞争和使命》，1947 年，第 2 版，以及 H. C. 西蒙斯（Simons）《自由社会的经济政策》，1948 年。

材料价格没有变动，而其他价格却扶摇直上。这样一来，企业的成本核算出现误差，因为价格关系不再反映物资稀缺的情况。退一步说，即使所有的价格都按比例上涨，同样会产生扭曲现象。这是因为在产品和生产资料的价格上涨时，企业的长期债务却仍然依旧。资产负债表上的资产部分增长了，而债务部分却没有变化。这样就出现了盈利。这种盈利不是由于经济过程的适当调节取得的，而是通过通货膨胀得来的。在正确的经济核算中要求限产或停产的生产活动还会继续进行下去。

所谓"结存的通货膨胀"，是指在扩大货币供应量的同时，冻结价格。这样，价格体制就立即失去效力。1936年至1948年德国发生的情况就是如此。给定条件的变化不再反映在价格中，因为在市场上求大于供，至少对煤炭、钢铁和皮革等重要产品实行定量供应和集中调节。这样，作为调节手段的价格体制被迅速地取消了。与此同时形成黑市连同其他价格和价格关系，还出现实物交换。经济核算的统一性不复存在。

德国1929年至1932年出现的通货紧缩同样扭曲了价格结构。有些物价相对固化，另一些则急剧变动。在这种情况下，成本核算也更加没有意义了。因为在通货紧缩的过程中，一部分物价下降的幅度比另一部分大，所以才出现亏损。资产负债表上的资产部分萎缩，而债务却依然如故。

3. 如上所述，在经济政策范围内给货币政策以特殊地位的这一原则具有秩序政策的意义。按照这一原则行事，说得通俗一点，不是经济为货币作出牺牲，恰恰相反，币值的某种稳定，才能为经济过程提供一个适用的调节手段。

如果能成功地给货币宪法配备一种币值稳定因素的话，那么，人们就可以希望竞争秩序发挥其固有的均衡趋势，就不会像以往那样，因现存货币宪法缺乏完善的结构，使经济状况不断交替变化，也就是在通货膨胀和通货紧缩之间不断交替。

一部好的货币宪法除了应最大限度地保持币值的稳定,还应满足另外一个条件,像竞争秩序本身一样,它也应该尽可能地自动发挥作用。这不仅是因为"体制的正义性"要求把货币宪法和一般的经济宪章建立在同一原则之上,而且首先因为经验表明,一部使货币政策领导者放开手脚的货币宪法,对这些领导者的信任比一般情况下要多。不了解情况、对利益集团和公众舆论表现软弱以及错误的理论等,所有这些都会极大地影响这些领导者去完成交给他们的任务。正是在如今的情况下,一种非自动虚构的货币宪法有被滥用并造成通货膨胀的巨大危险。暂时利用通货膨胀的措施,如信贷扩张、货币贬值和低利率政策等,企图暂时掩盖生产过程中不惜一切代价的"充分就业政策",即因经济集团的权力斗争或其他原因造成的比例失调,这种诱惑力实在是太大了。实行这种货币政策,就像一个建筑师不是给建筑物一个牢固的基础,而是首先把注意力集中在屋顶设计上。

除了故意推行通货膨胀的货币政策外,迄今为止的经验清楚地表明,在实际发展中还会出现这样的矛盾:为了自身的调节,工业化经济需要币值稳定。然而像经济发展趋势表明的那样,币值的不稳定似乎是其固有的特性。

4. 怎么会出现币值的不稳定?主要原因是银行成了"铸币车间"。自从18世纪以来,货币越来越多地通过银行贷款出现,归还银行贷款后就消失。中央银行的纸币和汇划头寸及私人银行的汇划头寸也如此。这是当前最重要的两种货币形式。银行信贷规模发生变化,货币供应量也随之变化。信贷扩张意味着货币供应膨胀;限制信贷并回收以前的贷款,将意味着减少货币流通量。每天银行发放贷款,增加货币流通量,而每天回收贷款,则减少货币流通量。

从前货币的出现基本上是另一码事:把一种货物转变成货币,如用金属铸造成钱币,或者是通过货币发行银行使得一种货物如黄金或白银取得货币形式。自19世纪以来，上文刚提到的第三种货币体系的地位越来越突出。① 这种货币的灵活性怎样促进了工业化时代的投资活动，这方面的论述很多。没有这种投资活动，工业化的进程肯定会放慢。但这同时也是币值不稳定、通货膨胀和通货紧缩倾向的根源所在。也就是说，货币供应量取决于银行的支付能力和信贷能力，同时取决于对贷款的需求，即企业家的投资意向。在此种货币秩序框架内，储蓄不是导致银行相应扩大信贷的所有形式。②

在竞争秩序中，也必须估计到价格体制对币值不稳定的敏感性。若将20世纪上半叶那种不稳定的货币秩序引入竞争秩序，那么，经济过程在那里同样会导致方向错误和失业危机。

这样就出现了一个重大的经济政策问题：怎样才能在竞争秩序中配置一个更为稳定的货币秩序？

解决这个问题是当代许多重要建议的目标。

5. 或许在保持现有银行体制的情况下，单独通过中央机构的货币和信贷政策能够消除不稳定性？这是盖斯特里希的看法："如果想保持以消费、储蓄和投资的个人自由为特征的交换经济，并且主要不想采用集中指导经济的要素，那么，除了具有权力手段性质的货币和信贷政策之外，实际上没有其他调节手段了。由此，不可避免地出现一个值得注意的事实：一个运行尽可能不受干扰的交换经济需要一个集中指导的、拥有驾驭货币和信贷体系所必要的一切权力手段的信贷政策。"③ 只有通过对货币和信贷政策的

---

① 关于货币供应的三种形式见 W. 欧肯《国民经济学基础》，1950年，第6版，第115页等。

② H. 盖斯特里希（Gestrich）：《信贷与储蓄》，1947年，第2版。"几乎是无偿地印制货币的这项发明虽然带来了巨大的好处，但是运用的结果，它却将均衡系统撕开了一个大窟窿。"见 K. F. 梅尔《均衡思想与有关经济状况的政策》，1948年，第2卷，第83页。

③ 参见 H. 盖斯特里希《信贷与储蓄》，第155页。

经常干预，才能使储蓄和信贷相互协调。贴现政策、公开市场政策、规定流动资金储备率、国家财政政策以及必要的国家投资，都必须服务于稳定这个目标。不应把这种建议和凯恩斯式的充分就业政策混为一谈。因为这些建议旨在使竞争价格体制运作正常。

但实行这类建议能否取得成效是值得怀疑的。那些必须决定信贷政策和拥有非常大的权力手段的国家中央部门，将直接干预日常经济过程。它是否有足够的节制力量，将其职能限制在建立储蓄和信贷的均衡上？许多强大的因素会诱使它超越自己的职能行事。例如，国家本身就常常想压低利率，以减少国债利息，同时又保持高的国债券牌价。即使为了避免通货膨胀不得不提高利率时，他们仍想那样做。此外，私人贷款者也会竭力敦促扩大信贷。在这些建议中，对国家管理部门和信贷政策的领导期望过高，则稳定显然是难以达到的。

6. 或许通过改组银行能达到上述目的？这就是所谓的"百分之百方案"或称"芝加哥方案"所追求的目标。① 这个方案的目的是为了剥夺私人银行发行货币的能力，即不让它们成为"铸币车间"。方案认为，要做到这一点，办法是将每家私人银行分割成两个部门：银行货币部和银行营业部。银行货币部（每天到期的债款持有人）应在中央银行以百分之百的中央银行货币，即纸币或存款来支付。银行营业部将存款债权人记在借方，将向工商部门的贷款记在贷方，就是说，信贷业务和筹资分开。这与李嘉图的思想一脉相承。只有银行营业部可以发放贷款，银行货币部不许从事信贷业务。

"百分之百方案"提出了一些有趣的问题。如果真能得到实

---

① 这是以 H. C. 西蒙斯为首的一批芝加哥国民经济学家提出来的。有关这个方案的著作有：A. G. 哈特（Hart）《货币、债务与经济活动》，1948 年，第 447 页等；上面已提到的 H. C. 西蒙斯的著作、J. 费希尔（Fisher）《百分之百的货币》，1935 年，和 F. 卢茨《货币制度的基本问题》，1936 年，第 86 页。

施，它可以防止由于私人银行贷款的波动而引起货币供应量的变化。这样，由私人银行造成的不稳定性将被克服。货币将由中央银行来调节，它将利用公开市场政策，买卖有价证券。至于中央银行执行何种货币政策，则取决于银行领导和国家主管部门，二者对货币政策有决定性的影响，例如今天大多数国家由财政部决定货币政策，不是自行调节，而是根据这些部门的意志来调节货币供应量。此点是这一方案的一个缺陷。中央银行的货币印制及其证券投资，主要是用来向国家提供贷款的，这种做法可以不按价格体制的有效性行事。即使实现了方案，如果中央银行过多地购买国家债券，也可能出现通货膨胀。通货紧缩的现象也不一定能避免。尽管购买中央银行的有价证券很活跃，中央银行筹集到的资金仍然可能无用武之地，因为工商业的贷款需求疲软。两种因素，即货币供应量对中央部门偶然决策的依赖性和货币流通速度对私人信贷需求的依赖性，将造成"芝加哥方案"的货币秩序不稳定。

7. 第三个方案，即"商品储备本位制"方案或称格莱厄姆方案（Graham-Plan），就没有受到这类批评。①

a. 这个方案突出了一种早已为人熟悉的简单思想：由一个中央代理机构以规定的价格收购并销售一定种类的商品，确切地说，购入或销出这些商品库存证。B. 格莱厄姆在他 1937 年出版的书中建议，将一定种类的商品按下列比例组成商品单位，价格定为 100

---

① 我根据哈特的阐述——见前引文——对此作简略介绍。这个方案是 B. 格来厄姆 1937 年在其著作《储蓄与稳定》中首次提出的，并于 1944 年在其另一著作《世界商品与世界货币》中作了进一步说明。有关这个方案的其他文章有 F. 格莱厄姆（Graham）在美国经济周刊上发表的文章、L. 罗宾斯 1947 年发表的《和平与战争时期的经济问题》，第 57 页等、F. A. 哈耶克 1943 年在经济杂志第 53 期上发表的《商品的储备货币作用》，收集在 1948 年出版的《个人主义与经济秩序》一书中，第 209 页等。A. 马歇尔在他 1936 年发表的《货币、信贷与商业》的第 86 页等中提出的金银混合本位制的建议可以看作是这个方案的前身。

美元左右：

12 蒲式耳小麦	16.3 磅烟草
12.5 蒲式耳玉米	6.3 桶汽油
87 磅棉花	7480 磅煤
25 磅羊毛	204 磅纸浆
24 磅橡胶	506 磅生铁
34 磅咖啡	35 磅铜
9.25 磅茶叶	4 磅锌
300 磅食糖	

这个比例是按照这些货物的世界生产价值和世界贸易国的出口值计算出来的。

尽管单项价格可能变化，但这一组商品作为"商品单位"的价格保持不变。一旦这家使用新币的代理机构能以 95 美元的价格在商品市场上收购到这一商品单位，它立即购进；一旦能以 105 美元左右的价格出手这一商品单位，它将立即售出。这家代理机构将在市场上采取主动的态度。

"商品储备本位制"方案使人想起金本位制，就是中央银行用购买黄金的方式，将货币投放市场，又用出售黄金的办法回笼货币。但是在这里，货币的价值不是同一种商品价值即黄金的价值相联系，而是同多种商品的价值相联系。换句话说，一个货币单位的价值不取决于黄金生产量的偶然性，而取决于这一组商品平均稀缺情况。这个建议的目的在于，将第二种货币体制引入工业化的经济中，把货币供应量至少部分地与商品的购销联系起来，而不是与银行贷款联系起来。

b. 这样的制度实际上将是一种货币政策稳定因素，即是一种不受政治机构日常决策影响的、自动发挥作用的稳定因素。由于各种商品价格和收入的相互依赖关系，这种货币数量调节将对各种物价和收入发挥影响。这种代理机构通过收购商品，投放新币，并由此刺激生产,这样来防止通货紧缩。相反,代理机构通过抛售商品抑制通货膨胀,可以自动减少流通数量。这就不会像今天这样,物价上涨时扩大货币供应量,物价下降时减少货币供应量,更不会发生第三种货币体系占统治地位时的那种情况,而且货币供应将正常进行,避免发生失衡现象。

如果在代理机构回笼货币,货币发行银行通过贷款向市场投放货币,那么,将会出现下列局面:在中央银行实行通货膨胀的信贷扩张情况下,为了吸收货币,代理机构就只得不断地抛售其拥有库存的商品,直到库存告罄为止,结果稳定因素也就很快"失灵"。但在中央银行收紧银根的情况下,它却不受限制,因为代理机构的货币通过持续收购物资,甚至可以取代中央银行的全部货币。这种稳定因素对通货紧缩比对通货膨胀更加有效。

c. 代理机构和银行机构并存的情况,像方案中提出的其他许多问题一样,有待进一步探讨。如果货币发行银行和私人银行仍像今天以众所周知的这种方式投放和回笼货币,那就将存在两个自成体系的货币供应者:代理机构和由中央银行及私人银行组成的银行机构。在这种情况下,代理机构的首要职能是纠正银行机构在货币供应方面造成的错误。正如在上述 b 点中所说的那样,代理机构成功的可能性是有限的。另外,这种稳定因素均衡币值的前景甚至可能促使中央银行的领导更加肆无忌惮地推行他们的信贷政策。这种代理机构和银行机构同时并存的局面将证明是难以持久的。

将两者结合起来是必要的,然而可能吗?首先是中央银行,它的信贷政策必须与代理机构的收购与销售结合起来。中央银行的信贷业务规模应该以代理机构的商品库存为依据。在价格下跌和库存增加时,中央银行可以扩大信贷;反之,在价格上扬,代理机构增加销售时,中央银行应该紧缩信贷。代理机构和中央银行应该齐心协力，而不是相互牵制。

另一个需要解决的问题是，如何把私人银行纳入这种货币体系。因为必须防止私人银行在存款货币设立过程中另搞一套。这里可以借鉴芝加哥方案的设想。正如我们知道的那样，这个方案根本不允许私人银行染指设立存款货币。"商品储备本位制"体系可以吸收这种设想。

d. 如果"商品储备本位制"方案不仅在几个主要国家被采纳，而且同时在各国以同样的方式组成商品组的话，那么，这种方案的实行将大大有利于保持汇率的稳定。如果商品种类的选择不同，一个国家选择原油，另一个国家选择水泥，那将产生严重困难。或者即使选择的商品种类相同，但是组成比例不同，情况也是如此。应该签订一项关于商品单位组成的国际条约。这将是一项仅仅局限于货币政策规则的条约，不直接延伸到日常汇率的形成上。

e. 这个方案之所以重要，是因为它针对关键问题：通过消除不稳定的根源来克服币值的不稳定性，也就是克服货币供应完全依赖银行信贷这一弊端。同时建立一个合理的自动机制，即一种形式，在其框架内按某些确定的规则，有效地调控货币量。货币的投放和回笼与重要的、不间断生产和消耗的商品购销结合起来，这是一条可行之路。

另一个更好的货币供应原则在"商品储备本位制"方案中发挥作用。通过银行贷款的货币供应退居到第二位，仅具辅助性质。只有中央银行对此负责；私人银行不再承担这方面的责任。中央银行调整其信贷政策，同时也调节代理机构的购销活动，并接受某些相应的规则的制约（见 c 点）。

"商品储备本位制"方案的另一个长处是它的基本思路简单。

f. 当然，"商品储备本位制"方案只适用于已经有充分调节机制的经济秩序。不要以为在一切保持不变的情况下，这种货币稳定因素也能发挥作用。要是忽视其他原则,那么,稳定因素设计得再详尽也将无多大用处。如果由于税收、贸易政策协议等的急剧变化使经济政策的稳定原则①遭到破坏,那么,稳定因素即使能防止通货紧缩,也难以充分刺激投资活动。低利率政策与稳定因素很少可能协调一致。

反之亦然,为使其他原则有利于建立和保持一个有调节能力的经济秩序,货币政策稳定因素需要有一个可使用的货币供应原则。保持今天流行的、不稳定的体系将严重地妨碍竞争秩序的经济过程。

开放市场

1. 为了打破并阻止工业经济中剧烈的竞争趋势,过去和现在最常用的办法就是封闭管理供给和需求。为把供求封闭起来,现代国家设有一套非常庞大的机构,私人的和半官方的权力集团也都利用这套机构。禁止进口、限制进口的保护关税或外贸垄断使本国的供货者与外国的竞争者分隔开来,也就是实行地区封闭式的供应。投资禁令、种植限制和建筑禁令等都起类似的作用。禁止移民和迁徙,阻止自由选择职业,对商业、手工业和工业实行许可证审查制度和对某些行业实行限额制度以及禁止同时从事不同行业之类的做法都属于这一类。

到现在为止,我们谈的是国家的封闭措施。但私人权力集团和各个垄断企业为了阻挠外部竞争或者把竞争扼杀在萌芽状态,它们也想出了一整套的办法。

在这一方面,国家政权和私人权力合作,形成一种特有的封

---

① 参见本章"经济政策的衡定性"一节。

闭办法，即依靠国家的支持，由私人构筑封闭管理供给的堤坝。比如在专利法或商标保护方面采取再出售时的价格约束。

中世纪和重商主义为阻挠人力资源和资本进入某个行业，都曾采用过极其有效的手段。在工业化时代，也成功地提出过不少类似的办法。①

2. 如果某企业享有独家经营某一行业的特权，如邮政的信件传递或中央银行的货币发行，这样就通过封闭运行直接地建立垄断权。在这里封闭运行就立即成为排除一切非垄断市场形式的根源。但常常不是为某一个别的企业家，而是为无数的供给者封闭管理供给，例如对零售商禁止发放许可证，对整个工业部门实行投资禁令，或限制种植甜菜及其他农产品等。在这种情况下，这类封锁市场的做法难道与竞争秩序相吻合吗？真像20世纪30年代德国的烟草市场那样，在封锁的市场范围内不会出现竞争吗？封锁市场真的与完全竞争相悖吗？难道真的为实现竞争必须尽可能地开放所有市场吗？

问题的答案是：事实上，在封锁的市场内竞争机制可以起作用。尽管如此，对经济政策来说，原则上应该开放市场，因为封闭市场存在着妨碍完全竞争的突发危险。这里有两个因素在起作用。

第一，封锁市场供求容易产生高度垄断。如果禁止投资建水泥厂，或者禁止从事某种手工业，那就很容易造成垄断。如果进口或投资禁令限制钢铁供应，这样钢铁卡特尔就稳坐钓鱼台了。相反，凡市场不封锁的地方，凡取消进口禁令、没有市场准入限制和投资限制的地方，要保持垄断经营是困难的，控制市场的供给者就会转入竞争。正因为如此，开放供求是工业时代建立竞争

---

① 参见前引 F. 伯姆的著作，第75页；凯斯特纳—莱尼希（Kestner-Lehnich）的著作，第53页等。

秩序的前提。

第二，并非不重要的因素是：即使在个别封闭的市场上形成完全竞争，但由于实行封闭，市场之间的联系受阻，完全竞争的整个体制仍然不可能充分运作。假如一个国家禁止向机床厂投资，虽然这些工厂之间也可能存在竞争，但禁令阻碍资金、劳动力、钢铁和其他原材料按价格关系投入到机床制造业，因此，机床供应就会比废除禁令时少。如果投资禁令和其他封闭市场的措施继续有效，普遍的均衡，即许多市场和生产部门之间的协调就不能完全实现。在开放的完全竞争情况下，调控和淘汰的功能只能由价格并通过价格由消费者来实现。由于市场是封闭的，调节和淘汰的部分职能只能由安排封闭市场的机构来承担。此外，在封闭的行业中会形成年金式的收入，而在开放的情况下将付诸东流。

所以，必须实行这样的原则：为建立竞争秩序，开放供求是必要的。在这方面只有少数例外，如将唯一的货币发行特权授予中央银行。

3. 国家不应局限于批准个人经营行业，取消投资和市场准入禁令以及废除特权、强制和放逐权，建立经营自由和迁徙自由，避免发布国家进口禁令，简言之，避免国家市场封锁措施，以便让完全竞争的市场秩序来决定优胜劣汰过程。更确切地说，国家也应该禁止私人权力集团封锁市场。如果由于权力集团的所作所为，事实上取消了经营自由，那么，国家法律规定经营自由又有何用？如果因为现有的辛迪加采取斗争措施加以阻挠，而不能建轧钢厂，那么，经营自由又有何价值？必须禁止任何形式的"阻碍竞争"，即一切形式的封锁、回扣、排他性合同和旨在消灭或恐吓外部竞争者的压价行为。

市场开放具有符合经济宪法的意义。因此，不能给予私人权力集团这样的权力来取消市场开放。市场开放属于秩序政策，不许受私人左右。在这一点上也有别于自由放任政策：这一政策不仅允许组织私人权力集团，而且还可以用斗争手段封锁市场。

4. 在经济的各个领域贯彻开放市场也会造成重大的、难以解决的问题。可以关税和专利政策为例来进一步说明这个问题。

按照开放市场原则怎样评价保护关税？这里所说的保护关税不起预防性作用，因此，不同于进口禁令问题。这种关税不封锁供给。人们可能想到1914年以前中欧贸易条约体系中存在的大多数关税。

这种关税不会直接破坏竞争秩序。它会产生一种扩大国与国之间距离的作用，会改变价格关系。但它并没有妨碍完全竞争的价格体制调节经济的可能性。从这个意义上来说，关税和竞争秩序是并行不悖的。更重要的还在于，从禁止进口制度或者进口许可证制度过渡到关税制度是向竞争秩序迈出的一步。

尽管如此，对竞争秩序而言，保护关税仍然可能直接变得很危险：即它有利于垄断的形成。不言而喻，它们能够提高一个国家关税保护的工业卡特尔化的能力，甚至往往使一个国家作为销售地区从世界市场分离出来，并受垄断控制。在德国钢铁工业发展史上有许多这方面的例子。[①] 在这种情况下，降低关税可以成为消除垄断倾向的手段，有利于建立竞争秩序。如果降低关税，德国许多工业部门的卡特尔就会立刻消失。适当的贸易政策是实行竞争秩序的主要手段。

5. 与竞争秩序相悖的、与经济秩序格格不入的经济形式的产生往往与现代专利法有关。专利法属于那些与立法者本意相违背的许多比较新的法律制度。专利法的本意是为了促进技术的发展，保护和奖励发明者。至于在多大的程度上达到了这些目标，暂且不论。

---

① 参见 K. 维登费尔德（Wiedenfeld）《工商政策》，1928年，第148页；G. 哈伯勒（Haberler）《国际贸易》，1933年。

第十六章 竞争秩序的政策——构成性的原则

与期望相反，专利法虽然从法律上规定了某些预防措施，但在工业中仍然引起了垄断和集中的强烈倾向。原因是，专利是建立一种排他性的制造、投入、使用和出卖某种物品的权利。虽然许多专利并不封锁供应，有些专利只涉及某种商品生产过程的较小部分，并能用其他生产方法和替代产品等绕开这种限制，但也有另一种类型的专利，或称基本专利，则是封锁商品供应的，众所周知的德律风根电子管专利或对化学工业组织至关重要的 1884 年申报的苯紫色素专利都属这一类。

通过专利封锁供应以双重方式促进了集中。一方面，专利能给个别公司带来独家垄断权，这在精密机械制造业中不乏其例。另一方面，专利促使或加强了卡特尔或康采恩的形成。这种作用更重要。在这方面人们不仅想到专利卡特尔、专利托拉斯或专利共有体，许可证生产的交换也有利于卡特尔的形成。假若一个成员退出卡特尔，则有丧失某些专利的危险，正是这一点使许多卡特尔不散伙。专利权对建立现代康采恩，尤其是对它的扩大和对付外部竞争者起着决定性的作用。"专利的推动力必须从集中形式的发展中去寻找，去估计，虽然公众对设法取得专利或者许可证生产协议一无所知，但这些因素对集中的形成、规模和发展方向起着决定性的作用。这些因素不能用数字来计算，而是表现在内在的倾向和潜在的可能性方面。"［G. 盖思尔（G. Gather）语］ 总的说来，专利、商标保护和与此相联系的在出售时的价格约束以及诱导性广告等对实行垄断和寡头垄断的现代经济有着决定性的作用。只要看一看化学工业、洗衣粉工业和卷烟工业康采恩的形成就一目了然了。在这些行业里，专利局就是重要康采恩的核心。通过法律手段大大地促进和加速了集中过程的条件，同时遏制了完全竞争的力量，或者使其不起作用（作者的笔记《补充》，提到克隆施泰因的观点）。

6. 从这类经验中得出的结论看——与对商标保护、在出售时的价格约束和宣传性广告的类似处理结合起来，专利政策是经济政策的重要一环，是为了实现竞争秩序而制定的。它的目的是为了在获准专利后限制或消除对供应的封锁。怎样才能做到这一点？能否坚持今天的专利法关于授予单独拥有发明使用权的基本思想？若如此，那就必须大大放宽当今文明国家的立法和司法关于封锁供应的规定。这一方面有各式各样的建议：比如缩短保护期和扩大强制性许可经营范围。

放宽独占权是否就够了呢？可能还是悬而未决的问题。也许有必要放弃专利权的授予和彻底放弃对供给的封锁，代之以一种体制，这种体制使专利拥有者在收取适当的许可证费用后，允许任何对发明有兴趣的人使用发明。像所有其他垄断一样，专利垄断也有强制缔约问题。如果缔约各方对合同条件不能达成一致，应该由专利局作出规定。过去的许多专利政策建议可以照此思路深化。①

7. 开放市场的原则更重视实效。上面谈到的各种禁令和需要进行的改革，正是为了消除与体制格格不入的市场形式，达到秩序政策的目的。坚定地实行这一原则将极大地加强经济秩序中的竞争因素，大大改变工业国和世界市场具体经济过程的整个面貌。现代技术引发出来的强大竞争力量，将对经济秩序的建设发挥作用。②

---

① 关于专利问题，我深受 G. 盖思尔两篇文章的启发：1943 年写的、但没出版的《专利—垄断—权力地位》和 1949 年发表的《专利立法改革吗?》，卷 2，第 270 页等。此外，还有前面提到过的 F. 伯姆、L. 米克施和 H. C. 西蒙斯的著作。更新的美国资料，尤其是 F. 豪斯曼 1947 年发表的《国际卡特尔概念的演变》，第 33 页；H. 拉施（Rasch）和 S. 奇尔施基（Tschierschky）在卡特尔周刊上发表的文章；W. 勒普克 1942 年发表的《当代社会危机》，第 362 页和第 389 页等；以及著作中提到的资料，E. 里夫曼—凯尔的《用特殊的市场战略对付垄断》，收集在施莫勒 1943 年出版的年鉴中，卷 67。

② 作者笔记《第 7 次补充：关税政策——再论专利政策》。

私有财产

1. 19世纪和20世纪初,经济政策讨论及其本身的一个基本错误是期望所有制秩序能解决社会和经济政策问题。这样就把政策行为引入了歧途。关于这一点,前面已经谈过。尽管解决经济政策的基本问题必须从另外的角度入手,但所有制问题对经济政策的确具有重大意义。这不仅因为生产资料的主要部分是集体所有制,对领导层来说将是一种有效的统治工具,而且还因为这种所有制形式必然与集中管理经济过程相联系,并引发难以解决的社会问题。

诚然,有些社会理论家认为,在一个实行集体所有制的国家里,可能而且应该引进竞争秩序,[1] 前面已经说明这些建议行不通。原因是国家几乎不可能放弃对那些属于它的投资的调节,至少不会放弃要求投资的主导权。这样必然使整个经济过程发生矛盾。

此外,还有一个观点甚为重要:即使国家准备放弃它的调节权,厂长也不会像处在竞争秩序框架中的企业家那样经营。每个工厂每天都存在着生产资料不同配置的众多可能性。生产资料的最佳配置要求迅速决策和不停探索。如果一个企业家没有一定自由活动余地来不断自主地发挥自己的能力,他就不可能充分地适

---

[1] 见B. O. 兰格《论社会主义的经济理论》,发表在《经济研究》周刊,1936/1937年,第1期,第53页等,以及第2期,第123页等;熊彼特《资本主义、社会主义和民主》,1946年,德文版,第15章。这些著作不是研究在一个实行集中调节经济过程的社会的经济核算或经济调节问题,也没有谈及集中调节经济过程的政策。所以,从理论上和经济政策上看,这些著作跟作者与一些读者想的不完全一样。确切地说,他们研究的是一种模式:这种模式虽然存在集体所有制,但生产过程不受集中调节,而应由完全竞争来调节。因此,就经济政策而言,这些著作对热衷于搞集中调节经济过程的人没有参考价值,对探讨建立竞争秩序的人有所裨益。M. 阿莱(Allais)在1947年出版的《在集体经济中的计划问题》卷1第3册中对这个问题发表了不同看法。

应千变万化的形势。①

即使一个厂长得到指示，要他尽可能地按照经济规律办事，但由于他同时也要接受中央当局的许多指示，他就无法使天天变化的各种决定适应劳动力市场、销售市场和生产资料市场瞬息万变的形势。为了能在竞争中站得住脚，在实践中"敏锐感"是必要的。在官员管理生产资料并普遍实行生产资料集体所有制的经济秩序中，官员恰恰缺乏这种"敏锐感"。

这样看来，生产资料私有制是不是实现竞争秩序必不可少的问题是可以作肯定答复的。消除生产资料私有制的现代倾向离经济竞争秩序越来越远。私有制是建立竞争秩序的前提。

这个原则并不排除国家控制个别企业，例如国有林业可以与私人林业并存，国有煤矿和银行与私人煤矿和银行并存。只要国有企业按照竞争市场规则行事，而不是利用国家补贴的办法干扰市场价格形成，那么，竞争秩序可以接受国有企业的存在。

2. 反过来说，私有制能保证竞争秩序的实施吗？当然不能。看一下现实就知道，私有制能同各种不同的经济秩序相互协调融合。例如在"自给自足经济"中，整个经济过程的进行，私有制情况完全不同于在交换经济秩序下盐矿或铁路资本家对盐市或铁路运输的垄断。如果一家私营鞋厂在市场上处于与其他鞋厂竞争的地位，则所有权的内容又不一样。如果私有制同集中管理经济调节结合，例如鞋的生产，则情况同样不一样。

再举一个具体例子：在一座小城市里，一家大型私营汽车制造厂在劳动力的需求方面地位突出，并且部分垄断劳动力需求市场。在这里私有制就赋予了重要的权力地位，因为工厂主是劳动力需求的部分垄断者。如果工人赖以生存的汽车制造厂与集中管理经济结合起来，那么，工厂主对工人的权力地位就更加强大。

---

① 见 H. 冯·施塔格尔贝格遗作《经济调节的途径与界限》，1949 年，卷 2。

这是一个曾在德国发生过的例子。汽车制造厂仍然属私人所有，但汽车生产和劳动力安排却纳入了国家计划。就这样，通过职责把工人与工厂绑在一起；工人从属于调节经济过程的计划当局，也就是在这个集中调节同私有制相结合的经济秩序之中。如果某地有许多机器制造厂、汽车制造厂等在劳动力需求方面相互竞争，工人能够自由签订劳动合同，那么，情况就会是完全另一个样子，需求者对工人的权力地位就会被打破，私有制的经济和社会内容也将随之变化。

由于市场形式不同，私有制的性质也大不一样；所有权的功能也将随之变化。分析表明，在垄断的市场形式下，私有制会造成重大的损害。工厂所有者或私人康采恩、辛迪加和雇主联合会依仗私有制给予它们的地位，对工人、用户和竞争者施加影响。它们的影响力大到法治国家都无力加以限制。所以不难理解，为什么在19世纪和20世纪初许多人对占统治地位的经济秩序的批判首先指向生产资料私有制。这种批判往往是有道理的。

必须正视官方措施的必要性和它同问题之间的冲突。两个世纪以来，人们习惯于片面地盯着私有制造成的危害，并从这种批判中得出结论：应该建立集体所有制。卢梭就曾声称："任何个人都应将其全部权利融合于全体之中"，"每个人都必须献出他的一切、自己的生命和他的所有力量，包括他的所有财产"。[①] 甚至连

---

① 见 W. 勒普克《人之公民权》，1944年，第262页和第274页等；F. A. 哈耶克《通往奴役之路》，1946年，第137页等；A. 吕斯托夫公开发表的文章，他在文章中写道："无论如何，集体所有制的消极方面首先意味着对每个人的剥夺。它的积极方面无非是一些空洞的言辞。其现实的真实内涵完全取决于这种所有权的组织实施方式。属于所有的人就是不属于任何人，或者确切地说是属于以'大家'的名义行使所有权的少数人。财产越多，支配权力的统一集中的必要性就越大，掌权者和形式上的集体财产所有者——广大群众——之间的社会不平等就越大。如果群众想满足一下他们作为集体财产所有者的自我意识的话，或者有人劝他们那样做的话，他们可以用这个毫无实质内容的法律头衔满足一下他们的自我意识，但绝不会给他们带来任何一点权益。换句话说：集体所有制比私有制造成的社会不平等的形式和程度要尖锐得多。"

米拉波也在1789年批评说："有产阶级的成员是社会的代理人或经营者。"后来马克思笼统地指责"资本主义的生产资料所有制"是剥削，他忽略了——这是不应该忽略的——私有制根据不同的市场形式其内容完全不同。一个带根本性的问题是，能否找到一种市场形式和货币体系，杜绝"剥削"，防止滥用权力，使整个过程保持均衡。换言之：怎样才能从经济上和社会上把私有制变成秩序建设的有用手段？

3. 要使私有制实现其国民经济意义，就必须解决私有制概念的含义是什么这个迫切的问题。在竞争经济中，"价格体制就像一台收音机：一边是数以千计的有购买力的需求者对着麦克风说出他们的需求愿望，另一边是数以千计的企业主得到建议，怎样在私有经济方面以有利的方法行使他们的所有权。因此，他们在不知不觉之中，同时得到指示，如何在国民经济方面正确地行使这种权利。无论在生产发展方向的定夺上，还是在生产工艺的选择上或者在生产规模的大小上，企业主都将根据这些指示行事。如果他们不能够至少在一个较长时间内作出一个像样的部署，那么，完全竞争的机制将无情地取消他们对生产资料的支配权。……在完全竞争条件下的私有制意味着：

a. 有利于国民经济的支配权和处置自由；

b. 无能力在损害全体利益的情况下，限制其他所有者的支配权和自由。

在完全竞争的状况下，私有企业主之间存在着经济权力分配的平衡。[1]

只有在私有制的性质真正符合竞争要求的情况下，这一点才适用。如果出现形形色色的买方或卖方垄断集团，那就另当别论

---

[1] 见 F. 施皮格尔哈尔特（Spiegelhalter）1949年在弗赖堡发表的博士论文《经济秩序和私有制经济的意义》。

了。因为这样的权力集团篡改私有制的国民经济意义，与整个体制的意图相反，对经济过程造成严重损害。在这种情况下，私有制的确会产生非社会需要的作用。

私有制不仅给所有者，而且也给非所有者带来利益。只有在竞争秩序的框架内，这句广为引用的话才能成立。事实上，只有通过竞争秩序带来突出的经济效益，并通过私有者相互竞争，使求职者有更多的机会，而不是单方面的依赖关系时，才会这样做。

正如生产资料私有制是竞争秩序的前提一样，竞争秩序是使生产资料私有制不会造成经济和社会弊端的前提。生产资料私有制需要通过竞争加以控制。在这一点上，各项经济政策措施的相互配合尤为重要。如果实现竞争秩序所使用的其他原则真正得到遵循的话，那么，生产资料私有制和对生产资料的自由支配将会对政治和社会产生重大的作用。倘若其他原则没有得到遵守，产生了垄断，而且对竞争缺乏监督，那就必须对私有财产的支配权加以限制。

4. 显而易见，应当对所有制秩序和人类的其他秩序，如社会秩序和国家秩序的关系，进行分析。事实似乎始终表明，私有制是私人的自由领域得到保障的必不可少的前提。如果生产资料集体所有制占统治地位，那么，对个人必然产生巨大的、压制人身自由的经济权力。这种依附性将会造成个人在社会秩序中地位的低微和不能自主。国家的情况也是如此。被统治者、领导层和官员都缺乏自主性。

从一个特殊的侧面可以表明竞争秩序在各种秩序相互依赖关系中所处的地位。在现代工业化经济范围内，只有竞争秩序能使私有制长期处于可以忍受的程度。但私有制又是自由的国家和社会秩序的前提。

契约自由

1. 契约自由显然是产生竞争的前提条件。如果各个家庭和企业对签订契约不能自主决定，不能检查其可能性，而是必须执行指示或接受配给，那就不会形成竞争。但是契约自由同样也能用来消除竞争，建立、保持或者利用垄断地位。垄断集团的领导常常引经据典证明他们有受到法律保护的契约自由和由此享有的职权。

应该如何看待契约自由？它是实现竞争秩序所必要的吗？如果必要，应该是什么样的形式？或者是多余的？

这又需要看经济和经济政策状况。从下列几点可以看出：

首先，契约自由能够促进竞争，也能够消灭竞争（见以下第2点）。其次，根据不同的经济形式，契约自由完全可以有不同的解释（见以下第3点）。

由此得出对上述问题的答案（见以下第4点）。

2. 18世纪末和19世纪初，广泛推行契约自由的大规模改革，决定性地加强了经济秩序中的竞争因素。这一时期，当无数的强制性劳役、行会法对契约自由的种种限制、禁止土地自由买卖的规定、国家或城市的价格规定纷纷失效时，竞争才得以贯彻。例如，凡是规定一个地区的农民只能按照规定的价格到某一家磨坊加工他们的粮食，那么，磨坊之间就不可能形成竞争。只有在保障契约自由的情况下，才能形成竞争。

但是，很早就发现了契约自由与竞争发生矛盾的事实。

例如，从强制劳役中解放出来的小农虽然可以自由签订劳动契约，但他们实际上仍然不是自由的，他们继续依附于当地的大土地所有者，因为后者对是否雇用农业工人拥有垄断权。与从前相比，农民的社会状况改变不大。劳动力市场上竞争的形成有其片面性：即小农竞争农场的劳动岗位。但大农场在劳动力市场上却拥有买方垄断权，能单方面地规定工资和劳动条件。也就是说，虽然有了契约自由，但市场的一方却拥有优势和优越地位，没有其他需求者与之抗衡。许多工业企业也出现类似的情况。在工业化初期，虽然有契约自由，但许多产业工人还是陷入严重的社会困境。社会政治家面临一个矛盾的难题：取消契约自由，恢复从前的依附制度行不通，那样将会使情况更糟。但保持完全的契约自由看来也有问题，因为在实施过程中出现了弊端。[①]

在许多情况下，私人手中的契约自由与人们原来期待的不是一码事。情况表明，契约自由绝不能确立市场供求双方的竞争，到头来契约自由仅仅成了形式。

更有甚者，利用契约自由来消除竞争，卡特尔和其他垄断组织的建立就是例证。这样一来，契约自由的原则却导致废除竞争秩序的基本原则。前面已经提到，在自由放任时期，立法根本无力解决这一重大问题。让我们回忆一下赫克歇尔的话："自由主义从来没有明确表示是赞成自由竞争，反对契约自由；还是赞成契约自由，反对自由竞争。"[②] 自由放任的经济政策给予私人自由通过契约随心所欲地决定经济过程运行的形式，而不考虑任何经济宪法的根本性决定。

3. 这样，我们已经涉及另一个问题，即第一个问题的对立面：经济秩序的形态怎样影响契约自由权的内容？

看几个例子：某个房管部门指派给租房人一套住房，并指示房东按当局规定的房租与租房人签订租房契约。某个控制市场的煤炭辛迪加按自行规定的经营条件把煤炭卖给商人并规定商人按

[①] 见 B. G. 施莫勒《普通国民经济学概论》，1904 年，1—6 版，第 2 部分，第 728 页等。

[②] 见 E. F. 赫克歇尔的著作前面引文，卷1，第261页。

辛迪加规定的价格销售。某个钢制品商人根据众多供货厂家的情况以及同其他商人的竞争，决定按他谈成的价格购买几家公司的产品并签订了合同。

同一部契约法，如德国国民经济总则，适用于上面的三个例子。在第一个例子里，通过"契约"，只是执行了集中管理经济型的房管部门"规定"，而没有选择契约伙伴和确定契约条件的契约自由。在第二个例子中，签订契约时没有行政部门的指示，但契约却是一方强加给另一方的。煤炭商人既没有选择契约伙伴的自由，也不能与煤炭辛迪加谈判购买价和零售价。他甚至被迫接受辛迪加一般的经营条件，这些交易条件限制或者取消了国家法律规定的权利。煤炭商人依赖卖方垄断资本家。这类强制性的契约类似"规定"。只有第三种情况不仅存在着形式上的，而且也存在着实际上的契约自由。因为完全竞争在市场建立起一种均衡，可以自由选择契约伙伴，谈判契约条件。

由此可以得出这样的结论：只要存在集中调节经济秩序形式，日常的经济过程就是通过中央主管部门的"规定"，而非契约来调节的。这种情况在有契约自由的国家里也是如此。就实行交换经济秩序形式而言，虽然契约将调节日常的经济活动，即调节商品和劳务的流动，但根据市场形式的不同，契约的性质差别也很大，例如在卖方垄断情况下就不同于完全竞争之时。

而司法机构的内容又取决于经济活动的形式。过去，我们通过所有权看到了这种情况，现在我们通过契约权看到了同样的情况（当然，经济形式决定于法律政策，二者之间是相互依赖的）。

4. 从上述第 2 点和第 3 点的经验中可以看出，为了建立竞争秩序，是否要保持契约自由，并要怎样发展这一自由。

首先，契约自由是不可缺少的。没有来自家庭和企业经济计划的个人自由契约，就不可能有通过完全竞争来对日常经济过程的调节。通过"规定"调节经济过程，例如通过职责、配给、生产指令和剥夺等办法，排除通过完全竞争的调节。

其次，为了使契约自由服务于建立竞争秩序，必须规定清楚明了的界限：

a. 不允许利用契约自由签订限制或者消除契约自由的合约。不应利用契约自由来建立垄断或巩固垄断地位。垄断排除了交易伙伴的自由选择，使第三者服从于垄断集团的意志。

卡特尔毫无道理地借助契约自由来建立排斥自由和完全竞争的经济形式。这是契约自由所不允许的，同样也不允许个人建立与经济宪法基本决策相违背的经济形式。

b. 只有在完全竞争的经济过程中，契约自由才能得到贯彻。根据我们列举的对劳动力买方垄断的农场、煤炭辛迪加和作为对立面的钢制品贸易，我们就可见一斑了。在买方或卖方垄断情况下，契约自由将导致强制性的契约，不会导致人们所追求的对整个经济过程的调节，因为缺乏完全竞争的控制机制。因此，这里需要另一种控制办法，那就是国家垄断控制，即通过反垄断当局实行强制性协议和规定价格以及一般经营条件。关于这一点，我们将在下一章的"竞争秩序中的垄断问题"一节中论述。

契约自由的原则属于竞争秩序的范畴，它有助于建立和保持竞争秩序，反过来说，也只有在竞争秩序的范畴内才具有其原来的意义。但是，不允许具有这样的职能，即通过组织经济权力集团来破坏竞争秩序或者对行使经济权力和滥用权力实行保护。[①]

[①] 关于契约自由和经济秩序的论著有：前面提到的 F. 伯姆的著作，第 128 页；H. C. 尼珀代（Nipperdey）1920 年发表的《强制缔约和强制契约》；H. 格罗斯曼—德尔特 1933 年发表的《自创的经济法律》，第 10 页；G. 豪普特（Haupt）1943 年发表在德意志法学院杂志第 10 年集上的《契约自由和法律》，第 84 页和那里提到的文献资料；W. 哈密尔顿（Hamilton）1931 年发表的《契约自由》收集在《社会科学》一书中，卷 6。最新的是 E. 霍姆伯格（Homburger）1948 年发表在苏黎世文献第 145 期上的《贸易自由与经营自由》。

责　任

1. 得益者也必须承担损失。在较古老的法律中，这个原则对处理责任问题，即动用债务人财产的可能性方面已经起过决定性作用，到了工业化初期还广泛使用。现在却开始了一个日益增多的责任限制时代。各种联合会的一般经营条件普遍设法减少其成员的责任，并在公司法中，法律规定了有限责任的公司形式，如在股份公司和有限责任公司中，这种形式被广泛采用。今天，家庭和企业不断地遇到有限责任的问题：例如当我们在使用火车或与一家银行开展业务时，或一家企业购买机器或向一家有限责任公司提出索赔时都是这样。在自由放任时代的后期和试验时期，责任的范围大大地缩小了。有限责任与无限责任同时并存使人不得不提出这样的问题：责任究竟有什么意义？什么时候需用无限责任？什么时候需用有限责任？

2. 这种法律手段的作用也取决于经济秩序，取决于现实存在的经济秩序。如果关系到经济政策，那将取决于应该得到贯彻的秩序。这是一个从前不曾提出过、而如今却无法回避的经济法问题。

如若要使整个秩序成为一种竞争秩序，那么，在建立整个经济秩序中责任就具有巨大的作用。它应能使企业及其领导人优胜劣汰，或者便于这样做。此外，它应该继续有利于谨慎地投放资本。负责人员对投资承担的责任越大，对投资就会越谨慎。这样一来，责任可起到防止资本浪费，并强迫对市场进行小心探索的作用。对竞争秩序来说，责任之所以重要，那是因为它能防止为了扩大势力而兼并其他企业。起决定作用的将是成本核算。如果对新买下的一家企业要承担全部责任，那么，人们就会慎重地考虑是否该收买这家企业。如果不需要承担全部责任，并可以在限制责任的盾牌后面弄到对这一企业的控制权，则情况就不同了。有限责任公司的形式大大有助于康采恩的形成。尽可能广泛地使用责任，可以防止集中。责任有助于建立竞争秩序，防止与体制格格不入的市场形式的产生。同时，为了在竞争秩序中有效地开展效率竞争，责任是必要的。两种作用同等重要。正如没有充分的市场形式或货币秩序一样，没有个人的责任，竞争秩序也很少可能有效地发挥其职能。

在完全竞争的条件下，经济过程自然是以收益接受人的需求为转移的，即供应者要以竞争价格为依据。责任是完全竞争的调节机制，是竞争秩序不可缺少的政策手段。因为竞争秩序的前提是："只有相当的经济效率，才能带来盈利；同时必须注意到，经营失误必将导致亏损，并最后通过破产和淘汰给生产负有责任的人以无情惩罚。必须以同样的方式防止骗取收入（没有相应的服务）和不受惩罚的失误（将亏损转嫁到别人身上）的行为"。[W. 勒普克（W. Röpke）语] 竞争秩序必须遵循的原则是：凡对企业和家庭的计划及行动负有责任的人，都必须承担责任（责任原则）。

据此，例如在竞争秩序的公司法中，只有在投资者不负责经营或者只有限地负责经营的地方才准许限制责任：如小股东或负有有限责任的股东。如果在康采恩那里，基本决策是由掌权的人作出的，而却要不独立的法人个人单独承担责任，这样，这种责任限制就与竞争秩序不相容了。负责任的计划部门推卸了责任。所以，在竞争秩序中承担责任的是掌权者。

3. 最近几十年间，对责任处理的实际演变过程不是始终如一的。企业家利用适当的公司形式和一般的经营条件逃脱责任的可能性越来越大。这就促进了集中，损害了价格体制的职能。淘汰的办法和通过责任加以监督的办法均遭到抑制，而又没有别的替代办法。对经济过程的调节日益落入经理和干部阶层手中,他们既不是所有者,又不受中央管理部门的监督。或者落入控股人的手中,他们可以控制几家至许多家资本公司,却不出头露面,是一种无形的权力。①

还有一种情况,对经济过程的调节有决定性影响的人没有承担责任:那就是中央计划部门向私有制企业下达指示。在这里,保持责任已经失去了任何意义。因为在集中管理的经济中,实行的是另一种人事制度,调节投资的不是厂长,而是中央计划部门的干部,由他们下指示。这里也没有破产问题。国家计划部门命令所有的农民必须将其一部分草场改种粮食,事后证明,减少了牧场面积和牲畜数量是一个错误,而为了推销面包,不得不降低粮食价格。这样的或类似的事例在私有制与集中管理经济调节相结合的经济秩序中是屡见不鲜的。例如1930—1948年间的德国就是如此,中央计划部门下指令,企业承担风险。这种分离使制定计划和发布指示漫不经心,原因是负责人都不必为此承担责任。

调节职能和责任分离这两种办法都是不可靠的。这种办法之所以出现,原因是人们没有认识到责任对整个经济的作用。长此以往,这种分离状态是难以忍受的,除非有人愿意支持使用集中管理经济调节方法的集体所有制,否则,只能通过扩大责任来加以克服。

4. 实行这个原则会产生各种各样的问题,破产法如此,而应作为经济宪法一环对待的公司法同样如此。

a. 当19世纪扩大现代的股票法时,是期望股份公司能通过吸收零散资本,增加对铁路和银行等的投资。为吸引资本,对股份的责任限制是必要的。对此人们并没有多少疑虑,因为单个股东

---

① 见A. A. 贝尔勒(Berle)和G. C. 米恩斯(Means)1933年合著的《现代公司和私有制》。

对公司的领导影响甚微。今天仍然需要采取这种办法吸引股份。除此之外，股份却获得了另一种全然不同的职能，即控制职能。一旦个人或公司取得了控制权，就会出现早期立法者所料想不到的情况，这样，限制责任也就没有存在的理由了。鉴于责任限制的新趋势，有必要使资本公司中占较大股份的股东对公司的债务承担责任。在有较大股参与的情况下，有必要规定控股资本公司和控股的各个企业主或者控股的合伙公司对被控制的资本公司的债务责任。

由此并不妨碍企业为节约费用而合并，例如一家冶炼厂买下一家煤矿，或者一家机器制造厂买下一家翻砂厂，等等。这样的合并导致一个统一的、由数家工厂组成的企业的出现，被合并的工厂成为接收公司的部门，公司承担完全责任。即使控股企业或个人只买下了较大的一部分股份，情况也是一样。如果是无限责任，那么，兼并企业或工厂的风险就大得多，这就大大降低了联合和形成康采恩的诱惑力。这种无限责任的预防性作用将是很大的（这好比将德国1937年的股票法作这样的修改：根据股票法第15条第2款，控股企业应对附属于它的企业的债务负有责任）。一个不独立的法人——实际上只是一个分支机构——在法律上也应被视为控股公司的分支机构。把实际上是一个统一管理的企业康采恩分解成许多法人，这被事实证明是不可容忍的。

有人对康采恩法的责任思想提出异议：如果人们不想丧失任何立足点，不想放弃对其他法律领域产生作用的重要原则的话，那么，就不许损害并入康采恩的企业的法律自主性原则（见德国法学院股票法委员会1935年第2个工作报告）。在这方面，引人注目的首先是，在税法上没有这样的疑虑。人所共知，在那里是实行机构理论（Organtheorie）的。根据这一理论，一个事实上只是某个控股公司的分公司，在法律上本应作为这样的分公司来对待，以致康采恩在诸如营业税上享有某些优惠。一方面，即在承担责任情况下，由于对康采恩组成单位的法律政策的考虑，几乎加重了康采恩生存的困难或威胁到它的生存；另一方面，在税法上，却有利于康采恩的生存。由此可以看出，得益者对经济政策的影响有多么大。令人感兴趣的还不仅仅是这一点。除此之外，受批判的论据清楚地表明，没有认识到公司法改革的核心是扩大责任。

b. 从责任的普遍原则中也提出这样的问题：对于后果责任，一个股份公司的董事会是否有必要承担，并达到多大的程度。

当董事会对它调节经济过程的计划和决策负责时，承担后果责任至少是必要的。有一种异议，认为经理或总经理往往不拥有资产，因而要他们承担责任没有多大意义。这种异议没有多大分量。之所以如此，是因为事实上他们的个人财产常常并非少得对债权人无足轻重。尽管财产的确很少，但后果责任仍会在企业经营中引起个人承担不同的责任。如果董事会不能自主行事，并且基本上只是拥有多数股权的股东意见的执行人，那么，承担责任的不是董事会，而是公司控股人自己。

所谈到的这两种情况是通过责任原则来理解的。在股权分散、董事会拥有充分权力的股份公司里，董事会承担责任。但董事会完全听命于拥有多数股权的股东的计划和指示时，则由后者承担责任。

c. 有限责任公司的公司形式是很成问题的。立法机构想将"责任限制的优惠"给予中、小企业。这一设想引起了强烈的反响，有限责任公司的法律形式得到广泛的采用，当然某些用途是立法机构不曾想到的。

与此相对的是：得益者把责任限制视为优惠是可以理解的。例如，通过扩充经营条件，在提供机器时限制责任，或者选择一种公司形式来限制债权人支配财产的权利，这对一家机器制造厂来说无疑是有诱惑力的。追求责任限制犹如普遍追求垄断地位一样，总是活生生的。在现代经济中，这两种追求几近如影随形。

第十六章 竞争秩序的政策——构成性的原则

假如上面提到的机器制造厂通过专利或卡特尔契约取得了垄断地位，那么，这家工厂就得到了双保险。有限责任和垄断地位意味着停止两种基本的控制：在垄断价格的保护下，在对供货稀缺的有限责任的保护下，并且加上有限责任公司形式的保护，一个公司就有了高度的安全。

但是，恰恰在这两点上公司的自身利益和公共利益发生了冲突。责任限制如同垄断形成一样，是这样改变经济活动规则，使交换经济的经济过程不再充分发挥作用。当垄断组织限制自己成员的责任时，在一般的经营条件下，垄断和责任限制两者相互交织的情况并不少见。正是为了要建立一种框架，使公司能自由地安排计划，有效地参与日常的生产和分配的总过程，才必须设法使公司不阻碍这种框架的建立。责任限制的增多正起着这种作用。①

5. 人们常常抱怨现代的经济和社会使人"失去了个性"。虽然这种说法不无道理，但这正是经济和法律政策本身创造了易于引起丧失个性的条件，比方说扩大责任限制的做法。这种情况在一定程度上是可以改变的。假如工人或贷款债权人、买方或卖方同一家公司的领导谈判并签订合同，都以自己的人格和个人的财产对每一项协议承担责任，这就发生了人与人的交往。反之，如果人们固守抽象的范围，必然会带来有害的结果。

责任不仅是经济竞争秩序的先决条件，而且也是充满自由和自我负责的社会秩序的先决条件。首先必须明白这样的一个观点：任何限制责任的做法都会引发集中管理经济的倾向。

---

① 关于责任问题的论述，见 H. 格罗斯曼—德尔特 1931 年发表的《关于有限责任公司法的改革》，1941 年发表在《民事实践文献》第 147 卷，第 1 页等，尤其是 1934 年发表的《违约索赔的法律后果》；H. 克隆施泰因（Kronstein）1931 年发表的《非独立法人》；W. 李普曼（Lippmann）1943 年发表的《好社会》，第 14 页和第 216 页等；W. 哈尔施泰因（Hallstein）发表在《国际国内私法》杂志第 12 年度上的文章；W. 勒普克 1946 年出版的《经济学》，第 4 版，第 279 页等。

经济政策的稳定性

1. 近几十年来，在大多数工业国中，企业家的投资热情大大下降，这是最新发展中的最严重现象之一。投资不足必然造成就业不足和失业。如何解释这种观望态度呢？人们通常的解释是：现代经济发展缩小了投资的可能性。世界上的铁路、工厂、机器和其他生产资料越多，投资任务就越少；世界的投资似乎饱和了。

西斯蒙第就持这种看法。这种看法常常是在持续的萧条时代广为流行的，尤其是在1929年后的严重萧条中发生影响。从这种看法中产生了这样一种经济政策要求，这就是人所共知的、首先由以凯恩斯为代表的学派提出的经济主张：在长期投资不足的情况下，为了避免持续的萧条，国家应该进行干预（降低利率、信贷扩张、增加政府订单、扩大预算赤字、创造就业机会等政策）。

2. 要是这种解释有道理的话，那么，投资机会将消失，并且唯一拯救的办法就是由国家来完成过去由企业主做的事，到了这一步，将会出现几乎令人绝望的局面。因为国家投资虽能增加生产资料的投入、雇用更多的劳动力，但像在其他方面所表明的那样，国家没有办法正确地掌握投资比例。那么，不可避免的结局是，所谓的"资本主义的发展规律"将迫使人们进行按比例的投资，他们的努力将很少有助于改善消费品的供应。

3. 但投资兴趣和投资本身的下降，并不说明投资可能性减少。我们并不处在一个经济饱和的世界里。只要人们深感物质的匮乏，就存在投资的可能性。在一切人的所有需求通过生产设施得到满足之前，都可能进行投资。我们离做到这一点还有十万八千里之遥。举一个小的领域作例子：欧洲只有一小部分地区实现了集约化农业，即比利时、丹麦和荷兰，这三个国家仅占欧洲面积的百分之一。要使欧洲其他地区的农业尽可能地实现集约化，还需要大量的投资。无论是在欧洲还是在世界其他地方，都谈不上生产资料饱和的问题。①

4. 显然，问题必须换一种提法。虽然事实上存在着巨大的投资可能性，为什么近几十年会一再出现投资不振倾向？

为了找到答案，我们必须介绍一下所有经济行为的出发点——经济计划。要是我们从这个角度来考察各个企业，就会发现，有两个因素使投资者对投资持观望态度。

a. 生产资料和劳动力价格与产品的价格相比，使人觉得投资不合算。换一种说法，价格关系阻碍了投资。如果卡特尔把生产资料价格抬高，或者通过国家干预将工资定得太高，这就会产生投资无利可图的价格关系。这里起决定性作用的就是计划的给定条件——各种预期。企业领导人对他们的产品价格有一定的预期，但是，另一方面，他们又面对规定的生产资料价格和劳动工资，并据此作出决策。例如，在1931年经济危机期间，柏林建筑业不得不考虑将生产资料，如钢铁和水泥价格维持在由辛迪加过去采用的某些较固定价格水平上工人也保住较固定的工资，同时房价暴跌。出于这些原因，投资房地产业的兴趣自然很低。这里再一次证明了这样一个基本事实：经济过程——这里指投资过程——只有通过价格才能得到充分调节，条件是：价格关系正确地反映了稀缺状况，也就是说，生产资料价格对产品的价格的关系没有被破坏。

b. 同样重要的第二个因素是：为了将更大的投资列入计划，给定条件的某种稳定性（Konstanz）是必要的。一个机器制造商想扩大他的工厂，如果根据当前的价格和价格关系，虽然觉得有利

---

① 对这个问题的详细论述见 A. G. B. 费希尔（Fisher）：《进步和社会保障》，1947年，德文版，以及前面已经提到的 F. W. 梅耶和 A. 哈恩（Hahn）的有关论著。

可图，但是，当他不得不考虑到，由于货币的突然贬值，外国竞争者在他的销售市场上取得优势，或者实行保护关税，销售市场受到封锁，或者由于国内税制的变化，使迄今的盈利机会化为乌有，在这种情况下他还会投资吗？在最近几十年里，大多数工业国家的货币、贸易、税收、工资等试验性经济政策极度不稳定。这种不稳定性强烈地扩大了不安全因素。风险太大。"计划给定条件"和"实际给定条件"之间的差距是相当大的。

对美国企业的调查表明，企业家只有在3到5年内所投入的资本能收回的情况下，才愿意投资，如购买新机器。① 住房建筑业的投资回收期则要长得多。在20世纪40年代，许多德国企业家只有在3年之内能收回投资的情况下才愿意投资。经济政策的不稳定迫使企业家只对利润大、资本回收快的领域投资。这样计划投资和实际投资的数量就大大地减少了。动荡不定的、神经质般的经济政策，朝令夕改造成严重的不安全感，加之扭曲了的价格关系，缺少信任的气氛，阻碍了许多投资。

5. 从这类经验教训中，经济政策，尤其是旨在建立竞争秩序的政策，应该得出什么样的结论呢？为了充分地调动投资活动，经济政策的某种稳定性是必要的。没有这种稳定性，竞争秩序无法正常运转。

竞争秩序使投资能长期地相互正确协调起来，是因为它的价格机制能确定比例是否失调，并能对失调的状况加以纠正。这是它优越于任何其他秩序的地方。只要它能确定生产资料价格，即调整价格与成本的关系，它也就能够消除私人投资不振的趋势。

如若经济政策没有足够的恒定性，竞争秩序也就不能充分发挥作用。长期规定税收、贸易合同和货币单位等具有重要意义。

---

① 见F. 卢茨1945年发表在《美国经济周刊》第35期上的《有活力的经济利润率和投资》。

只要不具备这些条件,就不要指望有足够的投资热情。经济计划就不可能有时间上的深度,而时间上的深度恰恰是扩大和保持现代工业生产设施所必需的。如果经济政策保持充分的稳定性,那么,即使资本回收期长达15年至20年,人们照样愿意投资。企业要承担业务风险,适应个别经济活动给定条件的变化,就必须不断考虑千变万化的价格波动,并与它适应。只要经济在发展,计划给定条件和实际给定条件之间总会有差距。但是这种差距不应因为经济政策的反复多变而进一步扩大,致使见效慢的投资活动停下来。

稳定性是竞争秩序的经济政策的核心要求。经济政策为经济过程创造一个合适的经济宪法框架,并要坚持这一框架,对它的修改要慎之又慎。①

6. 经济政策的稳定性对竞争秩序来说还有另一层意义。

例如德国经验表明,经济政策的多变对康采恩的形成起着推波助澜的作用。风险越大,组建康采恩的趋势就越强,而且这些康采恩包括不同行业或者同一个行业的不同部分。经济政策多变所引起的不安全感,推动企业参与或购买其他生产部门的公司,例如一家棉纺厂加入一家煤炭贸易公司、一家机器厂和一家蜡烛厂。这是经济政策本身造成工业集中的多种原因之一。经济政策越恒定,引起工业集中的原因就越少。这也有利于建立竞争秩序。

构成性原则的统合性

1. 构成性原则是经济宪法原则。在具体的历史条件下,这些原则的联合运用就是建立某种人们所期望的经济秩序,同时,这

---

① 见笔记《单项扩大》。

些原则能够创造使这一秩序发挥作用的条件。也就是说，所有这些原则都服务于总体经济决策，同时又是具体贯彻总体决策的手段。

这些原则不是法律教条，也不是自然的权利。有些原则——如契约自由原则、责任原则或私有制原则——本来是哲学家和法学家作为纯法律的原则——例如作为自然法的原则——提出来的。与这里谈到的秩序联系起来，这些原则已不再是从自然法或者从超越法律教条的原则中引申出来的。例如，要求建立私有制，一再被认为是来自人的天性，被解释为自然法的要求。在这里并不是这样，私有制与其余原则一起证明是建立竞争秩序所必需的。我们知道，竞争秩序不仅对经济有影响，而且能对相互依赖的各个秩序，如社会秩序和法律秩序产生强有力的反作用。

2. 重点在于这些原则的积极面。

人们常常发现对现代经济过程进行有效调节是极其困难的。但更重要的是积极地运用这样的调节方法。所有构成性原则均服务于这一目的。例如，假定所有其他原则都得到了贯彻，但经济政策仍不稳定，那么，投资仍然不会增加，竞争性价格仍不足以调节经济过程。

对近几十年滋长起来的工业集中运动也应采用积极的手段加以制止。通过直接的干预，如规定最高资本额、限定最高工人数或者干脆禁止建立康采恩等来限制企业的规模，恐怕都是困难的。相反，一般而言，康采恩是垄断集团，处理垄断的原则对康采恩就适用：凡能解散的就解散，否则，就置于反垄断的控制之下。此外，竞争秩序的经济政策可以通过创造相应的条件，如改革专利法、开放市场、扩大责任、合理地限制契约自由以及按照其他原则行事等，来消除产生康采恩的土壤。这里需要再次特别强调经济政策的稳定性（关于康采恩问题的思想，有待根据这些论述作更深入的探讨）。

3. 这些原则整体性是如此之强，以致孤立地实施个别原则完全无法达到目的。我们在所有制问题上看到了这一点。如果国家试图通过契约法、责任限制、贸易政策、投资禁令、商标保护法和专利法等抑制竞争的话，那么，要求建立生产资料私有制是的确成问题的。但是，如果和其他原则结合运用，私有制就具有重大的、积极的意义。

第十七章 竞争秩序的政策——调节性原则

严格遵循构成性原则并不能防止在具体的竞争秩序中仍含有某些与体制格格不入的秩序形式。重要的是，即使实现了完全竞争，也还会有需要改进的缺点和不足。

这样就需要某些"调节"性原则。为了保持竞争秩序正常职能的发挥，实施这些原则是必要的。

竞争秩序中的垄断问题

1. 在竞争秩序中，经济权力只应保持在维护竞争秩序所必要的限度之内。家庭和企业的领导为了贯彻已制订好的经济计划，需要有经济权力。当然在竞争秩序中，经济权力将受到价格机制必要的和严格的日常监督。中央货币发行银行也行使经济权力，并且还拥有发行货币的特权。这里出现了一个对它监督的难题。当然，这种权力的形成是为了通过建立充分的货币体系来保持竞争秩序。

2. 尽管如此，竞争秩序中还存在垄断。垄断不利于维护竞争秩序，相反，它更多的是干扰和危害竞争秩序。即使这些原则得到全面贯彻，照样会出现某些企业占据权力地位，例如一个城市的煤气厂垄断了对煤气的市场供应，或一家精密天平制造厂、一家医疗器械厂、一家计算尺制造厂垄断或部分垄断了各自的市场。这种垄断地位是在真正的成本优势基础上产生的，也就是说，是

第十七章 竞争秩序的政策——调节性原则

"适合体制"的。在这种情况下，最佳的企业规模是，只要一家企业的产品能够满足市场的需求。如果同时存在几家企业，那么，它们就可能以低于成本的价格出售产品。

这里产生了一个问题：怎样对付这种垄断呢？一切直接和间接防止垄断形成的手段都用尽了，尽管如此，这种危及整个秩序的权力实体仍然存在。

3. 这个问题与众所周知的对垄断的监督问题（或仅仅是对卡特尔监督问题）不是一码事。如德国1923年的卡特尔条例一样，许多工业国都试图解决这个问题，但都失败了。① 当时的贸易政策、税收政策、公司法、卡特尔法和卡特尔法判决乃至整个经济宪法，都为垄断的形成提供了方便和支持。甚至有一部分辛迪加是靠强制手段组织起来的。在这些政策和法律的大力推动下，垄断就好比是不停疯长的大树，国家试图修剪这棵疯长的茂密的大树，而树却继续疯长。

从经验看，在大部分工业处于垄断的经济秩序下，一个现代国家没有力量对垄断进行有效的监控。在这里，利益集团的政治影响太大，垄断问题多种多样，过于复杂。正如大量的德国经验向我们表明的那样，部里的个别官员可能做了些好事，但他们从国家体制中所能得到的支持太少。在工业、农业和劳动力市场垄断猖獗的经济秩序下，人们不可对监控垄断的效果抱什么幻想。美国及其对垄断的政策也为此提供了佐证。

在竞争秩序中情形就完全不同。在这里，主要打击目标被引到另一个方向上：阻止垄断权力集团的产生，即不仅只通过反卡特尔法令，而且更为重要的是通过经济和法律政策。这些政策运用构成性原则使现代经济中存在的强大竞争力得以爆发出来。因

---

① 见 F. 豪斯曼1940年发表的《转折时期的经济集中》，第231页；H. 克隆施泰因1946年2月发表在《耶鲁法学杂志》上的《对卡特尔的监督失败的记录》。

此，国家在很大程度上摆脱了私人权力集团的影响。如果不是煤炭、钾盐和钢铁辛迪加的老板们以及大康采恩、大托拉斯和工会巨头们参与决定国家的意志形成的话，那么，国家对垄断的监控能力将强大得多，同时，国家的任务也将大大地减少。在竞争秩序中，对垄断真正需要监控的也就只有提到的那些方面了。这样，对它们实施有效监控的成功机会也就大大地增加了。

4. 尽管如此，有必要也有可能从工业国对垄断的监控经验中得出某些结论。首先可以肯定的是，有两种监控垄断的方法通常是失败的。

第一种，对垄断实行国有化解决不了垄断问题，例如对铁路或发电厂实行国家垄断，通常像私人垄断一样推行垄断政策。它们像私有企业一样，也企图取得最高利润。在垄断的条件下，最高利润与最大限度地满足需求一般相距甚远。国家垄断管理部门在利用垄断地位方面甚至比私人垄断企业还要充分得多。这些部门认为，它们的行为是理所当然的，因为其收入是交给国家或者地方的，换句话说，是一种间接税，并没有中饱私囊。此外，对可能的竞争，国家更感到自信，因为它能够利用立法手段来限制可能出现的替代竞争，就像德国曾经发生的汽车与国有铁路竞争一样。

国有化把经济和政治两个领域结合在一起。众所周知，在任何时候和任何地方都无法通过集中的办法解决经济权力和滥用权力问题。权力集中到一方的手中，就会加重另一方，即工人、消费者和供应者的从属性。对大的垄断集团如重工业实行国有化，并不意味着将得益者的权力置于监督之下，而是意味着把参与监督的人变为得益者。

第二种，这种危险和其他影响使人产生一种想法：发动工会干部监督垄断。关于此点，前面已经谈及。[①] 结果表明：如果工人

---

① 见1920年柏林国有化委员会报告和关于他们谈判的报告。

参与分享垄断利润，他们就会像企业主一样对垄断和垄断政策产生强烈兴趣。只要垄断资本家允诺在提高价格的同时提高工资，那么，煤矿工人就会同意煤炭垄断资本家提高煤炭价格的要求。铁路工会一般都同意提高火车票价。工薪者的利益要比没有组织起来的消费者的利益远为有效。

工会常常对卡特尔采取友好态度是有其根源的：即幻想希望通过这种联合来维护他们的总体利益。其实这不是增加了制约垄断的力量，而是加强了垄断的分量。无论是垄断国有化还是工人监督，都不能解决竞争秩序中的垄断问题。

5. 有人提出监控垄断的任务应该委托给国家垄断监察局。为了摆脱得益者的危险影响（尽管在竞争秩序中这种危险性有所减弱），这个部门应该是一个独立的、只接受法律约束的机构。它不应该是经济部的一个司，因为一个司受到的压力远比得益者的压力大。

只有这样一个反垄断机构才对监控垄断的一切有关问题负责。也就是说，需要一个新型的、不曾有过的中央机构，它的建立是必要的，也是可行的。在现代工业国家中，这样一个反垄断机构应该是一个庞大的中央组织。没有这种反垄断机构，竞争秩序和现代法治国家将受到威胁。反垄断机构像最高法院一样不可缺少。

反垄断机构的任务是尽可能地消除垄断，如果某些垄断无法消除，就应对它们进行监控。当然在竞争秩序条件下，垄断集团的数量相对而言将是很少的。部分垄断和双边垄断如卖方或买方垄断一样，也必须置于反垄断机构的监督之下，如果一家大工厂部分地垄断了国家的弹簧供应，除它之外，还有其他许多小厂也供应弹簧，那么，这家大厂不能因此而逃脱对它的垄断监督。

6. 判断垄断的标准是什么？这一个问题十分重要。不是定义，而必须是一定的事实起决定性作用。要对每一个公司进行没完没了的检查吗？这将是一项无法预料的艰巨任务，需要一个庞大的管理机构。地方反垄断机构的工作将与财政部门相似。公司将会依附于一个新的国家机构。如果中央反垄断机构将会拥有炙手可热的经济大权，它将会危及自由秩序。

但我们知道，公司所处的市场形式无须从"内部"来确定。对公司的这类检查是完全没有必要的，或者只需作为辅助手段加以使用。反垄断机构的代表与财政局的官员不应接踵而至。有足够的迹象使人们从外部看出，是否有人试图垄断市场。我们已经指出，封锁、客户忠诚优惠、价格差别（包括倾销）、竞争价格以及其他迹象都是证据。只有明显出现这种垄断行为的特征时，反垄断机构才会采取行动。虽然它可以自己确定是否出现企业占据经济支配地位的情况，但它受法律的约束，只有从外部发现有垄断市场的迹象时，它才进行干预。

除了这类独立的委员会之外，还有两种对垄断监督的手段：政府或者受害者可以提出控告。

7. 反垄断的立法和监督的目的是，促使握有经济权力者采取符合完全竞争的态度。垄断资本家的态度必须是"类似竞争"的。这是一条从竞争秩序的基本原则中产生的原则，它适用于各种市场，也适用于劳动力市场。正因为人们赞同人的劳动力不许被作为商品对待这种想法，所以必须设法避免在劳动力市场上滥用垄断权。例如，工会一旦背离其本来的职能，以诸如"不雇用非工会会员"等措施把非会员排除在劳动力市场之外，就应对工会实行监督。对垄断实行监控必须包括下述几个方面：

a. 众所周知，行业联合会、工业、银行、保险公司的通用经营条件和个别企业如煤气厂、电厂和铁路等广泛取消了国家制定的法律，用经济的自创法律将国家的法律首先从经济垄断领域中排挤出去。[①]

[①] 见 F. 伯姆《经济秩序》，1938 年，第 157 页；L. 莱塞尔（Raiser）《通用经营条件法》，1935 年。

针对这种局面，必须建立将在完全竞争中形成的态势。在执行法律的过程中，市场上形成的一般经营惯例自然是允许的，但背离法律规定，损害缔约伙伴的经营条件是不允许的。这样做就能消除垄断所造成的、很少为法律政策注意的严重损害。

b. 诸如封锁、回扣和竞争价格等任何阻碍竞争的做法都必须禁止。反垄断机构也须对此实行监督。这样就会建立起在完全竞争中产生的态势，在那里阻碍竞争也就失去了意义。[①] 自然，为了取得类似竞争的结果，有必要实行强制缔约，正像为了实现完全竞争必须有市场自动机制这一强制性手段一样。

c. 在完全竞争条件下，同样的商品和服务自然形成同样的价格。例如，卖方垄断集团总是为获取最高利润，对同样的商品或服务向各个需求阶层索取不同的价格。在竞争秩序中，这种价格差异必须禁止。

d. 最棘手的是在确定最高价时贯彻这个基本原则。只有在一种情况下，相对而言实行起来比较容易，那就是削减库存。让我们来重温一下咖啡的例子。通过把每袋咖啡的价格压到 60 马克，可以达到均衡价格，能销售 200 万袋咖啡，无须销毁咖啡，但是垄断集团的收入减少了 1300 万马克。

假如是用现有生产设施进行连续生产，按类似竞争方式确定价格就比较困难。原则上应该根据供求平衡来确定价格，这样的

[①] 根据格罗斯曼－德尔特的说法，这方面的任务是："当前，一方面是债务合同的有关国家法律工作者的法律，基本上还是 19 世纪参照古代文献资料写成的法律著作的成果，离开今天的经济生活越来越远，因而是干巴巴的、僵死的、踏步不前的。另一方面是一般经营条件：它取代了国家的法律，支配着债务合同的生命，而且不乏与国家法律相悖之处……重要的是应认识到，一般经营条件最终几乎成了我们所面临的最重要的私法政策任务。最后必须由此得出这个结论：长期以来，由于经济和国家竞相提出自己的法律，使我们分不清什么是合法，什么是违法……必须明确这样一条：不管是国家机关还是经济本身立法，都必须对所有立法机构负责。"——《违约索赔的法律后果》，1934 年，第 201 页等。

价格能抵偿边际成本。一个垄断药品生产的化工厂，它的产品必须以这样的价格出售，即这一价格具有两个特点：使供求保持平衡，又不必进行定量配给。同时，比如每盒药单价是3马克，那么，这个价格就是最新的成本单价。在这里，困难的是如何测算成本，特别是边际成本。因此，在边际成本高于平均成本时，应该以平均成本和需求曲线的交接点为准。虽然按照这种方法确定的价格在体制上不完全公平，但容易确定。

至此，反垄断机构对价格的监督还没有完成，因为它还必须设法使生产设施按照类似竞争的办法接近经济的最佳值。完全竞争能产生一种持久的、长期起作用的压力，迫使生产设施实行合理化。有必要对垄断集团实行价格监督，这种监督能使长期的类似竞争的压力发挥作用。

受反垄断机构监督的垄断化工厂将不仅使自己的一般经营条件适应完全竞争状态，放弃封锁和价格歧视，并且提出的价格不仅是均衡价格，符合边际成本，而且使其本身也处在一种较长期的有效压力之下，采取合理化措施，降低产品成本和价格。否则，生产设施就会过时，商品供应就无法优化。这在垄断集团那里是经常发生的。企业必须估计到它的价格随时都可能受到反垄断机构的审查。假如没有实施改进措施，在这种情况下，企业又要把价格降到上述的交接点之下，因此就会造成亏损。反垄断机构应该谨防把现有的生产设施长久地看作一成不变的规模。

对垄断的监督问题是如此之庞杂和困难，以至于要想解决这个问题必须同时遵循竞争秩序的其他构成性和调节原则，即把垄断的形成限制在最低限度内，并根据简便易行的原则对垄断实行监控。

8. 对垄断的监控起着防患于未然的作用，意义重大。如果对垄断能实行坚决而有效的监控，那么，人们追求垄断地位的欲望就会被大大地削弱或抑制。事实表明，这种活跃的欲望是经济史中的一个中心内容。

第十七章 竞争秩序的政策——调节性原则

与此相关的另一个重大问题是怎样对待寡头垄断。例如三家电力工业公司供应某些电力设备，两家汽油康采恩控制着石油市场，或者五家铝材厂垄断了市场供应，但它们都没有组成卡特尔。或者也存在着部分寡头垄断，这更是常见的现象。两家大熔炉制造厂控制着市场，同时，还有许多小熔炉制造厂也供货，它们接受大厂的价格。这种寡头垄断或部分寡头垄断的局面常常是暂时现象，不久就导致卡特尔的形成，即集体垄断，或通过打败竞争对手，实现独家垄断。但有时这种寡头垄断或部分寡头垄断的不稳定状态能维持许多年，甚至几十年。经济政策上应该如何对待这种状况？随着竞争秩序的一般政策，如贸易政策、专利政策、实用新型专利保护权和税收政策，加之市场的迅速扩大，寡头垄断的数量将会大大减少。但这仍不失为一个重要问题。此外，解散那种只有少数几家企业组成的卡特尔，市场就会过渡到寡头垄断形式，那么，怎样对待这种卡特尔呢？

对这个问题存在着两种观点：一种是以米克施为代表的一派认为，必须对寡头垄断和部分寡头垄断作出特殊规定，即实行在国家监督下的"受限制的竞争"。[①] 另一种观点认为，这样做国家的负担太重，需要在全国范围内建立一套庞大的监督机构。否则，国家将严重地陷于日常的经济过程之中。他们认为，应该优先选择另一条道路：即在竞争秩序中对垄断实施严格的监控，使之发挥强有力的预防作用。如果对垄断实施有效的监控，寡头垄断资本家就没有机会通过斗争消灭竞争对手，夺取垄断地位。因为那样做，他们就会落入严厉的监控垄断的法网之中。除此之外，寡头垄断厂商自己也将尽力按完全竞争的条件行事，否则他们将被反垄断机构一个一个地绳之以法。举例来说：一个水泥卡特尔解

[①] 见前面提到过的《竞争和使命》，第91页和1949年发表在《国家学说》杂志第105期上的《模糊的经济政策》一文。

散了，它的 7 个成员就成了寡头垄断厂商。这时，一家公司试图吃掉其他几家的可能性就很小，因为不许采取阻碍竞争的措施，诸如价格战、封锁市场和忠诚优惠等，否则就会受到惩罚。如果它在合乎体制的竞争中夺取了垄断地位，它就将受到反垄断机构那种令人生畏的监控。但如果 7 家公司都保持其寡头垄断地位，情况将会是什么样呢？它们的做法将会接近竞争。从几个方面看，它们都必须接受关于一般经营条件、阻碍竞争和价格差别的规定。如果它们在价格水平上不向价格战中的价格水平靠拢，它们就会天天遇到反垄断机构的干预。①

9. 在竞争秩序中，有两种情况便于对垄断进行监控：首先是因为遵循构成性原则大部分的垄断优势已经消失。其次是对垄断进行的坚定而又系统的监督所产生的预防性效果。这种监督促使寡头垄断或部分寡头垄断厂商采取类似竞争的态度。许多问题，如两家公司同时向同一个市场供应抛光机这种情况，就会自行解决。反垄断机构随时观察工业界的动向，只有发现有公司偏离竞争行为的某些上述征兆时，它才进行干预。的确，对垄断实行严格的监督通常促使公司放弃这种企图。

对垄断的监督实际上仅仅局限于较少数真正的垄断集团，所以反垄断机构将不是庞大的官僚机构，根本不能同集中管理经济的官僚机构计划部门或者辛迪加相比。

收入政策

1. 预言家们用幻想掩盖严酷的现实，以便争取群众，取得

---

① 关于垄断监控问题可参见前面提到的伯姆、米克施、豪斯曼、勒普克、凯斯特纳等人的著作。这方面的新著有 B. 菲斯特（Pfister）1948 年发表在"高原"杂志上的《效率竞争及对垄断的监控》。

第十七章 竞争秩序的政策——调节性原则

权力。

预言和幻想不是我们的事。在现代的工业化社会里，有一个极其重要的秩序政策实际问题，它的解决需要清醒的分析。事实表明，这个经济政策的秩序问题可以通过竞争秩序解决。但与预言家不同，我们应清醒地充分认识到，即使这个相对而言的最佳解决方案也还存在着缺陷和危险。竞争秩序存在着缺陷，孕育着危险。仅仅确认缺陷和危险是不够的，但是这种确认是制定解决办法的基础，这些办法将消除或减少这些缺陷和危险。

2. 在完全竞争的条件下，一个普通的经济过程给人们带来收入，而这些收入获得者的需求又借助价格机制调节着生产过程。批判就此开始。有人论证，在完全竞争的范围内，必然形成工资、利息、养老金和企业利润，因此，分配不是根据道德观进行的，而是受一种不讲道德的自动机制控制的。在这里社会公正如何发挥作用呢？这个问题我们已经提到过。事实证明，以完全竞争的价格体制分配社会产品虽然还有许多不尽如人意的地方，但还是比私人或公共权力实体随心所欲的分配办法要好一些。

3. 这种分配机制也不是十全十美的，还需要改进。在购买力的分配上形成明显的差别，因而使生产转向满足较为次要的需求上去，而另一部分收入获得者的迫切需要却得不到满足。收入的差别导致低收入家庭的迫切需要尚未得到满足时，却转向奢侈品的生产。就是说，在竞争秩序条件下的分配办法还需要改进。[1]

4. 例如可以利用税收政策来部分地纠正这种状况。

这正是税率累进的意义所在。显而易见，实行充分就业政策的国家——如英国或美国——也采用这种办法。但是，主张充分

---

[1] 关于这一问题参见 E. 冯·庞巴维克文集《自由竞争的不利影响》，1924 年，第 475 页等。

就业政策的人怀有完全不同的目的，他们想阻止过量储蓄。根据经验，高收入的一大部分被节省了下来。因此，他们视高收入为一种危险。我们在另一处已经谈及这一点。诚然，这种税收政策会导致本应避免的结果：即阻碍了投资。

竞争秩序中的所得税率的累进制还有一种完全不同的意义，即社会意义。它应该在竞争秩序的范围内修正分配过程。通过这种办法，也就确定了累进的界限。累进不许高到影响投资的程度。举个例子，一个投资项目每年可能带来30万马克的盈利，但同时也有风险，在某种情况下可能造成10万马克的亏损。假如盈利30万马克要交28万马克的税，那就不大可能有人投资。因为企业家看到赢利的机会很小，而亏损的可能性较大。为了保持竞争秩序的正常职能，必须限制累进制。尽管从社会角度看累进制是必要的，但同样重要的是，不能因为累进制而危及投资。这就需要对累进的上下界限加以原则的规定。它的上下界限具体定多高合适，必须由各国的财政政策来摸索确定。[①]

经济核算

1. 通过竞争价格体制的相互协调，许多工厂和家庭的经济核算应该导致整体经济的合理核算和对整个过程的充分调节。这是竞争秩序的基本思想。经济核算分得很细，同时又是一个整体，是通过单项经济活动进行的，又通过价格体制使各项经济核算相互协调。

计算体系很精确，但却没考虑各个经济计划及其执行情况对

[①] 有一章专门论述税收政策，在那里更多地提到 G. 施默尔德（Schmölder）的著作。

整个经济给定条件的反作用——如果个别企业领导在自己的计划范围内没有感到这些反作用的话。[①]

可以回想一下美国当年滥伐森林造成广大地区水土流失、气候恶化和草原沙化的情景。这种情况之所以发生，是因为森林占有者在经济核算中没有或者几乎没有考虑他们那样做对整个经济的影响。或者可以看一看化工厂及其排放出来的污水对人的健康所造成的损害。各个工厂的经济核算与整体利益之间的冲突首先表现在社会方面：在企业中使用童工、女工，劳动时间过长，缺乏事故预防措施等，尤其在19世纪中叶造成了严重的后果，后来实行工人保护才消除或减轻了这种损失。

2. 产生上述各种弊端的部分原因是没有完全的竞争。例如许多雇主对当地劳动力需求的垄断，使雇主们在工业发展初期拥有绝对权势，使他们能够按照他们的条件雇用工人。如果在雇主之间存在着竞争，就不会发生这类事情。正像我们看到的那样，马克思所描写的大部分严重弊端都产生于雇主对劳动力需求的垄断。产生这些弊端的原因不是存在竞争，而是缺乏竞争。

的确，在完全的竞争中也可能产生损害——同样因为诸如雇主把他们对待工人的做法所造成的影响没有或者只有部分地反映到他们的经济核算中。

3. 因此，即使在竞争秩序条件下，在这些可以准确肯定的情况下，也有必要限制企业的计划自由。例如在林业中必须在某种规模上禁止滥伐等，在这方面，尤其要规定劳动保护。虽然雇主现在在劳动力市场上的竞争完全不同于19世纪的情况，但是仍然有必要对使用女工和童工、对劳动时间的长短和对工伤事故的预防等作出规定，并通过工商业监督保护工人利益。在劳动力市场

[①] 见H. 冯·施塔格尔贝格《理论国民经济学基础》，1948年，第344页，和作者的论文，收集在1944年《国民经济与统计》年鉴第159卷上，第201页。

上实行完全竞争或者建立起一种同完全竞争效果类似的状态都不能令人满意地解决这些问题。

在某些方面限制企业计划自由的同时,也有必要对国家的监督划出明确的界限。工商业监督人员不许利用职权来限制竞争。他们的唯一任务是确定企业是否带来有害影响,例如一个计划中的苏打厂对周围的家庭和工厂可能产生的影响,并在此基础上制订出限制性规定。[①]

供给的反常行为

1. 过去的经济政策,首先是重商主义曾非常重视的劳动力市场上所谓供给的反常行为(anomales Verhalten)。[②] 如果说17、18世纪的法兰西国家运用它的影响来压低工资,那不仅是为了降低成本,增加出口,而且也是为了通过压低工资促使工人多劳动,迫使妇女和儿童去做工。在当时法国和其他国家存在着一种信念:低工资使人勤快,高工资使人懒惰。直到18世纪末才有人反对这种论点。

2. 在某些市场上,出现了价格或工资下降时供给反而增加的情况,这对竞争秩序的政策来说起着全然不同的另一种作用。人们关心的是如何阻止工资或价格下跌。举例来说,由于人口的增加,在某个地区可能出现压低工资的情况,压低工资迫使家庭向劳动力市场输送更多的劳动力,这就加剧了压低工资的趋势。再如,由于技术的改进,个别劳动力市场上出现解雇工人,造成工

---

① 见 W. G. 瓦芬施密特(Waffenschmidt)《技术与经济》,1928年,尤其是第236页等。

② 参见施塔格尔贝格《理论国民经济学基础》,1948年,第281页,以及 E. F. 赫克歇尔《重商主义》,卷2,第148页。

资下降的现象。由于工资下降，造成劳动力供应增加，这样不仅被解雇的工人，而且有更多的工人在寻找工作，这种情况增加了建立新均衡的难度。

3. 在竞争秩序中，通过运用前面阐述的原则，这类经济和社会政策问题可以大大缓解，在许多情况下可以获得解决。在人员自由流动和自由选择职业的情况下，容易从一个行业转到另一个行业。在劳动力市场上建立起符合完全竞争的状态，像私人集团或国家权力集团统治下那样压低工资的情况就不可能发生。同样，对工人的保护，例如禁止招收童工、限制成年人劳动时间等，使工资下降时增加劳动力供应发生困难。

尽管如此，劳动力市场供给行为仍长期不正常，如果这样，那就迫切需要限定最低工资。

第十八章 竞争秩序政策——经济秩序政策的相互依赖性

相互依赖性

1. 各项原则——构成性原则和调节性原则——都是相互补充的。只要经济政策始终如一地遵循这些原则，竞争秩序就得以建立并发挥作用。只有在竞争秩序的总体设计之内，各项原则才有其意义。无论是关系到契约自由的研究，还是关系到货币产生原则的研究或者其他任何一项原则的研究，都一再得出这样的结论：各项原则相互补充，是一个整体。

2. 于是，在经济法律和经济政策方面的一个主要争议问题也就解决了。

以前人们天真地相信，强有力的法律和经济政策能达到他们所期望的所有目标，现在这种想法让位于一种全新的信念。当代占统治地位的思潮认为，人类的历史发展有其必然性。这种思潮对上述看法的改变产生了决定性的作用。经济政策本身的失败，尤其是垄断立法的失败，也是原因之一。例如著名的法学家弗兰茨·克莱恩（Franz Klein）很早以前就表示怀疑了。[1]他怀疑民法和刑法能对经济发展产生影响。新近 H. 特朗普勒（H. Trumpler）

---

[1] 见他1927年的讲话、报告、文章和信件等。

写道:"自从第一部反垄断法生效以来,托拉斯在美利坚合众国取得了意想不到的发展。这是一个荒诞的然而却是实实在在的事实。"他还写道:"因此,美利坚合众国有影响的集团认为,反对托拉斯的斗争已失败了,或者至少是毫无希望的。"①

如果法律和经济政策只是点式推行,那么,克莱恩和其他怀疑者就不无道理。例如,反对垄断的专门法律就无法解决垄断问题。垄断的发展是对有局限性的立法和司法的讽刺。在反对之中,垄断在加剧。全部经济政策方面的经验说明了这一点。

但是,如果经济政策根据经济秩序政策上的总体决策而推行,并且在运用必要的原则时,一切经济政策行为相互补充,那么,怀疑者们就错了。美国的反垄断法的失败并不是因为立法本身,而是因为完全缺少相互补充的经济政策,而贸易政策、专利政策和公司法等又为垄断的滋长创造了条件。

就像指挥一支军队,如果各部分之间缺乏配合,一部分往东,一部分往西,那就不能出现一次有意义的进军,就没有战斗力。如果能使部队各部分的行动配合默契,就会形成有效的攻势,战斗力和获胜的机会都将大大提高。经济政策也如此。

3. 如果总体决策有利于集中管理经济型的经济秩序,那么,开放市场、承担责任、契约自由、监督垄断或商品储备本位制等原则都会失去意义。与集中管理经济相一致的是中央有关从业和职责、建立外贸垄断、颁布进口禁令、实行配给和许可证等的指示。②

在近代,有些国家将集中管理经济变成了其经济秩序的主导形式,并执行一个同总体决策的各部分相适应的经济政策。例如1928年后的苏联就是这样做的。这种经济政策在一定程度上避免

---

① 见 H. 特朗普勒《不正当竞争与美利坚合众国的反垄断法》,1944年。
② 这一概念是 W. 勒普克提出的。例如,他在1942年发表的《当代的社会危机》一书第252页等就曾提到此点。他特别提到与市场经济相一致的经济政策措施。

了点式主义行为和忽视经济政策相互依赖的严重错误。工业政策、外贸政策、农业政策和货币政策等服从于总体决策,相互协调,并成为一个整体。相比之下,在另外一些实行交换经济的国家中,如法国和美国,出现各种经济政策行为并存和相互抵触以及点式干预的混乱现象。

在集中管理经济型秩序中,总体决策的灾难性缺陷和危险并不能通过经济政策的一贯性和它面向总体决策而消除,相反,它们的影响更加广泛。正因为集中管理经济的解决办法带来的危险,就更需要始终如一地实行交换经济型的经济秩序,即竞争秩序,即使在交换经济型的经济秩序中,经济政策的各个方面也应使建立经济秩序的中心思想发挥作用。这样,竞争秩序才能在经济方面产生巨大的效益,并对人类其他秩序明显地产生重大的影响。

4. 怎样才能使实际执行的经济和法律政策在所有细节方面都适应竞争秩序的总体决策呢?只能遵循有关的各项原则。

立法本身还不足以在各个方面——从农业到货币政策——使竞争秩序的各项原则变成现实。诚然,立法的首要任务是通过协调单项经济政策行为来保障经济政策的统一。在这方面,司法也起着一个不可缺少的独立作用。经验证明,出现新问题首先会找司法部门,因此,司法部门常常是先走一步。德国的卡特尔政策就是如此,尤其是帝国法院 1890 年 6 月 25 日和 1897 年 2 月 4 日关于决定允许卡特尔合同、市场价格约束和卡特尔封锁的著名判决,对经济政策行为具有重大意义。[①] 这些判决成了后来几十年关于反垄断立法的基础。但是司法部门不能以为依靠诚实和信任的总条款或良好的道德规范和法官对经济过程模棱两可的想象来成功地处理经济政策任务。更确切地说,法官要将自己置于经济基本法的总体决策之下,并对整个的经济联系有深入的了解。司法

[①] 见 F. 伯姆《帝国法院与卡特尔》,1948 年,奥尔多,卷 1,第 197 页。

判决常常就是经济政策,但经济政策不可能按照法律原则条条成功地得到推行。在作决策时需要运用经济法的基本原则,这样就出现了另一个问题:怎样才能使根据经济基本法处理问题和根据法律条文处理问题相互结合起来?只有在司法也遵循经济基本法原则时,才能保证经济政策的一体性,否则,将危及竞争秩序的维护。假如司法在专利、商标保护、责任、契约自由等问题上作出的判决违背竞争秩序原则,那么,竞争秩序的维护或其正常职能的发挥将会受到威胁。我们知道,在一个实行竞争秩序的国家里,实现法治国家是可能的。在这样的国家里,法院可能具有重要的分量,这是建立法治国家所必需的。因此,法院的决定对经济政策的制定有着特殊的意义。

同样,行政机构也必须服从经济宪法法律总决策,不仅是中央各个部,而且地方行政机构也不例外。例如,它们不允许采取建立监督警察的手段,对一个城市的手工业中出现的竞争横加阻挠。三种权力(行政、立法、司法权力)应该相互影响,发挥作用。竞争秩序应该是宪法的一个不可缺少的组成部分。[①]

5. 经济政策原则的多样性和各项政策原则的相互依赖性,说明自从产业革命以来人们生活其间的大分工工业经济的复杂性。但是不应产生这样的印象,好像竞争秩序弱不禁风,在激烈的政治和经济斗争中容易土崩瓦解似的。

这项经济政策的基本思想很简单,各项原则都是为了实现这个基本思想。这一基本思想是建立在经济活动的形式和日常的过程基本分离的基础上的。竞争秩序的这种或那种主要特征已为更多的人所理解,因而大大有利于它的实现。负责的领导阶层需要在细节上和相互关系上充分了解各项原则。但从日常的经济生活

[①] 这里应该补一段话,引用更多的例子,尤其是国营铁路的例子来说明竞争秩序。见 A. 施米特 1950 年出版的"交通秩序是靠竞争还是靠强制?",《秩序年鉴》,卷3。

出发是容易理解这些基本思想的，最重要的是坚持不懈（这和教条主义毫无共同之处）。康德曾说："坚持不懈是哲学家的最高天职。"这种看法也适用于经济政策，它的规定就是充分发挥事物逻辑的作用。

景气政策

1. 景气政策①越来越成为经济政策和总政策的中心了。这是为什么？这个问题的答案要从国家、社会和现代人精神状态的深层结构变化中去寻找。这里最重要的是事实。无论哪个国家，如果它的经济政策不能防止长期的失业，那么，这项经济政策是不可能持久的。工人和职员要求有安全感，他们不愿意陷于失业，又找不到新的工作的危险。过去他们受这种愿望支配，现在他们要求国家帮助他们实现这一愿望。这是新出现的现象。1900年前后，情况还没有如此严重。从前人们把自己的经济困境看作是命运的作弄，是一种神的力量对他们的惩罚或者是自己或他人的过错的结果。今天他们认为国家应负责任，这不仅是个别人持有的看法，而且群众和公众舆论都这样认为。这样，国家必须保障经济安全的思想就成了一种巨大的历史力量。尤其是从1914年至1918年那场战争以来，国家保障经济安全的思想成为各国人民和政策的要求。因此，货币政策、贸易政策和财政政策等，都是为景气政策服务的。早在1914年至1918年战争之前，经济政策中的社会思想已经很强烈了。此后，景气政策任务首先就是实现这一思想，建立社会保障。正因为社会保障的思想渗透于景气政策之中，所以

---

① 与此有关的资料有哈伯勒、朱克斯（Jewkes）、卢茨、普赖塞尔（Preiser）、熊彼特、施皮特霍夫（Spiethoff）和施图肯（Stucken）等人的著作。

这一政策成了一切政策的中心。

但这种狂热的努力却导致了一个消极的结果。以不惜带来大量失业来避免经济危机和萧条的办法，不是失败就是代价太大。至20世纪30年代，美、德、英等国一系列景气政策的尝试，引起了1929年至1932年灾难性的大危机。这些尝试的直接失败已清楚地显露出来了。相比之下，虽然充分就业政策和集中管理经济调节政策的试验避免了失业或者消除了现有的失业现象，但这种成功仅仅是一种召魔驱鬼的办法。经济困难接踵而至。

景气政策的尝试为什么会失败？是否存在取得积极效果的办法？我们也在不停地探索这些问题。答案已经有了。或许再从景气政策的角度简单扼要地勾画一下整个问题是有益的。

2. 经济萧条常常与投资活动下降相联系，同时整个经济过程出现比例失调。在经济高涨时期，某些工业部门可能比其他生产辅助产品部门发展得快，例如钢铁工业比钢铁加工业发展得快。而在萧条时期会出现另一种失调现象：例如在储蓄与投资之间或者在由于技术的发展必然没落的生产部门与正在扩展的生产部门之间。每一次萧条都有自己的特点。1901年的萧条不同于1907至1908年的萧条，也不同于1929年至1932年的萧条。但三次萧条都出现投资活动放慢，在经济过程中均发生某种不同特点的比例失调现象。

3. 由此可见，萧条的部分原因是投资不振。我们知道，投资不振与经济政策不稳定有关，是价格关系，尤其是生产资料价格和产品价格之间比例遭到破坏的结果。

其次，表明经济过程缺乏适应调整能力，即迅速调整比例失调的能力。由于垄断市场的形成使价格体系僵化，在其他的市场上形成了不均衡的市场形式，例如供应垄断或供需两方面的部分垄断。这样就发生垄断斗争、罢工和解雇工人。尤其重要的是，货币的不稳定造成通货膨胀和通货紧缩，这就增加了调整的难度，也决定性地妨碍了投资活动，特别在通货紧缩时更是如此。

4. 在经济政策的试验时期，没有从景气政策的角度去设法改革市场形式和货币秩序，并通过经济政策的稳定去鼓励投资活动。试验时期的景气政策试图通过直接干预经济过程来克服或避免萧条，即通过低利率政策、信贷扩张、国家订货、固定价格和外汇控制等，就是试图用国家投资来替代不振的私人投资，但却没有设法消除调节机制的缺陷问题，也就是消除大多数比例失调的根源。这种景气政策是独立自主的，尽可能地摆脱国际制约，以致大大影响了国际交换的调节。

正如我们看到的那样，这种政策的结果必然是实行集中管理经济的调节办法。因为集中管理经济只能作笼统的评估，所以不断地发生稀缺现象，生产资料不配套，消费品供应严重匮乏。德国和英国的最新经验证明了这一点。

因为这种办法既没有消除萧条的根源，也没有在经济秩序中建立起每天对总体均衡起作用的调节机制，所以有关经济政策虽作了各种努力，最终还是免不了失败。这样就不难解释这种奇特现象：恰恰在推行这一政策的时代，爆发了工业化经济所经历的最严重的经济危机，即1929年至1932年之间的大危机。当时的货币政策、贸易政策、价格政策和工资政策等破坏了调节机制的作用，使经济过程不能适应变化了的情况。

为了解决经济的波动和大规模失业问题，必须结束经济政策的试验时期，采取秩序政策的行动。这样才能消除产生萧条的根源。简言之，就是要对症下药。

5. 在竞争秩序的条件下，经济政策的连续性能使投资活动长盛不衰。价格比例——主要是生产资料价格对产品价格的比例——不再被扭曲，在经济秩序中引进一个自动起作用的货币政策稳定因素，防止发生通货膨胀和通货紧缩。第三种货币体系必须排除。

另一方面，如果运用竞争政策的构成性原则和调节原则，价格体制就能够发现并调整比例失调的状态。这些原则缺一不可。拿调节原则来说，在那些企业领导的经营活动效果不显著的地方，按照这一原则，就必须限制计划自由，这在有关经济状况政策方面也是重要的。假如通过某项措施制止了滥伐森林引起的地区草原化的趋势，也就收到了景气政策的效果。读者也可以毫不费力地看到其他原则对建立充分调节机制的作用，并且如何有助于建立没有萧条和大规模失业危险的秩序。

6. 除此之外，在竞争秩序中是否还需要采取特殊措施来对付经济发展的大起大落呢？看来没有必要。

更为重要的是下列事实：在经济试验层出不穷的今天，从长远来看，通常的景气政策是注定要失败的。在这方面，借助统计观察或依靠数学方法进行中央计划来加以改进都无济于事。在一个被权力集团和不稳定的货币秩序搞得经济失调的国家里，可以采取低利率政策和信贷扩张来维持投资活动，美国今天就是这样做的。但是，这种景气政策将更加损害价格调节机制。虽然保住了就业，却使供应不稳定和恶化。如果这个国家转而采取集中管理的经济政策，那么，消费品的供应将更加紧张。为了摆脱景气政策所处的这种困境，只有下决心把在经济秩序中建立有效的调节机制作为首要任务，必须把秩序政策的总决策放在第一位。任何一项景气政策措施只有放在这个总体决策之内才有意义。

在贯彻有关经济状况政策时，关键不在于克服比例失调，而是要建立一种能不断地恢复均衡的机制。自由放任政策、充分就业政策和集中管理经济都缺少这种机制。竞争秩序好比机体，每个机体随时都受着数以百万计的细菌的侵袭。只能通过自身不断产生抵抗力，才能抵抗细菌的侵袭，保持自身的均衡。竞争秩序必须像一个健康的机体那样在这方面不断地作出反应。

社会政策[①]

引　言

在许多人的社会愿望和解决社会问题所需的知识之间常常存在着一条巨大的鸿沟。许多人真心实意地关心社会问题，希望参与社会问题的解决。但真正关心经济和社会秩序问题的人却寥寥无几。然而，只有了解经济和社会秩序问题，才能理解社会问题的各种表现形式。各种单项社会福利政策措施并不鲜见，而且应该特别指出，这些措施对改善工业社会中工人的境况做出了许多贡献。但是，随着时间的推移，事实表明，这种零敲碎打的办法不足以解决社会问题。

在这方面，带根本性的问题是，真正的社会福利政策与以往人们的理解完全不同。这里提高点工资，那里在企业中采取些安全措施或者建立一些福利设施，虽然这些也是重要的，但还是不够，必须把这种点式的解决办法置于次要的地位。这并不意味着原来意义上的社会福利政策的要求变得无关紧要了。恰恰相反，正因为它这样紧迫，所以必须将它纳入对经济秩序的总体考虑中来。社会福利政策的某些形式使人们陷入一种有失人的尊严的处境。工人和所有处于依附地位或困境的人，可以要求得到比怜悯、施舍或临时性的社会救济更多的东西。他们有权利要求建立一种他们认可的秩序，使他们及其家庭成员能过上有人的尊严的生活。

本书的主要用意之一，就是要不厌其烦地明确指出社会福利

[①] 这一章是根据作者的笔记由我写成的，内容没有超出笔记的范围——保罗·亨塞尔。

政策不应成为其余经济政策的附属物，而首先必须是经济秩序政策。无论是货币政策、信贷政策、外汇政策，还是卡特尔政策；无论是工人在劳动力市场上和在工厂里的地位，还是他们的家庭命运，都与经济政策分不开，都牵涉到工人的利益。没有什么对社会来说是无关紧要的。没有哪一项经济政策措施不直接或间接地对社会产生影响，不具有社会意义。有意代表社会利益的人，就应该把他的注意力首先集中在建立总体秩序上来，必须通过一般的秩序政策，防止社会问题的产生。倘若社会问题还是产生了，那就必须先检查一下，是不是由于其他方面的举措带来的副作用。即使最好的秩序政策也需要社会救济措施，善于从人类秩序内在关系的角度考虑问题的人，对此是不会感到奇怪的，因为在这里没有尽善尽美的解决方案。"因此，在众多的任务中，这项任务是最艰巨的，因为不可能有十全十美的解决办法。这段造就人的弯曲之木是难以校直的。逐步接近这一理想是大自然赋予我们的使命。"（康德语）

正确理解的社会福利政策是普遍适用的。它与经济秩序或经济宪法政策是一致的。只有在这个范围内才谈得上专门的社会福利政策，同时，必须立即补充说明的是：如果想使社会福利政策有成效，而且不会因为这一政策破坏了其他的秩序政策，引起新的社会问题，那么，它同样必须在符合秩序政策的总体决策的意义上行事。

经济秩序政策作为社会政策

供应

对公共团体成员包括工人、领养老金者和其他主要依赖社会救济人员的供应，首先取决于整个生产设施的生产能力。如果人的劳动生产率低下，那么，最好的社会福利政策也不能取得令人满意的结果。① 因此，建立一个用来调节基于分工的经济方式的有运作能力的体制是解决一切社会问题的最重要的前提。

在竞争性经济范围内，首先是实现其基本原则，即建立有运作能力的、完全竞争下的价格体制。这样，每一个家庭和每一个企业都能够准确地进行经济核算。更重要的是，为了自身的利益，如由于竞争被迫严格按照成本原则经营。但是，经济的生产率和对人的消费品供应在很大程度上也取决于其他构成性和调节性原则的贯彻执行情况。如果由于货币秩序或货币政策不稳定而引起通货膨胀或通货紧缩，那么，不仅价格结构将被扭曲，各种决算被篡改，无法进行正确的经济核算，而且会损害经营积极性和提高效率的意愿。所有这一切都必然会影响个体和整体经济的效益。封闭的市场会降低竞争的压力，妨碍最优者脱颖而出。正如两次世界大战后欧洲各国进行的所有制试验时期所取得的教训那样：所有制关系的不稳定影响了经济过程的调节，影响了及时按比例的投资和人们的创造热情。由于绝大多数人不是从秩序的内在关系和作用去考虑问题，而是习惯于从意识形态角度去思考问题，这类经验教训在很长时间之后才为人们所认识。契约自由固有的提高效率的力量能调动个人的生产积极性，同时也会引起对竞争的效率束缚。这是起码的政治常识。同样必须看到这一事实，如果契约自由加速了垄断权力集团的形成，它也会减少国民生产总值。

像聚焦一样，各项秩序政策措施都集中到它们对生产设施效率的作用这个问题上。只有生产出产品，才谈得上分配。如果这一说法有道理的话，那么，一切社会改革家的首要任务必须是着眼于建立能取得最佳经济效益的经济秩序。只有在此之后，才可

---

① 见本书第十一章"一些结论"一节和 W. 欧肯的《货币改革前后的德国》，收在 A. 胡诺尔特（Hunold）1951 年出版的《充分就业、通货膨胀和计划经济》一书中，第 134—183 页。

能提出其他问题。如果在某一性质的制度中,大家都挨饿,那既不是解决公平分配问题的办法,也谈不上社会保障,更不是解决社会问题的另一种表现形式。如果想在伦理上委婉地提出办法,并明确呼吁所有人都来关心公共利益,以此来掩盖一个坏的秩序的影响,那同样是徒劳的。

社会的公正性

1. 没能足够严肃地对待社会公正要求。最近几十年,这一要求再次引起了负责任的思想家的思考,使他们怀疑现存的社会秩序。但直到第一次世界大战,许多人士曾寄希望于通过国家管理经济和财产社会化来实现这一要求,现在这种希望已经基本破灭。人们又回到寻找自由的秩序形式,自然还有许多人对是否参与这种转变还在犹豫不决。

交换过程的形成取决于整个经济发展,因此,实现社会公正不仅有赖于竞争经济基本原则的实现,而且也取决于一切构成性和调节性原则的运用。无论是通过货币贬值的办法剥夺储蓄者的财产,还是通过封锁市场使供需双方或工人失去就业的机会,或者迫使他们接受单方面规定的条件,或者通过滥用契约自由限制他人缔约的自由权利,或者通过限制责任的办法把风险转嫁到合同伙伴身上,凡此种种,都妨碍了经济成果的公平交换。因此,公平分配问题也必须从它所受到的互相依赖的制约中来观察。

2. 在各种经济秩序中均存在着收入差别,只是差别产生的方式有所不同罢了。即使在集中管理经济中,中央管理部门也被迫采用定额工资,作为刺激生产的手段。同时,为了取得高效率或者防止低效率,他们也采用超比例增加或降低工资以及重奖重罚的手段。这就使劳动者的收入拉开了距离,而且这种差距远远大于实行交换经济的国家,只是这一事实尚未被普遍认识而已。这种差距归咎于中央评估体制,并且可能不符合每个工人对国民生产总值所作出的实际贡献。劳动人民的收入和领导层的收入差距可能更大。出于人之常情,中央领导部门也不得不使领导层从经济上去关心政治秩序的巩固。由此产生的劳动人民和领导层的收入差别与交换经济秩序和私有制的国家相比不是更小,而是更大。在集中管理经济中,收入差别的原因部分在于效益心理,部分在于要让领导层关注现行秩序。至少可以认为存在着劳动人民受到领导层的剥削的现象。

在交换经济中,收入差别的原因部分是为消费者服务中付出的劳动不同,部分是各个市场上按垄断或其他方法建立起来的权力地位。在交换经济中,如果收入的高低不是根据供求关系的情况,而是根据市场实力地位而定,那么,收入的分配从经济意义上讲就会产生不公正的问题。在最近 100 年中,就出现洛克菲勒(Rockefeller)、卡内基(Carnegie)等这样大名鼎鼎的财阀,他们拥有大量财产,主要不是来自他们的资产收入,而是依靠他们在市场上强有力的地位。人们也不应忽视这一事实:有些企业,如卡尔—蔡司基金会,之所以能提供突出的、甚至是楷模般的社会福利,就是因为它们在市场上拥有强大的实力地位。作为其他企业主的非社会意识的证明,高度评价这些社会福利措施也不算过分,但是不能以此证明那些在市场上没有强有力的地位、因而只能提供较少社会福利的企业家的社会意识就薄弱。

由此可见,社会公正的求得应该通过建立一个有效的总体秩序,尤其是应设法使收入的形成符合竞争、风险和责任的严格规则,不应从废除私有制上找出路。必须指出的是:私有制可能造成弊端,集体所有制必然造成弊端,一切旨在实行财产国有化和集中调节的解决办法,都必将降低生产的积极性,恶化成本核算,不可避免地使经济管理官僚化。脱离竞争经济的代价是劳动生产率下降、供应恶化和限制自由,而且也不能指望更公平地分配国民收入。

社会保障

对社会保障的要求是一个普遍的问题。任何时代都有其无保障的形式。今天，人们对社会保障的要求已达到前所未有的程度。这不是关系到这一个或那一个社会阶层的问题，而是一个同时或交替地涉及所有社会阶层的问题，并且全世界都或多或少地遇到这个问题。

要求社会保障的主要根源之一是由于物资稀缺所造成的贫困。虽然证明分工是广泛消灭贫困的一种真正有效手段，因为它在发展的过程中能不断地提高人的劳动效率。但是，这种分工又引起了新的无保障状态。这种无保障状态是双重的：人们受制于复杂无比的经济全过程，在这个过程中他们的生存又受制于他们的伙伴，即其他的人。

这里存在造成人们恐惧心理的另一根源的危险。在现代分工的世界里，个人不仅担心经济贫困，而且也担心失去作为人存在的可能性。这种担心又是双重的：他必须估计到，由于并非他自身的原因被排除在社会合作之外，并被置于社会生存条件的边缘。这不仅意味着经济生存条件受到威胁，而且更为严重的是，他的创造力无用武之地，他的发展可能性受到阻碍，他的自尊心受到不应有的伤害。另一种危险是，可能由于滥用权力[①]，不管是通过私权，还是以最坏的形式，即通过专制国家，他的自由遭受严重侵害，甚至失去。今天，鉴于第一种危险，即大规模失业，第二种危险往往没有充分形成，尽管最新的经验表明，在某些前提下，一个人可能对他人做出些什么来。

集体虽然能够避免失业，但它对个人安全造成更为严重的危险。另一方面，交换经济只有运转正常，才能给人们提供经济

[①] 对社会保障的要求和对自由的要求一样，只有在不牺牲他人的社会保障和自由的情况下才是合法的。见 K. F. 梅尔"对社会保障的要求"，《秩序年鉴》，1951年，卷3。

安全。

一个良性运转的竞争秩序，不仅能保护人们免遭经济贫困之苦，而且只有它才保护人们免受极权主义的威胁。

特殊的社会政策

无论竞争政策意义多么重大，它仍然不能完全解决社会生活中的所有问题。泰纳曾引用过卡塔琳娜二世的一句名言，准确地表达了这一任务的棘手性质："我们的文章不是写在纸上，而是写在敏感的人体上。"即使一项为人们谋利益的秩序政策，也不一定能考虑到每一个人的不同情况。但任何失误——无论是采取行动造成的，还是没有采取行动造成的——最终都会对人们的生存造成损害。因此，在执行竞争政策的同时，还需要采取预防性措施，以弥补其不足，并缓和突出的社会问题。除此之外，还有另一个原因。我们今天的劳动宪法包含着一系列社会政策必须注意的特点。劳动者同时属于几个不同的作用域：他们生活在家庭中；在工厂里劳动；在劳动力市场上出卖劳动力。每个作用域都有它的自治权。家庭和工厂不同于市场，此外，实物商品市场和劳动力市场之间存在着重大的差别。

家庭宪法

决定一个人在某种秩序下是否感到舒畅的关键因素是他个人生活的环境。工业化早期在这方面出现的严重弊端肯定促使人们对现存秩序产生反感。只有起码享有最低限度的家庭温馨和健康的外部家庭生活条件的人才会赞同现存秩序。经验已经证明，拥有自己的房子和小院子意味着什么，特别是在荒年；这种拥有既是对单调职业生活的调节，也是经济的后援。前面已经提到，自给自足的经济成分是对竞争经济的一种绝好的补充，使人们在非常紧急的情况下，依靠自己的力量自救。使人们有力量积蓄，要比慈善救济或国家补贴更好一些。从社会角度看，通货膨胀是最大的弊病之一，因为它剥夺了人们在经济上为自己和家庭采取预防措施的可能性。这一点恰恰表明，对个人提供社会保障的重点必须放在建立一套完整的经济秩序上。重任在肩的政治家们的义务和责任就是给人们以一切可能的途径，使他们自己保障自己的安全。除了一般的风险外，如疾病之类，工人还要承担自己无法负责的职业活动特殊风险，如工伤事故、职业病、失业，等等。因此，社会保险事业对工人具有特别重要的意义（今天，许多国家在这方面的竞争因素还有待大大发挥）。如果自助和保险事业还不够发达，就需要国家建立福利机构。但是，只要有可能，重点应是加强个人的积极性。

一个人不仅需要家庭的温馨和安全感，而且需要更多的东西；不应妨碍他最大限度地发挥他的能力。因此，经济原因不应妨碍培养真正的天才。这里还有必要强调业余活动的意义。在共同兴趣的基础上，自发组织业余活动小组，是一个人的本能需要之一。个人自愿组织起来的团体有助于培养新人，这种新人有助于经济和社会的自由秩序的形成。

企业宪法

在讨论企业宪法时，最基本的事实是工业化给企业带来的结构性变化。与家庭式的农场或手工作坊相反，工业企业具有社会性。这种结构性的变化也应该在企业法中得到体现。这方面的主要问题就是工人在企业中的地位问题。正是今天，联系到解决参加决定权问题，对工人地位问题再度展开了激烈的争论。这个问题也必须首先从整个秩序来看待。在集中管理经济中，自下而上的共同决定是与它的体制背道而驰的。为了使这种体制能够运转，甚至企业经理们都没有行动自由，更谈不上工人参加决定的权利了。在竞争经济中情况则相反，工人的参与在原则上是完全可能的，为了能充分考虑工人的利益，这样做甚至是必需的。工人或企业工会可能的影响界限在这里也是由整个企业宪法决定的。

企业管理的任务就是要不断地适应给定条件变化的情况。如果各个企业在业务领域中的计划自主权由于实行共同决定受到了损害，则因此危害到企业整个秩序的运转，最终也必然损害到工人的利益。这不仅是因为工人关心他们所在的企业的生存，而且还因为作为消费者，他们最关心的是整个经济的顺利运转。在市场层面各个经济计划通过自由协调的途径相互影响的同时，企业内部的计划及其执行却取决于明确的领导关系。这种要求不排除企业全体职工在解决关系到他们共同问题时的自由合作。

人们还认为，如果把计划从企业转移到凌驾于企业之上的机构，对竞争经济的存在与运转将是极大的危险。这样的机构绝无能力取代企业的职能，尤其是让那些对错误决策不承担责任的人来作决策的情况下，更是如此。另一方面，如果不让那些每天与之打交道的人们参与问题的解决，那就会促使人们失去个性和无所作为。

所有个别问题，其中包括社会政策种类，都必须在总体决策的范围内来解决，对此不应该有任何误解。要是经济政策确信，社会问题只能在一种由竞争性价格作为宏观调节手段的自由秩序中才能获得解决的话，那么，它必须得出结论，并且使各项措施同这一原则协调。无论用意如何，假如企业工会超越参与决定权的权限，就会影响经济秩序，导致集中管理经济的干预。这是人们所不愿意看到的。

劳动力市场宪法

劳动力市场制度被许多关心人的价值的人士视为有损人的尊严。在他们看来，这好像是把人仅仅当作了市场交换对象，当作为了实现他人目的的手段来对待，而不是作为自我实现，作为自身目标。这里既有正确的认识，也有某些原则性的误解。与之相反，这里对有关市场机构的高谈阔论，首先需要冷静地问一下：

第十八章　竞争秩序政策——经济秩序政策的相互依赖性

什么是市场？市场是一种综合的人类生活方式。在市场上，人与人之间进行服务和产品交换，市场不是所谓的"资本主义"现象。正如历史告诉我们的那样，历来就有市场，甚至在实行集中管理经济调节的国家里也在一定程度上一再出现各种市场，比如黑市形式。"人进行交换活动，因为人是唯一有能力进行交换活动的动物，虽然他还没有意识到，他如何天才地进行着这一切。"（F. 伯姆语）

诚然，应该注意到产品市场和劳动力市场之间存在的区别。劳动不是商品。现代经济的社会结构将生产资料和劳动者相互分开，个体经营形式被排除在秩序政策总体解决方案之外。由于这种社会结构，我们只有这样的选择：要么将工人置于集中管理经济的奴役危险之中，要么实行竞争性经济，在那里，有分工的经济往来，包括服务，必然通过市场来实现。

努力消除工资—劳动契约关系，其用意是好的，但这种努力不能消除这样的事实：即在交换经济中，劳动力进入企业的途径只能通过市场来实现。只要这些努力旨在取消劳动力市场，则像其他否认交换经济调节体系基本成分的企图一样，都是危险的。

问题不在于有没有劳动力市场，而在于什么是劳动力市场的恰当形式？牵涉到的是使劳动力市场符合人的尊严。这里必须考虑下列观点：劳动者出卖的不是人身，而是他的劳动；为了防止剥削，必须制止滥用权力，伙伴之间应该保持平等。

提供社会保障和维护公正，不应或多或少地靠个人的好心，即实际上靠碰运气，应该成为秩序政策的一项任务。

采取工人保护措施是必要的。许多保护劳动者的措施已经在很大程度上消除了从前的弊端。某些措施甚至超出了原来的目标，对劳动力市场起反作用：减少了劳动力的供给量，提高了劳动力供给的弹性。这样一来就消除或者至少削弱了某些结构性的缺陷，如缺少最低工资限额和对劳动力供给方面的异常反应。

除国家采取措施改善工人状况外,工会也立下了汗马功劳。工会是一种带垄断性的组织,它是在对付企业主的垄断优势地位中应运而生的。一切取决于工会采取的态度。在竞争性经济条件下,工会能够成为真正的协调机构或者本身也变成了一种优势,一种谁也不希望的发展。工会必须作出明确的秩序政策抉择:是追求集中调节的办法,把自己降低到集中管理的工具,还是决定实行竞争经济。

如果到头来相互依赖的思想占上风,那就能够执行一种坚定的政策。假如工会不顾一切地推行充分就业政策,其结果必然出现长期性的市场供应不足。它强行使工资高出竞争性市场工资,那将导致失业。这种互相依赖性也会发生这样的情况:一个较强大的工会组织的政策可能会损害其他较弱的工会组织,使后者成员的劳动条件恶化,甚至引起失业。

重点问题要重点抓。防止失业是经济政策的一个中心问题,从维护自由的角度来看也是如此。今天,这个问题更具重要性。

人们经常不无道理地指出,解决社会问题是一个社会道德问题,人相互间的观念是决定性的,不改变人们的观念就不可能达到解决社会问题的目的。这一切无疑是正确的。但是,不能说归说,而不去注意秩序问题。更关键的是,将这种意识体现到秩序建设之中。具体地说:一个企业家在他的企业内部可能很有社会意识。但是,如果他同时又是垄断的坚定支持者,那么,他就会损害自由秩序的建设,他就会一方面虽然致力于克服社会问题,而另一方面却妨碍社会问题的解决。

这一点当然也适用于工会组织。如果工会能有助于消除买方垄断局面,坚持使工人获得与竞争性市场工资相应的劳动报酬,那么,工会就为实现竞争秩序做出了贡献。在这里经济权力与竞争秩序并不矛盾。但如果工会试图超出这种权力哄抬工资或者阻碍工人流动,那么,它就变成了损害竞争秩序的权力组织,工会

第十八章 竞争秩序政策——经济秩序政策的相互依赖性

也就危害了它自己所希望的自由秩序的建设。

说到底,一切取决于使秩序思想,即自由秩序思想,也纳入社会意识之中。只有当一种既适应秩序也适应自由的追求,决定着日常的行动,也决定着权威性决策人物负责任的行动时,一种自由秩序的建设才有可能,才符合作为德国和欧洲伟大精神传统的人道主义。①

在本章之后原计划写一章"竞争秩序的效率"。除阐明竞争秩序的高效率之外,还将充分评价它对人类社会共同生活的作用(在剖析对竞争秩序提出的有关指责时,特别论述了社会的划分、领导的选拔等问题)。另外,在弗兰茨·伯姆的悼词中提到:"瓦尔特·欧肯思想中的'秩序'观"②说出了许多在这里想说出的观点。

---

① 关于社会政策这一章,作者还参考了下列资料:R. 戈赫特(Gocht)《关于产业工人的境况》,刊登在1948年6月《当代》第3卷上;关于家庭宪法、企业宪法和劳动力市场宪法三者之间的区别,参考了K. P. 亨塞尔1937年在弗赖堡发表的博士论文《19世纪德国就业状况的秩序政策研究》;H. O. 莱纳尔(Lenel)未发表的著作《社会问题与企业组织》;E. 里夫曼—凯尔(Liefmann-Keil)的《不被重视的房地产业》,刊登在1948年1月《当代》第3卷上,以及《干预与总体规划》,刊登在1949年《国民经济与统计年鉴》第161卷上;F. 吕特格(Lütge)《房地产业》,1949年,第2版;F. 马赫卢普(Machlup)1937年发表在美国经济研究刊物上的《垄断性工资规定是垄断问题的一部分》;A. 米勒—阿尔马克(Müller-Armack)1947年发表的《经济引导与市场经济》和1948年发表的《从社会角度看经济秩序》;F. 佩鲁(Perroux)1938年发表的《资本主义与劳动共同体》,1949年发表的《国民账户》和1950年发表在《国民经济》杂志,卷13,第1期上的《占支配地位经济的理论草稿》;B. 菲斯特1936年发表的《对付危机的社会政策》和E. 普赖塞尔1949年发表的、献给阿尔弗雷特·韦伯的著作《分配理论中的财产和权力》。其他作者还有:阿蒙(Amonn)、迪尔(Diehl)、格罗斯(Groß)、兰珀(Lampe)和屠能、西尼尔(Senior),但没有详细提到他们著作的标题。

② 《秩序年鉴》,第3卷。

第五编
支撑力量

第十九章　建立秩序的力量

国　　家

问　　题

一切有关当前的秩序政策任务、各种经济政策尝试的失败以及竞争秩序的思想都集中到一个问题上，即谁来实现竞争秩序？

我们虽然在历史上为实现竞争秩序作出过果断决定，但我们同时也知道它不会自动地实现，更确切地说，在经济政策上，必须使某些简单原则发挥作用，以便为这一秩序的实现打开突破口。它不强加给经济的现实；也不会从现实的经济中自动地产生出来。因此，应由谁来建立或帮助建立竞争秩序？

只有相信历史发展影响自由的人才提出这种问题。关于必然性的教条也推开这一问题，那么应由谁来实现未来的经济秩序？对于像马克思这样的思想家来说，革命后的社会不会出现建立秩序的能力问题。但我们不相信，在没有我们的参与下，历史过程能解决这一问题，因此，我们必须重视这个问题。

这是个难题。在回答这个问题的时候，首先人们会不由自主地想到国家。既然历史发展带来如此之多的失望，往往证明国家本身软弱无力，不过是利益集团手里的玩具，那么，人们究竟对国家还能寄托多少希望？

鉴于这些疑问，早已提出了很多建议，如解除国家在经济政策上建立秩序的力量，将任务转让给经济自治实体或职业阶层组织。约翰·梅斯纳以特别敏锐的措辞发展了这个思想。[1] 他认为，对竞争秩序必要性的信念要与现实的寄希望于国家的考虑相结合，同时要充分认识集团无政府状态把调节职能转让给职业阶层组织的危险性。梅斯纳认为，机械制造业、煤炭开采业和农业部门没有制订调节联合企业日常经济活动的计划和促成其实施的任务，而必须关心在机械制造市场以及其他市场上建立竞争秩序。因此，其余职业阶层除外，个别的行业应成为建立秩序的力量。

认为职业阶层组织根本无能力承担建立竞争秩序的异议，应予支持。因为各个职业阶层组织不会自动支持反对其实际利益或假定利益的任何市场形式。经验证明了这一点。职业阶层组织建立在其所属的行业基础上，比如建立在农业或纺织工业基础上。职业阶层组织代表本行业的利益。有关主管职业阶层组织应在粮食、食糖或机床市场上进行竞争，而垄断看来更符合职业阶层组织的利益，更能保护联合企业免受转产的困扰和损失，这就叫作对人过高要求。各个职业阶层组织组成的集团有可能直接从粮食、食糖和机床垄断价格中获取更高的利润。多数情况下，人们看不到竞争从长远来说对集团有利，因为这种认识是以整个经济过程的思想渗透为前提，而垄断的情况则是可以直接看到好处就摆在眼前。竞争秩序解决宏观经济问题；但职业阶层组织也更加了解局部集团的直接利益。自主的秩序职能若转让给煤炭工业、农业、皮革工业和其他行业的职业阶层组织，竞争秩序机遇就可能会丧失掉。

---

[1] J. 梅斯纳：《职业阶层组织》，1936 年。

第十九章　建立秩序的力量

如果国家强制职业阶层组织这样做，并使其丧失独立性而成为竞争秩序的单纯工具的话，会发生什么情况呢？结果竞争秩序的维护者不是众多的职业阶层组织，而是国家。这样，人们又要问：现代国家怎样才能成为实现适用的经济秩序的力量？

国家活动与国家权威

1. 在大多数国家，尤其在大国，今天正在迅速地改组成中央集权制，压制司法、压制议会和强化官僚机构。20世纪，国家发展的最主要特点是，扩大国家活动范围，同时降低国家权威。

在经济和社会领域——在处理劳资关系、生产、外贸、资金供应等方面——无须说明如何扩大国家活动范围。国家活动范围和强度的加大掩盖国家权威的损失，国家表面强大，但有依赖性。人们的设想大多不够具体，究竟工业、农业和商业协会、大垄断集团和部分垄断集团、康采恩和工会对国家意志的形成起到哪些实质性的、经常是决定性的、但无法控制的影响？[①] 比如美国宪法不提工会，但美国工会实际上是决定国家政策的势力之一。英国和法国也是如此。法国各届政府因不赞成工资政策，被工会推翻，或被那些希望实施其他商业政策的工业权力集团推翻。1919年至1933年间，德意志帝国中央工业协会的影响非常之大，以致有效的卡特尔监督长期实行不了。拉萨尔（F. Olassalle）偶尔谈到了某个国家的"真正宪法"，它可以基本彻底背离成文宪法。人们大概还可以更详细地描述同样的事实真相——类似经济宪法和经济秩序之类的概念："国家秩序"多数情况下都明显地偏离"国家宪法"。在宪法中生效的各项规定贯彻不了，根据宪法确定的权力——比如议会权力——被那些在宪法之外的势力所取消，它们

[①] R. M. 麦基弗（MacIver）《政府之网》，1947年，以及该书中列举的著作。

试图实现各自利益。目前一种新的封建主义局面正在形成。在国家方面也出现集团无政府状态和多元化。

2. 国家的解体正以双重形式进行着。一种形式是各利益集团规定各自的政策，亦即根据情况，个别权力集团或者若干个权力集团联合这样做，比如工业协会和工会在提高关税或禁止进口问题上采取联合行动。这些权力集团或统治集团不仅影响立法机关议会，而且还影响司法机关以及各个部和其他中央行政当局。对此，当今国家采用的办法是排挤权力集团。

同时，国家权威的损失，还表现在权力集团行使国家迄今行使过的某些职能。贸易政策就是一个具体的例子：1912 年，布鲁塞尔食糖公约是由参加国有关机构签订的，20 年后，糖业协会全权代表 1931 年在布鲁塞尔签署国际食糖协定，这时，工业集团代替国家及其官员，集团首脑成为国家合法代表。其他工业部门，如制铁业和人造丝工业，也发生类似的变化，卡特尔的谈判和协定取代国家贸易政策。锡、橡胶、小麦和其他商品的国际联营多数受得益者的影响，甚至受其操纵。经济利益集团这样肆无忌惮到处伸手，在国际经济关系方面也如此。

私人权力集团行使国家职权的做法还在扩大，越演越烈，专横地推行一般经营条件的自治权。家庭和企业重新陷入引人注目的矛盾之中。一方面，国家丢掉许多通过劳务合同、商品分配、强制保险等干预生活的特权；另一方面，又存在这样的事实，即在与银行、交通企业、工业公司等交往中，经济自创的法律取代国家制定的法律，这样就削弱了国家的权威。

当然，经济权力集团不只利用一般经营条件限制或架空国家职权。我们知道，还有其他办法：例如，国家法律规定，允许自由经营工商企业，但私人权力实体如辛迪加用阻止竞争的手段，使人无法建立新公司，这样，国家法律实际上成了一纸空文。

3. 20世纪，目睹国家发展的观察家想到中世纪的封建制度。"封建主和城邦都拥有国家权力，城邦根据私有财产的性质对待封建主，而自我授权的法定官方人士，其权利不受国家宪法约束，他们有另一套办法对付国家。这些国家人员根本不把上级机构放在眼里，通常只关心令人厌恶的封地所有人，其有限的权力受到有嫉妒心理的受封邑者的控制。"耶利内克这样描绘法国卡培皇室时期的情况："统治者不像现代国家那样对待臣民，他似乎是国家主权机构金字塔的塔尖，这一金字塔由王侯和其他上层贵族领主、采邑者、城市当权者构成。"［G. 里特（G. Ritter）语］① 当然，现在的封建制度与当时的封建制度在细节上存在很大差别。国王和领主间忠诚的道德约束在当时是有效的，尽管这种约束也经常受到蔑视。今天，权力集团与国家的关系通常是纯粹的权力游戏。当时和今天的各种差异，美国、英国、法国、德国和其他国家中现代封建制度的各种差异，都是代表地区利益的地区势力，损害国家权威，现代发展的一个特点是，国家活动的迅猛扩张与权威的损失联结在一起。

但不同于中世纪，现在需要有一个具有统一的坚强意志和明确活动范围的国家，以便为工业化经济的巨大分工过程建立和维护经济秩序，没有这种分工过程，人们不能继续生存。因此，今天国家的集团无政府状态将比过去产生更加危险的后果。也许过去可以忍受的，现在就不再能忍受了。由于国家失去建立秩序的力量，因此，人们对一切经济政策产生怀疑。

4. 也是在这一点上，观念的落伍产生作用。人们不再关注生活在其中并每天与之打交道的国家，而将其目光投向过去几代人曾经反复理想化地介绍过的国家上。

---

① G. 耶利内克（Jellinek）：《一般政治学》，第2版，1905年，第432页；G. 里特：《新希腊世界史》，1941年，卷3，第176页。

黑格尔（Hegel）把国家称作"道德思想的现实"。施莫勒早在1872年就说过，国家是"教育人类最伟大的道德学院"[①]。因此，要搞清楚现代国家，如果是大国，首先要弄清其不受道德准则约束的原因。19世纪，国家发生道德冲突，政治家为此以国家至上的名义采取行动，介入冲突。20世纪不再发生这种现象。某个集体对自己的行为不再需要道德辩护，便被很多人简单地视为专制行为。事实上，在集体内经常出现放任自流的现象，甚至到了无人负责的程度。人们只是过于轻信地以真正必然性的执行者身份为集体进行工作，并承担个人可能望而生畏的任务。具体工作中的过失，不算过失。可以说，过失似乎带有抽象性质，甚至会以不可抗拒的义务面孔出现。

但是，今天正是这样的国家，立下越来越多的非道德准则，被很多人荒谬地当作可托付几乎无所不包的任务的实体，国家仿佛是国民的独立而善良的父亲！而在其他方面，国家权威虽然正在消失，但这正是当前点式主义思想的又一标志。

普遍适用的东西，在经济政策领域尤为明显。比如，在大多数情况下，以国家能够，而且应当分配外汇，使国民经济发挥效益为理由，要求国家规定外汇汇率高于平均水平。国家行政部门每天可从成千上万份建议书中挑选出正确的建议，这被认为是理所当然的，用不着理睬权力集团对外汇分配的影响。另一种情况是：在国有化方面，许多人根本不提国家干部是否有能力领导这样的大单位的问题。因此，20世纪人类的生存问题最终越来越可能为难以了解的势力所支配，目前普遍存在这种思想，即认为自由经济不灵了，国家要接受对经济过程的调节。不对调节问题的困难进行深入的思考，就仓促地对国家能否完成这一任务的问题作

[①] G. 施莫勒：《社会政策与工商政策》，1890年，第9页。关于黑格尔的国家观，见 N. 哈特曼（Hartmann）《黑格尔》，1929年，第333页等。

出肯定回答。人们相信现实,事实上,人们既没看到这个实际存在的调节问题,也没看到这个实际存在的国家。在那里,自工业革命以来,的确正存在一个经济政策秩序问题的决定性标志!没有现成的国家可供解决秩序问题。

如同建立经济秩序,建立国家秩序也是一项任务。为实现某些确定的秩序任务,既要看到极权主义国家的危险性,又要看到一个拥有足够权力的稳定的国家机器的必要性。

5. 洛伦茨·冯·施泰因、托克维尔(A. C. de Tocquevill)、布尔克哈尔特、泰纳等历史学家对18世纪、19世纪国家发展情况作过许多描述。我们也熟悉20世纪国家形成的情况。但只有这些重要的历史事实还不够,还必须提出秩序政策问题:如何才能建设有效的法治国家?阐明发展是重要的,但另一问题同样重要,即怎样解决发展问题。我们不能满足国家秩序和与此相关的其他秩序受到严重威胁的论断。

问题仍然未解决。思想问题也没有开始解决。17世纪、18世纪的格罗齐乌斯(Grotius)、洛克(Locke)、普芬多夫(Pufendorf)、孟德斯鸠(Montesquieu)等伟大的政治思想家为19世纪的宪法和法治国家作了准备。他们当时还没有遇到现代工业社会及其大众和新的经济和社会权力机构的难题。新的政治学突出说明法律事实,几乎不提或只零星地提到秩序政策问题。在政治学中,相信发展必然性的人,把秩序政策问题放在一边。工业化社会提出新的任务。但是,就作为法治国家以前要实现的目标已过时而言,建立有运作能力的国家秩序,相互公正界定个人的自由权利,则不是新的任务。说它新,是因为要在经济和社会变革中达到这个目标,就要实现有别于过去的实用原则。因此,国家有关能力建设,需要对秩序政策进行彻底的探讨。当然,这个问题作为整体来讲远远超出了我们研究的范围。一切政体和公法问题,包括国际法问题,均属这个范畴。但是,不仅可能,而且必须从经济政策方面提出问题：正因为没有国家作为建立秩序的力量，就不可能建设一个充分的经济秩序，反之，因为新的国家能力建设与经济秩序建设密切相关。①

经济秩序与国家秩序相互依赖性

我们在研究两种秩序——经济秩序和国家秩序的相互依赖方面，遇到很多问题。比如，中央集权制国家比联邦制国家更加倾向集中计划。相反，实行集中计划，比如德国在第一次世界大战期间以及在很多其他情况下实行战时经济却动摇了国家联邦制的建设。此外，实行集中计划，导致行政权过重，压制了立法权和司法权。相反，现有行政机构坚持或实施定量供应和集中计划，借此解决就业问题。此外，取消宪法规定的某些自由权利是与取消各个企业及家庭的计划自由和使其服从中央计划部门及其指示相联系。例如取消经营自由、迁徙自由或缔约自主权。因此，国家与公民关系变成了另一种关系，剥夺公民权利的趋势获得承认。相反，联系虽然不是这样密切，但也是存在的。实际取消公民基本权利，产生专制统治，并不马上引起集中管理经济的倾向。专

---

① W. 洪堡（Humboldt）1792年在其《论国家的作用》著作序言中写道："的确，不可否认的是，研究国家的目的和有效的边界非常重要，或许比任何其他政治意义更重要。"洪堡寻找国家的有效边界，以保障个人自由。这是个中心问题。我们要用经济政策中的特殊观点来寻找边界，而且要问：在工业化经济中职能正常的自由秩序之下，国家怎样才能成为建立秩序的力量呢？关于1789年以来和19世纪国家的实际发展等，参见L. 冯·施泰因（Stein）《1789年法国社会运动史》，第1版，1850年；H. 泰纳《现代法国的诞生》，第2版，1894年，2卷；J. 布尔克哈尔特《历史片断和世界史观察》（全集）。关于20世纪国家的发展参见R. M. 麦基弗《政府之网》，1947年；W. 勒普克《人类的文明》，1944年，第2集；J. 奥尔特加·加塞特《群众起义》，第13章；W. 李普曼《良好社会》，1943年，特别是利益集团的阐述，第106页；B. 儒弗内尔《权利》，第2版，1948年。现代政治学因概念过时，多数情况下不能再用于现实国家的实际发展情况。C. 施米特等人试着把过时的概念用于著作，虽然接近现实，但仍然停留在描写发展上，把发展看作是必然的，因此不能提出和深入探讨当代秩序政策的问题。

制统治不仅能将调节重要的部分经济过程转交给私人家庭和企业，而且实际上情况也是这样，比如，苏联新经济政策时期的情况就是如此。但是，从长期看，专制统治似乎有通过取消计划自由，自己调节生产过程的趋势。苏联1928年以后也出现过此事。专制统治把独立的个体农民和工业家阶层的存在当作经常性的政治威胁。此外，集中调节经济过程更符合专制统治掌权的目的，因它可利用这种办法将经济力量更迅速地集中于发展工业潜力。特别是这两个因素推动当代独裁政治实行集中管理经济。

我们也要加倍努力探讨存在其他经济和生活秩序中的相互依赖关系，可以精确地说明这种相互依赖关系。就是说，根本超越关于资本主义、资本主义国家或帝国主义的普遍原理。①

由于存在这种普遍的相互依赖关系，所以，只有在克服新封建依赖性的国家建立以后，才能提出这个问题，使国家秩序和经济秩序问题相互联系起来。

经济政策需要一个有运作能力的国家，为使国家有运作能力，同样需要某种经济秩序政策。现在，我们的问题集中到这一点上：在经济政策方面，应实行哪些原则，以便使一个本身就能成为建立秩序力量的独立国家诞生？

国家的经济政策原则

恰恰是经济政策使20世纪的许多国家十分活跃，但也削弱了这些国家。为了使国家作为建立秩序的力量富有运作能力，我们要探索和遵循的那些原则，正是从这些国家的实际发展中获得的。

第一条原则是：国家的政策应旨在解散经济权力集团或限制

---

① F. 伯姆关于这一问题的论文《经济秩序对政治宪法的重要意义》，1946年；F. A. 哈耶克：《通往奴役之路》，1943年，第119页起。

其职能。每次权力集团的加强，都减少了国家的新封建权威性。

很多新的经济政策不重视这个经验，正如我们所见到的，导致比例失调，干扰对国民经济过程的调节，而且还削弱了国家。一旦这样的权力集团取得国家特权，恶性循环就会显露出来。类似中世纪封建制度时代，国家赋予的主权和特权被用来争夺其他权利和特权。

从迄今为止的研究中可以看出，要求继续扩大自我管理的实体是错误的。新近以经济民主概念为主要内容的建议也遭到同样反对。① 关于这点，只有这样简明扼要的论述：经济民主，即是将领导者纳入自我管理实体的内部小议会，企业家的代表或干部、雇员和消费者都应参与这样的议会。通过煤炭、钢铁生产和钢铁加工工业等自我管理实体的谈判确定价格和配额，也就是从整体上确定经济过程细节。只有在不实行联合的情况下，才能考虑实施国家强制调解。在例外情况下争取实行的是"一种存在权力的经济，它基于分散的、内部的民主意志形成，以国家调解为辅"，"在经济民主纲领中，秩序问题的基本解决方案似乎是拥有议会宪法的卡特尔"（F. 伯姆语）。从经济秩序及其对国家秩序的影响方面来说，这种解决办法是不充分的，也是危险的。还应考虑各个纺纱厂问题，纺纱厂要从纤维、煤炭、染料、其他化学材料、机械制造等自主经营单位取得原材料。用这种方法正确协调和平衡辅助性生产资料，对根据深加工的各种要求而组织的生产以及对整个经济发展加以调整是行不通的。与此同时，国家的统一也会受到破坏，使国家不能行使其职能。除政治和文化领域外，建立自主的经济领域这一第三领域的一切尝试都是可疑的。② 这些尝试只会增强经济权力集团的地位。

---

① 《经济民主》，F. 纳夫塔利（Naphtali）编，1928年。
② E. v. 希佩尔（Hippel）：《现代国家的三权分立》，1948年。

第十九章 建立秩序的力量

在中世纪历史中,从封建暴力的独立性中产生出来的无政府状态引起专制主义的倾向。专制独裁的诸侯以救世主的面目出现,拯救面临土崩瓦解的封建政权。当前存在权力集团的无政府状态导致比专制主义更加危险的暴力统治的危险,也即暴政。

这种发展趋势必须防止。首先,国家不能像过去经常发生的那样陷入恶性循环。提供第一个特权的人,他要知道这强化了权力,也为获得第二个特权奠定了基础,而第二个特权又是夺取第三个特权的基础。美国工会的发展是个范例,其权力是通过国家的工会立法、移民法规和罢工权以及工会办企业法等不断得到加强的。而其他垄断集团的情况也是如此。

在经济和社会权力集团已经获得强有力地位并取得国家特权的情况下,要削弱或解散它们是不容易的。但是历史提供足够的例子表明,坚定的政府能成功地从权力集团的相互拼搏中获得承认。

第二条原则是:国家的经济政策活动应放在拟订经济秩序的形式上,不应放在调节经济过程上。

如果国家在扩张自己的活动中习惯于接受国家机构不可能完成的任务,我们知道,正像在20世纪中经历过的那样,那会产生什么样的结果。除上述例子外,还有一个例子:国家常常被迫将生产资料分配给各个部门使用。不用利息手段从数百万个可能的计划中选择经济上合适的投资,就谈不上存在内在的困难,人们指出,这似乎可以说是国家政策的后果。现在各方面都喊"需要":农业利益集团喊、房产业喊、铁路喊、矿山喊、工业和手工业的各个部门也在喊。就这方面来说,从1948年开始,在很多欧洲国家实行马歇尔计划的资金分配情况提供的经验是很有教益的。国家机关应当如何审查需要呢?官员们没有能力办这种事。他们要依靠专家,即依靠得益者。

应当怎样划分国家的活动界限呢?为此,立法机关可以颁布适用的资金交易法、交易所法和抵押法，但直接调节资金流通不应超过它的能力。

不管国家的干预活动是多是少——这个问题基本已不存在。不是数量问题，而是质量问题。在工业、现代技术、大城市和大众时代，国家不过问经济秩序的建立，是令人难以接受的，因为国家没有能力领导经济过程。国家和国家机关可以签订贸易协定和建立充分的货币秩序，但没有能力具体地指挥对外贸易或提供贷款。

另一个问题是：国家如果控制外汇汇率，就会成为重要的政治问题。英镑与美元的汇率是确定为1：4，1：3还是1：2.8，不只是一个利益集团将对其解决施加影响的问题，同时还是个重要的对外政策问题。国家也不会因确定工资而得到什么加强，而且在意志形成方面，还会因卷入得益者之间的斗争而受到削弱。20世纪，正是这个情况引起许多国家危机。因此，它们在经济政策方面开始进行试验，并做了一些使自己遭殃的事情。法国的现代史也说明这一点。国家要掌握日常经济工作，就得熟悉日常经济生活。但如果国家要维护其独立，每天要进行干预，则留下的只有向专制发展。

在1914年以来的历史中，这个矛盾具有决定性的意义。只有一条出路：放弃用现行的干预手段进行直接调节，集中精力于型塑一些形式。

两个原则都是为了建立起一个充分的国家秩序，两者必须同时遵循，相辅相成。

两个原则可以和三权分立原则相比。当然，三权分立原则与国家秩序的另一方面有关。它使个人在国家占优地位面前得到保护，而就这一点来说，这条原则是必要的。这两条原则旨在使国家意志能够独立自主地形成。

结　论

国家政策的两条原则，旨在使国家建立秩序的效能有效地发挥作用，同时要与建立一种充分的经济秩序的原则完全协调一致。这个论断十分重要。

不解散或削弱权力集团，国家就不可能有行动能力。解散或削弱了它们，可以使得竞争价格充分调节经济过程。将经济政策限制在影响经济形式上，不仅与国家机构能力相适应，而且证明是建立一个充分的经济秩序所需要的。因此，国家秩序和经济秩序原则是相互一致的。

因此，结论是：现代国家虽然不是充分的建立秩序的力量，但有可能成为这样的力量。前提是要有某种上文已指出的经济政策。如果把现有的国家看成是一切经济过程英明的、万能的管理者是错误的话，那么，接受现实存在的、被权力集团瓦解的国家这个事实之后——这是合乎逻辑的——怀疑可能解决经济政策秩序问题，也是不正确的。

国家秩序和经济秩序的相互依赖，迫使人们同时着手建立这两种秩序。这是决定性的要务。两种秩序只是必须建立的总体秩序的组成部分。没有竞争秩序，不可能有行动能力的国家；没有有行动能力的国家，也不会有竞争秩序。

科　学

新问题

以此回答提出的一个新的问题：如何才能完成改造国家秩序

和经济秩序?这两种秩序哪种是建立秩序的力量呢?还有其他力量吗?

历史现实主要是由人的思想和观念决定的。比如,18世纪、19世纪国家的形成、1800年前后克服重商主义的伟大经济政策改革、1917年的俄国革命和随后几十年的历史,或者任何其他历史事件,都是构成人们思想和领导阶层中占统治地位的观点的重要部分,并由此产生其行为与现存世界之间的矛盾。"总是有引起继续发展的因素,无论是在思想方面,还是存在方面;这些因素相互独立,一会儿在这儿出现,一会儿在那儿出现,以后逐渐聚集起来发挥共同的作用。"(弗朗茨·施纳贝尔语)[1]

广泛传播的观点否认或缩小精神力量在历史上的独立影响,把精神力量看作为外界的反映。这正是占统治地位的历史观的又一特征。像否定历史上自由的可能性一样,它否定或缩小精神——人们的思想、意志和信仰对历史的独立影响。因此,这种历史观也与现实发生冲突。人民是人类历史的主体。人的行为必然要取决于所想、所欲和所信的东西。总而言之,仅仅用技术发展或社会和政治生活的组织来决定历史或当代历史,是不恰当的。到处都表现出人的精神的重大影响。信念一旦变成为习惯,就是最强大的力量,与此同时,人们却根本不再注意自己对上帝、对世界、对人、对自由、对国家的看法怎样决定自己的行为。"习惯使我们看不见我们赖以生存的东西"。(黑格尔语)

现代国家完成不了的经济政策秩序任务,其他组织也无能为力,这并不意味着秩序任务根本不能解决。通过脑力劳动及其影响建立国家的经济秩序的可能性仍然存在。

---

[1] 《德国史》,第3版,1947年,第20页;F.维塞尔对此问题的论著《强权的法律》,1926年;A.米勒—阿尔马克:《经济方式系统》,1941年;《关于东欧宗教社会学,世界经济档案》,第61卷,1945年;《无上帝的世纪》,1948年;O.法伊特(Veit)《逃避自由》,1947年。

第十九章 建立秩序的力量

在作必要的修改后，在 20 世纪的经济秩序问题上，我们的情况可与 17 世纪和 18 世纪法律政策水平相比。与诸侯、职业阶层及其机构的长期专横行为相比，当时的法学家，从经院哲学主张"天赋人权"的教师到康德，都要求通过充分的法制实施法律。他们发展了法律原则。但是谁来实现这些原则？首先，社会和政治机构实现不了这些原则。但法治国家的长期思想影响如此强大，以致这种思想促进形成国家的和成文法的现实。实际上，这种思想成为一种建立秩序的力量，并且表明这些法学家是后来时代的先驱。

我们的情况是相似的。但是这一思想能否在现代成为一种建立秩序的力量，取决于它的效率，而且还是一个悬而未决的问题。

科学任务

1. 社会科学有两个方面：研究现实的和历史上存在的世界。这是一项任务。因为社会科学确定现实的基本关系，所以能作出判断，哪些秩序形式能够安排好现代工业化世界。两项任务相互交错，而且以特殊方式相互联系。事实调查越准确，就是说，不受经济政策意图约束，科学就能更好地承担其他开创性任务。货币理论分析三种货币体系的货币供应过程愈准确，完成建立有运作能力的货币的实际中心任务和克服集中管理经济的倾向就会愈早获得解决。这是普遍适用的。作出符合经济宪法法律的总体决定前，对经济和社会现实进行科学调查是必要的。

"经常对事实进行综合的科学探讨和评估推理，还是我们专业工作传播最广的、但也是最有害的特点之一。"马克斯·韦伯（M. Weber）的这个警告，现在仍然有效。不过，他不从自己的实证主义基本设想出发，看科学本身如何将"探讨事实"变成第二个新的伟大任务继续下去，任何人都不愿承担这项任务。而只有不带感情或嫉妒心理研究实际的科学真正成为建立秩序的力量，才是正确的。科学家首先应当完全忘记第二项任务，只为第一项任务效力。科学家对此做得愈彻底，将会愈好地完成第二项任务。

2. 当然，现代社会科学多数不是建立秩序的力量，之所以不是，是由于科学作为科学不能施加影响，因为科学本身受三种偏见，即实证主义，历史主义和"点式主义"阻碍。所以，除国家之外没有别的办法，建立秩序的力量不会像它可能存在那样有效。

a. 马克斯·韦伯在"学术作为一种志业"报告[①]中说："可以只要求他（即大学教师）实事求是：一方面认识事实论断，数学的或逻辑的事实论断或有关文化产品内部结构的论断，另一方面回答文化价值及其各个内容问题，以及解答在文化团体和政治社团内部应如何行动的问题，这是完全不同的两个问题。"在回答为什么不在课堂里讲解这两个问题时，他接着说，因为预言家和鼓动家不可上课堂讲台。应向预言家和煽动者大吼一声："滚到胡同里公开说去！"用这样不给情面的话表达出下述命题，只有认识现实的问题，而不是创造现实的问题，是科学的事业。科学家如果从确定事实转到评论事实或采取行动，会使自己变成预言家或鼓动家。

从多方面看，这种观点是错误的。首先这无视经济政策要解决的问题。秩序形式的多样性，各种经济现象的关系和各种秩序的相互依赖性在任何经济政策行为中都是重要的。让"预言家"或"鼓动家"来解决这些问题如同让他们建筑桥梁或制造机器，简直是擀面杖吹火——一窍不通。有意识地建立某种秩序形式，以此取代自由经济秩序的发展，是19世纪和20世纪经济和社会发展避免不了的结果。这种有意识地建立秩序的做法，是将一种新的责任推给科学思想。比如，当这种思想指出，在寡头垄断或双

---

① 转载在《学术理论文集》中，第2版，1951年，第566页等。

边垄断的范围内，经济过程不在稳定均衡的情况下进行时，或者当它把完全竞争的均衡和卖方垄断的均衡加以比较，认定两种均衡的差别时，便可在这项工作中发现已存在的各种形式秩序，在其范围内运行的经济过程违背或者符合客观的要求。科学还能确定部分经济秩序联系和经济秩序、国家秩序和社会秩序的相互依赖性。没有科学思想准备，要作出总体决策也是不可能的。比如，怎样才能揭示法治国家和经济秩序的关系呢？实际上，科学可以发现行为人应重视的必要联系，实证主义连这一点都不承认。

但是，如果科学思想不能完成有关秩序政策方面的任务的话，就不会有其他能完成这项任务的力量。我们知道这意味着什么：将任务交给无政府状态的政治和经济权力集团，任由它们的干部和意识形态摆布。

实际发展已经证明，实证主义根本无法实现其计划，并且存在被拖入日常事务的高度危险。实证主义的做法是，科学不追求评价经济政策，在此前提下接受国家和政治权力集团立下的目标，回避秩序政策问题，但不回避对日常政治追求的依赖性。比如，某个国家企图用农业政策压制少数民族，科学则努力利用科学知识实现国家确定的目标，而不评判目标本身。这样，科学就从经济和法律政策任务走向其他任务；科学总是适应各种政治形势。实证主义科学隶属于政治势力。因此，就整体来说，克服实证主义偏见的一个重要前提是科学再度保持建立秩序的力量。

b. 有一种观点认为，科学知识是由时间、环境和阶级决定的或由每个科学家各自存在的情况决定的。这个观点在19世纪和20世纪越来越成为占支配地位的意见。与这种相对主义的历史主义假说的论争表明，这种假说有不可克服的内在矛盾，它虽然否认一切有约束性的永远不变的真理，但却相信可以把自己视为有约束性的永远不变的真理。比如，马克思在谈到其技术历史观时说，真理是绝对真实的，尽管马克思从这个历史观得出的结论是，一切知识都是阶级决定的。马克思要坚持这一观点，就得承认，他的这个历史观和相对论只是他本人所在的时代阶级状况决定的观点，包括马克思的阶级斗争学说、危机学说、资本积累理论和资本主义生产方式没落的理论。但马克思没有得出这一结论，因为他会因此使自己的历史观以及各种学说失去价值。这也是针对斯宾格勒（Spengler）、帕累托、马赫（E. Mach）以及其他相对论者提出的问题：不管他们是怎样提出相对论意见的，对相对论来说，每个人都要求绝对有效。存在主义哲学家以某种自信宣布其关于一切知识都受存在制约的看法。他们的信心来自何处？他们要是始终如一的话，那么，也必须宣布，自己的文章也受存在制约。

这一内部矛盾和根据不足的相对论假设，古代已经证明过了。但是，它仍然反复出现，只要它在科学中占支配地位，科学就不会是建立秩序的力量。符合相对论精神的态度，就是相信变化无常的事件和历史生活潮流。当相对论占统治地位时，生活和科学的关系是生活指导科学。兰克（Ranke）就曾这样说过："格维努斯（Gervinus）常常重复科学要干预生活的观点。非常正确，但是为了发挥作用，它首先应该是科学；因为人们不能在生活中采取这种观点并把它搬到科学上去：生活影响科学，不是科学影响生活。但对生活来说，某个人意外碰到的事情往往起了决定性的作用，致使偶然性对普遍有效性起反作用，不是普遍有效性对偶然性起反作用。我们只有先不考虑同样做法，支持自由的、客观的科学，才能对当代发挥真正的影响。"[①]

正是在关键的时刻，这种相对论态度是灾难性的。不警告防

[①] 在慕尼黑科学院第 12 届全会上的讲话，另参见 F. 伯姆、H. 格罗斯曼—德尔特、W. 欧肯等为 1936 年编辑出版的《经济的秩序》和《我们的任务》系列著作所写的序言，在那里与历史主义展开论战；W. 欧肯的文章，见施莫勒的年鉴，1963 年度，1938 年，第 191 页；和本书第十二章和第十三章。

第十九章 建立秩序的力量

止不幸的发展，不尽可能阻止其到来，而宣称："事情来了，事情来了，当它来到的时候，发现我们是站在眼前最高点。这是有趣的，甚至是好的——无非到来就是了，而且要认识它……够了，这不是我们要哪怕作出些许反对的事。"（托马斯·曼（Mann）：《浮士德博士》，1949 年）

c. 众所周知，专业化是 19 世纪后期和 20 世纪全部科学的又一特点。个人不可能再把握某个知识领域的整体。因此，整体被划分为很多部分。在解决经济政策问题时，"点式主义"在国民经济中——不只在经济政策本身方面——也得到发展。农业政策、商业政策、工业政策、手工业政策、金融政策等问题都被视为可以点式解决的问题。逐步从一般处理转变为专业化。19 世纪中叶前后，经济政策虽然已在个别部门推行，例如，广为流传的、K. H. 劳（Rau）的教科书中提及的部门。但仍然存在某些关于经济整体联系的观念。70 年代末发生了变化。社会人道主义的某些共同伦理思想在新历史学派中虽然占支配地位，但对经济的整体联系和各种秩序的联系缺乏认识。农业政策、金融政策等方面的专家开始占据支配地位。科学家影响某些立法行为，比如在社会政策或农业政策方面。与此同时，这个时期科学对专门化点式思考和办事的领导阶层的形成也产生了长期有效影响。点式地研究和处理手工业、卡特尔等各个专业问题，这些问题只作为业务问题出现，所有这一切都不同于"教条"。一切经济政策问题和行为的相互联系没有受到重视，秩序问题不当作秩序问题看待。众所周知，其他科学，比如经典哲学，也同时被专业化了。但也是在这里，由于注重专业化，诸如对古代文化的理解和古典教育等基本的东西都脱离了科学的影响。[①]

这种"点式主义"——据我们所知，它广泛地控制着经济政

[①] K. 赖因哈特（Reinhardt）《作品与形式》，1948 年，第 452 页。

策——在科学上现在以特殊的方法，即不用一般的方法上的反映，而用专家自己的工作加以克服。这就表明，专业问题，如果要对它进行真正深入研究，就必须进入比较狭窄的专业领域。例如，人们研究农业危机，发现只有在经济整体联系上可以说明和防止农业危机，或者研究监督工业垄断价格和税制改革，往往对特殊领域的范围进行特别调研。人们经常发现，按总体决定制定的各种经济政策五花八门，比如，在交换经济型的和在集中管理经济型的经济秩序框架内解散私营农业大企业，产生的结果完全不同。人们还发现，反过来，比如经济政策的个别决定——例如关于税率累进制——对投资和建立经济秩序产生宏观作用。总之，这些现象的相互依赖性产生了。我们也看到点式进行的办法是非常不现实的。专业化做法是自寻死路。

不应再有独立的金融政策、农业政策或国家财政政策。这些政策应属经济秩序政策的组成部分。新型的专家正在出现，而且是必要的：他们了解情况并有专业方面的经验。但他们是在经济总体过程的框架内，在经济总体秩序和各种秩序的相互依赖关系中看待一切问题的。

一位著名的画家曾对他的学生说："首先，在没看到整体和没有与整体保持一致时，绝对不能落笔。"经济政策也如此：在没有同所要的秩序整体达到一致时，决不能采取措施。

如果将克服点式主义同消除相对主义和实证主义偏见结合起来，科学就可以成为通常缺少的、起决定性作用的建立秩序的力量。

3. 现今历史情况提供了一个值得注意的图景：在技术方面，合理化措施在科学影响下得到广泛应用。但使用这技术的经济秩序或者掺合着牟取暴利的权力集团，或者正是集中管理经济型的经济秩序，都同样对经济过程缺乏合理的调节。最终我们将必须贯彻那些秩序形式，在其中技术知识可以得到在经济上富有意义的应用。但是，这怎么会发生与通过充分发挥科学要完成的建立秩序思想不一样的情况呢？

调动科学组织经济和社会正是圣西门、孔德、马克思以及他们许许多多的继承者的意图。19世纪这场强劲的思想运动试图建立旨在组织人类共同生活的社会科学。"社会学在法国意味着实现这样宏伟的梦想，即结合一切由科学发现的真理，取得对社会真正性质的认识，根据这种认识，设计一个新的、符合科学和工业占支配地位的社会外部组织，并用这种认识领导新社会。以这样的理解，圣西门伯爵在世纪交替之时发生的严重危机期间发展了这一社会学概念。他的学生孔德坚持不懈，将毕生精力贡献给这门科学的系统建设。"[1]

但这里发生了一场思想史的悲剧。由于社会学作为新科学受到根据不足的思想的控制，即被称作"资本主义"、"资本主义生产"或"社会"的神话般的东西，如同植物一样，带着不言而喻的内部必然性发展起来，所以这种新科学未能发展成它本来可达到的样子。人们只好退出本应发挥积极作用的领域。人们没有看到国民经济科学超出认识现实的任务：即提出秩序政策问题，消除偏见，成为建立秩序的力量。

科学若放弃这项任务，那么，在领导国家方面就会出现灾难性的真空。权力集团的头头和御用文人就会钻这个空子。只要这群人生活优裕，就极少会指望科学成为建立秩序的力量。1789年以来，情况发生了变化。19世纪，特别是在实证主义者影响下，科学摆脱了一项比从前更为迫切的任务。因此，当关系到解决特殊范围的秩序问题时，领导阶层在这一历史时刻就不能满足对他们提出的要求。

---

[1] W. 狄尔泰：《社会科学概论》，1983年，第105页。

教　　会

1. 教会能在多大程度上成为社会和经济的建立秩序的因素，这成了神学领域的问题。这里只能、也只需要作出一些说明。

尽管教会根据规定，摆脱了政党的争吵，但信赖教会的人要生活在什么样的秩序下，这对教会不能是无关紧要的。当这些秩序威胁到精神和宗教生存条件的时候，就会促使教会采取必要的行动。

这正是教会作为慈善机构的命运。世界上，教会地位的最大问题，在于它在历史发展的过程中过去和今天总是很难不被拖入政治权力斗争之中。教会史表明，各种精英的意识形态轮番对教会施加影响。用帕累托的话说就是：有时甲1的意识形态占支配地位，有时乙1或甲2的意识形态占支配地位。

从整体上看，一种期盼高潮之前的延时场面在摆脱中世纪过程中占优势。工业化使人民逐步摆脱各种束缚，因此，教会对此产生忧虑，而且还有些反感。中世纪及其经济机构，尤其是行会制度，在理想化的浪漫主义掩盖下，妨碍人们去回顾。反之，在当前内部一筹莫展，外部受到严重威胁的情况下，我们却要认识经济和社会秩序的重要性。但是，目前解决秩序问题，利用直接经验已经行不通，用直接的自然法则疏导同样行不通。需要对问题进行科学分析。要按法律办事，事实上，法律知识也能按照教会所追求的思想用于建立各种秩序。

在一个彻底变革的世界中建设自由公正的社会。在寻找一个可能建立的秩序中，教会可以利用科学。在这方面教会作为建立秩序的力量能共同发挥作用吗？如果合作遇到困难，那困难在哪里呢？

第十九章 建立秩序的力量

2. 天主教本身根据自己的伟大传统，从托马斯·冯·阿奎那（Thomas von Aquino）起，理解了有秩序的思想。他们对当代社会问题的看法是在《新事物》（1891）和《四十周年》（1931）两大教皇通谕之后确立的。此后，建设社会生活的最高原则是辅助性原则：建设社会应由下而上进行。个人或集团能自主办理的事，应当主动地尽力自行办理。国家只有在不得不协助的情况下才可以进行干预。

辅助性原则与竞争秩序的一致性是明显的。在竞争秩序中，也强调发挥个人的力量，国家承担各种力量所无法完成的任务。在任何情况下，竞争秩序是辅助性原则能得到充分发挥的唯一秩序。

但是，由于下述原因产生某些困难：考虑到天主教会，特别是1931年的《四十周年》通谕，除了辅助性原则外，等级原则发挥明显的作用，当然，没有明确要求建立等级国家，其原因不在经济方面，尤为重要的是，努力重新安置今天背井离乡的人。但等级国家和竞争秩序是相互矛盾的。这在探讨职业阶层秩序时已经阐述过了。比例失调似乎是必然的结果。

因此，在辅助性原则与等级原则之间作出明确的决定是必要的，如果教会坚持辅助性原则就是最高社会原则的话，那么只能选择竞争秩序。①

3. 福音派新教会的情况又有所不同，出于神学立场，新教会有可能发现现实秩序更为严峻。因此，近几十年来，他们听任世界秩序自行其是，完全退回到神学领域的倾向更加明显。鉴于形势日益窘迫，新教会也在不断努力克服社会问题，并为此做出自己的贡献。②

---

① K. P. 亨塞尔：《关于天主教社会学说的秩序政策的思考》，卷2，1949年。
② C. 冯·迪策（Dietze）：《国民经济学与神学》，1947年；《经济权力与经济秩序》，收入新教学院丛书系列4，第4期，1947年；《论经济秩序与社会秩序》，收入《世界上的教会》，1949年。

埃米尔·布伦纳（Emil Brunner）的著作①尤为突出。他的观点也与竞争秩序有着非常广泛的一致，其基本思想有部分得到承认，但也存在某些偏向，神学思想家因从自己的立场出发，没有充分考虑到经济的相互依赖关系。利息问题就是一个例子。

布伦纳和其他伦理学家同样认为，低息是完全合理的；利息高于5%是不公平的，而且道德上应该受到谴责。但他们没有看到这样的情况，高利率可以防止通货膨胀。实际上，如果低息政策引发或促进通货膨胀，便会产生不公平的情况：损害或者剥夺储户财产，损害工人利益和产生不劳而获的其他群体。伦理道德的反映和要求，促进实施不公平的经济政策措施。这些伦理学家的错误在哪里呢？如果不是点式干预造成适得其反的后果的话，就是他们看不到利息在整个经济过程中发挥的作用，看不到在这个过程中必须观察到的种种经济现象。他们不承认各种经济现象的相互依赖关系，不承认与此相关的经济政策秩序问题。在各个方面，比如利息方面，不能够实现公正，只有建立各种秩序，才能公正地调节整个进程。此外，伦理学家还不承认，他们主张实行低息政策将引发秩序政策的"倾向"。② 如果因此产生结存的通货膨胀，则马上就会出现向集中管理经济调节方法过渡的倾向。如果这些伦理学家同时也反对集中管理经济的话，那么，他们要求降低利息的主张就与他们的秩序政策主张发生矛盾。

哪里存在两种思维方式冲突，比如法学家和技术人员的思维方式发生冲突，哪里思维的综合就困难。这里也存在同样的问题。任何思维方式都倾向于申张其权利。但鉴于任务的重要性和紧迫性，这种困难必须加以克服。在忽视依法办事，忽视经济的

---

① E. 布伦纳：《公正，社会制度基本法学说》，1943年。
② 参见本书，第十三章，"回答"一节。

相互依赖性和秩序的相互依赖性情况下,教会本身的宗教和道德目标也实现不了。教会和科学对秩序的追求还没到丝毫不着边的地步。双方应取得共识,而且可以在竞争秩序的范围内取得一致看法。

第二十章 自利、经济原则与公共利益

意见分歧

1. "打那起我们就不赞成把自利看作自然法则的基础。自利者只顾自己，损人利己。"[克里斯蒂安·沃尔夫（Christian Wolff）语] 这个思想在重商主义时期属于经济政策行为的基本动机。"您专心研究商人的惟利是图，以便认清什么对帝国的一般商业有好处，有利，这是必要的。"因此，科伯特贝（Colbert）于1670年警告波尔多的经理们要警惕商人的自私自利。

我们新近还听到凯恩斯的同样呼声："从总体看，世界的治理不会使得私人利益和公共利益总是合拍。人们并没有从国民经济学的原则中得出这样的结论：所谓开明的利己主义总是普遍起到最好的作用。"而今天，经济政策也据此行动，国家有责任采取特殊措施，例如通过国家投资迫使私人利益与公共利益达到一致。国家的经济政策继续受到私人利益与公共利益存在差异的法则支配。①

2. 与此相对的是亚当·斯密的法则："每个人总是力图找到最

---

① Ch. 沃尔夫：《人们所作所为的理性思想》，1736年，第43节，第31页；赫克歇尔：《重商主义》，卷2，第294页；J. M. 凯恩斯：《自由放任主义的终结》，1926年，第30页，及《就业的通论》，1936年，德译本，第296页；M. 哈斯（Haas）：《重商经济学说》和《J. M. 凯恩斯的充分就业论》，博士论文，弗赖堡，1950年。

有利的办法来使用自己拥有的一切资本。他眼前只有自己的利益，而没有国家的利益。但是追求个人利益较为自然地，或者确切地说，必然地使得他这样去使用资金，以使得这对国家也同时最为有利。"这种观点一度对经济政策产生了重大影响。哈登贝格（Hardenberg）对19世纪初的普鲁士政策的思想作了非常明确的表述："我们的制度是建立在每个国民完全自由的基础上的，可以自由地使用和发展自己的力量，而不受他人随意阻挡；主持正义；不讲地位，只凭功绩升迁。"换言之：国家关心实现法律原则，并相信个人利益和公共利益的和谐一致。

3. 两种不同类型的经济思想和行动针锋相对。

两种思想都有经验作为依据。两者都有成效。我们选择一个特别重要的、议论最多的话题：储蓄。根据重商主义者的观点——当代人也持有同样的看法——在个人储蓄方面出现个人利益与公共利益之间的差异。正因为存在差异，国家必须采取直接行动，以避免损失。

自利的"财迷"行为早已受到重商主义者的谴责。今天或许有人会说：他们"偏重清偿能力"。他们要储蓄现金，就要收回流动资金，因此，他们的自利行为便与公共利益陷入冲突之中。"出现资金缺口，它中断流通，使得部分工人失业断顿，这么多有害的后果在整个工人阶层中扩散，影响其生计。这笔钱如果从未出现在流通中，也总比它现在先出现后又抽出要好些。"[1]

另一方对此反驳道：个人利益与公共利益的和谐还表现在储蓄和投资方面。个人为了保障自己的将来而进行储蓄，对公共利益十分有利。农民储蓄有利于他们改善居住条件，提高生产率，为公共利益服务。很多工厂通过业主个人储蓄发展壮大，因此，

---

[1] J. H. G. 冯·尤斯蒂（Justi）《政治学》，1759年，卷1，第698页。因储蓄引起需求下降也是今天制定有关经济状况政策和充分就业政策的基本动力。我们知道，实际上可能出现这种需求的下降（在某些条件下）。

他们为公共利益做出了贡献。

经验似乎肯定双方都是对的，而问题原则上好像不能得到解决。究竟哪一方有理，这必须澄清原由与成因。只有这样，才能认真实行经济政策。

现实问题

经济现实中的问题如何？

1. 一个完全封闭的、小型家庭经济的领导——从最简单的情况出发——可以"利己主义"地行动，就是说：他可以为自我的利益牺牲其家庭其他成员的利益。他的行为可能符合康德关于利己主义者的定义：他"做的一切都是为了自己"，并且"惟利是图"（这里就是用这样极端的措辞来表述利己主义的概念）。当然，他也可以有另外的行为表现，并更多符合道德准则。不管哪一种情况，对制订经济计划和以此调节日常经济过程都很重要。如果他首先想到自己或者把货物优先供应自家人，那么正在生产的货物就是别的什么了。

但是，他可以自私，也可以不自私。他将总是按照经济原则行事，就是说，他将努力在自己的计划和指示中，争取尽量少花钱，而达到一定的目的，换句话说：用现有劳动力和实际生产资料真正尽可能地满足他要满足的需要。经济原则与利己主义和利他主义毫无关系。充其量可以说，如果人们不按经济原则行动，并因此使其家庭成员的生存陷于危险境地，那么他没有履行自己的义务。不断混淆"利己主义"和"经济原则"是全面探讨这个重要问题的痼疾。这个小型的家庭经济领导要是只考虑尽量满足其家庭成员的商品供应，也就可以完全把满足自个儿的需求暂时放在一边。尽管如此，他还是遵循经济原则，只有这样，他才能尽可能地实现自己的利他主义目的。利己主义或利他主义决定经济计划要达到的目的。为实现这些目的，按经济原则办事，来确定手段的选择。可以说"利己主义"和"经济原则"似乎处在不同的等级上。

2. 但是，一旦分工比较全面并且打破封闭的自给自足经济的框框，就会像我们看到的那样，出现新的问题：目前的问题是，要把个别经济活动中的个人遵循的经济原则与普遍的经济原则协调起来。这个问题经常引起冲突。1945年至1948年间，德国深加工工业企业出现的问题就是例子。企业领导觉得有责任办好自己的企业，使其工人能够继续有工作。为此，他按自己的经济原则生产产品，如烟灰缸，价格不与国家挂钩，还可以利用优惠价，这样，他可以利用这些产品继续经营企业。如果他生产锅，价格由国家规定，那么，就会威胁到企业的生存和工人继续就业。显然这里存在矛盾。当然，在这种情况下，劳动力和生产设备可以更好地为满足需求服务。通常情况下，经济原则要求企业生产锅，而要求个人生产烟灰缸。从这个例子中，人们不难看出这是什么性质的问题。

3. 1945年至1948年间，个体利益与整体经济利益发生矛盾，正是德国的经济特征。难道这是成千上万人为了用土豆换取鞋、纺织品、熨斗等商品而乘火车走远道的过错吗？毫无疑问，他们是根据经济原则办事。当他们作为家长为家庭购买食品操劳的时候，他们的行为是"利己主义"？从整个过程看，无论如何，他们的劳动根本不符合经济原则，此外，对物品的调节，如土豆和交换的商品，非常不合理。在现有情况下个人和普遍应用的经济原则，都不会达到满足需求的目的。一个重大的问题没有得到解决。——我们的思路表明，在任何类型的经济秩序中都会出现这一问题。中央计划部门规定的需求，比如对面包、鞋、炉子等需求必须通过总体经济过程得到满足，如果要在一年之内满足这一需求，那么，问题取决于把一切劳动力和实际生产资料尽可能地调节到全面实现计划目标上。但是，如果是在交换经济秩序中，那么这里关系到的是，要尽量消除存在于各个家庭中的供求紧张状况。

4. 利己主义和利他主义反题掩盖每天要解决的问题多于它阐述的问题。这里涉及以下若干问题。

第一，个人在自己家庭里或在他生活的、与其个人关联的企业里有义务不"利己主义"地行动。这是道德的要求，永远适用于一切经济秩序。

第二，一般情况下，个人对家庭和企业按经济原则办事，而且应当这样做。

第三，个人运用经济原则的计划和行动要相互协调，以便在总体上也按照经济原则办事。这是个特殊的经济政策任务。

对问题的初步理解

如何使在家庭和企业里按照经济原则的行动能同一般层面需要遵循的经济原则协调，这个重大问题也应摆脱道德问题来解决。解决这种纯经济问题也包含着道德方面的意义，这一晚些时候的认识目前尚未引起重视。通常这类问题永远不能解释清楚。

因此，我们暂时丢开利己主义和利他主义问题，现在只谈按照经济原则行动的经济活动本身的协调。有一种基本观点否认个人按经济原则的行动之间存在协调，另一种观点则宣称存在协调。

双方的看法都错了。双方均以各自的观点相信现存的世界结构。

但是，实际情况分析表明，建立协调成功与否，取决于各种实现的秩序形式。因此，我们不必将协调还是不协调当作经济政策的数据①来接受,更确切地说,根本任务是实现秩序形式,并在其范围内协调关系。

个体利益与总体利益

冲　突

1. 家庭主妇在市场上购买土豆、豆类和其他消费品;企业家雇用一个工人或者以 800 马克出售一台机器;商人买了这台机器。他们有计划,并根据自己家庭或企业的个体利益行事。难道他们都是"利己主义"或者出于"自利"? 或许是,或许不是。这很难从表面来判断。家庭主妇采购,也许只考虑自己;也许为别人,即为自己家庭其他成员采购。机器制造商也有类似情况,当他出卖机器的时候,或许他只想到自己或者其家庭,或许主要想到企业和职工。他们的计划和行动总是针对某些个别的经济目的,绝对不是利己主义行为或自利。

农民也好,企业家也好,工人也好,个体商贩也好,他们都在一个互相联系的工作环境中活动。所有的人只为自己有限的环境行动:他们干活,购买商品,买自己不认识的人制造的产品,这些人也只为他们自己的小环境工作。大家都关心经济总体过程会尽可能有效地克服眼前的稀缺现象。

不可否认在现实生活中,"个体利益"与"总体利益"之间经常发生矛盾。比如,当一些公司在生产奢侈品时,很多家庭还没有足够的粮食和衣着。那里的劳动力和生产资料显然没有用于满足特别紧迫的需要。当许多家庭迫切需要面包时,又有一些小麦

---

① 即给定条件。——译者

被某集团的老板销毁。集团老板可能根据其盈利进行活动，以此为与其合作的小麦农场主效劳。由于销毁小麦储备，许多购买面包的家庭供应情况变得越来越糟。从整体看，克服商品稀缺可能性很小。如何才能解决个体利益与总体利益的矛盾呢？

众所周知，很难给"总体利益"和"生产率"或"国民经济生产率"和"社会效益"等概念加上某些内容。比如维塞尔和庇古（Pigou）等人的综合性理论文献对此作了说明。在这方面，马歇尔关于消费者的思想观念引人注意。① 对经济政策来说，"总体利益"概念是必要的，而这个问题：个体利益和总体利益是如何相处的，则是实际生活问题，不能只通过提出定义困难就可以解决的。这些困难首先和商品价值评估与收入高低变化有关。我们的阐释对经济政策目标来说可能已经足够。

2. 但是更重要的问题是：经济上的个体利益不仅在其表现上与经济上的整体利益发生矛盾，而且能损害其他秩序。垄断集团和个别企业能用一般经营条件为个体利益服务，但它们也可能因此侵犯别人的权利，并在自己的有效作用范围内限制国家现存法律秩序的适用。各种秩序的相互依赖现象又出现。大公司大大扩大对个体利益追求，可能会引起因大城市的形成而破坏某个地区的社会格局。这样，在社会建设中又产生个体利益与国家利益之间的矛盾。

自由放任政策批判

1. 难道自由放任政策的代表人物没有看到这种冲突吗？亚当·斯密在《道德情操论》的著名章节中写道："冷酷傲慢的地主

---

① A. 马歇尔：《经济学原理》，第 8 版，1925 年，第 124 页、第 467 页和第 810 页，注 2；E. 巴罗内把这部分思想用于解决垄断和国际贸易问题，参阅巴罗内《理论国民经济学的基本特点》，1927 年，第 16—18 节，第 88—90 节，第 157—207 节。

怎样把目光投到自己广阔的田地上,根本不考虑其兄弟的需要,幻想将这片土地上收获的全部成果攫为己有。"这样描述的情况,现在还在继续着。这里说明,这个地主不能把生产出来的东西全部吃掉,他要把大部分卖掉,并因此要养很多其他的人,他没想到,这样做是在为总体利益服务。这一论点被普遍接受。亚当·斯密谈到富人的天生自私和贪婪时还说,他们虽然只想满足自己自负的、贪得无厌的欲望,但是,他们也在其所有种种追求中也为穷人提供了服务,这些穷人现在获得了更好的食品供应。"显然,他们不能实现生活必需品的平均分配,土地要是平均分配给全体居民,便有可能达到这一目的;他们在不知不觉中,促进社会利益,提供增加品种的资金。"① 这个观点的结论表现在经济政策上,比如在1808年普鲁士商业指示中:"只要企业不破坏法律原则,不触犯宗教、良好习俗和国家宪法,让企业自然运转,即决不用特殊资助首先优待和抬高企业,在企业形成过程中,也决不限制企业发展,这对国家及其成员最为有利。"

2. 在自由放任经济政策试验中解决这一问题有两种思想。只听任自发势力自由发展,就是说,任凭个体利益自由作用,可能促进总体利益。压制个人自由,比如,怎样在众多的、不可忽视的调整中实行重商主义政策,扼杀在许多家庭和企业的个体利益考虑中,推动经济过程的动力。本来推动经济过程的动力运转愈自由,愈能推动经济过程,愈能为总体利益服务。这是一种思想。

另一种思想是:这些自由发展的力量是实现总体利益所必不可少的,它们可以自行取得协调。我们过去提出的问题,平衡各种利益的供求关系的问题,通过重商主义获得自行解决。

---

① 亚当·斯密:《道德情操论》,第4集,第1章,译者 W. 埃克施泰因(Eckstein),第2卷,1926年,第315页,参见《国富论》,第4编,第8、9章;参见 E. Z. 菲利波维奇(Philippovich)《社会经济学概论》,第1节,1;H. 温蒂希(Waentig)《19世纪德国国民经济学说的发展》,1908年,第2集。

3. 得益者，比如企业家以关心自己的自由为名，也以所谓关心总体利益反对国家的社会政策为名，滥用自由放任政策思想。但是我们不能根据这一思想和政策被滥用来评价这一种思想和某种经济政策。比如，当特赖奇克（Treitschke）[①]慷慨激昂地反对这项政策并把事情描写成好像个人主义者、自由放任政策的重要理想代表人物没有看到总体利益，将批判引入完全错误的方向。因为受攻击者恰好要用其政策为总体利益服务，反对"商人和工厂主"以个体利益反对总体利益的重商干预主义。"不难判断谁是整个重商主义体制的发明者。不会是消费者，人们可以想象得到，他们的利益完全被忽视，而生产者，他们的利益得到充分保护；在生产者中，我们的商人和工厂主是主角。我们工厂主的利益受到重商主义规章制度的特殊保护，不仅牺牲消费者的利益，而且还牺牲某些其他生产者阶层的利益。"（亚当·斯密语）对自利、追求资本主义利润欲等语言，用责骂的方法解决不了如何协调个体利益与总体利益的问题。

4. 一般的批评是不够的。让我们开始对第二种思想进行深入的分析。家庭和企业的个体利益在两个方向上进行：比如，工人天天去工厂上班，领取工资；某化工厂厂长销售化学产品，下达生产指令，等等。但是个体利益同时在另一个方面表现出来，也就是说双方都企图改善各自的市场地位。比如，工厂主要发展秘密加工工艺、加入卡特尔或者大量收买对手；而工人要通过参加工会以保证自己的较好的市场地位。因此，个体利益不仅在经济过程中，而且要在市场地位的打造中，或者要在家庭或企业所处的形式的形成中实现。

个体利益只要在建立市场地位时表现出"形成垄断的倾向"，就会与整体利益发生矛盾，因为这关系到夺取权力地位问题。个

[①] 参见 H. 特赖奇克《德国史》，新版，1927年，第1卷。

人权力越大，危险越大，以致产生个体利益与整体利益之间的冲突。①

情况类似，但也有差异。经济形式出自个体利益的活动，但不是产生于权力斗争，集体利益不能在经济形式框架内得到保护。我们从现代金融业发展中认识到这种情况。我们还详细地谈到过这些情况。货币每天在提供贷款中产生，同时又在提供贷款中消失。随着这样的货币体系的逐步实现，便产生这样的危险：银行虽然在个别经济活动方面经营是正常的，但正因此损害总体利益。比如，在资金增加，价格水平提高，银行清算不断增加的情况下，货币体系完全能够适应银行的个体利益，继续扩大贷款，而总体利益要求减少货币供应量。因此责备银行是愚蠢的。银行是在现存经济秩序形式下正常经营的。银行行长的行为不是"利己主义"，而是代表本行和职工利益进行经营。但是经济秩序有缺点，导致个体利益与总体利益的矛盾。这同样适用于通货紧缩情况。每个银行家应力争银行有流动资金。所以，他一定要废除贷款。但他的这种试图减少欠款大户的做法，使通货紧缩的弊病普遍增加。因为通过偿还贷款，货币供应量减少了。银行债务人的情况进一步恶化，因此强化通货紧缩对银行家自己是个打击。个别经济活动方面正常经营对总体利益尤其不利。

在金融和银行机构中也通过自发性个体经营，特别是通过确认个体利益出现各种形式，在其中目前正在运转的日常经济过程再也不能得到如此调节，以致个体利益与总体利益相互协调。因此，自由放任政策的第二种思想的错误是明显的。这只"无形的手"没有立即创造其他促成个体利益与总体利益相互协调的形式。

---

① 关于这个历史的原则问题，参见 J. 赫夫纳（J. Höffner）《15、16 世纪经济伦理学与垄断》，1941 年。

5. 尽管自由放任政策的第二种思想受到攻击，但是第一种思想是完全正确的。如果各个家庭和企业不能自主经营，每个人不能自由行动的话，总体利益就会因此受到损害。为总体上获得充足的商品供应，人的自我实现以及发挥自身力量的天然愿望是必要的。在任何时候——不管是在罗马帝国后期，重商主义时期还是现在——压制这些力量，证明是有害的。贬低或称赞这些力量同样是错误的。也许它们真诚助人而且有效，也许它们在追求"自利"和纯粹的利己主义。为了克服经济上的稀缺状况，任何情况下都要有脑力劳动者和体力劳动者所必需的最强大的力量。

因此，批判自由放任政策有消极的结果，也有积极的结果。把产生个体利益的力量引导到能够促进总体利益的轨道上，使个体利益产生有意义的协作，这成为经济政策的重大任务。

我们通过批判，接触到康德在其法学和国家学说中完全从另一个方面发展了的思想。康德认为，国家的任务是寻找一种形式，在其框架内人们能够友好相处，同时能为个人力量的自由发挥提供最大的活动空间。那种原始状态的绝对自由应受法律限制，保护个人免受专制。但另一方面，许多个人的自由活动应在相互竞争中促进社会的发展。[1] 由此可见，建立自由秩序是一项任务。

集中管理经济中的个体利益与总体利益

1. 对自由放任的批判则不同，它是肤浅的。早在重商主义时期以及19世纪和20世纪的社会主义时期，最后在充分就业理论时期，都全面否定了个体利益能为总体利益服务的观点。

---

[1] 参见康德《世界公民观点之下的普遍历史观念》，1784年。

根据反对派的观点，总体利益应当直接由领导阶层确定。[1] 领导阶层对整个经济过程进行集中计划和发布重大指示。最新的调查表明，在主张集中管理经济者中出现意见分歧：一部分人认为，领导阶层有能力识别总体利益，愿意实现总体利益。另外一部分在卢梭和圣朱斯特（St.-Just）著作中找到根据的人认为，领导阶层应确定什么是集体利益。如果——如卢梭主张——社会契约让每个拥有各种权利的个人在全体中得到发展的话，那么，完全可以把总体利益的决定权坚定地交给社会、国家或集中管理经济的领导阶层。决定什么是总体利益的，不是各个个人，也不是消费者（即全体人民），而是领导阶层。

2. 广泛认为中央管理部门代表总体利益。如果这种观点被确定为权威或者符合普遍的人民意志，则这种广为流传的看法便是当代一切经济秩序（属于集中管理经济型）的思想基础。

领导阶层总是声称自己是总体利益的代表者，这是完全可以理解的。因为正是通过这项要求使它合法化。因此我们要问，这项要求是否正当。这个问题在新近讨论中通过对"资本主义"、"资本主义思想"等的批判受到压制。接着出现消灭家庭和企业的个体利益，并用集中计划代替个体利益可以轻而易举地实现总体利益的看法，这也是理所当然的。与此相反，根据最新的经验可以确定下述几点：

a. 集中管理经济的领导阶层是个无法控制的权力集团。他们肆无忌惮地发展自己的既得利益，包括他们的权力意志，拥有一切先决条件。

b. 虽然有为总体利益服务的决心，但不能识别总体利益。

c. 假设真能识别总体利益，那么，也不会在集中管理经济的

---

[1] 重商主义者 E. F. 赫克歇尔《论雅各宾派》，卷 2，第 290 页等；H. 泰纳：《现代法国的形成》，德译本，第 2 版，1894 年，卷 2，第 3 节；《圣西门主义》，卷 1，第 102、249 页；J. M. 凯恩斯：《就业总论》，1936 年。

情况下实现总体利益。

例如：英国1948年对钢铁工业实行国有化的法律草案中，新组建的国家钢铁公司总则第3条规定："公司的一般义务是行使自己的职权，以公司认为最好的数量、品种、质量、规格和价格提供企业产品，就各方面而言，为公共利益服务。"公司以最良好的愿望为前提要确定什么是"公共利益"，除非能弄清钢轨、钢铁、钢板的数量和价格，否则就无法为公共利益服务。干部将总体评估，这就是一切。

d. 我们要是不考虑这些批评意见，集中管理经济的另一根本缺点会依然存在。这个缺点是：集中管理经济排除为总体利益效力的基本力量，即人们的个体利益和自我负责精神。中央管理机构决定工人上岗，向他们分配消费品。改善环境的自发意志得不到发挥。①

这个缺点早已被认识。它能在集中管理经济范围内消除吗？两种方法都试过，而且结果完全相反。第一种方法是，通过教育、法制和宣传对人进行改造，把人的思想、情感和信念从个体利益引开，并将思想、情感和信念转向总体利益，这种总体利益被认为是按领导阶层的指示理解的总体利益。"生产战役"、"再教育"，包括成年人再教育，应像过去用个体利益激发职工工作生产积极

---

① 1830年10月20日，歌德在与埃克曼（Eckermann）谈到圣西门主义者时，对这个问题发表了看法。埃克曼说："他们的学说的主要方向似乎是，每个人应当为整体的幸福而工作，这也是作为自己幸福的必不可少的条件。"歌德回答说："我想，人人都要从我做起，首先要寻求自己个人的幸福，最后，集体的幸福才会从个人幸福中产生出来。顺便提一下，我觉得，那个理论非常不切合实际，不可能实现。它违背一切天性，一切经验和几千年来一切事物的发展过程。如果每个人只作为个人履行自己义务，每个人只在自己职业的圈子里规规矩矩、踏踏实实地干，这对整体的幸福是好的。我作为作家从来不问：伟大的群众想要什么？能帮集体什么忙吗？我总是致力于使自己更加理智和好些，增加我个人的收入，然后总是说，我认识到的事是好的，是真的。因此，我不想否认，这事在一个大圈子里发挥了作用，是有益的。但这不是目的，完全是必然的结果，如同一切自然力量所发挥的作用一样。"谈话以歌德的话结束："我的主要信条是：父亲关心家庭，手工业者关心自己的顾客，神父关心互爱，而警察不干扰安宁！"

性那样,以强烈的思想感情执行中央管理部门的指令。

如果第一种方法是把一切都完全安排来压制个体利益的话,那么,第二种办法则试图通过组织工人之间的竞争或者企业之间的竞争发展个体利益。但是不管选择哪种办法,集中管理经济在发挥人的自发力量方面决不能和自由经济相比。

总而言之,集中管理经济的长处所在,实际上也是包藏危险弱点的地方。一切工作和实际生产资料损害总体利益;缺乏意志、缺乏能力或者两者都缺乏。个体利益消灭不了,而且个体利益首先在由干部决定的统治集团的指示中表现出来。

3. 自由放任政策动员个体利益的力量,促进总体利益。但它低估了个体利益可能反对总体利益的危险。与此相反,集中管理经济政策部分压制了个体利益,就是说,被统治者的个体利益受到压制。由于领导阶层拥有显赫的权力,领导阶层中的个体利益能滋生蔓延。因此,追求个体利益只有在较小的阶层中行得通。此外,适应总体利益的供求关系的紧张状态不能通过集中管理经济得到完全缓解。中央管理经济部门应当直接关注的总体利益——如果按自由放任的主张——在某些过于详尽描述的情况下不仅不能实现,而且,一般来说,也达不到目的。此外,集中管理经济还破坏为全局服务的其他秩序:首先是法律秩序。

自我管理实体与利他主义

用强制性团体、经济等级结构、各种利益集团联合成半官方的指导协会以及类似的机构,如建立集中计划和自由之间状态的组织,解决不了问题,这无须详细证明。[1]

---

[1] K. P. 亨塞尔:《关于天主教社会学说的秩序政策的思考》,卷2,1949年;F. 伯姆:《竞争与垄断斗争》,1933年,第174页。

有些人希望——凯恩斯也属于他们之列——有更好的、利他主义的人来领导自我管理实体或职业阶层。大家知道，这些希望也是中央计划追随者一再表示过的。我们将看到，这个问题用利他主义解决不了，而且，根本问题还出在利他主义者的统治那里。此外，如果利他主义者肯定不能改善要由人们创造出来的那些条件，还要那些更好的利他主义者干什么呢？中央计划部门或各团体的领导人拥有特殊权力。另一方面，多数人，包括集中管理经济中的被统治者，或者各团体中被强制组织起来的人，或多或少没有自由。根据历史经验，存在巨大危险，权力使领导者腐败，不自由使被统治者毁灭。

竞争秩序

1. 竞争秩序政策关注的目标是，帮助发挥人的自发力量，同时设法使他们不反对总体利益。有人说，竞争秩序必然导致自利或者使自利成为动力。[①] 不对。竞争秩序现实地考虑利己主义和生存本能的巨大力量，同时知道，其他动力也表现在家庭和企业的个体利益上。而且还进一步看到：竞争秩序是抑制利己主义力量的唯一的秩序形式。利己主义和领导阶层及其官僚机构在集中管理经济形式中得到发展；也在自由放任的"自由"经济权力集团或等级秩序中得到发展，尽管其权力地位不如在集中计划那里那样强大。但是竞争秩序迫使纯粹的利己主义者为总体利益工作；比如，迫使纯粹利己主义的商人或企业家，明智地但不情愿地为消除日用消费品的稀缺状况服务。[②]

2. 正如强调过的那样，并不是一切地方竞争秩序都能使个体

---

① 参见 M. 谢勒（Scheler）。
② F. H. 奈特：《竞争道德与短评》，1935 年。

利益和总体利益协调一致获得成功。

比如，一位厂长可能这样来设置工厂，以致工厂烟尘污染城市空气。再一个情况是：个体经济计划可在个体经济数据系统之外发挥作用。我们知道，这里需要连续性的工商政策和社会政策的监督。

在这方面，重要的是收入不均会产生怎样的结果。一位批发商和别人竞争，进口丝织品。他按公司的个体利益办事，计划证明是正确的，企业经济核算证明也是对的。在同一国家里不能满足低收入阶层的紧迫需要。货物流通虽然得到精确的调节，但不符合"总体利益"，原因在于收入分配不均，因此需要也非常不均等。企图利用各种手段，如利用税收的累进度，实现平衡，但这是有限的，因为税收的累进度过高，就会阻碍投资活动和经济总体过程。

因此，在这些点上，可以对竞争秩序进行批判。当前讨论的特点是过分强调竞争秩序。如果我们完全抛弃竞争秩序，为消除这些缺点，实行集中计划，那么，这些缺点只会增加。我们的最后一个例子指出：人们将以制定准确运作的、就整体而言可靠的价格体制来取代集中调节，集中调节存在总体评估的偶然性问题。之后，不仅进口或生产有限量的奢侈品，而且经济总体过程不再符合集体利益。例如，投资过多，但不平衡。人们将会像某些人那样行动：将一部较好的、但存在某些毛病的机器毁掉了，而用一部效率低的简陋的旧机器代替，这部旧机器甚至会危害其自身的安全，而且毛病比被他毁坏的那部机器还要大。

协调个体利益与总体利益——秩序政策的任务

普遍存在把个体利益与总体利益之间的紧张关系只看作是道德教育的问题。有人说，必须克服自利，只追求利润或"资本主义思想"，并希望全体人民为总体利益服务。如果我们到两个国家——乌托邦甲和乌托邦乙——作短期旅行则问题也许会变得再清楚不过了。

1. 在乌托邦甲那里，人人都因自利和利己的刺激而行动。因此，"个体利益"在那儿是纯粹的利己主义，不顾他人；在家里也好，企业也好，不关心他人。因此，没有人会问，怎样为总体利益服务。任何个人理所当然地只为自己干活。

在一个集中管理经济型经济秩序的国家里，领导阶层只为自己使用大权；在交换经济秩序中，比如劳动力市场上买方垄断集团把工资压得很低，卖方垄断集团总是谋求最高的纯收入。唯独在竞争秩序中——简直是用诡计——各种各样的利己主义的个体不是相互合作，而是以相互协调的方法进行工作。但在乌托邦甲那里很难形成一个可以利用的秩序，因为那里无人探索总体利益，因此，没有人抓秩序政策任务。

2. 我们在乌托邦甲的对立面乌托邦乙那儿发现人们采取全然不同的生活态度。在那儿，人们或者按道义上的责任或者按基督教信条行事。这里所有的人都关心为总体利益服务吗？是的，当他们都生活在封闭的家庭经济，即自给自足经济时，他们每个人都能直接认识到自己为公共利益应当如何效力，总体利益在这里似乎就是家庭利益或者自给自足经济的利益。但乌托邦乙和乌托邦甲一样不是由许多并存的自给自足经济（每个自给自足经济都把自己当作小宇宙）组成的。更确切地说，两个乌托邦——如同现代世界——都有众多的分工经济，成千上万的家庭和企业交错连接、互相合作。这里对提出的问题的回答是持否定的。M是工人，他履行基督教信条，为其家庭工作，因此，他不是出于自利，而是依照其家庭的个体利益，寻找工作，接着花自己的钱。当他进工厂或者在农场工作的时候，他还为总体利益服务吗？在这个例子中，看出义务中的矛盾：既对家庭尽义务又对总体尽义务。

怎么对他说呢，什么对总体是最有益的呢？厂长 R 履行自己的义务，对工人和顾客非常认真。他完全按道义上的责任办事。但他应生产什么东西，以便能更好地为总体利益服务呢？道义上的责任并没有告诉他。

尽管乌托邦乙是一个能够以最大限度实现道义的国家，但个体利益与总体利益如何能协调一致的问题依然存在。解决这一问题是个政治任务。个人要在秩序范围内，以自己的行动，在自己周围环境中遵循道德原则才有可能为实现总体利益做出贡献。

集中管理经济秩序要是在乌托邦乙中得到实现，领导阶层——要完全不同于乌托邦甲——将努力实现集体利益。因此，它要找出尚未克服的障碍，因为它不能借助总体评估使各种经济活动协调一致。此外，它必须大大限制家庭和企业的自由，并因此使集中计划和个人对家庭和企业周围环境应尽的义务准则发生矛盾。竞争秩序也可以在乌托邦乙中实现，甚至比在乌托邦甲容易得多，因为那儿有关心总体利益的人，还有考虑建立充分秩序的人。在乌托邦乙，可能产生的垄断集团也将努力提供尽可能丰富的商品供应。两种乌托邦的比较，让人清楚地看到，通过道德教育，个体利益与总体利益之间的紧张关系问题缓和了，但不能得到解决，例如，它不能消除集中调节经济的基本缺点。相反，通过道德教育，这儿存在的秩序问题就容易解决，但这种教育同时应面向秩序政策。

3. 我们从两个乌托邦回到现实中来，发现两个乌托邦的基本特点。我们看看联邦德国 1945 年底至 1948 年的情况，当时中央计划部门的配给额是这样低，以致没人能靠它生活；在商店里，人们用钱只能买到少量商品，矿工要加班，其他工人几个星期不到工厂，他们不得不下乡给农民帮工或去弄些食品。男人在迫切需要他们的地方为总体利益工作。但个体利益以命令方式要求拯救个人和家庭免遭饿死。

经济秩序的实际上失效表现在简单的日常事实中。不可要求人们去做那种唯独经济秩序能做的事：建立个体利益与总体利益之间的协调关系。

结　　论

"科学方法比任何一种发现具有更加重大的意义"［居维叶（Cuvier）语］。经济学也如此。在本书中，比任何细节都重要的这一方法：本书主张的经济政策思想并用此思想理解和解决问题。

再说一遍，问题在于建立一种有运作能力的、维护人的尊严的经济秩序和社会秩序。方法是，把一种要有秩序的坚定意愿引申到建立并且也限制经济形式上，同时让经济过程由其固有规律来支配。

竞争秩序不仅承认表现在经济过程中的事物发展规律，而且还强调发挥规律的作用，这个看法经常遭到非难，在这里，人的自由受到与人不相称的方式的对待，并且成为僵化机制的牺牲品。如果非难是正当的，那么竞争秩序就会陷入一种荒谬的境地，使其放弃它特别重视的价值：人的自由。

目前，围绕人的自由问题仍然是：人的自由在一定条件下受到阻力与限定。自由的实质是，遵循事物的法则，刻意求真。因此自由不同于专制。

其次，如果对人的幸福不存在一些像在市场经济中存在的调节机制（这种机制至少会减少人的一部分责任），调节这个已经变得极其复杂的现代工业世界的任务会落在一定范围之内，以致它可能超越赋予人的力量本身。这里发生一种明显的争论，涉及个人能做什么或不能做什么。只有划清这个界限，人才会真正自由发挥其固有的能力：在经济过程中自由发挥个人力量，自由建立经济秩序。

这里如此强烈突出经济要素，这难道不是强奸人的自决吗？必须回答这个问题，必须解决日常生活中非常具体的、必不可少的问题：克服经济中的稀缺状况。一旦这一问题获得解决，其他许多问题就会迎刃而解。竞争秩序突出经济的必然性与唯物主义观点毫无关系。这儿不存在选择问题。如果经济的必然性被当作次要的东西受到忽视——等于经济思想的没落，那么，人们将在要高得多的程度上依赖于经济。结果，自由真正处在危险之中。最终只能有另外一种选择：集中管理经济——极权主义，外加这种经济对人类自由所产生的毁灭性的后果。

相反，竞争秩序要求以自由精神解决社会问题，并以此彻底拯救自由。如果要维护自由秩序的权力，反对全面推行的集体主义，那么，秩序承担者也得理解秩序的意义。许多复杂的事物就发生在现代人之间，这是人们生活在世界上的最根本的事实。因此，我们的格言应该是：反对虚无主义！实事求是！最终摒弃一切干巴巴的意识形态说教，摒弃文牍作风，摒弃报刊上粗制滥造的空话，摒弃竞选集会上的粗野废话！的确，这一切全是老一套。那些处在危险之中东西是实现不了的，人们没有看到，必须注意事物有哪些联系。

人们知道，极权主义有一个纲领。但他们不知道或知道得不够，相对的有一个自由纲领——即竞争秩序。试图在竞争秩序中解决的经济—技术问题未被认识，或低估了它对其他生活领域的意义。但是，竞争秩序要求遵循经济本身固有的规律，这是竞争秩序的一个方面。竞争秩序的另一个方面是，应当同时实现社会的和伦理的秩序意向。这两方面构成竞争秩序的特殊长处。因为不与经济规律挂钩，社会道德的要求同样也是无力的；另一方面，如果没有良好的社会秩序意向影响经济秩序形式的发展，经济规律也发挥不了作用。

但是，目前所有国家都缺少一个已经理解什么叫竞争秩序的领导阶层：竞争秩序不仅作为经济秩序本身，而且作为社会秩序制度的条件，是人们可以用来对付极权主义构思的大对立面。

要考虑争取人们普遍的觉悟：当人们选择集中管理经济或竞争秩序的时候，人们同时要选择——不管是否了解，通常是不了解——整个宏大的生活领域。必须让人们搞清楚，选择集体主义会带来什么样的后果。

如果人们不想接受集体主义的后果，那么就要受竞争法则支配。如果要市场占优势，人们就不能不适应市场。不能用制造新的不安全来消除原有的不安全。

为维护自由秩序，我们没有极权主义者的手段，没有他们的政治手腕，也不通过宣传激起集体狂热。因此，有些人认为，我们对他们的态度不同于斯多噶派的顺从（Resignation）态度。但是，不应当这样来对待我们为自由事业的斗争。斯多噶派的代表人物当时很强大，但缺乏热情。当人民鼓起勇气并有足够力量建立自由秩序时，不应没有热情。

只有真正的实证论才能克服孤立和瘫痪。这里用得上席勒（Schiller）的话："可以从自由夺去其精神，但不能破坏该精神。精神以无定形之物证明其自由。只有当万物凝重、无以名状，只有当不安定的边界之间露出昏暗的轮廓，恐惧才有其位置。人一旦赋形于恐惧并将其变成自己的客体，人才能压倒任何恐惧……"

附　录

理论讨论的基本问题

1. 秩序一词的含义①

"秩序"（Ordnung）一词有两层含义。"经济秩序"（Wirtschaftsordnung）是指具体、客观的事实。它是实现了的各种秩序形式的集合，它们构成了日常经济过程具体运行的框架。在德国，不管是 1945 年，还是 1990 年，或者是其他任何一个经济时期，每个时期都有当时的经济秩序。我们所要探究的尤其是具有多样性的，且处于不断变化中的 19 世纪、20 世纪的经济秩序。这一时期的经济秩序并不适应当时的经济状况，日常经济过程在其中处于失衡状态；或者经济秩序有失公正，威胁到了经济自由。对经济秩序的分析是秩序政策的基础。我们将经济秩序视为事实，并试图找出这些事实之间的联系。

"秩序"还有另外一种含义，即与人和事物的本质相一致的秩序，也就是出于适度和平衡状态的秩序。秩序的这一层含义在古代哲学中已得到了阐释。先哲试图在事物多样性中找寻

---

① 这一段的大部分内容与作者在《国民经济学基础》一书第六章第 239 页的阐述相同。

那些隐藏的世界建筑设计。这一奥尔多秩序（Ordo）思想对中世纪的影响根深蒂固，并对整个中世纪文化的形成起到了决定性的作用。秩序意味着将多样的事物以有意义的方式组合为一个总体。

尤其是在现存秩序失灵或者有失公正的时期，本质秩序观（Wesensordnung），或自然秩序观，又称奥尔多秩序，一般就会获得巨大的力量。现实状况的荒谬是这种秩序观获得影响力的动因。与现实中已有的秩序不同，人们探寻的是这种符合人的理性的、并且符合人和事物的本质的秩序。比如在4世纪与5世纪之交那一段糟糕的时期中，奥古斯丁（Augustin）就卓有成效地发展了这样的秩序思想。在17世纪、18世纪，自然秩序（ordre naturel）和现存秩序（ordrepositif）被对立起来，它在例如法律和国家组织形成的领域以及经济政策领域再次产生了巨大的影响。今天，人们迫切需要为工业化经济找到在经济、社会、法律和国家领域缺失的、有运作能力的和维护人的尊严的秩序。因此，秩序观念又重新获得了生命力。即使随着欧洲历史的进程对秩序概念的各种表述不断变化，但秩序概念形成的意图仍然是同样的或者相似的。

两种秩序概念缺一不可：作为个别的、不断变化的历史事实的秩序，以及作为奥尔多秩序的秩序。这两种秩序概念的区别自古有之，因为这种区别在人们对具体事实的论辩中几乎必然产生。人们想要搞清具体的秩序是什么样的，并且又不断寻找一种更好的秩序。但这两种秩序概念又相互形成鲜明的对照：一种是人们事实上生活在其中的无法令人满意的各种具体秩序，而与之对应的是那种适用和公正的秩序。

我们对两种秩序含义做概念上的区分，是为了能把那些各种各样具体的"经济秩序"（Wirtschaftsordnungen）和对"经济的秩序"（Ordnung der Wirtschaft）的追求更好的区别开来。

2. 人为制定的秩序和自然生成的秩序

竞争秩序不能够自发实现。从这种意义上来说，竞争秩序不是一种自然秩序（ordre naturel）。单单贯彻某些法律原则，然后放任经济秩序自行发展，这样做是不够的。

但从另一种意义上来说，竞争秩序也是一种自然秩序或奥尔多秩序。因为竞争秩序推动一些强劲的趋势，这些趋势在工业化的经济体中不断地趋近于完全竞争状态。经济政策通过将这种趋势确定为有效的秩序形式，就使得它们符合人和事物的本性。

应该区分两种经济秩序：一种是自然生成的秩序（gewachsene Ordnung），一种是人为制定的秩序（gesetzte Ordnung）。自然形成的秩序是指那些在历史发展过程中不是经过刻意的选择而形成的秩序。人为制定的秩序指的是依据经济政策的总体选择，通过使某一秩序规则成为有效力的经济宪法而实现的秩序。如果将自然形成的秩序类比为那些未经规划自发形成的城市，那么人为制定的秩序就是那些依据城市设计蓝图建造起来的城市。我们能够看出，尽管竞争秩序政策是从总体选择出发确立了经济宪法，也就是竞争秩序政策意在确立一种秩序，但这种人为制定的秩序并不与历史的发展相悖。这种人为制定的秩序通过系统性地实现现实中那些业已存在（vorgefunden）的秩序形式，并且促进其继续发展，使人为制定的秩序与自然形成的秩序彼此接近。在竞争秩序会被实现的地方，诸如合作社之类组织的自发形成，和企业规模的变化等事件，是可以由下而上发生的，而且也应该会发生。重要的是要保证最根本的秩序原则不会因为垄断的形成而遭到破坏。与中央统制经济模式中的人为制定的秩序截然不同的是，这种自发形成并非来自从上而下的命令，而是通过个体自由实现的。

历史上的经济秩序大多是"自然生成"的秩序。它们的产生并没有根据一个事先确定的建筑计划。自由放任政策也意在使经济秩序自然形成,而且自由放任政策的拥护者坚信,这样才能产生一种令人满足的、维护人的尊严的秩序。与之相反,很多现代的秩序,尤其是中央统制经济模式下的现代秩序,都是"人为制定"的秩序。比如可以将苏联1928年之后的经济秩序和德国1914年之前的经济秩序来进行比较。中央统制经济模式的经济规则在很多方面与历史是相悖的,它试图去实现某一事先设计好的建筑计划。

"竞争秩序"采取的是在这两种极端之间的中间道路。我们并没有发明竞争秩序,我们只是在具体的现实中找到了竞争秩序的元素。我们并没有强制推行什么,而是使在现实中已经存在的(与其他秩序形式共存的)秩序形式得以扩展。我们尝试使事物本身存在的完全竞争的趋势得以发展。我们在有限的秩序形式中选出被证明是最适宜的秩序形式。对秩序进行规划并不与历史的发展相悖,我们的方式是以从现有的历史趋势中提炼出的秩序规则来制定秩序。

国家制定竞争秩序政策并不是使人们强行接受一种经济秩序,而是使那种可能受到其他趋势遏制的趋势发挥效能。

3. "自由主义的"和"新自由主义的"

在这里展示的经济政策原则有时被称为是"自由主义的"或"新自由主义的"政策。但是,这一说法通常是有倾向性的,并不准确。

当异议者信口雌黄的批判时,这种说法也就有了倾向性。教会或政治意义上的"自由主义"有众多敌人。在有些国家,"自由主义的"一词有无神论的意味或与某些经济利益团体联系在一起。在未经思考的情况下,人们将对自由主义的批判浪潮整个延展到对竞争政策以及其思想基础的批判上来。这种批判方式自古有之。康德唾弃这种批判方式，并与之据理力争。在《纯粹理性批判》出版之后，异议者们声称，康德代表的是由伯克利（Berkeley）提出的"更高级的唯理主义体系"。康德的新思想被冠以旧学派的帽子。康德决定用他的《未来形而上学导论》进行反驳，在书中它反驳道，各种不同的"主义"是为"新的未被公认的思想准备的棺木"。如果想要就竞争秩序的秩序原则展开批判性的辩论，那就不应该将这些思想置于这样的棺木中，为的只是不假思索的将其埋葬。人们应该在对经济现实的分析中，努力做出自己的批评。

但是"自由主义的"这一称谓也并不准确。虽然有悠久的传统做为依据，19世纪的自由主义者大多是自由放任思想的追随者。但是他们其中的一些人只是模仿者。总而言之，这一时期的自由主义是建立在自由基础上的欧洲文化的一个分支，而且只有当自由崩毁时，欧洲文化才会受到威胁，或招致崩毁。新的历史形势使通过新的、积极的手段避免对自由致命的威胁成为必须——而正是这个思想促使我们去行动。

4. 竞争秩序和权力问题

随着秩序形式的变化，会出现"经济权力的登峰造极"。它始于完全竞争市场阶段，随后依次升级为寡头市场阶段、部分垄断市场阶段和垄断市场阶段。此外供求弹性对市场权力的规模也至关重要。私人所有制的中央统制经济所能达到经济权力集中程度，要比在集体所有制的中央统制经济所能达到的最高的经济权力集中程度还要高。在现实中，所有的这些情况都是存在的。

竞争秩序政策用如下方式解决问题：它通过拆分的方式来削弱经济权力，也就是说，将日常经营领域与国家政治行为尽可能地分割开来。这是解决问题的一种方法。使用的另一种方法是，在经济领域内通过引入竞争实现去集中化，瓦解现存的权力地位并抑制新的权力地位的形成。

集中经济调节或工团秩序的经济政策试图通过权力的进一步集中来克服私人权力的滥用，在这一点上，竞争秩序的经济政策也与这两种政策完全对立。

虽然在竞争秩序中通过拆分可以尽可能地削弱经济权力，但是某些权力地位对于竞争秩序的实现是不可或缺的。不仅拥有优先权的中央银行或者其他负责融资的机构应该具有经济权力，企业的领导也必须具有权威，通过发布指令来实现他们的计划。当然在竞争秩序中他们的经济权力通常通过竞争，在特殊情况下通过垄断控制被限制或者监控。一个公司的领导者，他既是产品供给方，也是劳动力需求方，不应该拥有妨碍竞争秩序功能的垄断权力或部分垄断权力。然而，正因为企业在市场上受制于绩效竞争的原则，所以不应该剥夺企业领导者制定企业经济计划和发号施令的权力。否则企业经营秩序的明确性会遭到破坏，企业会丧失适应能力，没有了适应能力竞争秩序就无法运转。想要竞争秩序，就不应该支持那些会使企业丧失适应能力的法律措施。

为了摆脱经济权力的两难困境，就必须将权力和秩序放在一起来看。只有当经济权力服务于构建和保持竞争秩序时，它才是合理的。在中央统制经济模式的经济秩序中，情况正好相反：经济秩序成为贯彻权力的工具。我们从以上论述中可以得出的结论是：每个人应有的只是为实现竞争秩序所必须的权力，不允许多，也不允许少。

5. 给定的数据

理性的经营者根据计划经营。一家之主和企业经营者依据他们所认为给定的事实制定每天、每周、每年的计划；每一个单个的经济计划都是在这种"计划数据"的基础上制定的。这些数据（Daten）包括家庭对食物和衣服等的需求，企业设备的大小及类型，工人的能力及知识水平。同时，企业所需要的产品的价格，企业所使用的原材料和半成品的价格，这些数据之于企业经营者完全等同于相应的生活用品的价格数据之于家庭计划。所有那些上述类型的计划赖以为基础的量值都是个体经济的计划数据。

从总体经济的角度出发，个体经济计划只是一些分计划。但是每个个体在每个计划中都必须考虑到他人的行为。在交换经济中价格机制作为一种手段，促使个体在单个计划中要考虑且必须考虑他人的行为。通过价格机制的协调，各分计划形成一个统一的整体。

如果我们不是从个体经济的角度，而是从总体经济的角度来看单个价格之间的协调过程，那么价格就失去了其作为给定数据的特性；它的形成就成为一个仍然需要理论解释的问题。也就是说，必须将个体经济的计划数据和总体经济数据——例如需求和技术知识——区分开来。这种区别对于一个实干的企业领导者来说完全不陌生。例如他知道他的企业使用的技术知识和他的产品或原材料的价格反映出来的是完全不同的事项，他知道，产品和原材料的价格并不是绝对不变的事项。

在总体经济的思考方式下，只有六个量值，或者更准确的说是只有六组数据可以被看做是给定的数据：人的需求；资源禀赋和自然条件；劳动力；从先前的生产中所产生的货物储备；还有技术知识以及法律和社会秩序，法律和社会秩序为经济主体的行为指出方向和划定界限。这个最后一组数据必须从广义上去理解：它指的不仅是法律、道德习俗和习惯，而且还指一种人们在其中生活并遵守游戏规则的精神状态。

总体经济数据构成了经济世界的界限。总体经济数据是经济理论在完成自己的任务，即对经济现实进行解释时要达到的数据极限。理论国民经济学研究要想取得成果，必须要有一个数据界限。但是理论国民经济学认为，这一界限并不是由其他学科，如社会学或历史学，事先确定或暗示出来的。单凭经济问题研究本身就能确定这一界限；从经济研究本身问题的提出，以及对经济相关事实精准—突出（pointierend-hervorhebend）的分析出发，研究工作必然被引向经济过程运行的决定条件这一方向。总体经济数据在一定程度上像花环一样环绕在作为整体的交换经济周围，决定着经济运行的过程。这同样也适用于中央统制的计划经济体系。"总结起来说，总体经济数据是那些决定经济世界的事实，而这些数据本身并不直接由经济事实所决定。理论解释以到达现实的总体经济数据为终点。"[1]

一名经济政策制定者没有必要接受理论学者所接受的这些总体经济数据是给定的观点。正相反，对于一名经济政策制定者来说，总体经济数据是其采取措施的最佳着眼点。狭义和广义上的经济政策正是通过改变数据来发挥作用的。当然，经济政策对总体经济数据的影响是有限制的。但没有一个数据是完全不受影响的。即便是一个国家的气候条件都可以通过人为的干预而改变，更不用说例如人口数量、人们的知识水平和能力等因素了。第六组数据即法律和社会秩序状况为经济政策提供了最大的作用空间。对事实的型塑，并且特别是准确处理第六组数据是经济政策最重要的艺术。这一艺术的基本原则是不要着眼于个体经济的数据，而应当从总体经济出发对总体经济事实进行型塑。所有对单个点上的干预都是有害的，必须要注重所有经济变量之间的相互关系。因为整个经济过程必然由数据之间相互关系的状况所决定，而我们可以对这种数据间的相互关系施加影响，所以我们必须对出现的结果负责。而交换经济的调控机制，也就是价格机制，则不要

---

[1] 瓦尔特·欧肯：《国民经济学基础》，第6章，第156页。

对其负责，价格机制是中立的。

6. 推论过程

我们在书的开始提出这样的问题：在领导阶层的意识形态斗争中是否能够产生对工业化经济的满意秩序的认识？是否有可能发展出受利益约束的意识形态之外的思想？带着这一问题，我们开始着手我们的工作。我们并不是先入为主地或从方法论上来给出答案，而是在对问题本身的研究中做出回答。

最后，我们可以对在一开始既没有给出肯定也没有给出否定答案的问题作答。在过去一个半世纪对经济现实的分析中可以确定下列推论过程：

（1）事实证明，秩序形式数量上的有限性，致使解决方案的数量也受到限制，这里没有自由精神发挥的空间。

（2）个别秩序形式的实现带来的后果是可以精确确定的。并且不仅仅可以准确确定在经济秩序中经济过程是如何运行的，比如经济运行是否达到均衡。除此之外，秩序之间的相互关系也是可以确定的。也就是说，人们可以对为型塑社会秩序、国家秩序和人类整体秩序而推行一种经济秩序形式导致的趋势进行预测。

（3）这样就使得克服秩序形式筛选时的主观性成为可能。

针对经济政策行为可以进一步得出结论：在采取单一经济政策之前，必须明确在整体上要实现哪种经济宪法。所有经济政策行为的出现都必须考虑到总体经济秩序。无论是关乎一项社会政策措施、一项贸易政策措施或者是其他秩序政策措施，只有当这种行为是以达到或保持某一总体秩序为目时才有意义。

那么，我们应该怎样做出总体决策呢？

事实表明，总体决策并不是在某种意识形态基础上教条主义地做出的。在这方面，经济秩序应该获得一种新的风格。我们再重复一遍，在做总体决策时，必须从有限的秩序形式中筛选出占优的秩序形式。也就是说，总体决策不能是投机的产物，而要依据现实做出。

一旦做出了总体决策，就必须坚决实现它，将其落实到每一处细节。一旦做出了建立竞争经济宪法的总体决策，则必须避免所有可能阻碍作为经济过程调控机制的相对价格的形成。这样一种从经验出发的，前后一致的行为恰恰与教条主义相反，教条主义行为意味着违背经验学说而一意孤行。行为的前后一致性能够保证目标的实现。只有前后一致的行为才是成功的前提。

瓦尔特·欧肯对国民经济学的贡献：经济秩序思想[①]

现如今已经有 2000 年历史的国民经济学，是从人们对经济政策问题的兴趣中发展起来的。

一般认为亚当·斯密是古典经济学派的首位代表人物，该学派比较著名的人物还有李嘉图和约翰·斯图尔特·穆勒。19 世纪上半叶的古典经济学派将对经济政策问题的讨论和通过理论分析来理解经济运行过程的尝试摆在同等重要的位置。后来国民经济学的这两个方面才逐渐被严格区分为规范科学和纯解释的科学。杰文斯、门格尔、瓦尔拉斯、阿尔弗雷德·马歇尔及其他知名的国民经济学家首先都致力于纯解释的国民经济学，他们认识到，只有在完成理论工作之后，经济政策问题的研究才会取得成果。

盎格鲁—萨克逊国家的古典经济学派取得的成就在解释科学

---

① 在发行第一版时，这篇文章被作为前言置于扉页，在这次修订的袖珍版本中，这篇文章作为"百科辞典式的关键词"被放在本书的最后。

这一分支内形成了坚实的传统，那就是将对经济问题的理论分析——使用演绎推论并选择尽可能现实的前提条件——视为国民经济学最主要的使命。19世纪上半叶，以冯·屠能和冯·曼哥尔特（von Mangoldt）为代表人物的德国国民经济学家也致力于经济问题的理论分析研究并取得了突出的原创理论成果。19世纪中期，德国兴起了对国民经济学另一个方向的研究，即所谓的历史学派。历史学派在19世纪后半叶比较有影响力的代表人物是古斯塔夫·施莫勒。历史学派的支持者占据了德国几乎所有的教席，他们认为只有借助历史科学的、以个别分析为特征的方法才能够对科学过程做出解释。虽然他们并不是厌恶所有的理论，但是他们认为，理论只有在深入研究经济史之后才能发展出来，并且每个历史时期都有着不同的理论。而他们的实际研究工作只局限于对经济史的研究，从未达到他们所预期的理论形成的远期目标。用这种方式无法实现对经济现实的把握。

理论经济学家坚决地驳斥了历史学派的观点，在德语区他们的代表是奥地利学派。奥地利学派的奠基人是作为边际理论发现者之一的门格尔。19世纪80年代，在门格尔和施穆勒之间展开了一场方法论之争，双方论战激烈，但终究没有一方能使另一方信服。因此，德国国民经济学研究出现了没有形成坚实传统的局面，这导致后来的经济学家没有学到，当经济学问题需要在不断进步的研究工作中得以解决时，科学工作应该集中在哪些点上。奥地利学派在门格尔、维塞尔和庞巴维克的领导下，经济理论研究取得了全面的进步；而在德国，一直到第一次世界大战之前理论研究几乎被完全忽略。直至第一次世界大战之后，经济理论研究才在德国重新发展起来，但是1933年至1945年间的政治事件致使经济理论研究退居次要地位。近些年，德国的国民经济理论的发展才重新与其他国家接轨。

国民经济学家对待经济政策的立场也不尽相同。在强大的学术泰斗马克斯·韦伯的影响下，大多数国民经济学家认为，由于经济政策目标的制定从未脱离价值观的考量，由此他们的责任并不是为总的经济政策设定目标；他们的任务在于为实现政治家们所设定的目标提供一些方法和路径。但还有少数的国民经济学家坚信，国民经济学家对设定的目标本身也必须表明自己的立场。

人们必须要在上述背景下看待欧肯这一人物。德国国民经济学当时处于方法论的混乱状态，方法论论战的影响一直持续到近代，由此亟需有人能够提供一种简明的方案，来厘清下面的一系列问题：经济学家的使命是什么？经济学家能做什么？经济生活领域和其他生活领域以及经济学与其他科学之间的关系是怎样的？还有最重要的一点，经济学家能为经济政策做些什么？瓦尔特·欧肯拥有这样一个简明而宏大的方案。欧肯特殊的影响力，尤其是他对经济政策的影响，除了要归功于他的人格魅力之外，还要归功于他所具备的浑然一体的完整的"世界观"。

当然，这一总方案并不是在他科研生涯之初就已经完成的；欧肯是逐渐将其建立起来的。

在大学学习期间，欧肯曾经追随历史学派的脚步。追随历史学派的这些年对他来说并不是一无所获：历史学派的精华，即对现实的追求，对他的影响深入骨髓；此外，他在自己的工作中弄清楚了历史学派的方法论，因此，在他后来与历史学派进行辩争时，他很清楚自己在说什么；最终，也正是通过与历史学派的争论使他坚信，只有将理论用于具体的现象才能对经济现实进行分析。

欧肯始终认为，国民经济学家的任务是解释经济现实。因为没有理论支撑就无法完成解释经济现实这一使命，所以欧肯首先理所当然地将全部力量用于理论研究。按照他的理解，理论必须首先被扩展为一个内容广泛的工具箱，它不仅能够用于对经济均衡的抽象研究，而且还包括对所有可能变量作用下形成的经济均衡进行分析，由此，如果想要解释经济现实的变化，就只需要提取工具箱中相应的工具并加以使用就可以了。欧肯致力于为扩展这个工具箱做出自己的贡献。

20世纪30年代开始的巨大的政治变革无疑使欧肯又重新致力于那些他未曾真正放手的问题，即理论与历史的关系。难道不是在所有人看来，经济事实只能从政治角度来理解吗？经济过程不是由国家决定的吗？这样的话，国民经济学理论又有什么用处呢？使用"苍白、抽象"的演绎推论，这些理论对解释经济现象又能有什么贡献呢？由此看来，当时许多年轻一代的国民经济学家完全放弃理论研究也就不足为奇了。

在这种情形下，经济学就必须重新处理怎样解释经济现实这一问题。要想建立这样的信念，就必须从对具体经济现象的客观观察出发，并且以此为基础探索经济理论的作用，而不是简单地建立一种关于理论和现实关系的先验理论。沿着这一思路欧肯到达了他的纲领的中心点：经济秩序思想。

在欧肯用这种方式重新探讨理论和历史关系问题并在这个总问题框架内认识到经济秩序的意义时，当时在弗赖堡工作的法学家弗朗茨·伯姆和汉斯·格罗斯曼-德尔也在从事对经济秩序问题的深入研究，他们起先是独立进行这方面的研究，与欧肯不相干。后来三位科学家之间建立了紧密合作的关系，他们还对外合作出版了"经济秩序"系列丛书。在这一时期，欧肯脑中萌生了经济形态理论（Morphologie）的想法，另外，不同生活秩序之间——如经济秩序、法律秩序、政治秩序——相互依存的想法也在这一时期应运而生。

在这些准备性的思想活动之后，欧肯能够更加深入地处理理论和历史的关系问题，程度之深在他之前从未出现过。施穆勒和门格尔在方法论论战中所采用的观点，没有一个能使欧肯满意。经过长期工作，他在《国民经济学基础》一书中给出了完全独立的、属于他自己的对于理论和事件关系问题的答案。他使用"精准—突出的抽象"（pointierend hervorhebend Abstraction，见胡塞尔）的方式从对简单经济事实的分析当中获得经济秩序形式，并且还将经济秩序形式和经济运行过程严格地区分开来，经济运行过程以它所在的实现秩序形式的不同而不同。先有了秩序形式理论，再有过程理论；只有用这样的进路才能够克服特殊的历史思考方法与一般的理论思考方法之间"巨大的矛盾"。

国民经济学的任务被明确限定为分析秩序形式理论、分析在秩序形式内的经济过程理论以及将这些理论运用到经济现实当中。这样就有了能够对具体现实做出理论把握的工具。同时，把握理解经济现实也就意味着塑造现实成为可能。良好的经济秩序并不是自发形成的而是人为设定的。秩序的型塑是经济政策的使命，而国民经济学家需要为其提供思想上的解决方案。设定经济秩序的关键是使经济与其他生活领域相互关联起来，而不是将其孤立起来。由于不同的经济秩序形式以不同的法律形式和国家形式为前提，所以经济学与其他科学之间的关系也由此得到了明确的界定。这其中还有一些难以克服的任务，这些任务只有在所有社会科学分支共同作用下才能解决。国民经济学的责任、国民经济学的方法论、国民经济学对待经济政策的立场以及对待其他社会科学的立场，所有的一切在欧肯创建的体系中都找到各自固有的位置。

他毕生的工作必然地把他引向构想一个自由的、维护人的尊严的秩序的问题上。假如在德国从第一次世界大战后到货币改革期间所有经济秩序彻底崩溃的痛苦经历没有使建立这样一种秩序的意义更加凸显，他肯定也会着手建立这样的秩序。在《经济政策的原则》一书中，欧肯汇总了他所完成的重要成果：秩序形式理论、过程理论、生活秩序间相互依存的思想以及作为经济政策最重要任务的型塑经济秩序的思想。欧肯用型塑经济秩序的思想，既有力的反驳了自由放任的支持者，同时也有力的反驳了必然发展论思想的支持者。

  无论是从欧肯在书中论述的思想的广度，简明扼要的追求，还是从字里行间能够感觉到的对人类命运的深切关注，都使这本书无愧成为一本独一无二的著作。经济政策的日常问题瞬间即逝，而基本原理却永葆青春。欧肯的这部著作重点在基本原则，故此会长久保持其时效性，能够对经济政策的思想和实践产生持久的影响。

弗里德里希·A. 卢茨

人名对照表

Albrecht　阿尔布莱特
Allais　阿莱
Amonn, A.　A. 蒙
Anton, G. K.　G. K. 安东
Antoninus Pius　安东尼乌斯·皮乌斯
Augustin　奥古斯丁
Barone, E.　E. 巴罗内
Basard　巴萨德
v. Beckerath, E.　E. 冯·贝克拉特
Berkeley　伯克利
Berle, A. A.　A. A. 贝尔乐
Bismarck　俾斯麦
Böhm, F.　F. 伯姆
v. Böhm-Bawerk　冯·庞巴维克
Borcherdt, H. A.　H. A. 博尔歇特
Braun, M. S.　M. S. 布朗
Bresciani-Turroni, C.　C. 布雷夏尼－图罗尼

Brunner, E.　E. 布伦纳
Buchanan, N. S.　N. S. 布坎南
Burckhardt, C. J.　C. J. 布尔克哈尔特
Burckhardt, J.　J. 布尔克哈尔特
Canfora　坎弗拉
Carnegie, A.　A. 卡内基
Cassel, G.　G. 卡塞尔
Chamberlin, E.　E. 张伯林
Clark, C.　C. 克拉克
Colbert　科尔伯特
Comte, A.　A. 孔德
Cournot, A.　A. 库尔诺
Dennison, S. R.　S. R. 丹尼森
Diehl, K.　K. 迪尔
v. Dietze, C.　C. 冯·迪策
Dietzel, H.　H. 迪策尔
Dilthey, W.　W. 狄尔泰
Drucker, P. F.　P. F. 德鲁克
Eckermann　埃克曼
Eckstein, W.　W. 埃克施泰因

人名对照表

Edgeworth　埃奇沃斯
Einaudi, L.　L. 埃瑙迪
Enfantin　昂方坦
Eucken, R.　R. 欧肯
Eucken, W.　W. 欧肯
Eucken-Erdsiek, E.　E. 欧肯-埃德西克
Fery, N.　N. 费里
Fisher, A. G. B.　A. G. B. 费希尔
Fisher, J.　J. 费希尔
Fossati, W.　W. 福萨蒂
Fourier, C. H.　C. H. 弗里尔
Gather, G.　G. 盖思尔
Gervinus　格维努斯
Gestrich, H.　H. 盖斯特里希
v. Gneist, R.　R. 冯·格奈斯特
Gocht, R.　R. 戈赫特
Goethe　歌德
Götz, H. H.　H. H. 戈茨
Graham, B.　B. 格莱厄姆
Graham, F.　F. 格莱欣
Groß, H.　H. 格罗斯
Großmann-Doerth　格罗斯曼-德尔特
Grotius　格罗齐乌斯
Grupp, R.　R. 格鲁普

Haas, M.　M. 哈斯
Haberler, G.　G. 哈伯勒
Hahn, A.　A. 哈恩
Hallstein, W.　W. 哈尔施泰因
Hamilton, W.　W. 哈密尔顿
v. Hardenberg, K. A.　K. A. 冯·哈登贝格
Hart, A. G.　A. G. 哈特
Hartmann, N.　N. 哈特曼
Haupt, G.　G. 豪普特
Haußmann, F.　F. 豪斯曼
v. Hayek, F. A.　F. A. 冯·哈耶克
Heckscher, E. F.　E. F. 赫克歇尔
Hegel　黑格尔
Heimann, E.　E. 海曼
Helmholtz, H.　H. 赫尔姆霍茨
Hensel, K. P.　K. P. 亨塞尔
Herkner, H.　H. 赫克纳
Hesiod　赫西奥德
v. Hippel　冯·希普尔
Hoffmann, W.　W. 霍夫曼
Höffner, J.　J. 赫夫纳
Homburger, E.　E. 霍姆伯格
v. Hornigk, P. W.　P. W. 冯·霍尔尼克
Huizinga, J.　J. 赫伊辛加

v. Humboldt, W.　W. 冯·洪堡	Lenel, H. O.　H. O. 莱内尔
Hunold, A.　A. 胡诺尔特	Lenin　列宁
Jellinek, G.　G. 耶利内克	Liefmann-Keil, E.　E. 里夫曼-凯尔
Jevons, W. S.　W. S. 杰文斯	
Jewkes, J.　J. 朱克斯	Lippmann, W.　W. 李普曼
Jöhr, W. A.　W. A. 约尔	Locke　洛克
De Jouvenel, B.　B. 德约维内尔	Lütge, F.　F. 吕特格
v. Justi, J. H. G.　J. H. G. 冯·尤斯蒂	Lutz, F. A.　F. A. 卢茨
	Mach, E.　E. 马赫
Kant　康德	MacIver, R. M.　R. M. 麦基弗
Karselt　卡塞尔特	Machiavelli　马基雅维利
Kestner, F.　F. 凯斯特纳	Machlup, F.　F. 马赫卢普
Keznes, J. M.　J. M. 柯兹内斯	Mackenroth, G.　G. 马肯罗特
Klebs, F.　F. 克莱布斯	Maier, K. F.　K. F. 梅尔
Klein, F.　F. 克莱恩	Mann, Th.　Th. 曼
Knight, F. H.　F. H. 奈特	Marc Auel　马克·奥尔
Koberstein, G.　G. 科伯施泰因	Marquardt, H.　H. 马夸特
Konfuzius　孔子	Marshall, A.　A. 马歇尔
Köstler, A.　A. 科斯特勒	Marx　马克思
Kromphardt, W.　W. 克罗姆哈特	Masci, G.　G. 马斯齐
	Means, G. C.　G. C. 米恩斯
Kronstein, H.　H. 克隆施泰因	Meinecke, F.　F. 迈内克
Küng　金	Menger, C.　C. 门格尔
Lampe, A.　A. 兰珀	Merck, J. H.　J. H. 默克
Lange, O.　O. 兰格	Meßner, J.　J. 梅斯纳
Lassalle, F.　F. 拉萨尔	Metternich　梅特尔尼希
Le Bon, G.　G. 勒庞	Meyer, F. W.　F. W. 梅耶
Lehnich, O.　O. 莱尼希	Meyer, H.　H. 梅策尔

Miksch, L.　L. 米克施	Preiser, E.　E. 普赖塞尔
Mill, J. St.　J. St. 穆勒	Prince-Smith 普林斯－史密斯
Mirabeau　米拉伯	Proudhon　蒲鲁东
v. Mises, L.　L. 冯·米塞斯	Pufendorf　普芬多夫
v. Mohl, R.　R. 冯·莫尔	Raiser, L.　L. 莱塞尔
Möller, H.　H. 莫勒	Ranke　兰克
Montaigne　蒙田	Rasch, H.　H. 拉施
Montesquieu　孟德斯鸠	Rathenau, W.　W. 拉特瑙
Müller-Armack, A.　A. 米勒—阿尔马克	Rau, K. H.　K. H. 劳
	Reinhardt, K.　K. 赖茵哈特
Mussolini　墨索里尼	Ricardo, J.　J. 李嘉图
Naphtali, F.　F. 纳夫塔利	Rings, W.　W. 林斯
Napoleon　拿破仑	Ritter, G.　G. 里特
Nietzsche　尼采	Robbins, L.　L. 罗宾斯
Nipperdey, H. C.　H. C. 尼珀代	Rockefeller　洛克菲勒
	Roosevelt　罗斯福
Noelle, E.　E. 诺勒	Röpke, W.　W. 勒普克
Oncken, A.　A. 翁肯	Rousseau　卢梭
Ortega y Gasset, J.　J. 奥尔特加·加塞特	Rueff, J.　J. 吕夫
	Rüstow, A.　A. 吕斯托
Pareto, V.　V. 帕累托	Salin, E.　E. 萨兰
Perroux, F.　F. 佩鲁	Scheler, M.　M. 谢勒
Pfister, B.　B. 菲斯特	Schiller　席勒
v. Philippovich, E.　E. 冯·菲利波维奇	Schmalenbach, E.　E. 施马伦巴赫
Pigou　庇古	Schmitt, A.　A. 施米特
Platon　普拉通	Schmitt, C.　C. 施米特
Polanyi, M.　M. 波兰尼	Schmölders, G.　G. 施莫尔德

Schmoller, G.	G. 施莫勒
Schnabel, F.	F. 施纳贝尔
Schneider, E.	E. 施耐德
v. Schuckmann	冯·舒克曼
v. Schulze-Gavernitz	冯·舒尔策—格韦尼茨
Schumpeter, J. A.	J. A. 熊彼特
Sering, P.	P. 泽林
Simons, H. C.	H. C. 西蒙斯
Sismondi	西斯蒙第
Smith, A.	A. 斯密
Sombart, W.	W. 桑巴特
v. Sonnenfels, J.	J. 冯·索能费尔斯
Soulavie	索拉维
Spengler, O.	O. 斯宾格勒
Spegelhalter, F.	F. 施皮格尔哈尔特
Spiethoff, A.	A. 斯皮特霍夫
v. Stackelberg, H.	H. 冯·斯塔克尔贝格
v. Stein, L.	冯·施泰因
Stigler, G. J.	G. J. 斯蒂格勒
v. Strigl, R.	R. 冯·施特里尔
Stucken, R.	R. 施图肯
St. Simon	圣西门
St.-Simonisten	圣西门主义者
Taine	泰纳
Talleyrand	塔莱兰德
Thomas von Aquino	托马斯·冯·阿奎那
v. Thünen, H.	H. 冯·屠能
de Tocqueville, A. C.	A. C. 德·托克维尔
v. Treitschke, H.	H. 冯·特赖奇克
Triffin, R.	R. 特里芬
Trumpler, H.	H. 特朗普勒
Tschierschky, S.	S. 奇尔施基
Veit, O.	O. 维特
Waentig, H.	H. 维恩蒂希
Waffenschmidt, W. G.	W. G. 瓦芬施密特
Walras, L.	L. 瓦尔拉斯
Weber, A.	A. 韦伯
Weber, M.	M. 韦伯
Weißer, G.	G. 魏塞尔
Wiedenfeld, K.	K. 维登费尔德
v. Wieser, F.	F. 冯·维塞尔
Wolff, Ch.	Ch. 沃尔夫

术语对照表

Abschottung eines Lenkungssystems 调控体系的分隔
Agrarkrisen 农业危机
Aktiengesellschaft 股份公司
— und Haftung 股份公司和责任
Aktienrechtpolitik 股权政策
Altruismus 利他主义
Anachronismus der Ideen 思想的不合时代
Anormales Verhalten des Angebotes 非正常供给行为
Anpassung der Produktion 调整生产
Antitrustgesetz（gebung）反托拉斯法（的立法）
Arbeiterfrage, industrielle -工人问题，工业的
Arbeiterschutzmaßnahmen 工人保护措施
Arbeitslosigkeit 失业
  s. a. Massenlosigkeit 参阅：大批失业
Arbeitsmarkt 劳动力市场
— und technische Entwicklung 劳动力市场与科技发展
— verfassung 劳动力市场宪法
Angebot auf den-en 劳动力市场供给
Arbeitsteilung 劳动分工
Arbeitsverfassung 劳动宪法
Aufkommen, Planung des-s in der ZVW 收入，集中管理经济的收入规划
Ausbeutung 剥削
Ausgleich von Bedarf und Aufkommen in der ZVW 集中管理经济中需要和收入的平衡
Aussperrung 临时关闭企业
Automatik 自控机制
— der Preise 价格自控机制
  Markt -市场自控机制
Autonomer Wirtschaftsbereich 自

主经济领域

Bedarf, Planung des -es in der ZVW 需求，集中管理经济中的需求规划
Behinderungswettbewerb 限制性竞争
Berufsstände 职业、行业等级阶层
Berufsständische Ordnung 行业、职业等级秩序
Berufsständische Organisation der Wirtschaft 行业性、职业性等级组织
Betriebsgröße 企业规模
 – und Ordnungsformen 企业规模和秩序形式
　optimale – 最优企业规模
Betriebsräte 企业职工委员会
 – gesetze 企业职工委员会法
Betriebsverfassung 企业宪法
Bewertung 评估，评价
 – in der ZVW 集中管理经济中的评估
　Individuelle – 个人评估
　Interdependenz der -en 评估之间的相互依存
　s. a. Globale 参阅：全面评估

Bildung 教育
　Freiheit der – 教育自由
　Politische Elementar 基础政治教育
Bretton Woods 布雷顿森林体系
　Abkommen von 布雷顿森林体系协议
Bürokratie 官僚主义
　Wirtschaftliche und soziale 经济的和社会的官僚主义
Chicago-Plan 芝加哥计划

Daten 数据
　gesamtwirtschaftliche und einzelwirtschaftliche – 总体经济数据和个体经济数据
Defizit, Politik des -s 赤字，赤字政策
Deflation 通货紧缩
 – und Gefüge der Preise 通货紧缩和价格构成
 – und Goldwährung 通货紧缩和金本位制
 – und Graham-Plan 通货紧缩和格雷欣计划
Demokratie 民主
Denken 思想，思维
 – und geschichtliche Realität 思

想和历史现实
  – in Kollektiven 集体思维
  – der Masse 大众思想
  – in Ordnungen 有秩序的思想
    Grundformen wirtschaftlichen-s 经济思想的基本形式
    ordnendes – 有秩序的思想
    Typen des – 思想类型
    Verfall des-s 思想的衰落
Depression 萧条，不景气
Devisenbewirtschaftung 外汇管制
Devisenkontrolle 外汇监管
Devisenkurse 外汇汇率
Devisenpolitik 外汇政策
Devisenzuteilung 外汇配额
Disproportionalität 比例失调，不相称
  – en im Gesamtprozeß 总体过程中的比例失调
  – von Lebensumständen und Ordnungen 生活状况和秩序的不相称
  – im Wirtschaftsablauf 经济过程中的比例失调
Dringlichkeitsstufen in der ZVW 集中管理经济中的迫切性等级
Dumping 倾销

Egoismus 个人主义
Eigennutz 自利
  – und Gemeinwohl 自利和公益
Eigentum 所有权
  – bei Marx 马克思思想中的所有权
    s. a. Kollektiveigentum, Privateigentum 参阅：集体所有制，私人所有制
Eigentumsfrage 所有权问题
Eigentumsrecht 所有权法
Eigenwirtschaft 自给自足经济
  – als Ordnungsform 自给自足经济作为秩序形式
Einkommensbildung 收入形成
Einkommensdifferenzen 收入差距
Einkommenspolitik und Wettbewerbsordnung 收入政策和竞争秩序
Einkommenssteuer 个人所得税
  – in der Wettbewerbsordnung 竞争秩序中的个人所得税
Einkommensverteilung 收入分配
Einzelinteresse u. Gesamtinteresse 个人利益和总体利益
Elastizität 弹性
  – der Nachfrage 需求弹性

— des Angebots von Arbeit 劳动力供给弹性
Eliten s. Führerschichten 精英，参阅领导阶层
Entpersönlichung 去个人化
Erziehung 教育，教养
— auf Ordnungspolitik gerichtet 针对秩序政策的教育
— als ethische Aufgabe 教育作为一项伦理任务
— bei ZVW 集中管理经济中的教育
Experimente 试验
— mit kollidierenden Ordnungen 试验相互冲突的秩序
— der Vollbeschäftigungspolitik 充分就业政策的试验
— zentraler Leitung des Wirtschaftsprozesses 集中指导经济过程的试验
Individueller Charakter der 试验的个别特性
Wirtschaftspolitik der 试验性的经济政策

Feudalsystem 封建制度
Formen 形式
Bildung der 形式的形成
Wechsel der 形式的改变
s. a. Marktformen, Ordnungsformen, Morphologie 参阅：市场形式，秩序形式，形态学
Fortschritt, Gesetz des -s 进步，进步规律
Freiheit 自由
— des Denkens und der Bildung 思想和教育自由
— und Macht 自由和权力
— und Ordnung 自由和秩序
— der Person 人的自由
— der Wirtschaftspolitik 经济政策自由
dreifache Bedrohung der 对自由的三重威胁
Verleugnung der 否定自由
Verlust der 丧失自由
wirtschaftiche 经济自由
Freiheitsrechte 自由权利
Freiheitssphäre 自由空间
Freizügigkeit 慷慨，大方
Führerschicht (en) 领导阶层
— bei Kollektiveigentum 集体所有制的领导阶层
— und Lenkung des Wirtschaftsprozesses 领导阶层

和经济过程的调节
- in den verschieden Ordnungen 不同秩序下的领导阶层
- in der ZVW 集中管理经济中的领导阶层
 Macht einer 领导阶层的权力
 ideologischer Kampf der 领导阶层的意识形态斗争
 Wechsel der 领导阶层的更换

Garantiepolitik 担保政策
Gegengewichte 平衡力量
- zur Übermacht des Staates 国家强权的平衡力量
Geld 货币
 Funktion des -es in der ZVW 集中管理经济中货币的作用
Geldentstehung 货币的产生
Geldordnung 货币秩序
 Internationale - 国际货币秩序
 s. a. Währungsordnung 参阅：货币秩序
Geldpolitischer Stabilisator 货币政策稳定器
Geldschaffung 货币创造
Geldschöpfung und
 Vollbeschäftigungspolitik 货币创造和充分就业政策

Geldsystem（e）货币制度
 Erstes - 第一种货币制度
 Zweites - 第二种货币制度
 Drittes - 第三种货币制度
- und Gleichgewicht 货币制度和平衡
- und Koordination der Betriebe und Haushalte 货币制度与企业与家庭之间的协调
- und Kreditgewährung 货币制度与信贷提供
Geldversorgung 货币供应量
Geldwert 币值
 Stabilisierung des-es 稳定币值
Geldwirtschaft 货币经济
Geld- u. Kreditpolitik zentraler Stelle 中央机构的货币政策和信贷政策
Gemeinwohl 公益，公共福祉
Genossenschaften 合作社
Gesamtentscheidung 总体决定，总体选择
- und Ordnungsform 总体决定和秩序形式
- und Staatsverfassung 总体决定和国家宪法
- für Wettbewerbsordnung 总体决定和竞争秩序

Wirtschaftspolitische 经济政策的总体决定
　　Wirtschaftsverfassungsrechtliche 经济宪法的总体决定
Gesamtinteresse 总体利益
- und Monopol 总体利益和垄断
- und Planungsfreiheit 总体利益和规划自由
- und Preissystem 总体利益和价格体系
　　Begriff des-s 总体利益概念
　　Einzelinteresse und -个人利益和总体利益
　　ZVW und 集中管理经济和总体利益
Gesamtordnung, allgemeine, s. 总体秩序，参阅：普遍的总体秩序
　　Recht, selbstgeschaffenes 法律，自创的法律
Geschichtsschreibung 历史编纂学
Gesellschaft 公司
- mbH 有限责任公司
　　Entwicklungsgesetz der 公司的发展规律
Gliederung der 公司的划分
Ordnung der 公司秩序

Gesellschaftsordnung 社会秩序
- und Eigentumsordnung 社会秩序和所有权秩序
Gesellschaftsrecht 公司法
- und Haftung 公司法和责任
Gewaltenteilung 国家权力的分立
Gewerbefreiheit 从业自由
Gewerkschaften 工会
- und Lenkungssysteme 工会和调节体系
Gleichgewicht 平衡，均衡
- der Gewalten 国家权力平衡
- und Grenzkostenprinzip 均衡和边际成本原理
- der Investitionen 投资平衡
- in der ZVW 集中管理经济中的平衡
　　Internationales 国际平衡
　　Monopolistisches 垄断均衡
　　Quasi 准均衡平衡
　　Zwang ersetzt 强制替代平衡
Gleichgewichtslosigkeit 失衡
Gleichgewichtsproblem, universale Natur des-s 平衡问题，平衡问题的普遍性质
Gleichgewichtsstörungen 平衡干扰

Globale Bewertung 总体评估，全面评估
Globale Vorstellungen 总体想法
Globales Denken 总体思维
Goldwährung 金本位
Gossensches Gesetz, zweites 戈森定理，戈森第二定理
Graham-Plan 格莱欣计划
Grenzkosten 边际成本
— prinzip 边际成本原理
— rechnung 边际成本核算
Grenzproduktivität der Arbeit 劳动力的边际生产率
Grundformen 基本形式
— der Wirtschaftslenkung 经济调节的基本形式
— des wirtschaftspolitischen Denkens 经济政策思维的基本形式
　s. a. Ordnungsformen 参阅：秩序形式
Grundrechte 基本权利
Grundsätze 原则
— des wirtschaftspolitischen Handelns 经济政策行为的原则
　s. a. Prinzip 参阅：原则，原理
Gruppenanarchie 集团无政府
— und Berufsstände 集团无政府和行业
— in Deutschland 德国的集团无政府
— in der ZVW 集中管理经济中的集团无政府
　Staatliche 国家的集团无政府
Güterversorgung 产品供应
— in Ländern mit zentraler Leitung 集中指导国家的产品供应
— und Sozialpolitik 产品供应和社会政策
　s. a. Konsumgutversorgung 参阅：消费品供应

Haftung und Wettbewerbsordnung 责任和竞争秩序
Haushaltsverfassung 预算宪法
Heilslehren, säkularisierte 救世说，世俗化的救世说
Historische Schule 历史学派
Historischer Moment 历史时刻
Historismus 历史主义
Humanität 人道主义
Hypostasierung von Kollektivwesen 假定集体的实在性

Ideologien 意识形态
"Imperialismus" "帝国主义"

Industrialisierung 工业化
- und Idee der Freiheit 工业化和自由思想
　　Forcierung der 工业化的大力推进
　　Zeitalter der 工业化时期
Industrielle Revolution 工业革命
Inflation, offene und gestaute 通货膨胀，公开性通货膨胀和积存性通货膨胀
Inflationistische Geldpolitik der ZVW 集中管理经济中的通胀性货币政策
Interdependenz 相互依赖性
- der Märkte 市场的相互依赖性
- der Ordnungen 秩序的相互依存性
- der Wirtschaftsordnungspolitik 经济秩序政策的相互依存性
　- wirtschaftspolitischer Maßnahmen 经济政策措施的相互依存性
　　Gedanke der 相互依存性的思想
　　wirtschaftliche 经济的相互依赖性
Internationale Arbeitstelung 国际分工
　Koordination und Subordination in der 国际分工中的协调和依附关系
　Internationale Wirtschaftsbeziehungen, 国际经济关系
　Ordnung der 国际经济关系秩序
Internationaler Handel 国际贸易
- und Abstimmung der Investitionen 国际贸易和投资协调
- und ZVW 国际贸易和集中管理经济
Intervention 政府干预
Interventionismus 干预主义
　Merkantilistischer 重商干预主义
Investition (en) 投资
- in der Eigenwirtschaft 在自给自足经济中的投资
- in der industrialisierten Wirtschaft 在工业化国家的投资
- und Monopole 投资和垄断
- und Sparen 投资和储蓄
- in der ZVW 集中管理经济中的投资
　Abstimmung der 投资的协调
　Gleichgewicht der 投资平衡

Komplementäre 互补性投资
Lenkung der 投资的调节
Maximum an Macht durch 通过投资达到权力最大化
Proportionierung der 投资的成比例化
Staatliche 国家投资
Summe der 投资总额
Investitionsneigung 投资倾向
Investitionstätigkeit 投资活动
Investitionsverbot 禁止投资

Kampfpreise 价格战
"Kapitalismus" "资本主义"
 "Jung" "早期资本主义"
" Kapitalistische Produktionsweise" "资本主义的生产方式"
Kartell（e）卡特尔
  Preis 价格卡特尔
  Zwangs 强制卡特尔
Kartellbildung 卡特尔的形成
Kartellgericht 反卡特尔法院
Kartellgesetzgebung 反卡特尔法
Kartellkontrolle 卡特尔监控
Kartellverordnung von 1923 1923 年反卡特尔法令
Kirchen als ordnende Potenzen 教会作为秩序化力量

Knappheit 稀缺
Knappheitmesser 稀缺测量器
Koalitionsfreiheit 结社自由
 – wird Koalitionszwang 结社自由成为强制结社
Kohährenz der Lenkungsmethoden 调节方式之间的一致性
Kollektiveigentum 集体所有制
 – führt zu Mißständen 集体所有制引致弊病
 – und soziale Frage 集体所有制和社会问题
 – und Wettbewerbsordnung 集体所有制和竞争秩序
 – und wirtschaftliche Macht 集体所有制和经济权力
 – und ZVW 集体所有制和集中管理经济
  s. a. Privateigentum 参阅：私人所有制
Kollektivismus 集体主义
" Kollektivistische Wirtschaft" "集体主义经济"
Lenkung in einer "集体主义经济" 中的调节
Kollektivität 集体性
Kollektivmonopol 集体垄断
"Kollektivwesen" 集体

Konforme Anweisungen 一致的指令
　Grundsätze 一致指令的原则
Konjunktur 景气
　Problem der 景气问题
Konjunkturpolitik 景气政策
Konjunkturschwankungen 景气波动
Konkurrenz 竞争
－bei Kollektiveigentum 集体所有制下的竞争
－und Monopol 竞争和垄断
－als Ordnungstyp 竞争作为秩序类型
－und Privateigentum 竞争和私人所有制
－und Vertragsfreiheit 竞争和契约自由
　gebundene 有约束力的竞争
　Kampf gegen die 反对竞争的斗争
　Modell der 竞争模型
　Technik verstärkt die 科技强化竞争
　vollständige 完全竞争
　s. a. Substitutionskonkurrenz 参阅：替代性竞争
Konkurrenzpreise 竞争价格

Konstanz 常量，恒定性
－der Daten 数据常量
－der Wirtschaftspolitik 经济政策恒定性
Konstituierende Prinzipien 构成性原则
－der Wettbewerbsordnung 竞争秩序的构成性原则
－der Wirtschaftsverfassung 经济宪法的构成性原则
Konsumenten 消费者
　Entthronung der 消费者失势
　Herrschaft der 消费者得势
Konsumgutversorgung 消费品供应
－in der ZVW 集中管理经济中的消费品供应
　Optimale 最优消费品供给
　s. a. Güterversorgung 参阅：产品供应
Konsumverzicht 放弃消费
Kontrahierungszwang 强制缔约
Konzentration 集中
－von Macht 权力集中
Konzern 康采恩
　Verwandtschaft mit ZVW 与集中管理经济的相似性
Konzernbildung 康采恩的形成

Konzernrechtliche Haftung 康采恩法规定的责任
Koordination 协调
— von Einzel- und Gesamtinteresse 协调个人利益和总体利益
— der Haushalte und Betriebe 家庭与企业的协调
— zentraler Pläne 中央计划之间的协调
Korporation (en) 社团，工团
　Zwangs- 强制结社
Kosten 成本
　Fixe-der modernen Industrie 现代工业的固定成本
　Komparative 比较成本
　s. a. Grenzkosten 参阅：边际成本
Kostenkurven 成本曲线
Kostenprinzip 成本原则
— im Monopolkampf 垄断斗争中的成本原则
Kostenrechnung 成本核算
— und Haftung 成本核算和责任
— bei Konkurrenz 竞争情形下的成本核算
— bei ZVW 集中管理经济中的成本核算
Kreditexpansion 信用扩张

— und Vollbeschäftigungspolitik 信用扩张和充分就业政策
Kreditpolitik 信贷政策
Krisen 危机
　s. a. Depression, Konjunktur 参阅：萧条，景气
Krisenpolitik 危机政策
Kumulative Expansion und Kontraktion des Geldes 累积性货币膨胀和货币的紧缩

Laissez-faire 自由放任
　Politik des 自由放任政策
Leistungswettbewerb 效率竞争
— und Monopolkampf 效率竞争和垄断斗争
— in der ZVW 集中管理经济中的效率竞争
Lenkung 调控，调节
— des Produktionsprozesses 生产过程的调节
— des Wirtschaftsprozesses 经济过程的调节
　s. a. Zentrale Lenkung 参阅：中央调节
Lenkungsaufgabe 调节任务
Lenkungsfrage und Lenkungsformen 调节问题和调节形式

Lenkungsmechanik 调节机制
Lenkungsmethoden 调节方法
  die drei 三种调节方法
  Kohärenz der 调节方法的一致性
Lenkungsproblem 调节问题
Lenkungssystem（e）调节体系
  "liberal" "und" "neoliberal" "自由主义的"和"新自由主义的"
Liberalismus 自由主义
Lohn 工资
 – in der ZVW 集中管理经济中的工资
  Minimal 最低工资
  Real 实际工资
  Wettbewerbs 竞争状态中的工资
Lohndruck 工资压力
Lohnpolitik 工资政策

Macht 权力
  Problem der wirtschaftlichen 经济权力问题
  Über-der zentralen Leitung 关于集中指导的过度强势权力
  Wirtschaftsordnung als Werkzeug zur Durchsetzung von 经济秩序作为实施权力的工具
Machtgruppen 权力集团
Machtkämpfe 权力斗争
 – der Führerschichten 领导阶层的权力斗争
  Ideologische Subjektivität der 权力斗争的意识形态主观性
  s. a. Monopolkämpfe 参阅：垄断斗争
Machtkörper, private 权力主体，私人的权力主体
Machtproblem 权力问题
Machtstellungen, Mißbrauch wirtschaftlicher 权力地位，滥用经济权力地位
Markenschutz 商标保护
Märkte 市场
  Geschlossene 封闭的市场
  Offene 开放的市场
  Schließung der 市场封锁
  Unterschiede zwischen Sachgüter- u. Arbeits 实物市场与劳动力市场的区别
Marktform（en）市场形式
 – und Geldsysteme 市场形式和货币体系
 – und Grundrechte 市场形式

和基本权利
von Marx ignoriert 被马克思忽略了的市场形式
Marktstrategie 市场战略
Masse 大众，群众
- n und Führerschichten 大众和领导阶层
- und Mythos 大众和神话
Massenarbeitslosigkeit 大批失业
Mengenbilanz in der ZVW 集中管理经济中的数量平衡
Mengenrechnung in der ZVW 集中管理经济中的数量核算
Merkantilismus 重商主义
Merkantilisten 重商主义者
Mitbestimmung 共决权
Moment（e）时刻
- der Krisis 危机时刻
　Historischer - 历史时刻
　Prinzip und - 原则和时刻
Monetäre "Überfüllung" 货币的"溢出"
Monopol（e）垄断
- und ZVW 垄断和集中管理经济
　Angebots 卖方垄断
　Beiderseitiges 供求双方的垄断

Bilaterale-e 双边垄断
Nachfrage 买方垄断
Staatliche-e 国家垄断
Verstaatlichung von-en 垄断的国家化
Monopolaufsicht 垄断监督
Monopol（aufsichts）amt 垄断（监管）局
Monopolbildung 垄断的形成
　Hang zur 垄断形成倾向
Monopolgesetzgebung, Mißerfolge der 垄断立法，垄断立法的失败
Monopolistische Marktform 垄断的市场形式
　Symptome einer 垄断市场形式的症状
Monopolitisches Angebot 垄断性供给
- aus gegebenem Vorrat 来自现有储备的垄断性供给
- aus laufender Produktion 来自持续生产的垄断性供给
Monopolkampf 垄断斗争
Monopolkontrolle 垄断监控
Monopolpreis 垄断价格
Monopolproblem 垄断问题
- in der Wettbewerbsordnung 竞

争秩序下的垄断问题
Morphologie 形态学
  Leistung der 形态学成果
  Wirtschaftliche - 经济形态学
  Wissenshcaftliche - 科学形态学
Morphologische Analyse 形态学分析
  – der Monopolkämpfe 垄断斗争的形态学分析
  – und theoretische Analyse 形态学分析和理论分析
Mythen verdrängen die Ratio 神话驱逐理性
Mythos 神话
  – von der Zwangsläufigkeit der Entwicklung 发展必然性的神话
Masse und—大众和神话

Naturaltausch 自然交换
NEP-Politik 新经济政策
New Deal 新政
Nihilismus 虚无主义
Normung in der ZVW 集中管理经济的标准化

Ökonomischer Kosmos 经济世界
Oligopol 寡头

Ordnende Potenzen 秩序化潜能
Ordnung 秩序
  – der Gesellschaft 社会秩序
  – des Staates 国家秩序
  – des Staates und der Wirtschaft 国家的秩序和经济的秩序
  – der Wirtschaft 经济的秩序
  – als Ordo 作为奥尔多的秩序
  Planung der-en 秩序的规划
  Politik zur-der Wirtschaft als Sozialpolitik 作为社会政策之经济的秩序的政策
  Unstabilität der-en 秩序的不稳定性
  s. a. Interdependenz der Ordnungen 参阅：秩序的相互依存性
Ordnungsbegriff 秩序概念
Ordnungsformen 秩序形式
  – und Experimente 秩序形式和试验
  – als Marktformen und Geldsysteme 作为市场形式和货币体系的秩序形式
  – und Wirtschaftsprozeß 秩序形式和经济过程
  Auslese der - 筛选秩序形式
  Auswahl der - 选择秩序形式

Gestaltung der -型塑秩序形式
Mannigfaltigkeit der -秩序形式的多样性
 die verschiedenen -不同的秩序形式
 Vertragsfreiheit und -契约自由和秩序形式
Ordnungsfrage, Lösung der -秩序问题，秩序问题的解决
Ordnungspolitik 秩序政策
 - und Erziehung 秩序政策和教育
Ordnungspolitische Gesamtentscheidung 秩序政策的总体决定
  s. a. Gesamtentscheidung 参阅：总体决定
Ordnungspolitisches Problem 秩序政策问题
 - im 20. Jahrhundert 20 世纪的秩序政策
Ordnungsproblem 秩序问题
  Bewältigung des -s 克服秩序问题
  Wirtschaftspolitisches -经济政策的秩序问题
Ordnungsstreben der Kirchen und der Wissenschaft 教会和科学界的秩序追求

Ordo 奥尔多秩序
Organtheorie 器官理论

Päpstliche Enzykliken 教皇通谕
Patent（Patentrecht）专利（专利法）
 - und Laissez-faire 专利和自由放任
 - und Wettbewerbsordnung 专利和竞争秩序
  Sperr--e 使得第三方不可能利用其发明的阻遏性专利
Patentpolitik 专利政策
Plandaten 计划数据
 s. Daten 参阅：数据
Pläne 计划
  Abstimmung der -计划的协调
  Subsidiäre -辅助性计划
  Wirtschafts--经济计划
Plankontrolle in der ZVW 集中管理经济中的计划控制
Planstellen, zentrale -计划部门，中央计划部门
Planung 规划
 - in der ZVW 集中管理经济中的规划
  Dekonzentration der -规划的去集中化

s. a. Zentrale Planung 参阅：集中计划
Planwirtschaft 计划经济
Pools, internationale – 国际财团
Positivismus 实证主义
Positivistisches Vorurteil 实证主义的偏见
Preis（e）价格
– als Daten 价格作为数据
– und Grenzkosten 价格和边际成本
 Lenkungsfunktion der - 价格的调节作用
 Lenkungsmechanismus der - 价格的调节机制
 Rolle der - in der ZVW 集中管理经济中价格的作用
 staatlich festgesetzte - 国家固定价格
 s. a. Monopol-, Konkurrenz- 参阅：垄断价格，竞争价格
Preisbildung der zweiten Hand 来自第二只手的价格形成
Preisdifferenzierungen 价格差异
Preiskontrolle 价格监控
– des Monopolamts 垄断监管部门的价格监控

Preismechanismus 价格机制
 s. a. Lenkungsmechanik 参阅：调节机制
Preisstop 物价冻结
Preissystem 价格体系
 – und Arbeitslosigkeit 价格体系和失业
 – als Lenkungsinstrument 价格体系作为调节工具
Prinzip 原则
 – der Gleichheit 平等原则
 – und Moment 原则和时刻
Prinzipien 原则
 Konstituierende - 构成性原则
 Regulierende - 调节性原则
 Abstimmung der Ordnungs- 秩序原则的协调
 Ethische-und Gesamtordnung 伦理原则和总体秩序
 Zusammengehörigkeit der - 原则之间的统一性
Privateigentum 私人所有制
– und Ordnungsformen 私人所有制和秩序形式
 Verschwinden des -s nach Marx 根据马克思思想的私有制消失
 s. a. Kollektiveigentum 参阅：

集体所有制
Privilegien 特权
Produktion 生产
– und Verteilung in der ZVW 集中管理经济中的生产和分配
    Anpassung der - 生产的调整
    Aufkommen aus der - 生产所得的收入
Produktionsmittel 生产资料
    Eigentum an den - 生产资料的所有权
    Lenkung der - 生产资料的调节
Produktivität, Begriff der - 生产率，生产率概念
Protektionismus 保护主义
"Prozeß" "过程"
    Form und - des Wirtschaftens 经营的形式和过程
    Geschichte als - 作为过程的历史
Punktualismus 点式主义
Punktuelles Denken 点式思维

Quotekampf in Syndikaten 辛迪加的配额争夺

Ratio, ordnende - 理性，秩序化理性
Rationierung 合理化
Rechenskala, internationale- 计算单位，国际计算单位
Recht 法律
    Inhaltswandel des-es 法律内容的变化
    Selbstgeschaffenes-der Wirtschaft 经济自创法律
    Zerfall des-es in der ZVW 集中管理经济法律的崩塌
Rechtsordnung 法律秩序
    Verschiebung der Rechtsordnung 法律秩序的移位
Rechtspolitik 法律政策
Rechtssprechung und Wirtschaftspolitik 司法和经济政策
    s. a. Reichsgericht 参阅：德国帝国法院
Rechtsstaat 法治国家
– und Wettbewerbsordnung 法治国家和竞争秩序
– und ZVW 法治国家和集中管理经济
    Monopol und - 垄断和法治国家
Regulierende Prinzipien der Wet-

tbewerbsordnung 竞争秩序的调节性原则
Reichsgericht, Entscheidungen des-es 帝国法院，帝国法院裁决
Relativismus 相对主义
Rentabilität und Haftung 经济效益和责任
Rentabilitätsrechnung des Monopolisten 垄断者的盈利计算
Risiko 风险
— in der ZVW 集中管理经济下的风险
Romantik 浪漫主义
Rückversetzung 恢复，兑回

Sachgesetzlichkeit 符合法律事实的性质
Sachlogik 事实逻辑
— des wirtschaftlichen Alltags 日常经济生活的事实逻辑
Schiedsgerichte 仲裁法庭
Schwarzer Markt 黑市
Selbstverwaltungskörper 自治实体
Sicherheit 安全
— gegenüber Freiheit 安全之于自由

wirtschaftliche -经济安全
s. a. Soziale Sicherheit, Unsicherheit 参阅：社会安全，不安全
Soziale Frage 社会问题
— und Kollektiveigentum 社会问题和集体所有制
— und Lenkungsmechanik 社会问题和调节机制
— und Ordnungsformen 社会问题和秩序形式
— in der ZVW 集中管理经济下的社会问题
Soziale Gerechtigkeit 社会公正
Soziale Gesinnung 社会观念
Soziale Sicherheit 社会安全
Soziale Struktur bei Kollektiveigentum 集体所有制中的社会结构
Soziales Ordnungswollen 社会的秩序意愿
Sozialisierung 社会化
Sozialisierungsgesetz von 1919 1919 年的社会化法
"Sozialismus" "社会主义"
Sozialpolitik 社会政策
Politik zur Ordnung der Wirtschaft als -经济秩序政

策作为社会政策
　Punktuelle -点式社会政策
　Spezielle -特殊的社会政策
　Universale -普适性社会政策
Soziologie 社会学
Sparen 储蓄
　- und Eigennutz 储蓄和自利
　　Erzwungenes -强制储蓄
　　Investieren und-in der ZVW 集中管理经济中的投资和储蓄
Sperre（n）封锁
Spezialisierung der Wissenschaft 科学的专业化
Staat 国家
　- als ordnende Potenz 国家作为秩序化力量
　　Moderner -现代化国家
　　s. a. Rechtsstaat 参阅：法治国家
Staatsautorität 国家权威
Staatsbildung 国家形成，国家能力建设
Staatsordnung 国家秩序
　- und Staatsverfassung 国家秩序和国家宪法
　- und Wirtschaftsordnung 国家秩序和经济秩序
Stabilisierung des Geldwertes 稳定币值
Stabilität 稳定
　Äußere und innere-der Wirtschaftsordnungen 经济秩序的内外稳定
　s. a. Ordnungen, Unstabilität der -参阅：秩序，秩序的不稳定
Standardisierung der Produktion in der ZVW 集中管理经济中生产的标准化
Ständestaat und Wettbewerbsordnung 等级制国家和竞争秩序
Statistik, Primat der - in der ZVW 统计，集中管理经济中的统计首要性
Steuerpolitik 税收政策
Steuerprogression 累进税制
Steuerrecht 税法
Streik 罢工
Streikrecht 罢工法
Subordination in der internationalen Arbeitsteilung 国际分工中的从属关系
Subsidiaritätsprinzip und Wettbewerbsordnung 辅助性原则与竞争秩序
Substitutionskonkurrenz 替代性

竞争
Subventionen 补贴
Suggestionsreklame 暗示性广告
Symptome 症状
  – der Marktformen 市场形式的症状
  – einer monopolistischen Marktform 垄断市场形式的症状
Syndikat 辛迪加，企业联合组织
Systemgerechtigkeit 体制公正性
Systemkonforme Anweisungen 与体制一致的指令

Tausch 交换
  Zwischen ZVWen 集中管理经济之间的交换
  Zuweisungen statt – 指令替代交换
Technik 技术
  – und Konzentration 技术和集中
Techniker 技术人员
  Bevorzugung des -s bei zentraler Lenkungsmethode 集中调控手段对技术人员的优待
  Denken des -s 技术人员的思维
Teilmonopol 部分垄断

Teiloligopol 部分寡头
Tendenz 趋势
  – zum Gleichgewicht 均衡趋势
  – zur Konkurrenz 竞争趋势
  – zur Rationierung 合理化趋势
  – zur Transformation der Ordnungen 秩序转型趋势
  – gegen Verwirklichung der ZVW 阻碍实现集中管理经济的趋势
  – zur ZVW 集中管理经济趋势
  – und Zwangsläufigkeit als Begriffe 作为概念的趋势和必然性
Totalitarismus 极权主义
Transformation 变化，转变，转型，转向
  – der Ordnungen 秩序转型
  – des Rechts 法律的变化
  Tendenz zur-der Ordnungen 秩序转变的趋势
  Tendenz zur-der Zwischenlösungen 暂时解决办法转向的倾向
Treurabatte 忠诚客户折扣
Trucksystem 以工代赈制度
Typisierung in der ZVW 集中管理经济中的典型化
Tyrannis 僭主政治

Unfreiheit, Ideologie der -不自由，不自由的意识形态
Unsicherheit 不安全
Unstabilität 不稳定
－des Geldes 货币的不稳定
－der Ordnungen 秩序的不稳定
－der Wirtschaftspolitik 经济政策的不稳定
Unterbeschäftigung 就业不足
Unterinvestition 投资不足
Unterversorgung 供应不足
"Verkehrswirtschaft" "交换经济"
Vermachtung 权力化
　　Einseitige und zweiseitige －单方面和两方面的权力化
Vermassung 大众化
Versicherungswesen 保险业
Versorgungsminimum in der ZVW 集中管理经济中的最低供应
Verstaatlichung 国有化
Verteilung 分配
－und soziale Sicherheit 分配和社会安全
－bei vollständiger Konkurrenz 完全竞争时的分配
－in der ZVW 集中管理经济中的分配

gerechte -公平分配
ungerechte -不公平分配
Zentrale Lenkung der -中央调控分配
Verteilungsmechanik 分配机制
Verteilungsproblem 分配问题
Vertragsfreiheit 契约自由
－und Wettbewerbsordnung 契约自由和竞争秩序
Vertragsrecht 合同法
Vollbeschäftigung 充分就业
Vollbeschäftigungspolitik 充分就业政策
Vollständige Konkurrenz 完全竞争
　　s. Konkurrenz 参阅：竞争
Vorräte, Vernichtung von -n 储备，销毁储备

Währungsordnung, internationale-货币秩序，国际货币秩序
Währungspolitik 货币政策
Wärungspolitischer Stabilisator 货币政策稳定器
Währungsverfassung 货币宪法
Waren-Reserve-Währung（Graham-Plan）商品储备货币（格莱欣计划）

Wechselkurse 汇率
Wechselkursmechanik 汇率机制
Wechselkursstabilisierung 汇率稳定
Wettbewerb 竞争
    Flucht aus dem -逃避竞争
    s. a. Konkurrenz 参阅：竞争
Wettbewerbsanalogie 竞争类比
Wettbewerbsordnung 竞争秩序
– als Bestandteil der Rechtsverfassung 竞争秩序作为法律宪法的组成部分
– und Geldordnung 竞争秩序和货币秩序
– und Gesamtordnung 竞争秩序和总体秩序
– und Haftung 竞争秩序和责任
– und Kollektiveigentum 竞争秩序和集体所有制
– und Öffnung der Märkte 竞争秩序和开放市场
– und Patentrecht 竞争秩序和专利法
– und Privateigentum 竞争秩序和私人所有制
– und stabile Währung 竞争秩序和稳定的货币
– und Zölle 竞争秩序和关税

Grundprinzip der -竞争秩序的基本原则
Konstituierende Prizipien der -竞争秩序的构成性原则
Kritik an der -对竞争秩序的批评
Mängel der -竞争秩序的缺陷
Monopolproblem in der -竞争秩序中的垄断问题
Politik der -竞争秩序的政策
Regulierende Prinzipien der -竞争秩序的调节性原则
Träger der -竞争秩序的载体
Wirtschaften 经营
    Form und Prozeß des -s 经营形式和过程
Wirtschaftliches Prinzip 经济原则
Wirtschaftsdemokratie 经济民主
Wirtschaftslenkung 经济调节
    Methode der -经济调节的方法
    s. a. Lenkungsmechanik 参阅：调控机制
Wirtschaftsordnung 经济秩序
– und Betriebsgröße 经济秩序和企业规模
– und Freiheit 经济秩序和自由

- vor und seit der Industrialisierung 工业化之前和工业化以来的经济秩序
- als konkrete Tatsache 作为具体事实的经济秩序
- als Unterbau 经济秩序作为基础建筑
　　Adäquate -适宜的经济秩序
　　Aufgabe der -经济秩序的使命
　　Internationale -国际经济秩序
　　Mannigfaltigkeit der -en 经济秩序的多样性
　　Primitivisierung der -经济秩序的原始化
Wirtschaftsordnungspolitik 经济秩序政策
Wirtschaftspolitik 经济政策
- und Daten 经济政策和数据
- der Experimente 经济政策试验
- und Staat 经济政策和国家
- zentraler Leitung 集中指导的经济政策
- zwangsläufig 必然的经济政策
　　Aufgabe der -经济政策的使命
　　Begrenzung der -经济政策的限定
　　Einheit der -经济政策的统一

Grundgedanke der -经济政策的基本思想
Grundlage der -经济政策基础
Freiheit der -经济政策自由
Fundamentales Prinzip der -经济政策的基本原则
Problem der -经济政策问题
Unstabilität der -经济政策的不稳定性
Verantwortung der -经济政策的责任
Wirtschaftspolitische Ideen, Entwicklung der -经济政策思想, 经济政策思想的发展
Wirtschaftspolitisches Handeln,
　　Grundsätze des -s 经济政策行为, 经济政策行为的原则
Wirtschaftsprozeß 经济过程
- und Ordnungsform 经济过程和秩序形式
- in Verkehrswirtschaft und Kollektivwirtschaft 交换经济和集体经济中的经济过程
- in der ZVW 集中管理经济中的经济过程
　　Dynamischer Charakter des -es 经济过程的动态特性
　　s. a. Lenkung des -es 参阅:

经济过程调节
Wirtschaftsrechnung 经济核算
- bei Einzelmonopol 单体垄断组织的经济核算
- der Einzelwirtschaften 个体经营的经济核算
- ex ante 事前经济核算
- ex post 事后经济合算
- in der ZVW 集中管理经济的经济核算
Wirtschaftsverfassung 经济宪法
- und Wirtschaftsordnung 经济宪法和经济秩序
Wirtschaftsverfassungspolitik, positive 经济宪法政策，积极的经济宪法政策
Wirtschaftsverfassungsrechtliches Grundprinzip 经济宪法的法律基本原则
Wissenschaft 科学
- als ordnende Potenz 科学作为秩序化力量
　Aufgabe der -科学使命

Zahlungsbilanz 国际收支
Zentrale Lenkung（Leitung）中央调控（引导）
- und Gesamtordnung 中央调控与总体秩序
- und Haftung 中央调控与责任
Politik-er -中央调控政策
Politik partiell-er -部分中央调控的政策
Zentrale Planung 中央计划
Zentralverwaltungswirtschaft 集中管理经济
- als Fall des Monopols 集中管理经济作为垄断情况
- und Freiheit des Denkens 集中管理经济和思想自由
- als Gesamtentscheidung 集中管理经济作为总体决定
- und Gesamtinteresse 集中管理经济和集体利益
- mit Kollektiveigentum 结合集体所有制的集中管理经济
- als Konzentration wirtschaftlicher Macht 经济权力集中的集中管理经济
- mit Privateigentum 结合私人所有制的集中管理经济
- und Rechtsstaat 集中管理经济和法治国家
Antagonismus innerhalb der - 集中管理经济中的对抗
Bewertungen in der -集中管理

经济中的评估
Führerschicht in der -集中管理经济的领导阶层
Konforme Maßnahmen der -与集中管理经济相一致的政策
Tendenz zur -集中管理经济趋势
Theorie der -集中管理经济理论

Zins 利率
  Politik des niedrigen-s 低利率政策

Zölle 关税
  - und Wettbewerbsordnung 关税和竞争秩序
    Schutz--保护关税
Zollunion 关税同盟
  Bedeutung einer -关税同盟的意义
Zwangsläufigkeit 必然性
  - der Entwicklung 发展的必然性
  - und Freiheit 必然性和自由
  Dogma von der -必然性的教条